HISTOIRE
DE
HUIT ANS
1840-1848
II

SAINT-DENIS. — IMPRIMERIE CH. LAMBERT, 17, RUE DE PARIS

HISTOIRE
DE
HUIT ANS
1840-1848

PAR M. ÉLIAS REGNAULT

FAISANT SUITE A

L'HISTOIRE DE DIX ANS
1830-1840

PAR M. LOUIS BLANC

ET COMPLÉTANT LE RÈGNE DE LOUIS-PHILIPPE

QUATRIÈME ÉDITION

TOME DEUXIÈME

PARIS
LIBRAIRIE GERMER BAILLIÈRE ET C
108, BOULEVARD SAINT-GERMAIN
Au coin de la rue Hautefeuille

1878

TABLE DES MATIÈRES

CHAPITRE Ier . . . . Page 9

Avantages de la position de M. Guizot vis-à-vis de M. Thiers. — Ouverture des chambres; discours du trône. — Premiers triomphes ministériels. — Discussion de la chambre des pairs. — Vote approbatif. — Projet d'adresse à la chambre des députés. — Première lutte entre MM. Thiers et Guizot. — Incident sur le voyage de Gand. — Intervention des hommes du 15 avril et du 12 mai. — MM. Berryer, Garnier-Pagès, O. Barrot. — Vote de l'adresse. — Affaiblissement de la chambre.

CHAPITRE II 39

Nouvelle lettre de lord Palmerston. — Lettre de Louis-Philippe à ce sujet. — Nouvelles insurrections dans la Syrie. — L'émir Beschir traite avec les Anglais. — Ils le transportent à Malte. — Prise de Beyrouth, de Saïde, de Sour, de Saint-Jean-d'Acre. — Énergie de Méhémet-Ali. Attaque d'Alexandrie. — Méhémet-Ali est trahi par ceux qui l'entourent. — Capitulation. — Traité du 27 novembre. — Luttes à l'intérieur. — Circulaire de M. Martin du Nord. — Saisie du *National*. — Condamnation de M. de Lamennais. — Interdiction du banquet annuel des Polonais. — Inondations dans l'Est et le Midi. — Désastres de Lyon et de Mâcon. — Nouvelles intrigues ministérielles. — M. Molé et l'alliance russe. — Discussion de la loi des fortifications.

CHAPITRE III. 77

Mort de la baronne de Feuchères. — Lettres de MM. Pasquier et de Rumigny sur la catastrophe de Saint-Leu. — Lettres de Louis-Philippe pendant l'émigration. Autres lettres publiées par le journal *la France*. — Émotions dans le public. — Procès de *la France*. — Brutalités de la procédure. — Acquittement du journal. — Consternation des orléanistes. — La question des lettres portées à la Chambre. — Misérable subterfuge de M. Guizot.

CHAPITRE IV. 107

Demande de fonds secrets. — Réforme parlementaire, rejet. — Loi sur les ventes judiciaires d'immeubles, sur les ventes des marchandises vendues à l'encan. — Propriété littéraire. — Discussion confuse, rejet du projet 131

CHAPITRE V.
Le recensement. — Circulaire de M. Humann. — Discussions entre les pouvoirs locaux et le pouvoir central. — Examen de la question. — Résistance des conseils municipaux. — Agitation à Toulouse. — Destitution du préfet. — Nomination de M. Mahul. — Démission de l'administration municipale. — Maladresse de M. Mahul. — Insurrection. — Expulsion du préfet et du procureur général, M. Plougoulm. — Envoi de M. Maurice Duval comme commissaire extraordinaire. — Dissolution de la municipalité. — Résistance du maire et des adjoints provisoires. — Ils sont renvoyés devant la police correctionnelle. — Désarmement de la garde nationale. — Reprise du recensement. — Troubles dans plusieurs départements. 151

CHAPITRE VI.
Persécution contre la presse. — Le *National* condamné par la cour des pairs. — Procès et exécution de Darmès. — Baptême du comte de Paris. — Mort de Garnier-Pagès. — Élection de M. Ledru-Rollin. — Son discours devant les électeurs. — Procès de MM. Ledru-Rollin et Hauréau. — Circulaire de M. Martin du Nord. — Nouveaux procès du *National*. — Acquittements successifs. — Attentat Quenisset. — Arrestation de M. Dupoty. — La complicité morale. — Condamnation de M. Dupoty. — Protestation des journaux. — Procès des accusés de Toulouse. — Acquittement. 173

CHAPITRE VII.
Transactions diplomatiques de M. Guizot. — Hatti-schériff du 13 février. — Avances faites par les ambassadeurs de Prusse et d'Autriche. — Résistance de lord Palmerston. — Soumission complète de Méhémet-Ali. — Convention des détroits. — Chute du ministère whig. — Traité du droit de visite. — Les États-Unis refusent de s'y associer. — Émotions en France. — Ouverture de la session. — Discussion du droit de visite. — Défaite du ministère. — Embarras du cabinet tory. — Discussion sur la politique intérieure. — Atteintes à l'institution du jury. — Lettre du procureur-général de Riom. — Confession de M. Martin (du Nord). — Les jurés probes et libres. — Vote de l'adresse. 203

CHAPITRE VIII.
Nomination du général Bugeaud au gouvernement de l'Algérie. — Situation d'Abd-el-Kader. — Première expédition du général Bugeaud. Succès dans l'Est. — L'Émir repoussé gagne les frontières du Maroc. Grave dissension entre l'Angleterre et les États-Unis. — Affaire Mac Leod. — Désastres dans l'Afghanistan. — Guerre de la Chine; stériles victoires. — Déficit du budget. — Réformes financières de Sir Robert Peel. — Affaires d'Espagne.

nation d'O'Connell. — Les Rebeccaïtes du pays de Galles. — Ligue des céréales.

CHAPITRE XIII. 32

Affaires d'Afrique. — Prise de la Smalah d'Abd-el-Kader. — Voyage du duc de Nemours. — Sa réception au Mans. — Visite de la reine d'Angleterre au roi de France. — Le duc de Bordeaux à Londres. — Le duc de Nemours s'y rend aussi. — Pèlerinage à Belgrave-Square. — Émotion au château. — Intrigues de la petite cour de Belgrave-Square. — Les deux camps légitimistes. — MM. Berryer et de Larochejacquelein. — Tahiti et la reine Pomaré. — Intrigues des Anglais. — Le consul Pritchard. — Prise de possession des îles de la Société par l'amiral Dupetit-Thouars.

CHAPITRE XIV. 359

Nouveaux projets de dotation. — Adresse. — Question de Belgrave-Square. — Les flétris. — Discussion orageuse. — Droit de visite. — Entente cordiale. — Démission des légitimistes *flétris*. — Leur réélection. — Affaiblissement du cabinet. — Embarras du ministère à la nouvelle des affaires de l'Océanie. — Colère des Anglais. — Désaveu de l'amiral Dupetit-Thouars. Discussion parlementaire à ce sujet.

CHAPITRE XV. 393

Intrigues d'Abd-el-Kader sur les frontières du Maroc. — Son influence sur les populations. — Différends avec le Maroc pour la démilitation des frontières. — Préparatifs de guerre dans le Maroc. — Premières agressions des Marocains. — Combat de la Mouilah. — Mécontentement de l'Angleterre. — Entrevue du général Bedeau avec le caïd d'Ouchda. — Les Marocains insultent le négociateur français. — Le maréchal Bugeaud les châtie. — Départ du prince de Joinville pour les côtes du Maroc. — Le maréchal Bugeaud occupe Ouchda. — Correspondance entre le maréchal et le prince. — Ultimatum de la France signifié à l'empereur. — Nouvelle affaire Pritchard. — Ses intrigues et son arrestation. — Consternation de M. Guizot. — Émotions en France. — Bombardement de Tanger et de Mogador. — Bataille de l'Isly.

APPENDICE 445

DOCUMENTS HISTORIQUES . . . . *Ib.*

Convention d'Alexandrie. — Traité du 14 juillet 1841. — Droit de visite. — Extrait des instructions de M. Guizot à différents ambassadeurs français. — Lettre du comte de Sainte-Aulaire à M. Guizot. — Traité du 20 décembre 1841. — Manifeste d'Espartero à la nation. — Notes et lettres diplomatiques relatives aux affaires de Tahiti. — M. Addington à M. Barrow. — Le consul Pritchard à lord Aberdeen. — Lord Aberdeen à lord Cowley. — M. Guizot au comte Rohan-Chabot. — Lord Aberdeen à M. Pritchard.

— Espartero appelé à la régence définitive. — Ses complaisances pour l'Angleterre. — Soulèvement des provinces du Nord. — Conspiration à Madrid. — O'Donnell et Diégo-Léon. — Répression de l'insurrection.

CHAPITRE IX. 231
Réforme électorale. — Le roi s'y oppose avec opiniâtreté. — Ses héories sur le gouvernement représentatif. — Conseil de cabinet sur la question de la réforme. — Le duc d'Orléans y assiste. — Propositions Ganneron et Ducos. — Les conservateurs-bornes. — Loi sur les chemins de fer. — Crédits supplémentaires. — Vote du budget. — Accroissement du déficit. — Clôture de la session. — Poursuites contre la presse. — Procès Bourdeau. — Condamnations multipliées des journaux. — Mort de M. Humann. — M. Lacave-Laplagne le remplace. — Occupation des îles Marquises et des îles de la Société par l'amiral Dupetit-Thouars.

CHAPITRE X. 241
Élections générales. — Scission parmi les légitimistes. — Triomphe de l'opposition à Paris. Progrès des forces républicaines. — Position critique du ministère. — Mort du duc d'Orléans. — Son portrait.

CHAPITRE XI. 267
Discussion sur la loi de régence. — M. Thiers se sépare de l'opposition, M. de Lamartine du ministère. — M. Ledru-Rollin invoque le pouvoir constituant. — Vote de la loi. — M. Thiers n'obtient pas la récompense de son dévouement. — Souffrances matérielles. — Situation de la propriété foncière. — Industrie vinicole. — Pétition des propriétaires de la Gironde. — Projet d'union commerciale avec la Belgique. — Coalition des grands industriels. — Réunion Fulchiron. — Traité entre l'Angleterre et les États-Unis. — Clôture du protocole dans l'affaire du droit de visite. — Intrigues ministérielles. — Dilapidations de l'Hôtel-de-Ville. — Procès Hourdequin.

CHAPITRE XII. . . . . , 289
Nouvelle discussion sur le droit de visite. — Condamnation des traités de 1831 et 33. — MM. Dufaure et Passy se séparent du ministère. — Question de réforme parlementaire. — Nouvelle loi sur les sucres. — Lois diverses. — Enquête parlementaire. — Corruptions électorales. — Espagne : Ministère Lopez.—Sa prompte démission.—Indignation des cortès.—Prorogation et dissolution des chambres. — Soulèvement des provinces. — Bombardement de Séville. — Chute d'Espartero. — Isabelle est déclarée majeure. —Ministère Olozaga. — Ses luttes contre les royalistes. — Incidents de sa chute. — Ministère Gonzalès Bravo. — Rappel de Marie-Christine. — Les Anglais se vengent des désastres de l'Afghanistan. — Paix avec la Chine. — Troubles dans les districts manufacturiers. — Les chartistes. — O'Connell et l'association du rappel. — Procès et condam-

CHAPITRE Ier.

Avantages de la position de M. Guizot vis-à-vis de M. Thiers. — Ouverture des chambres; discours du trône. — Premiers triomphes ministériels. — Discussion de la chambre des pairs. — Vote approbatif. — Projet d'adresse à la chambre des députés. — Première lutte entre MM. Thiers et Guizot. — Incident sur le voyage de Gand. — Intervention des hommes du 15 avril et du 12 mai. — MM. Berryer, Garnier-Pagès, O. Barrot. — Vote de l'adresse. — Affaiblissement de la chambre.

Le ministère du 1er mars avait été personnifié dans M. Thiers; le ministère du 29 octobre se personnifiait dans M. Guizot; car nulle part on ne prenait au sérieux la présidence du maréchal Soult. C'était un vieux nom militaire choisi pour masquer une retraite; promettant à l'extérieur de faciles accommodements, à l'intérieur un instrument docile.

Mais en occupant la première place, M. Guizot s'était fait une position assez équivoque en morale, peu recommandable dans l'opinion. Ambassadeur à Londres, il venait recueillir l'héritage des fautes commises à Londres; et le profit en était pour lui si direct, qu'on ne put s'empêcher de les croire volontaires. On faisait hommage à son habileté aux dépens de sa conscience. Nous avons déjà dit que c'était une erreur. Mais elle était générale. Les faits parlaient contre M. Guizot; il n'y avait pas d'alternative entre une profonde incapacité, ou une adroite perfidie. Amis et ennemis eurent plus foi dans son intelligence que dans son caractère : il gagnait le pouvoir au prix d'une accusation d'abus de confiance.

Voici, d'un autre côté, les avantages qu'il avait sur M. Thiers : il disait nettement sa pensée; et sa politique était d'accord avec ses paroles. M. Thiers s'était proclamé un « fils de la révolution, » et toute sa conduite avait été un désaveu de cette glorieuse origine; il vantait la révolution et la trahissait. M. Guizot prenait pour mission de la combattre, et il suivait la voie qu'il s'était tracée. Il avait sur son rival la supériorité que donne la logique, même dans une mauvaise cause. Le 1er mars n'avait vécu que de réticences et de faux-fuyants; le 29 octobre formule hardiment son programme et y persiste jusqu'au bout. Voici les premières paroles de M. Guizot arrivant de Londres. « L'Europe ne menace pas la France, elle n'attaque pas la révolution. Il ne faut pas se mettre avec la révolution contre l'Europe, mais avec l'Europe contre la révolution. » C'était résumer parfaitement la situation telle qu'il l'entendait; c'était franchement définir sa politique au dehors comme au-dedans. M. Thiers s'écriait depuis six mois que la France était insultée, et depuis six mois aucun acte de vigueur n'avait répondu à l'insulte. M. Guizot affirmait qu'il n'y avait pas eu d'outrage, et s'épargnait le soin de demander réparation. M. Thiers était plus susceptible; mais sa susceptibilité se montrait patiente à l'excès; M. Guizot, moins fier dans ses discours, semblait en conséquence moins humble dans sa conduite. M. Thiers, tout en subissant la paix, faisait d'immenses bruits de guerre; M. Guizot ne voulait pas faire les frais d'une campagne en restant les bras croisés, et, résolu à la paix, il avait au moins le courage d'arrêter les préparatifs de la guerre.

Ces franches allures d'une politique qui ne se déguisait pas, convenaient d'ailleurs beaucoup mieux aux radicaux. Le terrain de la lutte se trouvait débarrassé de toutes les équivoques, de toutes les hypocrisies qui trompaient les esprits naïfs ou indécis. Un adversaire déclaré de la révolution, leur valait bien mieux qu'un enfant bâtard de la révolution, qui n'appelait sa mère qu'au jour des dangers personnels, et la reniait quand son ambition était satisfaite. Avec ses promesses trompeuses, M. Thiers avait divisé les forces de l'opposition; avec ses hardiesses logiques, M. Guizot les ralliait, forçait les consciences timides à se prononcer, faisait taire les ménagements, et, concentrant toutes les petites rivalités dans deux grands partis, celui de la révolution et celui de la contre-révolution, mettait en face l'un de l'autre la nation et le trône, agrandissait le cercle des discussions, les faisait sortir des idées personnelles, et provoquait une lutte énergique qui avait le mérite de conduire à une solution. M. Guizot prenait pour mission le triomphe ou la perte de la royauté. Les radicaux acceptaient de grand cœur la question ainsi posée.

Cette situation était bien comprise à l'extérieur. Le *Standard*, organe des tories, écrivait, en annonçant l'avénement de M. Guizot : « Il est heureux que l'homme qui prend en main le gouvernement de la France, comme le dernier espoir de la monarchie (*as the last hope of the monarchy*), ait des vues aussi élevées.... Si M. Guizot réussit, ajoutait-il, son gouvernement sera le commencement d'un gouvernement de principes. » Tous les journaux anglais témoignaient d'ailleurs si hautement leur joie, qu'au milieu des méfiances du pays, M. Guizot rencontrait un obstacle de plus dans la sympathie de l'étranger.

Cependant la grande préoccupation du moment était la réunion prochaine des chambres. C'est là que M. Guizot devait ouvrir ses premières luttes; c'est là que la politique nouvelle allait chercher sa première sanction. Jamais délibération parlementaire n'avait été attendue avec plus d'impatience ; jamais cette impatience n'avait été plus motivée; car le scrutin allait décider de la paix ou de la guerre au-dehors, de la liberté ou de l'asservissement au-dedans. L'Europe attentive tournait ses regards vers les rives de la Seine; la coalition attendait avec anxiété les jours où devait s'accomplir sa dernière victoire ou sa première défaite. Louis-Philippe néanmoins épuisait à la rassurer les encouragements et les promesses. Le 27 octobre, le baron d'Arnim avait porté aux Tuileries une lettre autographe du roi de Prusse, à l'occasion de l'attentat Darmès. Le roi ne crut pouvoir mieux répondre aux compliments de son auguste correspondant, qu'en déclarant au baron d'Arnim sa volonté ferme et immuable de maintenir la paix européenne. Chacun des diplomates étrangers recevait les mêmes assurances. Ce n'était, du reste, rien leur apprendre de nouveau. La connaissance certaine des dispositions pacifiques du roi avait plus contribué au traité du 15 juillet que les humeurs de lord Palmerston. En signant l'outrage, chacun avait dit : « La France ne fera pas la guerre. »

Mais on avait encore besoin d'être rassuré sur les dispositions de la chambre, et, au moment décisif, on se prenait à redouter quelque fantaisie parlementaire que feraient naître tout à coup les mots d'honneur et de dignité. En bonne logique, d'ailleurs, la chambre, qui avait donné à M. Thiers une majorité compacte, devait causer à son successeur de légitimes malaises, et quelques âmes naïves se permettaient de douter : elles ne comptaient pas, il est vrai, sur les conseils de la peur et de l'intérêt; influences toutes-puissantes dans la chambre du monopole.

Les radicaux, à cet égard, ne se faisaient aucune illusion. La chambre avait donné la majorité à M. Thiers : qu'importait cela ? Elle n'en était pas moins prête à la donner à M. Guizot, comme elle la donnerait à M. Molé ou à M. Barrot. Avec 166 fonctionnaires, la victoire devait toujours appartenir à celui qui tiendrait les portefeuilles. Ainsi raisonnaient les radicaux, et les faits justifièrent leurs prévisions.

M. Guizot lui-même, sans doute, avait la même pensée; car il ne dissimula rien de ses projets politiques, et appela audacieusement la chambre à le suivre. Le discours du trône, lu à la séance d'ouverture le 5 novembre, émit le programme nettement formulé de la paix au-dehors, de la guerre au-dedans. « Je continue d'espérer, disait le roi, que la paix de l'Europe ne sera point troublée. » Ce paragraphe était significatif. Un autre ne l'était pas moins : « L'impuissance n'a point découragé les passions anarchiques. Sous quelque forme qu'elles se présentent, mon gouvernement trouvera dans les lois existantes et dans le ferme maintien des libertés publiques, les armes nécessaires pour les réprimer. » Ainsi, désarmer à l'extérieur, armer à l'intérieur, c'était là tout le discours du roi, toute la politique de M. Guizot. Le parlement était averti.

A la chambre des députés, la nomination du bureau donna dès le premier jour au ministère la mesure de ses forces. Le candidat ministériel pour la présidence, M. Sauzet, eut 220 voix; M. O. Barrot en eut 154. Les quatre vice-présidents, les quatre secrétaires étaient également ministériels, à l'exception de M. Havin, qui appartenait à la fraction Barrot. En cas d'insuccès, M. Guizot était décidé à dissoudre la chambre. Il comprit que ce soin était inutile.

Mais la décision de la chambre était loin de s'accorder avec les sentiments de la nation, et la conscience publique était tout autre que la conscience parlementaire. Un cri général de réprobation accueillit la harangue royale qui proclamait sans vergogne l'humiliation de la France et le triomphe de la coalition. Sans rappeler les justes colères des radicaux, il nous suffit de citer les journaux de l'opposition dynastique qui représentaient le plus fidèlement les masses bourgeoises dévouées à la monarchie de juillet.

« C'est la rougeur au front, dit le *Siècle*, que nous allons rendre compte de l'inconcevable harangue que le ministère de M. Guizot a eu la criminelle folie de placer dans la bouche de la royauté. Jamais l'orgueil de la France ne fut aussi profondément humilié; jamais ministres sortis, dans les temps les plus malheureux, du bon plaisir de la cour ou du choix des favorites, n'avaient osé tenir, au nom de cette noble nation, un langage aussi indigne d'elle.

..... « M. Guizot a biffé là les mots d'honneur et de révolution. Il a bien fait : ce n'est pas à lui qu'il convenait de les écrire. La France, nous l'espérons, les rétablira bientôt dans ses manifestes, et les soutiendra au besoin de son épée. »

Le *Commerce*, après avoir longuement commenté le discours du roi, termine ainsi :

« En résumé, le programme politique du ministère Guizot est une de ces œuvres condamnées dès leur naissance. Rien n'y parle au sentiment national, et il semble écrit sous la dictée de ces feuilles étrangères qui à la fois proclament l'impuissance de la France et l'excitent à se jeter dans les voies de la guerre civile. Aussi sa lecture a-t-elle produit dans Paris une profonde impression, une impression de tristesse et d'alarme. Dans la chambre, son mauvais effet a été presque général, et, pour tout dire en un mot, à la Bourse même, les joueurs de rentes en ont été confus. »

Le *Constitutionnel* et le *Courrier Français* s'exprimaient en termes non moins indignés :

« Le discours qu'on a mis dans la bouche du roi est une polinodie flagrante. »

« Nous avons besoin de relire les bulletins de la république, du consulat et de l'empire, pour nous consoler de vivre dans un temps comme celui-ci. Heureusement, le peuple vaut mieux que ceux qui le gouvernent, et l'étranger le sait bien ! »

M. Guizot néanmoins était peu touché des blâmes de la presse. Uniquement préoccupé des résultats du scrutin, il ne cherchait aucun triomphe au-delà de l'enceinte du Palais-Bourbon. Pour lui, l'opinion publique était renfermée sous les voûtes législatives, et la nation était circonscrite dans le cercle de deux cent mille électeurs. Au-delà, rien ne comptait pour lui; la voix populaire n'était qu'une fiction à laquelle il ne croyait pas, et, oubliant sa propre origine il n'avait pour la presse que de superbes dédains. Dominateur du petit monde politique qu'il s'était fait, retranché dans le pays légal, il voyait toute la tactique du gouvernement dans les batailles du scrutin et toute la gloire de l'administration dans les succès de tribune. Ainsi se trouvent expliquées et ses bonnes et ses mauvaises fortunes. En diminuant le terrain politique, il y paraissait dans des proportions plus grandes. Artiste plutôt qu'homme politique, orateur plutôt que ministre, réduisant la carrière administrative à une carrière académique, il s'y montrait avec un éclat qui le trompait sur ses véritables forces. Mais aussi, resté en dehors de la nation, n'ayant aucun souci des populations exclues du scrutin, méconnaissant leurs intérêts, méprisant leur langage, il multipliait sur sa tête les haines, provoquait les colères, accumulait les difficultés, sans toutefois s'en effrayer, parce qu'il trouvait à tout une solution dans un vote parlementaire; jusqu'à ce qu'enfin le parlement, le pays légal et le trône s'écroulèrent ensemble sous le poids des forces nationales dont on n'avait pas tenu compte.

Avec des conceptions politiques aussi rétrécies, M. Guizot se voyait triomphant dès le premier jour; le scrutin s'était prononcé pour lui. Il se préparait avec confiance à compléter sa victoire dans la discussion de l'adresse.

Dans ces sortes de joûtes, la chambre des pairs servait habituellement de première arène. C'est là que les ministres préludaient, pour interroger en quelque sorte les opinions de l'autre chambre; faisant réserve, il est vrai, des grands moyens dans une lutte toujours complaisante, mais aussi se montrant plus à nu et ménageant moins les expressions qui trahissent le fond de la pensée. C'est ainsi que M. Guizot ne craignit pas de faire entendre ces mots, comme son programme politique : « La paix, partout, la paix, toujours, » au moment où l'Europe attentive se demandait comment la France supporterait une injure. Il est vrai que le ministre niait qu'il y eût injure ; il ne voyait dans la conduite des puissances qu'un *mauvais procédé*. Telles étaient les subtilités dont se payait un homme chargé de protéger l'honneur de la France. Casuiste politique, c'est avec de vains jeux de mots qu'il prétendait satisfaire la conscience publique. Ses efforts tendirent surtout à amoindrir la portée du traité du 15 juillet. Ce n'était, selon lui, qu'une simple question de famille, destinée à régler les rapports du sultan et du pacha ; l'Angleterre et la Russie n'y apportaient qu'une intervention désintéressée, et il n'y avait pas lieu à de sérieuses inquiétudes. Ce thème maladroit était une accusation directe contre le ministère du 1er mars, qui avait fait de si grands armements, contre le roi, qui avait si hautement exprimé ses colères, contre la France indignée, contre l'Europe alarmée. Depuis trois mois les journaux anglais ne produisaient pas d'autre argument. Il y avait quelque chose d'étrange à l'entendre répéter par l'ambassadeur mystifié de Londres. La pairie cependant l'accueillit de bonne grâce. L'adresse fut adoptée par 116 voix sur 119 votants.

Il est vrai que ni le ministère ni le public n'attachaient une grande importance aux décisions du Luxembourg. C'était au Palais-Bourbon que se décidaient les destinées des ministères ; c'était là qu'on s'adressait plus directement, sinon à l'opinion publique, au moins à la France officielle, au pays légal qui disposait de toutes les forces constitutionnelles. La curiosité de tous était d'ailleurs fortement excitée aux approches d'une lutte qui allait nécessairement s'engager entre le ministre tombé et son adroit successeur. On attendait avec impatience les explications qui devaient naître de leur ancienne position de chef et de subordonné, et comme il y avait encore des points obscurs sur les circonstances qui avaient précédé ou suivi le traité du 15 juillet, on comptait que plus d'une intrigue serait dévoilée, plus d'un mystère éclairci.

Les radicaux cependant s'efforçaient de rappeler aux députés que la question qui allait les occuper, ne devait pas être réduite aux mesquines proportions d'un débat personnel, entre M. Guizot et M. Thiers, d'une lutte entre le 29 octobre et le 1er mars. Il s'agissait, en effet, de la dignité de la France, de son rang dans le monde politique, de son influence dans les conseils européens; il s'agissait d'un nouveau droit public brusquement introduit par les chancelleries étrangères. Quatre puissances prétendaient seules constater la légitimité ou l'illégitimité des conquêtes, intervenir seules dans les querelles des peuples et des rois, des vassaux et des suzerains; et dans ce droit international nouveau, la France était écartée des conseils communs, comme si elle ne comptait plus au rang des nations. Telle était la situation sur laquelle la chambre avait à se prononcer; telle était la véritable portée du grand débat qui allait s'ouvrir. Les députés avaient donc pour mission, non pas de savoir quel ministre avait été plus ou moins coupable dans les tristes circonstances qui s'étaient déroulées depuis six mois, mais d'interroger avec sévérité le système général qui avait créé de telles circonstances. Les ministres, quel que fût leur nom, n'étaient que des accidents, des faits de passage. A côté d'eux, au-dessus d'eux, était une pensée permanente dont il fallait dévoiler les tendances, afin de faire éclater à tous les yeux la véritable cause d'une décadence si peu en rapport avec les forces et la grandeur de la nation.

Mais ces conseils des radicaux étaient trop hardis pour les habitudes parlementaires. La discussion ne fut qu'une grande joûte oratoire où se décidaient les formes, non de la France, mais de MM. Guizot et Thiers.

Ce fut le 23 novembre, que la chambre entendit la lecture du projet d'adresse : M. Dupin était rapporteur de la commission. Après un exorde qui n'était que la paraphrase des paroles royales, le projet ajoutait :

« En cet état de choses, notre concours, Sire, vous est acquis par une paix honorable, aussi bien que pour une guerre juste : une paix sans dignité ne serait jamais acceptée ni par la France, ni par son roi ; une guerre injuste, une agression violente, sans cause et sans but ne serait, ni dans nos mœurs, ni dans nos idées de civilisation et de progrès. La paix donc, s'il se peut, une paix honorable et sûre qui préserve de toute atteinte l'équilibre européen, c'est là notre premier vœu; mais si, par événement, elle devenait impossible à ces conditions, si l'honneur de la France le demande, si ses droits méconnus, si son territoire menacé... »

A ces derniers mots, de violentes exclamations éclatent de toutes parts ; des cris d'indignation se croisent en tous sens. « Quoi! le seul cas de guerre serait l'invasion du territoire! On supportera tout jusque-là! La commission fait bon marché de la fierté nationale! » Le président s'efforce en vain d'apaiser le tumulte. » La discussion viendra, dit-il; le devoir de tous, en ce moment, est le silence. » —
« Il est des sentiments contre lesquels on ne peut assez tôt

protester, reprit un député. » Une nouvelle lecture de la phrase excite de nouvelles réclamations. M. Dupin continue au milieu de la plus vive agitation.

« ... Ou ses intérêts sérieusement compromis l'exigent, parlez alors, Sire, et à votre voix les Français se lèveront comme un seul homme (Exclamations et rires à gauche). Le pays n'hésitera devant aucun sacrifice, et le concours national vous est assuré. »

Ce paragraphe résumait à lui seul toute l'adresse. La question d'Orient, la paix ou la guerre, la querelle de la France avec l'Europe, la rivalité de deux ministères, tout s'y rencontrait à la fois. C'était le terrain obligé de la lutte où allaient se trouver face à face les ambitions, les intérêts, les intrigues, les susceptibilités nationales et les timides condescendances. La discussion s'ouvrit le 25 novembre.

M. Thiers était pressé d'engager l'action. Dans un discours étendu, habile comme il en sait faire, il exposa en détail toutes les négociations qui avaient eu lieu sur la question d'Orient, faisant ressortir avec art les fautes du 12 mai, qui lui avaient transmis toute faite une position détestable, et mettant soigneusement ses propres mésaventures sur le compte de ses prédécesseurs.

Toute la partie agressive de ce long plaidoyer ne manquait ni de mérite ni de vérité ; la tâche d'ailleurs était facile. Mais la justification personnelle était moins heureuse, Accuser ses prédécesseurs d'avoir ouvert une mauvaise voie, et poursuivre la même route pour se perdre avec eux, semblait d'une logique par trop naïve. A son avénement, le 1er mars avait assez fait bruit de ses prétentions, pour pouvoir se permettre de faire autre chose que ses devanciers.

Le grand reproche que lui avait adressé l'opinion publique, était précisément de n'avoir rien changé, et il venait s'excuser par l'aveu d'une imitation complaisante. Il signalait les fautes du 12 mai, et il justifiait ses propres échecs par la persistance qu'il avait mise à copier ces fautes. L'apologie était au moins singulière.

Il avait eu cependant un moyen bien facile de rompre l'accord menaçant des quatre puissances : c'était de laisser le pacha d'Égypte suivre ses propres impulsions. Vainqueur à Nézib, maître de la flotte turque, si, comme il en avait le projet, le pacha avait franchi le Taurus, chacune des puissances revenait à ses intérêts ; les Russes, liés encore par le traité d'Unkiar-Skelessi, couraient à Constantinople ; l'Angleterre voyait revivre l'éternel objet de ses craintes ; elle était forcée de s'appuyer de nouveau sur la France ; celle-ci devenait maîtresse de la situation. Voilà ce que M. Thiers n'avait pas vu ; et tous ses efforts pour enchaîner les pas d'Ibrahim, n'eurent d'autre effet que d'assurer le triomphe de la coalition et la mystification de la France.

Après s'être longuement excusé, M. Thiers prit enfin le ton agressif et aborda, en ces termes, le terrain des personnalités, où, il faut le dire, la chambre l'attendait avec une impatiente curiosité.

« Le discours de la couronne a dit que l'on espérait la paix ; il n'a pas dit assez : on est certain de la paix. En effet, pourquoi le cabinet du 29 octobre a-t-il remplacé le cabinet du 1er mars ? Parce que le cabinet du 1er mars n'a pu obtenir des mesures qu'il jugeait nécessaires, et qui pouvaient amener une guerre non pas certaine, mais éventuelle ; le cabinet du 29 octobre, au contraire, veut la paix certaine, et il est sûr de l'avoir. »

M. Guizot, directement provoqué, se leva. Sa réponse ne fut qu'une vaine récrimination :

« Messieurs, dit-il, l'honorable M. Thiers vous a dit : « Pour le ministère du 29 octobre, la question est résolue, « la paix est certaine. » Ce n'est que la moitié de la vérité. Sous le ministère du 1er mars, la question était résolue, la guerre était certaine. »

Beaucoup de personnes trouvèrent M. Guizot bien hardi d'attribuer tant de cœur à son adversaire. Dans tous les cas, en se chargeant de compléter la vérité, M. Guizot reconnaissait l'autre moitié énoncée par M. Thiers. Pour le moment, celui-ci n'en demandait pas davantage.

Tout à coup la discussion fut interrompue par un incident sur lequel nous devons nous arrêter, sur un fait qui a souvent depuis été reproché à M. Guizot, et qui doit peser fatalement sur toute sa carrière ministérielle.

« De quel droit, s'écriait le ministre des affaires étrangères, de quel droit nous accusez-vous de vouloir la paix à tout prix? Qui donc, excepté le chef du cabinet actuel, a livré des batailles et fait des conquêtes pour la France? Quel droit avez-vous pour vous croire plus patriotes que d'autres? N'avez-vous pas tous été...

« M. Taschereau. Nous n'avons pas été à Gand ! »

A ces mots, un bruit confus s'élève dans la chambre; les centres crient à l'ordre, la gauche applaudit, le président s'indigne. M. Guizot reprend d'une voix solennelle :

« Je remercie l'honorable membre qui m'a interrompu, et que je ne connais pas, de cette interruption que j'attends depuis longtemps. (Ah! ah!) Depuis assez longtemps, on m'a prodigué la calomnie et l'injure. J'y répondrai enfin! Oui, j'ai été à Gand; oui, j'y ai été, non le lendemain du

20 mars, non à la suite de Louis XVIII, non comme émigré, non pour quitter mon pays.

« Le lendemain du 20 mars, je suis retourné à la Sorbonne, à ma vie obscure, littéraire ; je l'ai reprise paisiblement, je suis rentré dans la condition d'un simple citoyen soumis aux lois et au sort de son pays. A la fin du mois de mai, quand il a été évident pour tout homme sensé qu'il n'y avait pas de paix possible pour la France avec l'Europe..... (Interruption) c'est mon avis !

« Quand, dis-je, il m'a été évident que la maison de Bourbon rentrerait en France (nouvelle interruption à gauche), j'ai été à Gand alors, non pas dans un intérêt personnel, j'y ai été pour porter au roi Louis XVIII quelques vérités utiles, pour lui faire comprendre que, dans le véritable esprit du parti constitutionnel en France, son gouvernement avait, en 1814, commis des fautes qu'il était impossible de recommencer ; pour lui faire comprendre que s'il reparaissait sur le trône de France, il y avait des libertés, non-seulement celles que la charte avait déjà consacrées, mais des libertés nouvelles qui devaient être accordées au pays ; qu'il y avait à l'égard des intérêts nouveaux, à l'égard de la France, de la révolution, une autre conduite à tenir, qui inspirât plus de sécurité, qui dissipât les défiances et les passions que la première restauration avait suscitées. Et pour aboutir à quelque chose de plus précis, j'ai été dire au roi Louis XVIII qu'il avait eu auprès de lui tels hommes, tels ministres influents qu'il aurait tort de vouloir garder ; qu'il devait les éloigner de sa personne et de toute influence sur les affaires.

« C'est au nom des royalistes constitutionnels, c'est dans l'intérêt du parti constitutionnel, c'est dans l'intérêt de la charte, c'est pour lier l'affermissement et le développement de la charte au retour probable de Louis XVIII en France, que j'ai été à Gand. »

Telle fut l'explication donnée par M. Guizot. Consultons maintenant la vérité historique.

A l'époque du 20 mars, M. Guizot occupait au ministère de l'intérieur des fonctions importantes. Il ne songea pas à les quitter et se rallia officiellement au gouvernement nouveau en signant son adhésion à l'*acte additionnel*. Néanmoins, dans la première quinzaine de mai, il fut destitué par Carnot, chargé alors du portefeuille de l'intérieur. La tolérance bien connue de ce ministre fit penser au public que cette destitution se rattachait à quelques menées politiques ; et les lignes suivantes du *Moniteur*, en date du 14 mai 1815, semblèrent confirmer ces prévisions.

« Le ministre de l'intérieur vient de faire quelques changements dans ses bureaux. Des motifs politiques ont pu se réunir à d'autres causes du renvoi de plusieurs employés. Ces motifs ont pu être que les individus qui avaient passé une partie de l'année dernière à faire preuve des plus fortes garanties de leur dévouement à la dynastie des Bourbons, données par quelques-uns d'entre eux au moment même où ils étaient engagés par leur serment envers l'empereur Napoléon, que ces individus, dis-je, ne paraissent pas, par cela même, offrir assez de garanties à l'ordre social actuel, qui a remplacé les Bourbons, et qui est en ce moment l'objet de leurs attaques directes ou indirectes, unies à celles de l'étranger. Mais il est si faux que leur refus de voter pour l'acte constitutionnel ait influé en rien sur la décision du ministre, que les employés qui ont signé oui pour l'acte constitutionnel, notamment M. Guizot, n'en ont pas moins reçu leur démission, tandis que d'autres employés, à qui leur conscience n'a pas dicté un vote aussi empressé que celui de M. Guizot, n'en sont pas moins conservés. »

Il résulte de ce qui précède que M. Guizot ne rentra pas dans la condition de simple citoyen le lendemain du 20 mars, ainsi qu'il le disait à la chambre, mais au mois de mai seulement, et contre sa volonté ;

Il en résulte que M. Guizot alla à Gand, non à la suite de Louis XVIII, il est vrai, mais après une destitution, et avec toutes les apparences d'un mécontent, bien plus que d'un conseiller désintéressé.

Qu'ensuite, trouvant l'occasion bonne, un comité de royalistes constitutionnels l'ait chargé de transmettre à Louis XVIII leurs avis et leurs doléances, il n'y a rien là que de très-probable ; et le témoignage de M. Royer-Collard a été formel à cet égard. Toujours est-il que les explications données à la chambre par M. Guizot ne contenaient, selon l'expression qu'il venait d'employer, que la moitié de la vérité.

Dans cette première journée, la lutte entre l'ancien ambassadeur et son ministre avait été assez modérée, cependant M. Guizot avait ajouté en parlant du cabinet du 1er mars : « Je crois que sa politique était mauvaise. » — « Il fallait nous le dire, cria M. Thiers. » Mais le lendemain, les explications furent plus vives, et les amateurs de scandale purent se réjouir. On vit un ambassadeur se vanter d'avoir eu une autre opinion que le cabinet, et avouer qu'il n'avait rien fait pour ramener le ministre à l'opinion qu'il croyait vraie. Bien plus, il pense que les choses pressent, et il écrit au ministre que rien ne presse.

Aussi, lorsque dans la longue exposition de ses actes,

M. Guizot dit à la chambre : « Notre intérêt à nous, je le crois, était d'être pressants, » M. Thiers se lève avec vivacité, et s'écrie :

« Je prouverai, pièces en main, puisque enfin je suis réduit à me justifier devant l'ambassadeur à qui j'ai donné des ordres, et qui n'avait à me donner que des avis, je prouverai, pièce en main, que, le 14 juillet même, il m'écrivait que j'avais du temps devant moi, et que rien ne pressait.

M. Guizot. J'étais sous les ordres de M. Thiers, je recevais ses instructions, je lui donnais toutes les informations que je pouvais lui donner...

M. Thiers. Vous ne m'avez jamais donné votre opinion.

M. Guizot. Je ne comprends pas bien l'objection. Je me bornais à remplir mon devoir d'ambassadeur ; je ne voulais pas engager ma responsabilité personnelle plus que je ne devais.

M. Thiers. Vous m'écriviez le 9 et le 14 juillet que rien n'était encore arrêté et qu'on préparait deux plans, l'un à quatre et l'autre à cinq ; tout dans votre correspondance me laissait dans cette pensée, qu'avant de rien signer de définitif, on ferait au cabinet français une dernière proposition. J'ai été entretenu dans cette sécurité jusqu'à la signature du traité du 15 juillet. »

A ces reproches accablants, M. Guizot ne répondit que par un aveu d'impuissance :

« Sans doute, j'ai cru qu'on nous communiquerait le traité du 15 juillet avant de le signer. Je partage votre sentiment ; mais vous n'avez pas à vous plaindre de moi. Je ne pouvais savoir ce qui se passait : on a eu tort d'agir ainsi ; mais je ne pouvais dire ce que je ne savais pas. »

Ambassadeur à Londres, apparemment pour savoir ce

qui se passe, M. Guizot dit à la chambre des députés : « Je ne savais pas. » Le même homme parle à Londres au nom de la France, et il dit à la chambre des pairs : « J'ai affirmé; on ne m'a pas cru. » Voilà par quels aveux s'inaugurait le cabinet du 29 octobre.

Assurément, il ne méritait pas le reproche d'une excessive fierté.

Dans la séance suivante, M. Thiers reprit le même texte d'accusation.

« Est-il vrai, dit-il, qu'un ambassadeur doive se renfermer dans le rôle unique de rapporteur? je ne le crois pas, messieurs, je ne le crois pas en général, non plus que dans les circonstances particulières où nous nous sommes trouvés. Je crois qu'en principe, un ministre est seul responsable, d'après la constitution, et que quand il y a division d'avis entre le ministre et l'ambassadeur, le ministre qui prend toute la responsabilité doit seul décider, mais je dis, je répète qu'un ambassadeur est appelé à donner ses avis sur la politique du gouvernement.

.... « J'avais toute confiance dans les rapports de M. Guizot avec moi, et dans presque toutes mes dépêches, je lui demandais son sentiment avec instance, et décidé à me rapprocher de lui autant que je le pourrais, s'il y avait dissidence entre nous.

« ..... Je dois donc d'autant plus regretter que M. Guizot ne m'ait pas donné ses lumières autant qu'il le devait. Je croyais, je l'avoue, marcher tout à fait d'accord avec lui, et j'aurais été bien affligé de penser le contraire. »

Au milieu de la lutte entre les deux principaux acteurs, les rivalités secondaires vinrent apporter tour à tour leur contingent d'apologies et de récriminations. MM. H. Passy,

Dufaure et Villemain défendirent le cabinet du 12 mai, M. de Rémusat plaida pour le cabinet du 1er mars. Tous étaient unanimes pour reconnaître les périls, les malheurs, les hontes de la situation. Mais chacun en repoussait la responsabilité. Le 29 octobre attribuait les fautes au 1er mars; le 1er mars au 12 mai; prédécesseurs et successeurs se renvoyaient de mutuelles accusations. Ce qui ressortait le plus clairement de ces discussions, c'est que des fautes qui se perpétuaient sous tous les ministères ne tenaient pas à la personne des ministres, mais à un système général, à une volonté opiniâtre, manifestée depuis dix ans. Les traits que se lançaient d'ambitieux compétiteurs, portaient plus haut. Jamais peut-être la couronne ne fut plus compromise par de maladroits serviteurs. Le véritable auteur des abaissements politiques ne pouvait être nommé dans les débats officiels; mais dans tous les rangs de la population, on accusait ouvertement Louis-Philippe; et les écrivains radicaux publiaient des réquisitoires aussi transparents que le permettait une législation rigoureuse.

Du reste, jamais la politique extérieure de la France n'avait été exposée avec plus de détails : toutes les négociations, tous les actes de la diplomatie dans la question d'Orient, depuis le 12 mai jusqu'au 29 octobre, avaient été portés à la tribune. Les passions personnelles avaient tout éclairé, bien plus que ne l'eût fait une discussion digne et désintéressée.

Mais ce n'était là que le côté rétrospectif de la situation. Après l'examen des faits du passé, des fautes, des échecs, quelle serait l'attitude du ministère, sa politique dans le présent, sa politique dans l'avenir? M. Guizot ne dissimula pas que sa principale mission était de combattre les factions intérieures, et il formulait sa pensée en ces termes : « Je suis inquiet du dedans encore plus que du dehors. Nous retournons vers 1831, vers l'esprit révolutionnaire exploitant un entraînement national. »

M. Thiers lui répondit :

« L'honorable M. Guizot a parlé de l'entraînement national; il a dit qu'il fallait distinguer, dans cet entraînement, les passions généreuses de celles qu'il a appelées révolutionnaires; mais, permettez-moi de vous le dire franchement, dans toute notre histoire, depuis cinquante ans, toutes les fois que l'entraînement national s'est manifesté, ne trouvez-vous pas auprès de lui les factions qui cherchent à l'exploiter? cela est toujours arrivé. Eh bien! si vous trouvez que la présence des factions soit une raison de ne pas céder à l'entraînement national, je vous déclare que vous n'y céderez jamais; et si vous dites tout haut à l'Europe que vous vous arrêtez devant la présence des factions, alors vous serez forcés de vous arrêter toujours.

« Croyez-vous que la guerre consiste seulement à battre les ennemis à l'extérieur? Non, elle consiste encore à se montrer ferme au-dedans et à maintenir l'ordre ; elle consiste à suffire à cette double nécessité de contenir les factieux de combattre au-dehors; et si vous dites que la présence des factions est un prétexte pour abandonner les intérêts du pays, soyez sûrs qu'en parlant ainsi vous parlez comme les ennemis de la France. »

M. Thiers avait montré son ancien ambassadeur insuffisant et sans franchise, mal informé sur les faits, et refusant de s'associer par ses opinions au ministère qu'il représentait, diplomate naïf et serviteur à réticences; il montra le ministre dépourvu de dignité et de prévoyance, esclave de ses idées contre-révolutionnaires et dupe de ses propres terreurs. Malheureusement, il manquait aux paroles de M. Thiers l'autorité de l'exemple. Les faiblesses qu'il reprochait aux autres, il les avait partagées lorsqu'il était au pouvoir. Ses actes au ministère contredisaient ses discours à la chambre, et il ne retrouvait de beaux élans de patriotisme que lorsqu'il n'était plus au pouvoir.

M. Garnier-Pagès, avec sa finesse habituelle, fit ressortir cet étrange contraste.

« Oui, dit-il, monsieur le président du 1er mars, vous avez, surtout quand vous êtes dans l'opposition, des paroles françaises, des paroles nationales ; mais vos actes, et vous en avez beaucoup fait depuis dix ans, vos actes nationaux, vos actes français, je ne les connais pas.

Aussi, je souhaite que vous restiez dans l'opposition ; vous y apporterez la force de votre parole, et, s'il dépend de moi, vous y resterez. »

L'orateur radical fit une vive critique des différents ministères qui s'étaient si malheureusement occupés de l'affaire d'Orient, non en homme intéressé, comme les précédents orateurs, à se défendre en attaquant, mais en citoyen éclairé et pénétré de la grandeur de son pays. Étranger aux intrigues ministérielles, aux petites passions qui affaiblissaient ses adversaires, M. Garnier-Pagès révélait toutes les misères qui s'étaient succédé, et qui venaient en un jour s'accuser mutuellement. Il pouvait à bon droit leur infliger à tous une condamnation collective : « Vous nous avez prouvé pendant deux ans, leur dit-il, que M. Molé était insuffisant : eh bien ! ce que vous pensiez de son ministère, je le pense de tous les autres.

Un autre orateur qui avait aussi dans la chambre l'avantage d'une position exceptionnelle, M. Berryer se fit l'interprète éloquent de l'indignation publique, et flétrit de ses mâles accents toutes les hontes de la situation.

« Je ne veux pas, dit-il, parcourir encore ce triste inventaire, ce déplorable amas d'hésitations funestes, d'efforts impuissants, d'espérances aveugles et déçues. N'en parlons plus, et surtout qu'elles ne soient jamais répétées, les humiliantes paroles qu'on a fait venir ici et de Constantinople et de Londres, ces mots de lord Ponsomby et de lord Palmerston : « Il viendra une résolution anglaise, et la France « accédera ; après beaucoup d'humeur et de déplaisir, la « France cédera ; et l'affaire d'Orient aura été réglée comme « l'Angleterre l'aura voulu ! » Eh quoi ! Messieurs, il y a un pays au monde où les ambassadeurs entendent de telles paroles, où ils les écrivent, et où ils restent à leur poste, et où ils deviennent ministres pour arriver au jour où les choses s'accompliront ainsi qu'elles ont été dites.

« Non, Messieurs, non ! ce n'est pas de la France qu'on a dit cela, et ceux qui, au jour de nos plus grands désastres, ceux qui à Waterloo même ont vu comment tombaient nos guerriers, n'ont pas dit cela de la France, ce n'est pas d'elle qu'on a parlé. »

Le fier langage de l'orateur, son geste imposant et sa voix frémissante, remuaient profondément même les cœurs les plus inertes. Mais l'émotion de la chambre fut encore plus vive lorsqu'il prononça les paroles suivantes :

« Rappelez-vous les circonstances accomplies, les grandes paroles : « La nationalité polonaise ne périra pas ! » (Rires sur quelques bancs.) C'est grave, Messieurs ; heureux ceux qui ont dans le cœur cette indifférence, qui leur permet de rire sur une telle position de la France, qui leur permet de rire quand quatre fois en dix ans le monde entier a connu la volonté de la France ; quand quatre fois en dix ans on a su que la France, pour ses intérêts, voulait sauver la Pologne, préserver la Belgique attaquée, assurer son ascendant en Espagne, protéger Méhémet-Ali ! Oui, quatre fois vous avez fait connaître au monde la volonté de la France, et quatre fois vous avez fait accuser la France ou d'impuissance ou d'inertie : quatre fois en dix ans, Messieurs, c'est trop, c'est trop, c'est beaucoup trop. »

A ce cri répété de l'indignation, articulé d'une voix éclatante, relevé par une énergique pantomime, l'assemblée tout entière se réveilla comme sous un choc électrique. De longs frémissements coururent sur tous les bancs, et les cœurs les plus tièdes reprirent quelque chaleur. Malheureusement les émotions des assemblées sont fugitives ; les pensées matérielles remplacèrent bientôt la poésie de l'éloquence, et les instincts courageux disparurent avec les derniers accents de l'orateur.

Il donna cependant encore une rude leçon à M. Guizot en y traitant la question intérieure :

« Oui, sans doute, dit-il, il y a beaucoup d'idées révolutionnaires, beaucoup d'instincts révolutionnaires en France. Il en a été beaucoup donné et beaucoup enseigné, parce que malheureusement ceux qui se vantent d'avoir donné des leçons d'avénements aux rois, se sont chargés aussi d'en donner aux peuples.

« Oui, Messieurs, on peut craindre un double malheur en France et un malheur plus grand que le mal même de la guerre. On peut craindre des désordres et une révolution désordonnée. C'est pour cela que ceux qui ne sont pas révolutionnaires et qui peuvent le dire sans renier leur origine, sollicitent les gens de bien, les gens d'ordre et de raison, les esprits courageux et éclairés, de se placer à la tête des susceptibilités de la nation, d'être les défenseurs jaloux de tout ce qui touche à l'honneur et à la dignité nationale. Si les gens de bien ne le font pas, si les gens de cœur, à quelque parti qu'ils appartiennent, ne s'emparent pas de cette cause sainte et sacrée, vous la livrerez aux mauvaises passions. Messieurs, je ne puis pas croire que si dans des situations déjà trop évidentes et qui ne seront bientôt que trop éclairées d'un jour funeste, que si dans ces situations la France est obligée d'agir, je ne puis pas croire que les mauvaises passions l'emporteraient.

« Vous voulez gouverner et vous calomniez le pays.

« Je ne l'ai pas faite cette révolution : je n'en suis pas; je ne l'ai pas faite avec vous; je ne m'y suis pas associé; j'ai protesté, lutté contre elle. Eh bien! telle qu'elle est, moi qui suis son vaincu, je pense mieux que vous des vainqueurs.

« N'en doutez pas, je crains les passions mauvaises; mais je connais mon pays, je connais ses sentiments; je sais que pour les hommes les plus attachés à des convictions qui constituent un parti, il y a des sentiments qui dominent tout, qui emportent tout, et ce sont ces sentiments-là qui doivent réunir tout ce qui vit d'intelligence, de force et d'énergie en France; ce sont ces sentiments qui prévaudront. Oui, la France, s'il le faut, se lèvera avec énergie, avec dignité pour ce qui est juste, pour ce qui est honnête et glorieux, et malgré vous, elle sera encore la plus noble et la plus redoutable des nations de la terre. »

M. Guizot s'était jusque-là longuement évertué à justifier le triste rôle qu'il avait joué comme ambasseur; il lui restait à formuler sa politique comme ministre dirigeant. Il repoussait toute responsabilité dans le passé; qu'allait-il faire pour l'avenir? Le problème valait peut-être quelques efforts d'imagination et de courage. Mais pour cet homme d'État, rien n'était plus simple. Accepter les faits accomplis, oublier l'outrage, voter à l'étranger un bill d'indemnité, clore les comptes et donner quittance avec toutes les pertes de son côté, voilà l'héroïque remède imaginé par M. Guizot pour guérir les plaies saignantes de la France.

« Tout le reste est du passé, dit-il à M. Thiers dans la séance du 28 novembre, du passé qui nous est étranger, que nous n'avons pas fait, qui a été fait en votre présence et sous votre influence. Nous ne discuterons pas ce passé; il n'est pas aujourd'hui d'une grande importance pour le pays de suivre les différentes politiques que l'on aurait pu suivre à une autre époque. Ce qu'il importe, c'est de mettre promptement un terme à une situation difficile et périlleuse : et l'on ne peut le faire qu'en acceptant à la fois les faits accomplis et la réserve faite par la note du 8 octobre au profit du pacha. Telle est la politique que veut suivre le cabinet qui est devant vous. »

M. O. Barrot se leva pour répondre. Jusqu'à ce moment la portion de la gauche qui avait soutenu M. Thiers n'avait pas pris part au débat. L'attention fatiguée de la chambre se réveilla pour écouter le plus fameux représentant d'un parti effacé. Dès les premières paroles, l'orateur mérita d'être applaudi :

« Vous parlez de faits accomplis, dit-il, eh bien ! à cet égard je sens tout autrement que vous ; et plus je vois l'exécution s'avancer, plus j'éprouve le besoin national de protester et de résister.

« Ne prenez pas le change. On a dit et répété beaucoup que l'honneur et les intérêts de la France n'étaient nullement engagés. Ainsi on se met fort à son aise en se donnant à soi-même un démenti bien éclatant. Mais si vous oubliez ce que vous avez dit, la France et l'Europe peuvent-elles l'oublier? Croyez-vous que la France ait des impressions aussi mobiles que les vôtres? Non, ce que vous avez dit, elle le maintient; l'insuccès ou la faiblesse du pacha ne change rien à sa conviction; car ni le droit, ni l'honneur, ni les intérêts n'ont changé. »

Après avoir énergiquement engagé la chambre à repousser cette détestable excuse des faits accomplis, l'orateur poursuivit :

« Il faut, Messieurs, que je vous dise mon sentiment sur quelques incidents de ce débat, un des plus douloureux auxquels j'aie assisté dans nos débats parlementaires. Une lutte personnelle, directe, s'est engagée, une lutte entre deux hommes qui dans ces derniers temps ont dirigé la politique extérieure du pays. Je ne sais s'il est un seul membre qui n'ait été péniblement affecté au fond de son cœur, lorsqu'on a vu l'ambassadeur et le ministre se combattre à cette tribune avec des notes même confidentielles, lorsqu'on a vu deux hommes identifiés, pour l'étranger au moins, dans une même politique, se livrer le plus déplorable combat.

« Est-ce que vous croyez que dans une telle lutte, les hommes et les choses ne reçoivent pas une sérieuse atteinte? Ah! je le sais, vous n'avez pas trahi; vous avez obéi aux instructions qui vous étaient données; personne ici ne soupçonne le contraire. Mais savez-vous ce qui, à la lecture de certaines pièces, a soulevé l'expression unanime d'un pénible sentiment?.... Désormais, s'est-on dit, qui sera sûr de la discrétion du pouvoir dans la direction des affaires, quand un ministre, ayant choisi un représentant de la France au-dehors, et lui ayant confié non-seulement des documents officiels, mais ses plus intimes pensées, ce représentant, passant sans transition dans un camp opposé, viendra à cette tribune donner au pays et à l'étranger le douloureux spectacle d'un tel antagonisme, et se servira même des pièces où la pensée intime du ministre se sera épanchée?

« Ah! que de tels exemples ne se reproduisent pas! On peut être sûr de soi, on peut avoir une confiance personnelle dans son talent; mais il est des situations qui dominent tous les talents.

« Voulez-vous mon sentiment? Ambassadeur de cette politique, confident intime de cette politique, vous étiez le dernier homme qui pouvait remplacer le ministre qui l'avait pratiquée. »

Paroles cruelles et bien méritées! accusation d'autant plus accablante, qu'elle était dans la bouche de tout le monde!

L'autorité morale du nouveau cabinet était loin de s'être raffermie dans cette longue discussion. Mais il comptait, non sans raison, sur les complaisances d'une chambre incapable de résolutions énergiques. Vainement la voix ardente de quelques orateurs se faisait l'écho de généreuses inspirations; les muets du parlement trouvaient bien plus d'éloquence dans les conseils de leur égoïsme, et de leurs secrètes terreurs; les dévoués des centres ne voyaient rien au-dessus des arguments d'un ministre, et les nombreux fonctionnaires prenaient le mot d'ordre de leurs chefs suprêmes. Cependant, malgré tous ces éléments d'un succès assuré, M. Guizot fut obligé de modifier les termes de ses engagements pacifiques. Il avait fait dire au roi que le traité du 15 juillet était circonscrit dans les mesures que les quatre puissances avaient prises pour arranger un différend entre le sultan et le pacha; il avait affirmé à la tribune de la pairie que le traité était tout entier dans cette phrase, rien de plus, rien de moins. La commission de la chambre des débutés avait complaisamment répété les mêmes paroles. L'attitude de la chambre et du pays la contraignit de changer de langage ; elle vint elle-même apporter des amendements à son humble projet. Au lieu de présenter les conventions du traité comme de *simples mesures* pour un arrangement entre le sultan et le pacha, elle disait : « La France s'est vivement émue des événements qui viennent de s'accomplir en Orient. » Au lieu d'énumérer complaisamment toutes les violences qu'elle pouvait subir jusqu'au *territoire menacé*, elle se résignait à dire : « La France veillera au maintien de l'équilibre européen, et ne *souffrira pas* qu'il y soit porté atteinte. » C'était se placer bien loin de *la paix partout et toujours*. M. Guizot lui-même, en présence des sentiments non équivoques de la chambre, fut obligé d'accepter les amendements. Il est vrai qu'il n'en était guère embarrassé ; il était facile de les rendre illusoires. Mais il n'en était pas moins réduit à se démentir et à désavouer l'audace de ses abaissements. La chambre, n'osant mieux faire, le condamnait à l'hypocrisie.

M. Guizot s'y résigna facilement, et cette accommodante abnégation lui valut pour l'ensemble de l'adresse 247 voix contre 164 opposants.

Ainsi la même chambre avait donné la majorité à trois ministères d'origines diverses et de prétentions bien opposées. Le 12 mai avait été choisi en dépit de la coalition parlementaire, et le parlement accepte de bonne grâce sa défaite. Une seconde coalition renverse le 12 mai, et le 1ᵉʳ mars promet l'inauguration du régime parlementaire. Mais, bientôt infidèle à ses engagements, il subit le gouvernement personnel avec autant de résignation que ses prédécesseurs, et la chambre lui donne aveuglément son concours. Il tombe, non pour avoir fait acte de courage, mais pour n'avoir pas consenti à faire acte public de peur, et la chambre, qui l'avait salué de ses applaudissements et de ses votes, tend la main au 29 octobre et se déclare prête à le suivre. Absence de principes, oubli de ses propres actes, désaveu de ses victoires, voilà ce qu'on pouvait lire dans les votes successifs de la chambre. Il y avait plus encore. Toutes ces évolutions ministérielles auxquelles elle assistait avec tant de bonhomie, démontraient de mieux en mieux combien le régime parlementaire, dans son organisation actuelle, était défectueux et impuissant. Exprimant un jour sa volonté pour subir le lendemain une volonté contraire, appuyant un ministère pour le déserter, avouant une politique pour l'abandonner, le parlement n'avait d'existence à lui que le jour où la main royale qui le maintenait se retirait fatiguée. Mais dès que cette main s'avançait encore, il se courbait en silence, acceptait doucement le joug, et rentrait dans le sillon qui lui était tracé. Aussi, chacune des législatures qui se succédaient devenait-elle tellement déconsidérée, qu'aucune n'achevait le cours de son existence légale. Une dissolution par ordonnance les empêchait de s'affaisser sur elles-mêmes dans leur propre décomposition. La chambre qui venait d'absoudre M. Guizot, venait de précipiter les jours de sa décadence.

CHAPITRE II.

Nouvelle lettre de lord Palmerston. — Lettre de Louis-Philippe à ce sujet. — Nouvelles insurrections dans la Syrie. — L'émir Beschir traite avec les Anglais. — Ils le transportent à Malte. — Prise de Beyrouth, de Saïde, de Sour, de Saint-Jean-d'Acre. — Énergie de Méhémet-Ali. Attaque d'Alexandrie. — Méhémet-Ali est trahi par ceux qui l'entourent. — Capitulation. — Traité du 27 novembre. — Luttes à l'intérieur. — Circulaire de M. Martin du Nord. — Saisie du *National*. — Condamnation de M. de Lamennais. — Interdiction du banquet annuel des Polonais. — Inondations dans l'Est et le Midi. — Désastres de Lyon et de Mâcon. — Nouvelles intrigues ministérielles. — M. Molé et l'alliance russe. — Discussion de la loi des fortifications.

Au moment où M. Guizot proclamait à la tribune la soumission aux faits accomplis, il s'en accomplissait d'autres qui devaient agrandir le cercle des concessions.

Une nouvelle note de lord Palmerston, en apparence destinée à répondre à M. Thiers, mais datée du 2 novembre, alors que l'on connaissait à Londres le changement de ministère, venait répéter à la France que les coalisés ne consentiraient à aucune transaction. M. Thiers, dans sa note du 8 octobre, prétendait faire de la déchéance du pacha un *casus belli*. Voici ce que répondait le ministre anglais :

« Il n'appartient qu'au sultan, en sa qualité de souverain de l'empire ottoman, de décider lequel de ses sujets sera nommé par lui pour gouverner telle ou telle partie de ses possessions, et les puissances étrangères n'ont aucun droit de contrôler le sultan dans l'exercice discrétionnaire d'un des attributs inhérents et essentiels de la souveraineté indépendante. »

Il était difficile de mêler plus d'arrogance à plus de dérision. Aux yeux de tous, l'indépendance du sultan consistait à être soumis humblement à la volonté des quatre puissances, et lorsque lord Palmerston semblait remettre toutes choses à la décision du Sultan, il ne reconnaissait en réalité que la volonté de la coalition.

Et cependant cette note de lord Palmerston fut un sujet de joie pour Louis-Philippe! Quelques extraits d'une lettre écrite par lui au roi des Belges contiennent à cet égard de curieuses révélations :

« Paris, 6 novembre 1840.

« Mon très-cher frère et excellent ami.

« Il nous est arrivé hier une dépêche de lord Palmerston qui m'a
« fait plaisir. Elle est encore adressée à Thiers ; mais comme elle porte
« la date du 2 novembre, il est clair que c'est après avoir eu connais-
« sance de l'installation du nouveau ministère, que la dépêche a été
« résolue et faite. Le ton en est bon, et sauf quelques récriminations,
« plutôt de regret que de reproche, que M. Guizot pense comme moi
« qu'il ne faut ni relever ni discuter, nous croyons pouvoir donner
« adhésion au principe qui y est posé, savoir : la nécessité que le
« pacha soit placé et maintenu dans un état de soumission au sultan,
« d'autant plus volontiers que nous avons constamment proclamé et
« maintenu ce principe, et que c'est même la France qui a résisté la
« première au pacha, quand il a manifesté, en 1833 et en 1834, le
« désir de se déclarer *indépendant*.

...... « Qu'on sache donc bien à Londres quelle est la nature de la
« lutte dans laquelle (je ne récrimine pas sur la cause, que je crois
« pourtant avoir été si futile, ou du moins si facile à éviter ; n'importe
« je prends les faits accomplis sans m'occuper du passé), dans laquelle,
« dis-je, nous sommes engagés *neck or nothing* [1]. Cette lutte n'est
« ni plus ni moins que la paix ou la guerre ; et si c'est la *guerre*, que
« lord Palmerston et ceux qui n'y voient peut-être que des dangers
« pour la France, sachent bien que quels que puissent être les pre-
« miers succès d'un côté ou de l'autre, les vainqueurs seront aussi
« immaniables que les vaincus ; que jamais on ne refera ni un con-
« grès de Vienne, ni une nouvelle délimitation de l'Europe ; l'état
« actuel de toutes les têtes humaines ne s'accommodera de rien et
« bouleversera tout. *The world shall be unkinged* [2] ; l'Angleterre
« ruinée prendra pour son type le gouvernement modèle des États-
« Unis, et le continent prendra pour le sien l'Amérique espagnole.

« Mais laissons cela ; si c'est la paix qui l'emporte, tout se calmera,
« non sans doute sans beaucoup de craintes et de dangers ; mais la
« leçon de l'impuissance des partisans de la guerre nous donnera des
« forces. Nous commencerons, comme je le fais depuis dix ans, par
« gagner du temps, et le temps aujourd'hui c'est tout. Cela nous ra-
« mènera d'abord les fins observateurs de la girouette ; et plus on se
« persuadera que nous sommes les plus forts, plus nous aurons de
« facilité pour continuer à l'être.

« Ne nous y trompons pas. Le point de départ, c'est le renversement
« ou la consolidation du ministère actuel. S'il est renversé, point d'il-
« lusions sur ce qui le remplace ; c'est la guerre à tout prix, suivie
« d'un 93 perfectionné, etc. S'il est consolidé, c'est la paix qui
« triomphe, et ce n'est que par la paix qu'il peut l'être ; mais il faut se
« dépêcher, car vous savez que les têtes gauloises sont mobiles. On va
« soutenir ce ministère, parce qu'on croit qu'il apportera la paix ;
« mais s'il ne l'apporte pas tout de suite, on ne tardera pas à croire
« qu'il ne l'apportera pas du tout, et alors on croira aussi que la
« guerre est inévitable, et qu'il faut l'entamer bien vite pour prendre
« les devants sur ceux qu'on appellera tout de suite *les ennemis*. Dé-
« pêchons-nous donc de conclure un arrangement que les cinq puis-
« sances puissent signer, car alors, croyez-moi, c'en est fait de la

---

[1] « *Jusqu'au cou.*
[2] « *Le monde sera démonarchisé.*

« guerre pour longtemps, pour bien longtemps; car la venette ac-
« tuelle deviendra une bonne leçon pour tous, si elle ne vous donne
« pas la guerre......
« . . . .
« . . . .

« Louis-Philippe [1]. »

Pendant que Louis-Philippe cherchait dans le roi des Belges un intermédiaire officieux, pour hâter un arrangement avec l'Angleterre, les puissances coalisées portaient les derniers coups à l'allié délaissé de la France.

Après le premier bombardement des villes maritimes de la Syrie, les progrès des coalisés avaient été nuls ou insignifiants. L'insurrection du Liban était apaisée. Ibrahim-Pacha et Soliman surveillaient en même temps les côtes et l'intérieur du pays; les coalisés occupaient le promontoire de Beyrouth, les villes de Djebaïl, Djounis et l'île de Ruad, où ils avaient établi un hôpital. Mais un stérile blocus ne suffisait pas à l'impatience des chefs anglais; ils avaient hâte d'en finir pour plus d'une raison; et la principale était que les Russes désiraient tout autre chose. Car le bon accord des alliés n'existait que dans leur opposition contre la France; mais dans les détails de la guerre, des intérêts contraires les divisaient. La Russie espérait que les difficultés se compliqueraient, que les troupes égyptiennes feraient une sérieuse résistance, et obtiendraient peut-être des succès qui nécessiteraient son intervention. Aussi accumulait-elle sur les bords de la mer Noir de formidables préparatifs. Le port d'Odessa contenait plusieurs vaisseaux

[1] « *Revue rétrospective*, p. 364.

de guerre, et plus de quatre-vingts bâtiments marchands nolisés par le gouvernement. Les constructions navales se multipliaient à Nikolaïew, Cherson, à Aleschka. Un camp nombreux se formait aux environs de Scutari; tout s'apprêtait pour l'envahissement de l'Asie-Mineure. L'Angleterre, de son côté, voulait rendre ces préparatifs inutiles, en achevant promptement la campagne sans avoir recours à la périlleuse intervention de son allié. Mais tant que les Syriens restaient en repos, tant que la montagne demeurait inactive, il n'y avait pas d'espoir de soumettre Ibrahim. Ce fut donc de ce côté que les Anglais résolurent d'agir. De nouveaux émissaires parcoururent la montagne; l'argent et les promesses furent prodigués; d'habiles pourparlers entraînèrent quelques chefs; un des fils même de Beschir, l'émir el-Kassim, se laissa gagner. Au commencement d'octobre, toute la montagne était en feu, et vingt mille paysans en armes harcelaient les troupes découragées d'Ibrahim-Pacha. Bientôt l'émir Beschir lui-même, circonvenu par des envoyés de l'amiral Stopford, conclut, le 5 octobre, une convention par laquelle il s'engageait à faire sa soumission au sultan, à condition qu'on lui garantirait la sûreté de sa personne et de ses biens, et la conservation de sa principauté dans la montagne. Deux de ses fils devaient être envoyés comme otages au camp des alliés. Cependant, par un retard involontaire, la soumission officielle de l'émir n'ayant pas eu lieu le jour fixé, l'amiral Stopford crut n'avoir plus besoin de lui après l'avoir compromis, prononça sa déchéance, et nomma au gouvernement du Liban l'émir el-Kassim, qui fut de suite revêtu, au nom du sultan, des insignes de sa dignité.

A la nouvelle de sa destitution, Beschir, saisi de consternation, s'enferma dans son harem avec ses fils, et y passa vingt-quatre heures dans les larmes, sans laisser approcher de lui aucun de ses serviteurs. Le lendemain, accompagné de sa famille et d'une suite nombreuse, il partit pour Saïda, où il arriva le 11, et se mit en communication avec le capitaine Barklay, commandant de cette station, qui le dirigea vers l'amiral Stopford à Beyrouth. Celui-ci le reçut à son bord avec tous les honneurs convenables, mais lui signifia qu'il ne pouvait pas rester en Syrie, et qu'on allait le faire conduire avec sa famille dans le lieu qu'il désignerait. Quant à ses biens, on lui promettait de les vendre, et de lui en remettre le prix. L'émir protesta vivement contre ce guet-apens, mais en vain. Enfin, après une longue discussion, voyant qu'il était prisonnier, il demanda à être conduit à Rome ou en France. L'amiral lui déclara que la chose était impossible, et qu'il était seulement libre d'aller à Malte ou en Angleterre. Il se décida pour Malte. C'est ainsi que les Anglais récompensèrent sa trahison, fidèles en cela aux traditions de leur politique. Ils en usèrent avec Beschir comme ils avaient coutume de le faire avec les princes de l'Indostan.

Aussitôt que la montagne fut en pleine insurrection, les opérations militaires recommencèrent sur les côtes. Les alliés avaient bombardé Beyrouth, mais sans s'établir dans la ville : ils résolurent de s'en emparer définitivement. Le 9 octobre, l'escadre de blocus commença à canonner vivement la place. Soliman-Pacha la défendait avec trois régiments qui bivouaquaient dans les rues, dont les principales approches étaient gardées par de l'artillerie. Les quais du port, balayés par les boulets ennemis, étaient abandonnés et sans défense. Cependant Soliman avait espéré se maintenir quelque temps dans la place. Mais l'administration des armées égyptiennes était si mal organisée, que dès le premier jour il manquait de vivres. Il fallut se retirer sans combattre.

En même temps, Saïde (l'ancienne Sidon) était attaquée par le commodore Napier. C'était un des points les plus importants occupés par Ibrahim, formant le grand dépôt d'armes, de munitions et de provisions, qui servait aux deux lignes militaires d'El-Arish et de Beyrouth. Deux vaisseaux et quatre frégates, embossés devant la ville, ouvrirent un feu terrible. Mais les murailles étaient si solides, que la pluie de bombes et de boulets n'avait, au bout d'une heure, produit aucun effet. Des embarcations armées furent alors dirigées vers le quai, où les défenseurs de la place les accueillirent avec un feu bien nourri, lorsqu'au milieu de l'engagement, un officier d'Ibrahim, soit par une trahison concertée, soit par une crainte subite, livra une porte aux assiégeants, qui se précipitèrent dans la ville et s'en rendirent bientôt maîtres.

Sour (l'ancienne Tyr), attaquée à son tour, ne tint pas une heure. Il ne restait plus sur la côte, aux mains des Égyptiens, que Tripoli et Saint-Jean-d'Acre.

Cependant le vieux pacha ne montrait pas de dispositions à céder. Poussant avec activité les fortifications d'Alexandrie, organisant au Caire une garde nationale de trente mille hommes, appelant de nouvelles troupes de l'Hedjaz, il déclarait sa ferme intention de s'ensevelir, s'il le fallait, sous les ruines de son empire. En apprenant qu'on lui avait donné pour successeur Izzet-Mohammed-Pacha, il s'était écrié avec ironie : « Izzet-Pacha est bien digne de cette faveur; il a livré Varna aux Russes. Moi, au contraire, j'ai reconquis la Morée au sultan, et sauvé, à cette époque, l'empire d'une ruine complète. »

Son plus vif désir était de tenter un coup décisif, en faisant sortir du port d'Alexandrie la flotte combinée, au nombre de vingt-un vaisseaux de ligne et de dix-huit frégates, pour aller offrir le combat à l'escadre anglo-turque composée de quinze vaisseaux et de six frégates. Mais ce projet rencontrait une vive opposition chez les agents du gouvernement français. M. Cochelet, consul général, et M. Waleski, envoyé extraordinaire, eurent à ce sujet de longues et fréquentes discussions avec le pacha, sans pouvoir cependant vaincre sa détermination. Le plan de Méhémet ne manquait ni de résolution ni de grandeur. S'il ne réussissait pas à contraindre les alliés au combat, il voulait se rendre à Salamine sous la protection de l'escadre française, et même à Toulon, si l'amiral Hugon lui refusait appui. Une fois la flotte égyptienne accueillie par l'hospitalité française, les alliés étaient forcés de la respecter, et Méhémet, sûr désormais de l'appui de la France, pouvait, jusqu'au printemps, maintenir dans le devoir les populations du Liban. Pendant ce temps, on donnerait une nouvelle organisation à la flotte égyptienne. On incorporerait dans les équipages des matelots français, et dans six mois, la France pourrait se présenter aux alliés avec soixante vaisseaux de ligne et quarante frégates.

Cette hardie combinaison aurait sans doute assuré à la France d'incontestables avantages. Mais elle donnait trop de chances à la guerre, pour être goûtée par le cabinet des Tuileries. Les agents de M. Thiers avaient combattu opiniâtrement les énergiques résolutions du vieillard, et n'osant le protéger, ils l'avaient empêché de se protéger lui-même par les tentatives d'un courageux désespoir, ou de compromettre la paix de la France par les engagements d'une hospitalité périlleuse.

Pendant que le pacha d'Egypte était paralysé par les conseils de la France, les Anglais poursuivaient leur œuvre de destruction. Trois jours après l'avénement du 29 octobre, la ville de Saint-Jean-d'Acre tombait entre leurs mains. Le 2 novembre, vingt-deux bâtiments de guerre, tonnant tous à la fois, accablèrent la place de bombes et de fusées à la congrève. Le feu, commencé à neuf heures et demie du matin, ne cessa qu'à cinq heures et demie du soir. Pendant ce temps, soixante mille projectiles, boulets pleins ou creux, avaient été jetés dans la place; un seul vaisseau, la *Princesse Charlotte*, avait lancé quatre mille quatre cents boulets; le *Bellérophon* avait usé cent soixante huit barils de poudre et vingt-huit tonneaux de boulets rougis. Toutes les maisons de la ville étaient démantelées, on ne voyait dans les maisons égyptiennes que des morts et des blessés.

Cependant, malgré les ravages causés par le feu des vaisseaux alliés, les assiégés continuaient à opposer une résistance désespérée, lorsqu'une explosion terrible vint tout à coup se faire entendre. Le ciel fut obscurci pendant plusieurs minutes par une fumée si épaisse, que la flotte combinée et la place semblèrent disparaître; c'était le principal magasin de poudre qui venait de sauter. Un tiers environ de la ville se trouvait abattu et détruit : près de deux mille soldats, une grande quantité de chevaux, de chameaux et de bœufs, lancés au loin, retombèrent en lambeaux ou furent ensevelis sous les décombres.

Les batteries des assiégés cessèrent alors de tirer; quelques espions vinrent annoncer à l'amiral Stopford que la garnison égyptienne avait complètement évacué la ville ; et bientôt le pavillon britannique fut arboré sur les murs démantelés.

Il ne restait plus, pour compléter la ruine du pacha d'Égypte, qu'à l'aller attaquer dans Alexandrie. Le 26 novembre, la flotte des alliés se présenta devant cette ville, après avoir, sur son passage, reçu la soumission de Jaffa. Pendant que les vaisseaux prenaient possession, le commodore Napier, monté sur un bateau à vapeur, pénétra hardiment dans le goulet, passa à travers les feux croisés des forts, et arbora au milieu du port le pavillon parlementaire. Conduit aussitôt au palais de Méhémet-Ali, il le somma de se rendre aux conditions stipulées par l'ultimatum des quatre puissances. Mais les instances du commodore, sa colère même, furent inutiles. « Nous brûlerons la ville, s'écria-t-il avec emportement. — Brûlez, répondit tranquillement le pacha. »

Le commodore Napier sortit alors, en lui donnant vingt-quatre heures pour se décider. En sortant du port, il montra du doigt à son interprète un bâtiment fortifié de la ville, en disant : « Voilà la poudrière ! »

Revenu à bord de la flotte, Napier ne tarda pas à reparaître avec des embarcations qui sondèrent la passe. Tout se préparait pour le bombardement.

Mais ceux qui entouraient Méhémet-Ali ne montraient pas la même fermeté que lui. Il se trouva pressé de sollicitations, accablé de craintives supplices. Une autre cause plus puissante vint rompre ses déterminations. Les Anglais, ne se fiant pas seulement à la force de leurs canons, s'étaient ménagé dans la place de nombreuses intelligences. Plusieurs hommes considérables étaient gagnés à leur cause, et l'or avait été habilement distribué parmi les soldats et la population. A peine eut-on apris qu'une résistance sérieuse se préparait, que des symptômes d'insurrection se manifestèrent dans différents quartiers de la ville; plusieurs soldats turcs de garde aux batteries placées à la pointe du sérail, enclouèrent les pièces qui devaient servir. Le pacha vit trop tard qu'il était environné de trahisons ou de mauvaises volontés. Il accepta son sort avec la résignation d'un musulman, fit rappeler le commodore Napier, et signa, en date du 27, une convention en vertu de laquelle il évacuait immédiatement la Syrie, et s'engageait à restituer la flotte ottomane, aussitôt qu'il aurait reçu la notification officielle que la sublime Porte lui accordait, sous la garantie des quatre puissances, le gouvernement héréditaire de l'Égypte.

Ainsi se trouvaient accomplies jusqu'au bout les menaces de la coalition, ainsi se trouvaient vérifiées les prévisions de lord Palmerston qui avait osé s'écrier : « La France laissera faire; » sans que rien vînt contredire ces prophétiques insultes.

La première partie du programme de M. Guizot : « Paix au-dehors, » était merveilleusement remplie; la seconde partie : « Guerre au-dedans, » s'observait avec une égale fidélité. Le nouveau ministre de la justice, M. Martin (du Nord) avait, le 6 novembre, adressé aux procureurs généraux une circulaire pour leur recommander l'exécution rigoureuse des lois contre la presse. Le 8 novembre, une saisie du *National* répondait aux exhortations du ministre. Quelques jours après une feuille nouvelle, la *Revue démocratique* était également poursuivie. L'éditeur de ce dernier recueil fut condamné à une peine sévère; le *National* fut renvoyé de la plainte par la chambre des mises en accusation. Mais M. Martin (du Nord) ne se découragea pas. Une nouvelle saisie vint frapper le *National* le 16 décembre, et le 26, M. Lammennais était condamné par la cour d'assises à un an de prison et 2,000 francs d'amende. La poursuite de ce dernier remontait, il est vrai, au ministère du 1ᵉʳ mars; en cela du moins le 29 octobre était loin de désavouer ses prédécesseurs. Mais, avant tout, il lui importait d'offrir des gages à l'étranger. Les exilés polonais résidant à Paris se proposaient de célébrer, le 29 novembre, le 10ᵉ anniversaire de la révolution qui, pour quelques mois, délivra Varsovie de l'oppression russe. Ils avaient désigné pour présider à leur réunion un vieux soldat, le général Rybinski, qui avait commandé le dernier l'armée nationale. En même temps ils avaient invité à se rendre au milieu d'eux plusieurs citoyens français, MM. Garnier-Pagès, Bastide, Buchez, et au général Rybinski ils avaient adjoint, comme président français, M. Arago. Ce n'était pas une innovation. Toujours depuis neuf ans, les réfugiés polonais avaient eu un président français, toujours des orateurs français avaient pris la parole; toujours des citoyens des deux nations s'étaient assis côte à côte dans cette fête commune aux deux peuples, faible consolation pour ceux qui avaient perdu une patrie, généreux hommage de ceux qui apportaient aux exilés la sympathie et l'espérance.

Et cependant ce qui s'était toujours fait sous tous les ministères, même aux jours des guerres civiles, fut frappé d'interdiction par le cabinet du 29 octobre. Le préfet de police signifia aux commissaires que leur réunion n'aurait pas lieu si des Français y présidaient ou y portaient la parole. On craignait sans doute que des hommes considérables dans l'opposition n'exprimassent avec trop de sincérité les sentiments que leur inspirait l'autocrate russe ; le promoteur de la coalition contre la France était bien digne que le gouvernement français le protégeât. M. Guizot couvrait le czar de son égide pacifique.

Cette mesure inusitée était en même temps une insulte au malheur et une aggravation de peines : on séquestrait les Polonais comme une nation de pestiférés : on leur enlevait l'expression des sympathies françaises, leurs dernières ressources, peut-être leurs dernières illusions. Ils ressentirent douloureusement une telle injure, et ils se résolurent avec amertume à contremander leur réunion, puisqu'on leur refusait la triste joie de recevoir de quelques voix amies des encouragements et des consolations.

Pendant que les faiblesses de l'extérieur faisaient contraste avec les violences de l'intérieur, de terribles fléaux portaient la ruine et la désolation dans les riches campagnes du midi et de l'est. Aux premiers jours de novembre, des inondations subites, effrayantes, irrésistibles, envahirent les vallées du Rhône, de la Saône et du Gard. La ville de Lyon fut bientôt convertie en un vaste lac où surnageaient les débris des maisons emportées, des fabriques détruites, des bateaux brisés. L'usine de gaz de la Guillotière, bâtie cependant avec solidité, n'ayant pu résister à la force des eaux ; dans toute cette partie de la campagne qui s'étend des Brotteaux à la Guillotière, plus de 160 maisons étaient écroulées. Parmi les habitants, les uns avaient péri dans les flots, les autres erraient nus et sans pain.

A Mâcon les désastres n'étaient pas moindres. Soixante lieues dans les environs étaient ravagées ; plus de cent villages avaient disparu. Dans la partie haute de la ville, six mille paysans bivouaquaient sur les places, dans les rues, dépouillés de tout. Pendant six jours, les bateaux de sauvetage envoyés par les autorités parcouraient la vallée submergée pour arracher les victimes à l'impitoyable fléau, sans pouvoir suffire à sauver toutes les infortunes. Dans certains endroits, de malheureuses familles attendirent deux ou trois jours sur leurs toits, dans les clochers ou sur des tertres déjà inondés. Quelques-uns, saisis par le délire de la fièvre et de la faim, s'attachaient aux chevrons de leurs toits, sans vouloir qu'on les en arrachât. Il se passait des scènes horribles de douleur et de désespoir.

Les départements voisins étaient également couverts de ruines ; l'Ain, l'Isère, le Gard, la Drôme et le Vaucluse étaient bouleversés, les champs dépouillés de la terre végétale, les arbres déracinés, et tout espoir de récolte perdu.

Ces effroyables désastres produisirent dans toute la France un douloureux retentissement ; d'ardentes sympathies s'éveillèrent dans le cœur de tous les citoyens. Des souscriptions furent partout ouvertes pour venir en aide au malheur ; le gouvernement, interprète du vœu national, vint demander aux chambres les moyens de réparer quelques-uns des maux causés par les inondations, et les chambres, s'associant au sentiment qui dictait cette proposition, votèrent à l'unanimité un crédit de six millions 500 mille francs, applicables : 1,500 mille francs à la reconstruction des voies de communication interrompues ou détruites, et 5 millions au soulagement des plus pressants besoins et des plus impérieuses nécessités. Mais que pouvaient de si faibles ressources dans une si grande proportion de malheurs ? que pouvait une goutte d'eau dans un océan de misères ? La destruction avait été si rapide, si générale, que d'après le relevé officiel fait dans le seul département de l'Ain, le nombre des maisons écroulées sur le littoral de la Saône était de douze cents. Ce fut l'occasion pour quelques écrivains de faire entendre des vœux en faveur de grandes institutions de prévoyance, qui permettraient au gouvernement d'alléger d'une manière plus efficace de subites catastrophes, et de ne pas être pris entièrement au dépourvu, même par les coups inattendus du sort. Les pensées exprimées à ce sujet étaient encore vagues et timides; mais on y voit le germe de questions qui devaient être soulevées plus tard avec une brûlante ardeur.

Le ministère ne sut pas cependant se mettre à l'abri de la critique dans l'emploi des fonds. D'innombrables familles mourant de faim durent subir les délais des formules bureaucratiques, avant de toucher l'obole de la charité publique, et plus d'un mois après les catastrophes, deux ministres interpellés à la chambre répondaient qu'ils n'avaient pas de renseignements. En même temps cependant 100,000 francs étaient envoyés à Lyon sur la demande de M. Sauzet, 50,000 francs à Mâcon sur les instances de M. de Lamartine. Déjà l'on se demandait si le gouvernement allait faire d'un malheur public un moyen d'influence pour les députés bien pensants. Malheureusement, dans les distributions de secours individuels, plus d'un préfet s'exposa aux mêmes accusations, plus d'un malheureux vit réduire sa portion d'aumône, faute d'avoir l'apostille d'un électeur influent.

La presse signalait ces abus et n'était guère écoutée. Le ministère, tout occupé du soin de sa propre existence, avait peu de temps à donner aux intérêts de quelques paysans ruinés. De hautes intrigues occupaient toutes ses facultés actives. Malgré son empressement à désavouer le passé, malgré ses déférences pour les puissances alliées, M. Guizot ne réussissait qu'à demi, soit à l'intérieur, soit à l'extérieur. Les conservateurs zélés ne lui avaient pas encore pardonné la coalition, et les cours étrangères voyaient encore quelque chose de menaçant dans un programme qui prenait pour formule la paix armée. Leur influence avait renversé un ministère qui affectait une attitude offensive avec 900 mille hommes; elles n'acceptaient pas une attitude défensive avec 500 mille. On avait désarmé la guerre; on voulait désarmer la paix. Le projet de fortifier Paris inspirait aussi des ombrages au-dehors, surtout avec l'enceinte continue, inutile pour la répression intérieure, efficace seulement contre les agressions de l'Europe. Il y avait au fond de cette mesure une pensée révolutionnaire qui alarmait les chancelleries, et un surcroit de puissance militaire pour la France, qui déconcertait la tactique des signataires du traité de Londres. M. Guizot avait été un instrument utile pour renverser M. Thiers; mais il n'était déjà plus suffisant pour faire rentrer la France dans le congrès européen. Une première victoire rendait plus exigeant; la paix armée devenait malsonnante; les fortifications semblaient une menace; il fallait une paix sans armes et sans précaution. C'est, du reste, la logique des concessions. M. Guizot avait trop accordé, pour qu'on ne voulût pas davantage. Mais son programme était fait; il ne pouvait le changer sans tomber avec déshonneur; il y avait associé la chambre, la couronne et tout le pays légal. Le terrain était favorable pour lutter contre ses adversaires. L'homme que lui opposaient les conservateurs outrés, était son ancien rival,

M. Molé, adversaire décidé des fortifications; et une nouvelle combinaison ministérielle était toute préparée pour remplacer le cabinet du 29 octobre. M. Lamartine, également opposé aux fortifications, devait avoir le ministère de l'intérieur. MM. Passy et Dufaure recevaient les portefeuilles des finances et de la justice. Ce n'est pas que cette combinaison fût définitivement acceptée par ceux qui y figuraient; nous racontons seulement les projets des faiseurs. M. Lamartine, par exemple, ennemi sincère des compressions intérieures, mettait, pour condition à son entrée aux affaires, de larges concessions à l'esprit libéral des institutions, à la dignité individuelle des citoyens : il ne voulait, disait-il se présenter au ministère que « les mains pleines de libertés; » MM. Dufaure et Passy devaient le seconder dans son système de progrès et d'organisation démocratique.

Pour le système extérieur, l'intrigue était plus compliquée. M. Molé avait été toujours en grande faveur à Saint-Pétersbourg, et par reconnaissance autant que par goût, il faisait de l'alliance russe la base de la politique française. Les circonstances devenaient singulièrement favorables à ce projet. Le czar, en provoquant le traité du 15 juillet, ne s'était pas dissimulé qu'il pourrait en sortir une guerre européenne; mais aussi de ce bouleversement général du monde pouvait naître l'occasion d'accomplir à l'improviste ses desseins sur Constantinople. Cependant la prompte soumission de la Syrie et de l'Égypte, et l'incroyable patience du gouvernement français avaient trompé ses calculs. Il ne lui restait plus d'autre bénéfice que la rupture de l'alliance anglo-française. C'était beaucoup; mais ce n'était que la moitié de ce qu'il cherchait. Il avait détaché la

France de l'Angleterre, il voulait attirer la France à lui. Changeant tout à coup de langage et d'allures, il se montra, envers le gouvernement français, aussi empressé qu'il avait été arrogant. Le changement de ministère lui offrait un prétexte. M. Guizot, à son avénement, avait adressé au comte de Nesselrode une communication officielle, déclarant que la politique du nouveau cabinet avait pour principal objet d'assurer le maintien de la paix en Europe. La réponse fut faite par une note verbale remise le 26 décembre à M. Guizot par M. le comte Pahlen. Cette note contenait des expressions de sympathie auxquelles le cabinet des Tuileries n'était pas accoutumé. Les explications particulières de l'ambassadeur russe ajoutèrent encore aux charmes de la surprise. Le comte assurait à M. Guizot, en termes pleins de chaleur, que son souverain appréciait trop les avantages de l'amitié de la France, pour ne pas saisir l'occasion de renouveler d'anciennes relations d'alliance avec elle, et d'appuyer l'intervention de son gouvernement en faveur de Méhémet-Ali.

De si courtoises avances faisaient oublier bien des outrages, et l'on se réjouissait aux Tuileries de voir une porte ouverte à la reprise des alliances continentales. Le czar, toutefois, ne se laissait guère entraîner par le sentiment; ses antipathies contre la famille d'Orléans n'étaient pas moins vives; mais il les faisait taire devant de plus puissantes considérations. Fidèle aux traditions de la politique moscovite, il tenait toujours ses regards attachés sur Constantinople, et ne négligeait aucune occasion d'arriver à l'accomplissement de ses projets. Déjà depuis l'isolement de la France, il avait, par des voies détournées, fait pressentir à Louis-Philippe les avantages qu'il rencontrerait dans une alliance avec la Russie. Le roi Léopold, ami de tout le monde, et confident intime des Tuileries, écrivait à ce sujet : « Pourquoi ne pas donner des garanties à la Russie ? L'empereur est le seul souverain qui puisse tolérer la démocratie à Paris, le seul à qui l'extension de la France ne saurait porter ombrage. Pourquoi lui disputer le Levant, s'il vous assure l'empire de la Méditerranée. Réunissez les flottes de France et de Russie, et faites de la Méditerranée un lac fermé. » Tel était, en effet, le plan politique du czar : l'alliance de la Russie et de la France, ayant pour objet la possession du Levant par un de ces États, la possession du littoral de la Méditerranée par l'autre, l'exclusion de la marine anglaise de la mer intérieure, et l'union des deux grandes puissances maritimes seules en état de tenir tête à l'Angleterre.

Toutefois pour arriver à la conclusion de ce traité, M. Guizot semblait un obstacle. M. Guizot était de l'école anglaise; il avait été de l'école libérale, et quoique transfuge, il lui restait encore des habitudes et des souvenirs qui s'accordaient mal avec les principes de l'alliance russe. Mais il y avait en face de lui un homme que n'avait jamais entaché le libéralisme, que l'école anglaise n'avait jamais séduit, M. Molé. Depuis longtemps acquis au système russe, fort bien venu en cour, chef avoué d'un parti politique auquel M. Guizot lui-même semblait un novateur, M. Molé était le ministre nécessaire au rapprochement définitif de Saint-Pétersbourg et des Tuileries, à l'inauguration de la grande politique qui devait renouveler les souvenirs de Tilsitt et d'Erfurt. Entrant dans les vues du czar, tous les Russes de distinction qui se trouvaient à Paris, fréquentaient les salons de M. Molé; ils l'environnaient d'hommages, et usaient de toute leur influence pour le pousser aux affaires. Car la diplomatie russe a sur les autres cet avantage qu'elle est merveilleusement secondée par ses nationaux à l'étranger. Tout seigneur russe devient même à son insu un agent de l'ambassade, et dans l'aristocratie moscovite les femmes ne sont pas les moins habiles.

Aussi l'intrigue ministérielle qui se négociait avait-elle de grandes chances de réussite ; M. Molé ayant pour lui les sympathies de la cour, l'appui de la Russie et les menées des conservateurs purs. La vieille phalange des 221 était remplie d'ardeur et d'espérance.

D'un autre côté, cependant, l'ambassade anglaise, bien au courant de ces manœuvres, les surveillait d'un œil jaloux, leur opposait ses plus puissantes influences, et soutenait avec zèle la fortune chancelante de M. Guizot. La presse de Londres exaltait ses mérites ; lord Palmerston l'accablait de prévenances ; de hauts personnages, habilement mis en jeu, intervenaient auprès de MM. Dufaure et Passy, pour leur faire entrevoir tous les dangers de l'alliance russe ; on les excitait contre M. Molé par des questions d'amour-propre ; on semait la division pour faire avorter la combinaison projetée.

Il y avait sans doute quelque chose d'étrange à voir la direction intérieure de la France livrée aux fantaisies des cours étrangères, et le personnel même du ministère débattu au sein des chancelleries. Quant au pays, il ne comptait pour rien. M. Molé ou M. Guizot personnifiaient le triomphe de Saint-Pétersbourg ou de Londres, sans que la chambre elle-même offrît un asile ou une consolation à la dignité nationale. La chambre n'avait-elle pas accepté tour à tour M. Soult, M. Thiers et M. Guizot ; toute prête encore à donner le même nombre de voix à M. Molé? N'attendait-elle pas en silence le résultat des transactions diplomatiques?

Ces intrigues étaient de part et d'autre en pleine activité, lorsque les députés furent saisis du projet de loi sur les fortifications. Aucune question, depuis longtemps, n'avait si profondément remué les esprits, et les émotions étaient d'autant plus vives, qu'elles prenaient leur source dans des éléments divers, qui, se heurtant et se compliquant, produisaient dans les partis politiques de graves dissensions, rapprochant des voix qui s'étaient toujours combattues, créant des hostilités entre hommes qui avaient toujours marché d'accord, et introduisant dans les luttes de la presse et du parlement, une confusion et un trouble dont on n'avait pas eu d'exemple. Les partis, en cette occasion, perdirent tout ensemble et toute discipline; chacun se plaçait à un point de vue exclusif où la passion ne laissait aucune place au raisonnement, surtout dans les opinions extrêmes qu'alarmaient bien plus les pensées bien connues de Louis-Philippe que les entreprises de l'étranger.

Ce qui ajoutait encore à la confusion des idées, c'est que parmi les partisans des fortifications, il n'y avait aucun accord, soit sur le but, soit sur l'exécution.

Il était évident pour tous que le roi y cherchait une garantie contre les turbulences des faubourgs, un surcroît de force intérieure, un plus puissant moyen de gouvernement. C'était une pensée de vieille date, et s'il y renonça momentanément, c'est qu'en 1833 et 1834, la population s'y était énergiquement opposée. Mais aux bruits de guerre qui se faisaient en Europe, en face d'une coalition nouvelle qui menaçait l'indépendance de la France, l'occasion était trop belle pour la laisser échapper : les fortifications pouvaient désormais s'élever sous prétexte de guerre, et l'on ne semblait plus obéir qu'à des sentiments de dignité nationale. Beaucoup s'y trompèrent, et les applaudissements succédèrent aux méfiances.

Les radicaux néanmoins n'étaient pas dupes de cette haute comédie ; seulement, ils l'accueillirent avec des sentiments divers. Les uns, préoccupés avant tout de la nécessité de protéger la capitale contre l'invasion étrangère, de rendre même peut-être l'invasion impossible, voulaient à tout prix les fortifications, sans s'inquiéter des pensées secrètes qui inspiraient le château. Mettant en balance les dangers d'une guerre extérieure avec ceux d'une tyrannie intérieure, ils n'hésitaient pas à courir quelques risques au dedans à condition de prendre toutes les précautions au dehors. Ils s'effrayaient peu d'ailleurs des calculs de Louis-Philippe. Un trône environné de forteresses n'en est pas plus solide ; tandis que Paris environné de murailles devenait inattaquable.

Ce raisonnement était simple et concluant. Il rencontra toutefois d'opiniâtres adversaires dans une notable fraction des radicaux. La méfiance chez eux dominait tout autre sentiment. Ils aimaient mieux voir la capitale ouverte aux coups de l'ennemi, qu'entourée de satellites, peu soucieux d'ailleurs d'incertitudes lointaines, occupés seulement du danger qui était proche. Les premiers, il faut le dire, portaient leurs vues plus loin. Prévoyant tôt ou tard une révolution qu'ils préparaient, ils voulaient que la révolution se trouvât tout armée à sa naissance ; les seconds craignaient que la révolution ne fût retardée par les fortifications, et sacrifiaient sa force future au désir de la voir plus tôt.

Ces divergences d'opinion amenèrent entre les différents organes radicaux une polémique animée, souvent aigre et pleine de mutuels reproches. Le *National*, énergique soutien de la première thèse, fut en butte à de violentes attaques, et les rivalités personnelles en profitèrent pour amoindrir l'influence de cette feuille. Il est certain que sa popularité s'en trouva longtemps compromise. Cela s'explique par la nature même de la population de Paris. Ardent et intrépide, le Parisien des ateliers et des faubourgs supporte avec impatience ce qui semble gêner la liberté de ses mouvements et même de ses regards. L'idée de voir élever autour de ses demeures, au centre de ses promenades, une multitude de bastilles, lui portait ombrage. En vain lui parlait-on des périls du dehors ; il sentait en lui-même les ressources nécessaires pour repousser l'ennemi, et se moquait de ces murailles qui lui semblaient un outrage à sa bravoure et une atteinte à sa liberté. Les calculs éloignés de la politique ne le touchaient guère ; ce qu'il voyait avant tout, et ce qui le blessait, c'est que ses faubourgs étaient emprisonnés dans d'épaisses murailles. Ces vives susceptibilités n'étaient que trop faciles à exciter, et les adversaires des fortifications exploitèrent habilement tout ce qu'il y avait de fier et de généreux dans les élans populaires.

Ils étaient aidés dans leur tâche par les feuilles légitimistes, qui, d'une part, étaient fort inquiètes de voir Louis-Philippe retrancher son trône derrière des citadelles, et d'autre part, supportaient avec peine que l'on donnât un surcroît de force à la centralisation. Paris, le siège des révolutions, Paris coupable de la mort de Louis XVI, de l'expulsion de Charles X, était pour les légitimistes un objet de rancunes et de colères. Depuis longtemps ils déclamaient contre les tyrannies d'une métropole envahissante, réveillant les vieilles idées de fédéralisme, et soufflant dans les départements de folles ardeurs d'indépendance. Or, Paris fortifié prenait une importance nouvelle : centre politique, commercial et intellectuel, il allait devenir un centre militaire ; consentir les énormes sacrifices pécuniaires qu'entrainait une enceinte fortifiée, c'était accabler les départements au profit de la capitale ; c'était avouer, ce qui était incontestable, mais ce que les légitimistes contestaient, que Paris était la France. Dans un autre ordre d'idées, ils n'avaient nul souci de consolider la place forte de la révolution, et de fournir à une république future une garantie de conservation.

De sorte que, par une singulière complication d'idées opposées, certains radicaux s'accordaient sur cette question avec les légitimistes, certains autres avec les journaux ministériels.

Mais au sein même du ministère, il y avait des divergences. Lorsque M. Thiers avait fait commencer par ordonnance royale les travaux des fortifications, pour écarter les justes méfiances de la presse opposante, il avait combiné ensemble les deux systèmes des forts détachés et de l'enceinte continue. Par là, il satisfaisait également et la volonté royale et les sentiments patriotiques. M. Guizot acceptait volontiers cette combinaison qui assurait le concours d'une notable partie de l'opposition. Le maréchal Soult au contraire se prononçait hautement pour les forts détachés sans mur d'enceinte. Comme militaire, il soutenait que c'était suffisant ; comme ministre, il entrait dans les vues secrètes du roi : il rencontrait, en conséquence, l'appui des partisans de M. Molé, empressés de profiter d'une dissidence qui donnait un prétexte et une base à leurs intrigues.

Tel était l'état des partis au moment où s'ouvrit la discussion devant la chambre :

Les partisans des fortifications dans le parti radical demandaient l'enceinte continue, sans les forts détachés ; se résignant toutefois à consentir la seconde condition plutôt que de ne pas avoir la première.

Le maréchal Soult, appuyé de la volonté royale, voulait seulement les forts détachés ; mais à son tour, il était prêt à subir l'enceinte continue, plutôt que de renoncer aux forts, compléments nécessaires de la politique de Louis-Philippe.

Les conservateurs dévoués au château se rangeaient au système du maréchal Soult, pour abriter sous l'autorité d'un nom illustre leurs attaques contre M. Guizot.

M. Guizot se prononçait pour les forts détachés, afin de plaire au roi, et pour l'enceinte continue, afin d'avoir un renfort dans les vœux du pays.

Les radicaux extrêmes et les légitimistes repoussaient l'un et l'autre projet, afin de ne pas donner à Louis-Philippe un surcroît de puissance.

Enfin, les masses bourgeoises qui représentaient les opinions modérées, sans adopter aucun système exclusif, désiraient énergiquement voir Paris fortifié, mais en même temps accueillant avec facilité les soupçons qui s'élevaient de toutes parts sur les intentions secrètes de Louis-Philippe, émus des dangers que pourraient courir les libertés publiques, elles acceptaient volontiers les forts détachés pourvu qu'on leur donnât simultanément l'enceinte comme garantie.

C'était le 12 décembre 1840 que le ministre de la guerre avait présenté le projet de loi. Il s'abstenait, disait-il dans l'exposé des motifs, d'apprécier le système qui avait été conçu par la précédente administration.

« Ce n'est pas, avait ajouté le maréchal Soult, ce n'est pas que j'aie abandonné l'opinion que j'ai été appelé à émettre sur la même question de fortifier Paris, en 1831, en 1832 et 1833; mais j'ai pensé que ce n'était point le moment de la reproduire; aussi je l'ai écartée avec soin, afin que la question se présentât tout entière devant la chambre; mais en même temps je lui dois et je me dois à moi-même de déclarer que je fais expressément la réserve de cette opinion antérieure, que ni le temps, ni les circonstances n'ont affaiblie. »

La commission chargée de l'examen du projet choisit pour organe l'ancien président du 1er mars; M. Thiers présenta son travail à la séance du 13 janvier; le sujet fut exposé par lui avec cette merveilleuse netteté qui lui appartient en tout temps, et avec le surcroît de talent et de franchise qui le distingue lorsqu'il rentre dans l'opposition.

La commission n'avait pu se mettre d'accord avec le gouvernement sur deux points essentiels. En premier lieu, elle voulait que la loi déterminât le nombre de forts et indiquât leur emplacement; le ministère voulait se réserver toute latitude à cet égard. Tout ce que la commission put obtenir, fut la fixation pour les forts d'un minimum de distance. Il ne devait pas en être établi dans un rayon plus rapproché que celui de Vincennes, c'est-à-dire à moins de 2,200 mètres du mur d'octroi.

En second lieu, la commission voulait que tout l'ouvrage, enceinte et forts détachés, fut terminé en trois ans. Le gouvernement ne voulait pas être aussi étroitement engagé.

Ces dissidences n'empêchaient pas la commission de conclure à l'adoption du projet; elle aimait mieux faire des concessions que de laisser un prétexte aux mauvaises volontés.

Cependant, dès les premières séances, la conciliation parut sérieusement compromise. Le maréchal Soult, dans un long discours où il rappelait tous les actes de sa vie militaire, s'efforça de démontrer que les ouvrages avancés étaient seuls véritablement efficaces pour défendre les grandes villes, revenant ainsi à ses anciennes opinions, et combattant le projet même du gouvernement, en ce qui concernait l'enceinte fortifiée. Ce brusque retour vers le passé venait jeter le trouble dans les délibérations. La commission, qui croyait avoir ramené le maréchal au double système, fut singulièrement émue d'une rétractation qui compromettait le sort de la loi. Chacun crut y voir l'accomplissement de l'intrigue ministérielle qui s'agitait au château. Ce ne fut néanmoins qu'un malheureux essai. Soit que l'émotion produite eût plus de gravité qu'on n'en attendait, soit que le maréchal n'eût commis qu'une imprudence oratoire, il déclara au sein de la commission qu'il était prêt à défendre le projet dans toutes ses parties; et le rapporteur, M. Thiers, annonça le lendemain à la chambre que l'accord le plus parfait régnait de nouveau entre la commission et le gouvernement.

Mais le besoin même de multiplier ces protestations en affaiblissait l'effet, et de nouveaux incidents ne tardèrent pas à réveiller les méfiances. Après la clôture de la discussion générale, le général Schneider proposa un amendement qui renversait tout le projet de la commission. Il proposait une ceinture d'ouvrages permanents construits à 4,000 mètres au moins de distance des murs d'octroi ; ce mur eût été lui-même flanqué et renforcé aux endroits où cette précaution eût été nécessaire.

C'était reproduire en entier le plan du maréchal Soult en 1833 ; c'était par conséquent ramener la combinaison au moyen de laquelle les conservateurs opiniâtres voulaient rouvrir les portes du pouvoir à M. Molé, accompagné de MM. Dufaure et Passy ; c'était moins une question de principes qu'une manœuvre ministérielle. Chacun le comprit ainsi ; et les esprits parlementaires s'émurent aux approches d'une lutte personnelle, bien plus qu'aux graves considérations qui intéressaient tout le pays. Le maréchal Soult avait peur que M. Thiers ne prît avantage sur lui, si le projet de la commission était adopté ; MM. Guizot et Duchâtel avaient peur d'être supplantés par MM. Dufaure et Passy. Une coalition nouvelle se formait autour du maréchal avec les débris du 15 avril et du 12 mai. Le parlement était devenu un vaste champ d'intrigues. Vous eussiez vu alors les uns et les autres parcourant les bancs les plus opposés, recrutant des voix, non au profit d'une opinion, mais au profit de leurs ambitions personnelles. Les esprits s'amoindrissaient avec les circonstances, et l'on était bien moins en peine, à la chambre, de savoir si Paris serait fortifié, et comment il le serait, que de deviner si le 15 avril et le 12 mai réussiraient à remplacer le 29 octobre où à se combiner avec lui.

L'amendement du général Schneider fut défendu avec éclat par M. de Lamartine, quoique ce fût pour lui un pis-aller. MM. Dufaure et Passy lui prêtèrent un appui peu efficace, parce qu'il ne semblait pas désintéressé. MM. Arago, Thiers et de Rémusat le réfutèrent victorieusement. Mais l'impatiente curiosité de la chambre se concentrait tout entière sur le maréchal Soult. Allait-il repousser un amendement qui reproduisait ses propres opinions, et faire tomber les espérances des ambitieux qui comptaient sur lui? Allait-il trahir la commission après s'être engagé avec elle, et livrer M. Guizot aux coups de ses adversaires? Immobile sur son banc, il semblait s'opiniâtrer dans un prudent silence, lorsque M. Thiers, le prenant directement à partie, lui rappela qu'il avait promis son appui au projet de loi, et le somma de remplir cette promesse, en combattant devant la chambre l'amendement du général Schneider.

Il n'y avait plus à reculer. Le maréchal, d'un air contraint, gagna la redoutable tribune. Mais au lieu de se prononcer nettement pour ou contre l'amendement, il s'égara dans des divagations ambiguës sans conclusion et sans franchise. « J'ai obéi, dit-il, à une nécessité du gouvernement qui s'était engagé par des actes que je ne pouvais pas répudier... Je pensais que mon opinion était bien comprise et que ma situation officielle l'était également..... J'ai accepté l'enceinte continue comme complément utile de mon système de camp retranché. Je l'ai fait par la même considération que, sur un champ de bataille, j'aurais accepté avec reconnaissance un renfort inattendu. » — « Et l'amendement, lui criait-on de toutes parts, l'amendement! — « M. le rapporteur, répliqua-t-il, a indiqué à la chambre, parmi les conséquences qui pourraient résulter de l'adoption de l'amendement, les difficultés d'exécution qu'il rencontrerait dans l'opinion publique. Le gouvernement du roi ne peut laisser passer une pareille assertion sans réponse; il doit rassurer la chambre et lui dire qu'elle doit se déterminer, non par les périls de la question, mais par les raisons qu'elle jugera les meilleures pour l'un ou l'autre système; et quel que soit son vote, il sera exécuté : en vous l'affirmant, le gouvernement du roi remplit son devoir constitutionnel. »

Ces étranges divagations du président du conseil causèrent dans la chambre une agitation générale. Il était évident que le maréchal eût volontiers accepté l'amendement; il était non moins évident qu'il n'avait pas eu le courage de le dire. Des deux côtés, le mécontentement était égal; M. Guizot eut pitié de son collègue; ou plutôt profitant adroitement de l'embarras du maréchal pour l'engager plus qu'il ne voulait, il fit triompher sa propre cause, en se donnant les apparences de la générosité.

« Il n'est pas étonnant, dit-il, que M. le président du conseil ne montre pas à cette tribune la même habileté, la même dextérité qu'il a montrée si souvent ailleurs. »

Après avoir ainsi couvert le maréchal de sa protection, M. Guizot ajoutait :

« Le projet reste entier; il reste le projet du cabinet, qui le maintient; M. le président du conseil le maintient lui-même; il vient tout à l'heure de le répéter formellement. »

Une interprétation aussi positive de paroles très-équivoques fut accueillie par la chambre avec des rires d'incrédulité. Mais le maréchal était contraint d'acquiescer au moins par le silence. Peut-être après tout n'était-il pas fâché de trouver à ses embarras une solution inattendue; peut-être faisait-il bon marché de combinaisons ministérielles dont il avait été plutôt l'instrument que l'auteur, et d'auxiliaires incommodes dont il se trouvait délivré sans qu'on pût l'accuser de trahison.

L'amendement du général Schneider ainsi délaissé par le président du conseil, attaqué par son adroit collègue, repoussé par les hommes spéciaux, n'avait plus aucune chance de succès, il fut rejeté à la majorité de 61 voix (236 contre 175). Le public se doutait à peine que ce fût une question de cabinet. Le 15 avril et le 12 mai étaient vaincus ensemble.

Dès lors, tous les articles du projet de loi se trouvaient implicitement consentis.

L'article 3 donna lieu à quelques explications sur la question de savoir si les travaux de l'enceinte et des ouvrages avancés seraient exécutés simultanément. Le président du conseil promit de s'attacher strictement au principe de simultanéité. Il calmait ainsi les méfiances ; il accepta dans le même but un nouvel article proposé par M. Lherbette, établissant que la ville de Paris ne pourrait être classée parmi les places de guerre qu'en vertu d'une loi spéciale.

Enfin, l'ensemble de la loi fut voté dans la séance du 1er février par 237 voix contre 162.

Toutefois les prétendants ministériels ne se considéraient pas comme définitivement battus, et mettaient encore quelques espérances dans la chambre des pairs. La pacifique compagnie du Luxembourg présentait, en effet, un spectacle inaccoutumé. On y préparait sérieusement une campagne contre le ministère ; on y complotait avec zèle la restauration de M. Molé. Celui-ci, transporté d'une ambitieuse ardeur, convoquait les fidèles, recrutait des appuis, multipliait les promesses et prenait déjà le ton et le langage d'un héritier présomptif. Le maréchal Soult, sans le seconder ouvertement, faisait des vœux pour lui : la morgue de M. Guizot blessait le vieux guerrier, et celui-ci ne pouvait oublier que son collègue l'avait battu à la chambre, tout en le couvrant de sa protection hautaine. Double injure qui avait besoin d'être vengée !

Le rejet de la loi des fortifications ou l'adoption d'un amendement qui rappellerait celui du général Schneider, devait être la base de la révolution ministérielle : et par une étrange complication d'intrigues, M. Guizot se trouvait en cette occasion le représentant de la pensée nationale. Il ne négligeait, d'ailleurs, aucune précaution pour faire avorter la conspiration qui le menaçait, et il avait pour principaux appuis MM. Pasquier et Decazes.

Les premières opérations des bureaux donnèrent à M. Molé toutes les apparences d'une victoire. Sur neuf commissaires, sept étaient opposés au projet. M. Molé fut nommé président de la commission, M. Mounier rapporteur. Ce premier succès était un hommage rendu à l'étranger. Quelques jours auparavant, M. d'Appony disait à M. Guizot que ces fortifications, de quelque couleur qu'on les revêtit, n'en augmenteraient pas moins la force de la France, et par conséquent ne pouvaient être vues par les alliés sans déplaisir. La pairie semblait vouloir calmer les mécontentements de l'ambassadeur d'Autriche.

Le rapport de la commission était naturellement en harmonie avec la composition de ses membres. Le projet adopté par les députés était profondément modifié ; on substituait une simple enceinte de sûreté à l'enceinte bastionnée. C'était, en un mot, la reproduction de l'amendement du général Schneider. On faisait encore une fois d'une question nationale une question de portefeuilles.

M. Guizot rencontra, dès le début de la discussion, un auxiliaire important. Le duc de Broglie rompit un long silence parlementaire pout combattre avec vigueur les arguments de la commission, et l'autorité de sa parole porta un coup funeste aux espérances de l'étranger.

M. Molé essaya de lui répondre le lendemain, et son discours montra dès le début qu'il s'agissait bien moins pour lui des intérêts de la France que des triomphes de son ambition personnelle. Les coalitions parlementaires lui semblaient bien plus dangereuses que les coalitions européennes.

« Depuis deux ans, dit-il, il s'est passé dans notre pays, et en particulier dans les chambres, de telles choses, que le mécanisme de nos institutions, leur jeu, s'est trouvé faussé ou entravé. Il s'est créé au sein du parlement lui-même un instrument, ou, si l'on veut, une tactique de telle nature qu'aucun gouvernement, aucun cabinet ne saurait y résister. Autrefois les majorités, moins variables, représentaient toujours l'opinion, les sentiments, les impressions du pays. Il n'en a plus été ainsi depuis qu'un fatal exemple a été donné, depuis que les partis les plus opposés, les adversaires les plus décidés, oubliant leur rancune ou voilant leur drapeau, ont montré qu'ils sauraient à toute heure se réunir et s'entendre pour avoir le nombre et frapper le pouvoir d'interdiction. Le pouvoir, Messieurs, c'est donc le but, la proie qu'on se dispute ! Mais qu'est-il devenu au milieu de tant d'efforts, de violences, pour s'en saisir ? A quelles conditions s'exerce-t-il maintenant et pourra-t-il s'exercer désormais? Le mal que je signale est profond ; la loi qui nous occupe en présente un témoignage irrésistible.

« M. le président du conseil ne semble-t-il pas lui-même l'avoir reconnu en vous parlant des nécessités politiques qui avaient contraint, en quelque sorte, le cabinet à le présenter. « Un autre système de défense, vous a-t-il dit, aurait bien pu encore être préféré, si les nécessités politiques n'avaient pas amené la combinaison des deux procédés? » Prié de s'expliquer sur ces nécessités politiques au sein de votre commission, M. le président du conseil a répondu qu'elles ressortaient des mesures adoptées par le précédent ministère; la loi était, en effet, l'expression de la politique et des craintes du 1er mars. En modifiant le projet comme le proposait la commission, la chambre ramènerait le cabinet actuel en quelque sorte à ses propres convictions. »

Le maréchal Soult répondit à M. Molé qu'en effet le gouvernement subissait en ce moment des nécessités politiques, nécessités qui étaient imposées par l'honneur, la sûreté, la dignité de la France. Du reste, le cabinet du 29 octobre avait proposé ce que, dans sa conviction, il croyait utile, digne et convenable, quels que fussent les précédents, sans avoir égard à l'origine du projet.

Comme on le voit, le maréchal Soult à la chambre des pairs défendait l'enceinte continue avec bien plus de franchise et de vigueur qu'au Palais-Bourbon; les autres ministres le secondèrent énergiquement. C'est que le débat se réduisait en ce moment à une lutte personnelle, et la question de cabinet avait le privilége de réveiller toute l'activité de nos hommes d'État. M. Guizot ne voulut rien céder à la commission, car c'eût été ouvrir les portes du pouvoir à M. Molé. « Si le projet de loi, disait-il, n'était pas compromis par l'amendement, il était tellement amoindri qu'il perdait les trois quarts de sa valeur. Le gouvernement lui-même en serait affaibli, profondément affaibli en France et en Europe; oui, répétait M. Guizot, en France et en Europe!

et pourquoi ? pour une réduction de quelques millions et la suppression de quelques bastions et de quelques fossés ! »

M. Duchâtel combattit avec esprit les arguments financiers que l'on avait fait valoir en faveur du projet de la commission, qui amenait sur les dépenses une réduction de 47 millions.

En effet, les partisans de M. Molé avaient une singulière façon de raisonner. Comme on voulait avoir de son côté ceux qui tiennent aux intérêts des contribuables et du trésor, on leur tenait ce langage : Adoptez l'amendement de la commission, et vous arriverez à soulager les finances, vous rétablirez l'ordre, vous apporterez une notable réduction dans les charges des contribuables. Et puis comme on voulait s'assurer des autres intérêts et les concilier au rejet du projet de loi et à l'adoption des amendements, on disait : Avec ces 47 millions vous pouvez exécuter un grand nombre de canaux et de chemins de fer ; ce qui se conciliait difficilement avec l'économie dans les finances et les sommes à laisser entre les mains des contribuables.

« Mais ce n'est pas tout, ajoutait le ministre. Après avoir employé les 47 millions à soulager les contribuables, on a dit : Ces 47 millions, il y a une manière très-profitable de les employer. Ne fortifiez pas Paris, mais créez de nouvelles places fortes ou à Paris ou entre Paris et la frontière. Enfin, comme il y a des personnes qui portent intérêt au développement de la marine, et avec raison, on a offert les 47 millions à la marine pour développer et augmenter ses armements, pour construire des bâtiments à vapeur ; de telle sorte que ces 47 millions se multiplient sous toutes les formes : ils serviront à rétablir nos finances, à créer des chemins de fer et des canaux, à construire des places fortes et à doter la marine de bateaux à vapeur. »

Enfin, M. Duchâtel insistait sur ce point : la pensée de la commission, de l'aveu même de son rapporteur, était, qu'une fois la première ligne de défense forcée, il ne devait plus y avoir de résistance pour Paris. Mais comment consentir à enlever ainsi à la ville de Paris toute chance de salut après la prise des forts? à déclarer que, du jour où ce premier succès aurait été obtenu par l'ennemi, la reddition de Paris devait s'ensuivre? « Il faut, continuait le ministre de l'intérieur, il faut ménager cette chance extrême à la défense; il faut supposer que le gouvernement qui sera alors à la tête de la nation sera assez raisonnable pour ne pas prendre à plaisir une résolution désespérée. Et encore y a-t-il souvent des résolutions désespérées qui sauvent. Il ne faut pas fermer la porte à ces résolutions-là. »

Le ministère devait se sentir bien fortement menacé dans son existence, pour trouver ainsi en lui-même des accents patriotiques.

Aussi M. Guizot avait-il hautement déclaré qu'il ne voulait aucune modification au projet du gouvernement. « Tout ou rien, » disait-il.

M. de Montalembert fit de ces paroles le texte de son exorde.

« Tout ou rien! On n'a pas tenu ce langage à la chambre des députés. Là on a trouvé tout simple que chacun se crée un droit de présenter des changements. La commission, présidée par un des rivaux les plus redoutables du ministère, a eu, elle aussi, des exigences, un système, des idées; on a dit : « Nous nous arrangerons avec la commission, et l'on s'est arrangé avec elle. Mais quand on se présente à la chambre des pairs, on change de ton, on fait dire d'avance dans les journaux qu'on n'acceptera aucun amendement, et quand on monte à cette tribune pour exposer la véritable portée de la loi, on vient nous dire que nous ne pouvons y rien changer sans l'énerver! Pour moi, je ne crois pas qu'on ait jamais exprimé, avec plus de crudité, la nullité politique à laquelle on voudrait réduire cette assemblée. Jamais on n'a dit plus nettement qu'elle n'avait d'autres fonctions que d'enregistrer et de parapher les décisions d'autrui. »

M. de Montalembert avait sans doute raison de se plaindre; mais M. Guizot avait également raison d'imposer ses volontés. La nullité politique de la chambre des pairs ne tenait pas à l'arrogance du ministre, mais aux vices de l'institution. Placée sous la main du trône, elle n'avait pas le droit d'être indépendante, et les doléances périodiques de quelques membres ne prouvaient qu'une chose, c'est qu'ils n'avaient pas le véritable sentiment de leur position essentiellement subordonnée.

Aussi était-ce bien vainement que M. Molé et ses partisans avaient compté sur la chambre des pairs pour renverser un cabinet. L'amendement de la commission fut repoussé par 147 voix contre 91 ; l'ensemble de la loi fut adopté par 147 boules blanches contre 85 boules noires. La défaite de M. Molé était complète.

CHAPITRE III.

Mort de la baronne de Feuchères. — Lettres de MM. Pasquier et de Rumigny sur la catastrophe de Saint-Leu. — Lettres de Louis-Philippe pendant l'émigration. Autres lettres publiées par le journal *la France*. — Émotions dans le public. — Procès de *la France*. — Brutalités de la procédure. — Acquittement du journal. — Consternation des orléanistes. — La question des lettres portées à la Chambre. — Misérable subterfuge de M. Guizot.

Le ministère de M. Guizot avait cet avantage à l'intérieur, de mettre en regard des principes contraires, de donner de la franchise aux luttes, et de dégager les questions de toutes les équivoques, de toutes les fictions constitutionnelles qui protégeaient la couronne et trompaient le pays. M. Thiers s'était vanté d'inaugurer le gouvernement parlementaire, et quoiqu'il ne l'eût pas fait, les apparences avaient suffi pour détourner de la personne royale les plus vives attaques de la polémique quotidienne. M. Guizot, au contraire, ne se vantait pas d'inaugurer le gouvernement personnel ; mais il le faisait, et c'était tellement évident aux yeux de tous, que Louis-Philippe devint personnellement le but de toutes les attaques, en dépit des jalouses précautions de la loi, qui ne pouvait rien contre la logique de la situation.

Un nom auquel se rattachaient de tragiques souvenirs avait retenti de nouveau : la baronne de Feuchères était morte à la fin de 1840, et cet événement avait réveillé d'anciennes accusations que la presse articulait avec assez de prudence pour éviter des poursuites, mais avec assez de transparence pour faire effet.

Ce n'était pas seulement un intérêt de curiosité que présentait la mort de Mme de Feuchères, dont le nom trop fameux appartenait à l'histoire. Le public s'en occupait encore davantage parce qu'elle amenait un exemple de désintéressement qui semblait faire contraste. M. le baron de Feuchères, devenu légataire universel, répudiait une fortune qui paraissait tachée de sang, et abandonnait aux hospices cette succession opulente qui eut pesé à sa conscience.

L'histoire, plus réservée que les partis, n'accueille pas aussi facilement les assertions passionnées ; mais aussi plus persévérante dans les recherches, elle ne relève pas des tribunaux contemporains, et ne se soumet à la chose jugée que lorsqu'il ne lui reste plus de doutes. Il n'est donc pas sans intérêt, même aujourd'hui, de retrouver des documents de cette époque, quand même ils ne devraient que jeter un faible rayon de lumière sur un événement encore enveloppé d'obscurité. C'est à ce titre que nous croyons devoir reproduire les lettres suivantes qui nous ont été communiquées sur pièces originales dont l'authenticité ne saurait être révoquée en doute.

LETTRE DE M. PASQUIER A LOUIS-PHILIPPE.

« Sire,

« En arrivant à Saint-Leu, je trouve la fin tragique de Mgr le prince
« de Condé, connue de tout le pays avec les plus affreuses circonstances.

« Je trouve un procès-verbal dressé par le maire avec toute l'authenti-
« cité possible. Le juge d'instruction et un substitut du procureur du
« roi sont déjà arrivés et se disposent à instrumenter. Les circonstances
« de la mort sont trop extraordinaires pour qu'elles ne motivent pas
« une instruction très-approfondie, et je pense qu'il pourrait être utile
« que le roi fît partir sur-le-champ deux médecins, comme les docteurs
« Marc et Marjolin, lesquels ont l'habitude des vérifications que ce fatal
« événement commande.

« Je vais, en attendant, dresser l'acte de décès, suivant les formes
« prescrites ; puis je procéderai à l'apposition des scellés, et aurai l'hon-
« neur avant la fin de la journée de rendre compte au roi de la fin de
« l'opération.

« De Votre Majesté le très-humble, très-obéissant
« serviteur et sujet,

« PASQUIER.

Saint-Leu, vendredi 27 août, 4 heures du soir.

« P. S. On répand déjà qu'on n'a pas trouvé un seul papier, ainsi
« *il y a déjà été regardé* [1].

LETTRE DE M. DE RUMIGNY A LOUIS-PHILIPPE.

« Sire,

« Je pense que ma présence est indispensable pour le premier mo-
« ment ; je ne partirai que si le roi m'envoie un ordre positif.

« Le procès-verbal a été fait d'après les soins de M. de la Villegon-
« thier, qui a agi aussi maladroitement que possible. Les soupçons ne se
« portent sur personne encore ; mais Dieu sait ce qu'on apprendra ; car
« je dois dire que la mort n'a pas l'air d'avoir été un suicide.

« Il est important qu'on ne puisse accuser personne, et que le testa-
« ment ne vienne pas faire éveiller des soupçons.

« J'attendrai l'enquête des docteurs Marc et Marjolin pour quitter
« Saint-Leu.

« Le tout dévoué serviteur et sujet,

« THÉOD. DE RUMIGNY. »

(Sans date.)

[1] Souligné dans l'original.

La lettre suivante prouverait qu'après la mort du prince, les rapports de la famille royale avec Mme de Feuchères n'avaient rien perdu de leur intimité.

LETTRE DE LA REINE A Mme LA BARONNE DE FEUCHÈRES

« Palais-Royal, 7 avril 1831.

« Nous sommes fort touchés, Madame, de l'attention que vous avez
« eue de nous envoyer le portrait de M. le duc de Bourbon. Il est des-
« tiné à mon fils le duc d'Aumale, qui se joint à nous pour vous en
« remercier. Ce tableau lui rappellera toujours les traits d'un oncle
« dont il a tant de raisons de chérir la mémoire.

« Recevez, Madame, l'assurance de mes sentiments pour vous.

« Votre affectionnée,

« Marie-Amélie. »

L'opposition extrême rencontrait dans ces incidents un texte facile à de nouvelles insinuations contre la personne royale. Féconde, d'ailleurs, en expédients, elle mettait dans tout ce qui concernait la politique du jour assez de réserve pour tromper les rigueurs du parquet ; mais le passé lui appartenait, et pour déconsidérer le roi, elle se mit à rechercher les actes du duc d'Orléans. Dans une vie si agitée, si pleine de vicissitudes, il n'était pas difficile de trouver des positions équivoques, des écrits imprudents ou des paroles malsonnantes. La correspondance d'un prince émigré devait offrir de singuliers contrastes avec les devoirs d'un roi constitutionnel. Ce fut à cette source que l'on remonta pour frapper les premiers coups.

Le 11 janvier 1841, la *Gazette de France* publia trois

lettres écrites par le duc d'Orléans pendant l'émigration. Le journal ajoutait qu'il possédait les autographes originaux.

Voici quelques extraits de ces lettres.

« Palerme, le 17 avril 1808.

. . . .

« Je n'aime pas plus que vous le métier d'émigré, et j'enrage dou-
« blement de me voir condamné à l'humiliation de l'inutilité et de la
« végétation, quand je sens, quand je vois, quand je touche au doigt
« et à l'œil tout ce que je pourrais faire, si l'on s'entendait avec moi et
« si l'on n'avait pas l'air de vouloir toujours me tenir sous la clé à
« Hampton-Court ou à Twickenham. Ma position bizarre présente, il
« me semble, quelques avantages que je puis m'exagérer, mais dont il
« me semble qu'on pourrait tirer parti, ce qui est tout ce que je de-
« mande. Je suis prince français, et cependant je suis anglais, d'abord
« par besoin, parce que nul ne sait mieux que moi que l'Angleterre est
« la seule puissance qui veuille et qui puisse me protéger ; je le suis par
« principes, par opinion et par toutes mes habitudes.

. . . .

« C'est sur Bonaparte qu'il faut concentrer toutes vos forces ; si vous
« ne le battez pas, vos cent vingt mille hommes ne battront pas le roi
« de Saxe ; si vous le battez, un piquet de cent vingt hommes suffira
« pour anéantir le roi de Saxe et le duc de Varsovie, et qu'il n'en soit
« jamais question.

. . . .

« L'Autriche a envoyé ici un officier d'état-major pour concerter les
« opérations, et il y a une mission semblable à Cagliari. J'ai vu et causé
« avec ces deux officiers, qui sont gens très-capables. Ce qu'ils me di-
« sent me donne les plus grandes espérances : selon eux, l'Autriche a
« quatre cent vingt mille hommes sur pied, sans compter les milices ;
« cela me paraît si beau que je doute ; mais je ne doute pas qu'il y ait
« une grande armée : cela suffit. »

Plus loin, on lit dans la même lettre :

« Les îles Ioniennes sont bloquées et très-courtes de vivres ; elles

« sont très-impatientes de secouer le joug français, et lord Collingwood
« a eu des conférences avec sir J. Stuart, pour qu'il lui donnât quelques
« troupes pour aller provisoirement en chasser les Français ; mais sir
« J. Stuart ne peut rien faire là, à moins d'un ordre du gouvernement.
« Il importe à l'Angleterre d'arracher ces îles aux Français ; on y trou-
« vera plus de six mille hommes de garnison, dont deux mille Italiens
« et quinze cents Albanais et Épirotes, qui feront sur-le-champ de très-
« bons soldats pour sa cause contre les Français. Elle en aura alors la
« disposition ; et l'Autriche accédera à tout, pourvu que les Français en
« soient exclus. Si elles me croient un personnage convenable pour ces
« îles, je suis prêt, et j'en serai enchanté !

« Ce qui est bizarre, il reste un petit état à donner, c'est-à-dire à
« prendre, et personne n'en veut ; cela est curieux. La reine m'a dit :
« La place est vide, mettez-vous-y ; » et je lui ai dit : « Je m'y mettrais
« bien, mais il faut qu'on veuille bien m'y laisser mettre. »

. . . .

« Rappelez-vous que c'est par les Apennins que Macdonald s'est retiré
« dans la campagne de Souwarow. C'est donc sur la rivière de Gênes où
« il faut porter la grande expédition anglaise. Il faut prendre le roi de
« Sardaigne en passant, et si on veut me prendre avec, on me fera grand
« plaisir. Le Piémont se soulèvera, on y formera des troupes, et j'espère
« que la retraite des troupes françaises d'Italie se trouvera absolument
« interceptée. »

Une autre lettre, publiée par la *Gazette*, était datée de
Cagliari, 20 mai 1807. On y lisait :

« Quels événements que ceux qui se préparent ! Le déploiement de
« l'Autriche est superbe, et me fait anticiper des résultats brillants.
« C'est par la voie de Trieste que nous apprenons ce qui se passe. L'ar-
« chiduc Jean a battu Beauharnais à Fontana-Fredda, entre Udine et
« Trévise. Beauharnais avait quarante-cinq mille hommes tirés des
« garnisons d'Italie, qui vont par conséquent se trouver très-faibles.
« L'archiduc Jean est arrivé par la droite à la Piave avant les Français,
« et il les culbute dans Venise, s'ils peuvent y arriver, ou dans la mer
« que Beauharnais n'avait pas encore épousée. S'ils arrivent à Venise,
« ils y seront bloqués et affamés. Jean a fait sept mille prisonniers.
« L'Istrie est conquise en totalité. Le 9ᵉ régiment de ligne a été cerné

« et pris. Pola a été assiégée et prise. Un corps d'armée va attaquer
« Marmont et la Dalmatie, mais là, il faudra de l'assistance anglaise,
« Surtout à Cattaro, qu'on ne peut guère attaquer que par mer.

. . . .

« Les Français ont emmené toutes leurs troupes de la Catalogne et
« n'ont laissé que des garnisons à Barcelone et à Figuières. Ils y sont
« si pressés, qu'ils ont risqué une partie de la flotte de Toulon pour les
« ravitailler, et malheureusement ils y ont réussi, mais ce n'est que
« pour un temps. Il paraît que Soult se trouve dans une situation fâ-
« cheuse, et qu'il est très-pressé par la Ramona et le général Craddock.
« J'espère qu'ils vont être écrasés en Espagne.

. . . .

« Je prévois deux cas : l'un, celui où *l'impératorerie* sera renversée
« à Paris même, par des mouvements spontanés, qu'il est aussi impos-
« sible de prévoir quand on n'est pas sur les lieux, qu'il peut être dans
« ce cas difficile de les diriger; l'autre, celui où il y aura des mouve-
« ments dans les provinces où les conscrits réfractaires se réuniront en
« corps, où les troupes, les officiers, les généraux prendront des partis
« différents. C'est à tout cela qu'il faut penser, c'est à tout cela qu'il
« faut se préparer. Il y a en Espagne, à Naples, en Dalmatie, des ar-
« mées françaises qui vont se trouver, je l'espère au moins, dans des
« positions désastreuses.

. . . .

« Perché sur le rocher de Cagliari, ignorant si on désire que je fasse
« quelque chose, ignorant encore plus ce qu'on voudrait que je fisse, je
« suis ici comme Tantale et affamé comme lui, quoique ce soit d'autre
« chose. »

La publication de ces lettres, répétées par plusieurs journaux, ne produisit pas d'abord un grand effet, au moins dans ce qui s'appelait le pays légal. Les plaintes d'un prince émigré cherchant de l'emploi, ses vœux en faveur des Anglais, ses déclamations contre l'Empire ne semblaient à des bourgeois spéculateurs que des paroles de circonstance ; et les révélateurs de ces documents n'avaient pas assez d'autorité pour faire une vive impression. La *Gazette de France*, en effet, reproduisant des lettres qui n'étaient que le langage ordinaire de l'émigration, avait mauvaise grâce à en faire un texte de blâme, quand tant d'autres hommes autour d'elle avaient eu les mêmes sentiments. Les radicaux s'emparèrent de ces armes et firent bien. Mais ni la presse dynastique, ni les chambres, ni le ministère ne s'en émurent.

On commençait donc à les oublier lorsque, le 24 janvier, un autre journal légitimiste, la *France*, publia trois nouvelles lettres, non plus du duc d'Orléans émigré, mais de Louis-Philippe roi, qui contenaient les aveux les moins équivoques de connivence avec l'étranger et de conspiration contre les libertés intérieures. Le journal donnait à ces révélations le titre suivant : LA POLITIQUE DE LOUIS-PHILIPPE EXPLIQUÉE PAR LUI-MÊME.

Nous reproduisons ces lettres, telles qu'elles furent publiées.

PREMIÈRE LETTRE.

« La voilà cette fameuse épître, vous qui n'ignorez rien des nécessités
« qui l'ont inspirée, vous seul ne vous tromperez pas sur le véritable
« sens qu'elle doit avoir pour nous, et, quoique je vous la copie moi-
« même, je me garderai de vous dire : **Tenez-vous-en rigoureusement**
« et consciencieusement à la lettre.

« En thèse générale, ma résolution la plus sincère et la plus ferme
« est de maintenir inviolables tous les traités qui ont été conclus depuis
« quinze ans entre les puissances de l'Europe et la France. Quant à ce
« qui concerne l'occupation d'Alger, j'ai des motifs plus particuliers et
« plus puissants encore pour remplir fidèlement les engagements que
« ma famille a pris envers la Grande-Bretagne. Ces motifs sont le vif
« désir que j'éprouve d'être agréable à Sa Majesté britannique, et ma
« conviction profonde, qu'une alliance intime entre les deux pays est
« nécessaire, non-seulement à leurs intérêts réciproques, mais encore à
« l'intérêt et à la civilisation de l'Europe. Vous pouvez donc, Monsieur
« l'ambassadeur, affirmer à votre gouvernement que le mien se confor-

« mera ponctuellement à tous les engagements pris par S. M. Charles X,
« relativement à l'affaire d'Alger. Mais je vous prie d'appeler l'atten-
« tion du cabinet britannique sur l'état actuel des esprits en France,
« de lui faire observer que l'évacuation d'Alger serait le signal des plus
« violentes récriminations contre mon gouvernement, qu'elle pourrait
« amener des résultats désastreux, et qu'il importe à la paix de l'Europe
« de ne point dépopulariser un pouvoir naissant et qui travaille à se
« constituer. Il faut donc que, rassurée sur mes intentions et convain-
« cue de notre ferme volonté de remplir envers elle la promesse de la
« Restauration, S. M. britannique nous laisse le choix du temps et des
« moyens. »

DEUXIÈME LETTRE.

« Il paraît que vous n'avez pas encore aussi à faire comprendre à
« Vienne ni à Saint-Pétersbourg que, sans la non-intervention, l'Eu-
« rope était ébranlée, que l'Autriche eût perdu l'Italie comme on a
« enlevé la Belgique à la Hollande. A-t-on pu ou dû oublier que lors
« du gouvernement Czartoriski, la Pologne en masse, sous l'influence
« révolutionnaire, eût été debout, et que, sans notre sage et salutaire
« influence, elle se fût unie à la France pour repousser, pour écraser,
« qu'on n'en doute pas, la Russie, malgré ses forces colossales, parce
« qu'il est immortellement vrai que lorsqu'un peuple vraiment peuple
« est debout pour sa liberté, il n'y a aucun pouvoir absolu qui suffise
« pour le dompter. J'avais mieux espéré des éclaircissements que vous
« avez dû donner sur l'immensité du service que nous avons rendu à
« la Russie, à l'Autriche et à la Prusse, service qui ressort du fait,
« puisque la Pologne a succombé et non pas sans quelque péril pour
« nous. Qu'on y songe un peu plus, pour ne pas nous mettre dans la
« nécessité d'en faire souvenir sans cesse. N'avez-vous pas les deux
« lettres de Lafayette, contenant les reproches à notre ministre d'avoir
« paralysé par ses conseils et promesses les moyens de défense de la
« Pologne? En faut-il plus pour les cabinets de Vienne et de Saint-
« Pétersbourg, et peut-on ignorer tout le danger qui existait pour la
« Russie dans les plans et le système de défense adoptés par les Polo-
« nais sous le prince Adam, et voudrait-on oublier ce qu'on nous doit
« à nous comme unique et puissant moteur des mesures qui ont para-
« lysé ces résolutions, neutralisé le système et réalisé les paroles pro-
« phétiques de Sébastiani?

« Mais brisons là-dessus ; la Pologne n'est plus ; et c'est nous bien
« plus que le vainqueur de Varsovie, que le cabinet de Saint-Péters-
« bourg doit remercier d'avoir écrasé ce foyer d'incessante rébellion.
« Faites qu'on s'en souvienne un peu plus à Vienne et surtout à Saint-
« Pétersbourg. »

TROISIÈME LETTRE.

« Il y a d'épouvantables conséquences à redouter dans les crises po-
« litiques, lorsqu'une volonté sage et prévoyante se trouve en inévitable
« contact avec l'obstination d'un zèle qui peut, dans ces cas, se réputer
« hardiment mauvais vouloir. Si, au lieu d'en finir brutalement avec
« les artilleurs civiques, l'on eût suivi mon seul avis, qu'on eût flatté,
« cajolé ces hommes, qu'on leur eût fait entrevoir que, si l'on pensait à
« construire des forts, c'était pour leur en confier la garde ; si on leur
« eût persuadé qu'en cas d'une invasion, Paris ne pourrait devoir son
« salut qu'à de pareils défenseurs ; si enfin, au lieu d'une destitution
« brusque, on eût pris ces citoyens par la vanité, Arago et les siens
« n'eussent pas été admis à prouver que les forts, bien loin d'être des-
« tinés à repousser une invasion étrangère, deviendraient, le cas
« échéant, une ressource victorieuse pour maintenir dans le devoir et
« la soumission la très-turbulante population de Paris et de ses aima-
« bles faubourgs.

« C'était du temps qu'il fallait gagner ; et, au lieu d'irriter les esprits,
« il fallait endormir le civisme en éveil pour le préparer au salutaire
« moment où une ordonnance nous eût fait justice de tout récalcitrant.
« Du reste, rien ne me fera renoncer à un projet si sagement conçu, et
« à l'exécution duquel, dans l'état de choses où se trouve la France,
« s'attache, en quelque sorte, non, certes, la durée de la monarchie
« constitutionnelle, mais la perpétuité de ma dynastie, ce qui sonne
« mieux et vaut mieux pour la France. Qu'on se persuade bien que,
« moi seul, je pouvais affronter, diriger et vaincre l'hydre révolution-
« naire. Qu'on nous sache donc un peu de gré. On ne tient aucun
« compte de nos efforts inouïs, on ne sait pas à quel peuple nous avons
« affaire, et que, depuis quarante ans, on peut regarder Paris comme
« étant la France.

« Qu'on s'assure donc que je ne renonce pas à mon projet ni à celui
« de maîtriser la presse, notre plus dangereuse ennemie. On a gagné
« grande partie des écrivains ; les autres suivront, et le calme succédera

« aux excitations malignes et journalières de ces plumes guerroyantes.
« Qu'on pense à ce que juillet eût pu attirer sur l'Europe en 1830 ;
« que l'on voie ce que notre seule et forte volonté a fait de cette
« effrayante ébullition populaire ; que l'on juge par là de ce que nous
« ferons, et surtout qu'aucune des puissances n'oublie que nous seul
« nous pouvions le faire, sauver la France et l'Europe, et que nous
« l'avons fait. »

« Que ni Vienne, ni Saint-Pétersbourg, ni Berlin ne l'oublient ! »

Le journal qui avait inséré ces lettres, ayant une publicité restreinte, elles passèrent le premier jour presque inaperçues. Mais reproduites le lendemain par la *Gazette*, la *Quotidienne*, le *Commerce*, l'*Écho français* et le *National*, elles produisirent à Paris une émotion prodigieuse. A la bourse, à la chambre, dans tous les lieux publics c'était le sujet de questions sans nombre et d'étonnements sans fin. Les partisans de Louis-Philippe étaient consternés; les plus exaltés contestaient la vérité des lettres. Au milieu du tumulte général, les uns s'indignaient qu'un roi de France pût écrire de pareilles choses, les autres s'indignaient qu'on pût les lui attribuer, et, selon les sentiments divers, on entendait éclater les reproches de trahison ou de calomnie.

C'était pour le ministère une cruelle épreuve. Se taire était un aveu, poursuivre était un péril ; le procès pouvant amener des révélations qui ne laisseraient plus même la consolation du doute. Il est incontestable que parmi les ministres, plusieurs penchaient à croire les lettres authentiques; car aucun n'osa en parler au roi, avouant ainsi leurs soupçons par un silence accusateur. Louis-Philippe s'en est vivement plaint depuis, et il avait raison. La réserve, en pareil cas, est une lâcheté, lorsqu'elle n'est pas une condamnation. Ces ministres dévoués refusèrent à leur roi les bénéfices d'une explication, soit qu'ils craignissent de ne pas trouver auprès de lui la vérité, soit qu'ils eussent peur de la rencontrer trop évidente.

Incertains et consternés, ne sachant comment aborder la chambre, qui allait, sans aucun doute, exiger des explications, ils se réunirent avant la séance dans un des bureaux, et prirent à la hâte une résolution qui démontrait tout le trouble de leurs esprits.

Bientôt M. Guizot se montra dans la salle des conférences. A peine entré, il fut entouré de députés impatients qui lui demandaient des renseignements, quelques-uns déclarant qu'ils allaient interpeller les ministres au sujet de ces étranges révélations. « Notre réponse, dit M. Guizot, sera bien simple : les journaux sont déférés aux tribunaux et poursuivis pour faux. » Cette réponse satisfaisait ceux qui désiraient un désaveu ; elle fermait la bouche aux incrédules, obligés désormais d'attendre une décision judiciaire.

L'ordre, en effet, venait d'être donné à différents commissaires de police de saisir la *France* et les cinq feuilles qui avaient reproduit la publication.

La procédure fut conduite avec une brutalité maladroite qui ne servit qu'à dévoiler tous les ressentiments de l'autorité. De minutieuses perquisitions furent faites dans les bureaux des journaux incriminés ; les armoires, les tiroirs, les cartons étaient fouillés pour arriver à la découverte des mystérieux autographes. Une visite domiciliaire fut faite à la maison de campagne de M. de Genoude, rédacteur en chef de la *Gazette*; elle dura quatre heures, et M. de Genoude étant absent, on fit venir un serrurier d'un village voisin pour ouvrir les portes et les tiroirs. Quelques jours après, M. E. de Montour, gérant de la *France* et

M. Lubis, rédacteur en chef, étaient arrêtés à leur domicile et écroués à Sainte-Pélagie, sous la prévention de *faux*. C'était une violation des lois spéciales de la presse, qui ne reconnaissaient de responsabilité que pour le gérant, et des lois générales de la procédure criminelle, qui n'admet le faux que lorsqu'il y a une pièce, un corps de délit où le faux est signalé. Le seul prétexte qu'on pût invoquer reposait sur l'article 452 du code d'instruction criminelle : « Tout dépositaire de pièces arguées de faux est tenu, sous peine d'y être contraint par corps, de les remettre sur l'ordonnance du juge d'instruction. » Or, pour appliquer cet article, il fallait que deux choses fussent préalablement prouvées : 1° Que les pièces existaient réellement ; 2° que M. Lubis en était dépositaire. Car jamais en pareille matière, il n'est permis de décerner un mandat sur une supposition.

On n'épargna pas même les vexations de détail. Au lieu d'être conduits directement devant le juge d'instruction, MM. Lubis et de Montour furent déposés à la préfecture de police, dans le réduit commun, appelé la *souricière*, où ils se trouvèrent en contact avec un voleur qui faisait parade de ses crimes. La presse entière protesta contre ces indignes procédés.

Cependant l'immense retentissement que produisit la publication des lettres, faisait rechercher avec empressement tous les détails qui se rattachaient à ce singulier événement ; et l'on apprit bientôt que l'existence de ces lettres arguées de faux était depuis longtemps connue à Londres. On savait leur origine ; on assurait que les autographes se trouvaient, avec beaucoup d'autres provenant de la même source, entre les mains d'une intrigante qui se faisait appeler Ida de Saint-Elme, et qui était plus connue à Paris sous le nom de la *Contemporaine*. Quelques-unes de ces lettres, ajoutait-on, avaient été offertes à M. Guizot pendant qu'il était ambassadeur à Londres, au prix de 5,000 francs chacune. M. Guizot écrivit à Paris pour savoir ce qu'il fallait faire ; on ouvrit une négociation pour marchander sur le prix ; on ne voulait donner que 500 francs de chaque lettre : mais l'affaire fut abandonnée quand on sut qu'il y en avait plus de cent cinquante.

Quelques-unes de ces lettres, les plus importantes, provenaient, disait-on, du portefeuille de M. de Talleyrand : elles en étaient sorties au moment où le prince quitta l'ambassade de Londres pour retourner à Paris.

Tels étaient les bruits qui couraient dans le public, et le ministère était mieux que d'autres au courant de ce qui avait précédé. Car la *Contemporaine* avait de son côté publié à Londres d'autres lettres de Louis-Philippe qui avaient produit dans cette ville une certaine émotion. Sollicité par l'ambassadeur français de combattre l'effet de ces publications, le journal *the Times* traita la *Contemporaine* de *faussaire*. Cette femme intenta devant les tribunaux de Londres une action en diffamation contre la feuille anglaise. L'éditeur du *Times* qui s'était mis en avant pour complaire au gouvernement français, dut alors s'adresser à celui-ci pour lui demander les moyens de se défendre contre la poursuite judiciaire qu'on lui avait attirée. Il s'ensuivit une correspondance du préfet de police à M. Guizot qui n'arriva pas à d'autres résultats que de prouver que les *Mémoires d'une Contemporaine* avaient été écrits par d'autres que par elle ; ce que tout le monde savait sans les renseignements de la police [1].

---

[1] Voyez la *Revue rétrospective*, p. 2 et suivantes.

Le parquet ne fut pas plus heureux à la cour royale de Paris. La chambre du conseil décida qu'il n'y avait lieu à suivre contre MM. Lubis et de Montour pour l'accusation de faux. Ils furent remis en liberté le 5 mars, après un mois de détention préventive.

M. Lubis profita des premiers instants de sa liberté pour se rendre à Londres auprès de la *Contemporaine*, qui s'était engagée à remettre les originaux; car ce n'était que sur les fac-simile que s'étaient faites les publications de la *France*. Mais une femme intrigante et besogneuse comprenait bien que le scandale avait augmenté le prix de pareilles pièces, soit qu'elle les possédât réellement, soit qu'elle laissât croire à une possession qui lui permettait de se montrer exigeante. D'abord elle demanda un supplément au prix convenu; puis elle dit que les pièces étaient en gage pour une somme qu'elle avait empruntée. La somme lui fut remise pour les dégager. Elle inventa de nouveaux prétextes, remettant toujours au lendemain, et ne réalisant jamais ses promesses. Un mois environ se passa dans des négociations très-productives pour la *Contemporaine*, très-stériles pour M. Lubis. Bientôt rappelé à Paris pour se défendre au procès, ce dernier dut quitter l'Angleterre sans avoir rien obtenu pour tant de sacrifices.

L'accusation de faux écartée, il ne restait plus que l'accusation d'offense à la personne royale : c'était au jury d'apprécier si les lettres étaient vraies ou supposées, le ministère ne se dissimulait pas les embarras nouveaux de la situation. Le roi lui-même allait être mis en cause dans une discussion de cour d'assises. La condamnation du journal ne devait être qu'une médiocre compensation; l'acquittement ne pouvait être qu'un immense scandale. Mais il n'y avait plus à reculer. Pour amoindrir toutefois, autant que possible, l'éclat du procès, on renvoya de la plainte les cinq autres feuilles. La *France*, demeurée seule accusée, fut appelée en cour d'assises le 24 avril.

Ce n'était pas de son gré, sans doute, que le ministère avait fait grand bruit de cette affaire ; il y avait été contraint par d'imprudents amis qui, ne connaissant pas le fond des choses, demandaient réparation pour la royauté avilie, et par de hardis adversaires qui trouvaient un texte éloquent à leurs accusations contre Louis-Philippe. Pour faire taire les uns et les autres, il faudrait affronter un procès, quels qu'en fussent les périls. Tous les partis se trouvaient donc engagés dans la lutte ; et aux émotions des partis s'ajoutait la curiosité naïve de ces masses flottantes du public qui, sans opinion bien arrêtée, forment toujours leur conviction sur les résultats, et condamnent ou absolvent avec le jury. Le roi était-il auteur de ces lettres, et ne fallait-il voir en lui qu'un fourbe couronné? Le journaliste avait-il imaginé cette correspondance et se trouvait-on en face d'une manœuvre de la presse opposante? Voilà ce qu'allaient décider douze citoyens obscurs de la capitale.

La situation était d'autant plus embarrassante que le ministère public partageait lui-même l'incertitude générale. On ne savait encore si les accusés avaient ou non en leur possession les lettres originales ; la production de ces pièces à l'audience pouvait être le dernier, mais le plus accablant scandale. L'accusation craignait de s'engager sur un terrain glissant et plein de périls.

Les embarras se révélèrent aux premières questions du président. En effet, immédiatement après la lecture de l'acte d'accusation, il interpella ainsi le prévenu :

CHAPITRE III.

Le Président. Avant que les débats s'engagent par le réquisitoire de M. l'avocat général et la plaidoirie de votre avocat, je dois vous demander si vous avez l'intention de produire quelques pièces dont vous n'ayez pas donné connaissance dans le cours de l'instruction.

M. de Montour. Ces pièces se produiront dans ma défense.

Le Président. Vous vous rappelez quel a été votre système de défense dans l'instruction. Vous avez dit, lorsqu'on vous demandait vos preuves, que vous les produiriez devant ceux que vous appelez vos juges.

M. de Montour. Elles seront produites quand il en sera temps.

M. le Président. Je dois vous interpeller formellement sur le point de savoir si, à l'heure qu'il est, au moment où il vous est permis de produire les documents originaux, pièces originales, vous avez l'intention de les produire. Il faut, en effet, que le ministère public, comme la défense, s'appuie sur ces mêmes pièces. Qu'avez-vous à répondre ?

M. de Montour. C'est à l'accusation à faire sa preuve. C'est après l'avoir entendue que nous verrons ce que nous aurons à faire.

M. le Président. Il est cependant un point essentiel à établir. En matière de presse, le délit est dans l'écrit publié ; mais par suite de la singularité de cette affaire, il a été question, dans cette même affaire, de quelque chose autre que l'écrit publié. Vous avez parlé de pièces que vous avez dites originales, et qui ont servi de base à l'accusation. Maintenant, pour savoir si le délit qui vous est reproché aura la qualification fixée par l'arrêt de mise en accusation, nous avons à vous demander si vous avez à invoquer autre chose que le journal publié, ou d'autres documents dont il serait essentiel de donner connaissance avant l'ouverture de la discussion.

M. de Montour. Mon défenseur répondra au ministère public, et justifiera la publication.

M. le Président. Ainsi sur la demande catégorique que je vous adresse, tendant à savoir si vous avez à produire quelques originaux ou quelques pièces que ce soit qui puissent servir de base à la discussion, vous répondez que vous n'avez rien à produire.

M. de Montour. Mon défenseur n'a rien à produire avant que son tour de parole soit arrivé.

L'Avocat général. Est-ce que votre défenseur croirait avoir quelque production à faire dans sa plaidoirie ?

M. Berryer. Le journal la *France* est traduit devant le jury, comme s'étant rendu coupable d'offense en publiant des lettres. Nous attendrons le développement de l'accusation pour mesurer le système de la défense au langage du parquet.

L'AVOCAT GÉNÉRAL. Ainsi vous n'avez rien à produire, quant à présent.

M. BERRYER. Rien, quand à présent. Nous attendrons le développement du système de l'accusation.

L'AVOCAT GÉNÉRAL. Nous prenons acte de l'interpellation positive de M. le président et de la nôtre.

Cette instance du président et de l'avocat général, ces interpellations réitérées peignent mieux que nous ne pourrions le faire la situation morale de l'accusation, et ses craintes et ses hésitations. Cependant l'avocat général, M. Partarieu-Lafosse, avait assez l'habitude de l'audience pour voir clairement que la défense n'avait pas à sa disposition les pièces importantes. Il reprit courage, mais avec une si accablante maladresse, qu'il ne craignit pas de mettre en cause le roi lui-même.

« Il résulterait de ces lettres, dit-il, que le roi élu en 1830, pour répondre aux sympathies patriotiques, les aurait trahies de tout point; qu'il aurait consenti à l'écrasement de la Pologne dans l'intérêt de la Russie; qu'il serait disposé à abandonner Alger en faveur de l'Angleterre ; que, pour lui, l'avenir de sa dynastie serait le seul point important, et non la conservation du régime constitutionel; enfin que le projet de fortifier Paris, loin d'être dirigé contre l'étranger, serait dans les mains du roi un moyen de tyrannie, et que les fortifications, loin de protéger les citoyens, seraient, en réalité destinées à les opprimer. Voilà l'ensemble des idées contenues dans les passages incriminés. Comment donc faudrait-il appeler le roi qui aurait écrit de pareilles choses? Il faudrait dire de lui que c'est un de ces tyrans qui ne marchent que par la voie de la dissimulation, qui établissent leur empire, non pas sur la sincérité de leur langage ; mais sur la violation de tous leurs engagements ! »

La question ainsi posée ne laissait pas de place à l'équivoque ; l'acquittement du journaliste était la condamnation du roi. L'avocat général avertissait clairement les jurés de ce qu'ils allaient faire. Ils lui répondirent par un verdict d'acquittement.

Cette nouvelle répandue aussitôt dans Paris y produisit une agitation inexprimable. Les radicaux et les légitimistes étaient triomphants ; ils venaient de frapper au cœur le roi irresponsable, le roi vainement protégé par une inviolabilité fictive, le roi mis sur la sellette d'une cour d'assises et condamné par la voix de quelques boutiquiers. La consternation était au château, au ministère, à la chambre ; et, comme il arrive après toute défaite, les vaincus se rejetaient de mutuelles accusations d'imprudence et de maladresse. M. Martin (du Nord) était accablé de reproches, M. Franck-Carré taxé d'imprudence, le ministère tout entier poursuivi d'injurieuses récriminations. Au lieu d'amoindrir la défaite par un habile silence, chacun l'aggravait par le bruit qu'il en faisait. Vainement le *Journal des Débats*, la *Presse*, épuisaient leur verve à prouver l'absurdité de l'accusation portée contre le roi ; ces plaidoiries mêmes entretenaient les douleurs, et le public leur opposait toujours le verdict du jury, lorsqu'une soudaine découverte vint rendre quelque confiance aux amis du château. En 1834, M. Sarrans jeune avait publié un ouvrage intitulé : *Louis-Philippe et la contre-révolution de 1830*. Or, à la page 8 du premier volume se trouvait textuellement la première des lettres objets de tant d'émotions. Ajoutons néanmoins que le premier paragraphe ne s'y rencontrait pas et que le reste était chez M. Sarrans sous forme d'une réponse verbale adressée par le roi à lord Stuart, ambassadeur d'Angleterre en 1830. De vieux souvenirs ou des recherches faites au hasard firent tomber ce passage sous les yeux d'un député, qui en fit prendre communication à M. Duchâtel. Le ministre ravi crut avoir un argument irrésistible contre les factieux. Il devenait évident pour tous que la *Contemporaine* avait copié le texte d'un ouvrage imprimé, pour le transporter en une lettre du roi ; le faux était manifeste, les calomniateurs étaient confondus, la royauté vengée.

Aussitôt une sommation par huissier est adressée à chacun des journaux qui avaient reproduit les lettres, afin qu'ils aient à insérer la note suivante :

« A M. le gérant du...

« Dans l'ouvrage de M. Sarrans jeune, intitulé *Louis-Philippe et la
« contre-révolution de 1830*, tome 1er, page 8, 2e alinéa, on trouve
« sous forme d'une prétendue réponse verbale adressée par le roi à
« lord Stuart, ambassadeur d'Angleterre en 1830, le texte même, mot
« pour mot, d'une des trois lettres publiées par la *France*. La *Contem-
« poraine* s'est bornée à copier ce passage, en se servant de son talent
« à imiter les écritures, pour le transformer en une soi-disant lettre du
« roi. »

Après avoir mis en regard les deux textes, la note ministérielle ajoutait :

« Nous n'avons pas besoin de dire que la conversation rapportée par
« M. Sarrans n'est pas plus vraie que la lettre de la *Contemporaine*. »

Ce document fut accueilli par la presse ministérielle avec

CHAPITRE III.

des cris de triomphe : *Personne ne croit plus aux lettres*, écrivait le *Journal des Débats*. — *C'est un flagrant délit de mensonge*, répétait la *Presse*. Et en effet, en dehors des partis militants, beaucoup d'esprits se prenaient à douter, et les opinions flottantes qu'avait entraînées la décision du jury, commençaient à suivre une impulsion contraire. Mais bientôt la discussion engagée sur ce nouveau terrain fit perdre au ministère l'avantage qu'il avait gagné.

D'abord, M. Sarrans, en réponse aux arguments ministériels, écrivit aux journaux la lettre suivante :

« Je n'ai pas à entrer dans le débat qui s'est engagé entre les organes du ministère et la *Contemporaine*, ni à apprécier l'accusation dirigée contre cette femme ; mais j'ai le droit de m'étonner de la dénégation dont les faits exprimés dans mon livre sont aujourd'hui l'objet.

« Que la conversation attribuée au roi par la dépêche de l'ambassadeur d'Angleterre n'ait point eu lieu, cela est-il possible ? Oui, à la rigueur : mais ce qui est positif, c'est l'existence de cette dépêche dans les archives du *Foreign-Office*. »

En second lieu, les journaux anglais qui n'oubliaient pas les engagements pris relativement à l'évacuation d'Alger, se mêlèrent aux discussions de la presse française, pour confirmer les assertions de M. Sarrans.

« La *Presse*, écrit le *Morning-Post* à la date du 30 avril, s'efforce de prouver que l'abandon d'Alger n'a jamais été promis par Louis-Philippe, et que le gouvernement de Charles X était seul responsable de la promesse de ne pas l'occuper. Nous avons fréquemment traité ce sujet ; nous répétons les faits aujourd'hui comme ils ont été établis au parlement par le duc de Wellington, lord Aberdeen, lord Stuart et sir Robert Peel. Le prince de Polignac s'était fornellement engagé à ne pas occuper Alger, avant que l'expédition du général Bourmont mît à la voile. Cette non occupation a fait le sujet de fréquentes communications diplomatiques entre lord Aberdeen, alors ministre des affaires étrangères, et lord Stuart de Rothsay, ambassadeur anglais à Paris. Après la révolution de 1830, Louis-Philippe prit vis-à-vis de lord Stuart l'engagement verbal d'évacuer Alger. »

Quelques jours plus tard, le *Morning-Post* donne de nouveaux détails :

« Nous pensons, dit-il, que la conversation entre le roi et lord Stuart de Rothsay, qui eut lieu en août 1830, après l'élection du roi par 352 pairs et députés, eut lieu de la manière suivante : le comte Molé était ministre des affaires étrangères dans le cabinet du 11 août, le premier ministère qui ait été formé après l'élection du duc d'Orléans comme souverain. Lord Stuart de Rothsay se rendit auprès du comte Molé pour lui parler de l'affaire d'Alger. On dit que la réponse fut celle-ci : « Parlez-en au roi. » Et lord Stuart en parla au roi, et la conversation produisit la promesse d'abandonner Alger. »

Il y a plus : tous les hommes au courant des débats parlementaires de la Grande-Bretagne se souvenaient parfaitement que dans les années 1832 et 1833, il avait été souvent question des engagements pris par Louis-Philippe. Les tories n'étaient plus au pouvoir, et ils reprochaient amèrement aux whigs de ne pas faire exécuter les promesses consenties. Lord Aberdeen rappelait à ce sujet le document transmis par lord Stuart et déposé aux archives du *Foreign-Office*. Lord Grey, chef du ministre whig, ne niait pas l'existence du document, mais il refusait de le produire par des motifs de convenance. » Mais la véritable raison, dit le *Morning-Post*, était que, dans ce temps-là, le ministère whig était très-engoué de gallomanie. »

Il demeurait donc constant pour tous, et par l'affirmation de M. Sarrans, et par les assertions des journaux anglais, et par les débats parlementaires, que le document, objet de tant de débats, existait réellement dans les archives du *Foreign-Office*. Dès lors se trouvait expliquée toute l'affaire des lettres de Louis-Philippe, publiées en 1841, au moins en ce qui concerne la première.

A l'avènement de Louis-Philippe, son premier souci est d'être assuré de l'alliance anglaise, et la première condition qu'on lui fait est l'accomplissement des promesses de Charles X relativement à l'Algérie. Il s'y engage, et remet à lord Stuart la note verbale [1] commençant par ces mots : « En thèse générale, ma résolution la plus sincère, etc. » Peu de jours après, il envoie à son confident et ambassadeur M. de Talleyrand, copie de la note en la faisant précéder de ce paragraphe : « La voilà cette fameuse épître, etc. » C'est cette dernière missive qui est retrouvée dans les papiers de Talleyrand, et vendue aux rédacteurs de la *France*. On comprend dès lors pourquoi la note publiée par M. Sarrans ne contient pas le premier paragraphe ; car c'est le document envoyé à Londres par lord Stuart ; on comprend pourquoi ce paragraphe se retrouve dans la lettre livrée par la *Contemporaine*; car c'est un morceau détaché de la correspondance de Louis-Philippe avec Talleyrand.

---

[1] En langage diplomatique, on appelle *note verbale* tout écrit sans signature, sans caractère officiel.

Au surplus, l'histoire, dans son équité, doit justifier Louis-Philippe quant à l'intention réelle d'abandonner Alger. Les premières lignes qu'il écrit à Talleyrand prouvent clairement qu'il considérait sa promesse plutôt comme un acte de complaisance que comme un engagement sérieux. « Vous, dit-il, qui n'ignorez rien des nécessités qui l'ont inspirée, vous seul ne vous tromperez pas sur le véritable sens qu'elle doit avoir pour nous ; et, quoique je vous la copie moi-même, je me garderai de vous dire : « Tenez-vous-en rigoureusement et consciencieusement à « la lettre. »

On voit donc qu'au fond ce n'était pas la France que Louis-Philippe trompait en 1830, mais bien plutôt l'Angleterre. Seulement, en 1841, la discussion n'était plus sur le même terrain. Il s'agissait alors de savoir si la lettre avait été oui ou non écrite par Louis-Philippe, et tous les efforts du ministère pour en nier l'authenticité ne furent que de compromettantes maladresses. Le dernier argument tiré du livre de M. Sarrans semblait décisif ; on s'en promettait merveille ; on triomphait par huissier. Et cet argument ne servit qu'à éclairer ce qu'il y avait d'obscur, et à donner à l'accusation un complément qui la rendait inattaquable.

Aussi la défaite du ministère était-elle tellement complète, et la personne royale tellement compromise, que les dévoués de la monarchie furent remplis d'alarmes, et cherchèrent un remède qui pût cicatriser de si profondes blessures. Ils n'imaginèrent rien de mieux que de faire appel à la chambre, et d'obtenir, par une discussion solennelle, la réhabilitation du roi. Ce n'était pas la première fois qu'un vote de la chambre devenait l'argument suprême d'une mauvaise cause. On croyait follement étouffer ainsi la voix de l'opinion publique.

« Comment, disait le *Journal des Débats*, comment le ministère n'a-t-il pas, à la face du pays, devant ses quatre cents représentants, sous l'œil de la publicité si souvent invoquée contre lui, comment n'a-t-il pas vidé une fois pour toutes ce déplorable différend où l'on prétend mettre la royauté en cause !... Le débat était cependant digne de la chambre, digne du pays, Puisqu'on accuse la royauté, au moins elle aurait eu cette fois, pour la juger, un tribunal aussi haut qu'elle. La chambre, avec son irrécusable autorité, aurait fermé la bouche aux calomniateurs. La représentation nationale aurait répondu, avec ses quatre cents voix, à ce verdict solitaire de six jurés [1], qui ont semblé donner raison à la haine, à l'intrigue, à la mauvaise foi des partis ! »

Les mêmes doléances se répétaient par tous les conservateurs aveugles qui, n'admettant pas la possibilité de la correspondance royale, demandaient naïvement une réparation. On pressait le ministère, on le sommait de venger la couronne outragée. Mais M. Guizot, mieux instruit ou plus soupçonneux, n'avait nul souci de réveiller une question brûlante, et d'éclairer d'un nouveau jour ce qui pouvait encore rester dans l'ombre. Il pensait, non sans raison, que le mieux était de se taire. Aussi l'opposition, guidée par une meilleure logique que les royalistes zélés, provoquait-elle de son côté des explications. M. Lherbette, en discutant le budget de l'Algérie, avait fait des allusions aux lettres, beaucoup plus transparentes qu'il ne le fallait

[1] La *France* avait été acquittée par six voix contre six.

pour offrir aux ministres une occasion. Les ministres avaient feint de ne pas entendre.

Le lendemain, le duc de Valmy, député légitimiste, publia dans la *Gazette* un discours qu'il n'avait pu prononcer à la tribune et dans lequel, s'efforçant de venger l'honneur de l'ancien gouvernement, il mettait sur le compte de la monarchie de 1830 tous les engagements pris pour l'évacuation d'Alger.

Enfin une députation de citoyens de Paris se présenta le 22 mai à la chambre des députés pour y faire le dépôt de la pétition suivante :

« Messieurs les députés,

« Des lettres qui seraient l'expression de la plus lâche et de la plus
« infâme trahison, ont été attribuées au roi Louis-Philippe.
« La justice du pays a acquitté le journal qui les a publiées.
« **Les ministres n'ont répondu que par de vagues démentis** à l'impu-
« tation qu'ils laissent peser sur le chef de l'État.
« La conscience publique exige une enquête.
« Nous venons donc vous demander d'interpeller le ministère sur un
« fait qui touche aussi profondément à l'honneur, à la liberté et à l'in-
« dépendance de la nation.

Cette pétition, couverte en peu de jours de plus de cinq mille signatures, mettait la chambre en demeure; les ministres ne pouvaient plus se taire. Le *Journal des Débats* les sommait de parler ; les journaux légitimistes les en défiaient. M. Guizot, placé entre ses imprudents amis et ses arrogants adversaires, était à bout d'expédients. S'il parlait, il savait trop bien quelle serait la victime du débat; s'il se taisait, son silence devenait un accablant aveu. Pour se dégager de ce mauvais pas, il n'imagina rien de mieux qu'un équivoque parlementaire qui, en déplaçant la question, ne devait amener ni discussion ni vote.

Dans la séance du 27 mai, pendant que se débattaient les articles du budget des recettes, le président énonça le chapitre des produits et revenus de l'Algérie ; M. Guizot aussitôt demanda la parole, et la chambre crut qu'enfin la grande discussion allait s'ouvrir sur la question des lettres.

« Depuis quelque temps, dit le ministre, d'insignes faussetés ont été laborieusement répandues, au sujet de prétendues engagements que le gouvernement du roi aurait contractés envers les puissances étrangères, ou telle puissance étrangère, pour l'abandon complet ou partiel de nos possessions d'Afrique. Si ces faussetés s'étaient produites à cette tribune, nous les aurions à l'instant même relevées et qualifiées comme elles le méritent. On ne l'a pas fait. Personne n'a apporté ici les faussetés auxquelles je fais allusion. Nous n'avons pas voulu, nous n'avons pas dû leur faire un honneur que personne ne leur accordait.

« Cependant, elles continuent à se montrer audacieusement ailleurs. La chambre est près de se séparer ; nous ne laisserons pas fermer cette enceinte sans donner à ces calomnies, quelles qu'elles soient, le démenti le plus formel.

« Jamais, je le répète, par personne, envers personne, aucun engagement n'a été contracté ou indiqué. Toute assertion contraire est radicalement fausse et calomnieuse. »

M. le duc de Valmy, qui avait cru voir une allusion personnelle au discours non récité mais publié par lui, s'élança aussitôt à la tribune, et chacun put croire que l'orateur légitimiste allait achever la grande campagne commencée par la *France*; mais l'arrogance s'était changée en réserve, l'audace en prudence. M. de Valmy protesta que, dans son discours, il avait entendu seulement défendre la restauration du reproche de complaisance envers les Anglais. M. Guizot répliqua qu'il n'entendait attaquer aucun gouvernement ; chacun des deux adversaires se déclara satisfait, et le président, avec une prestesse qui ne lui était pas habituelle, mit aux voix le paragraphe, qui fut voté au milieu d'une hilarité générale. Une comédie était le dénoûment du drame.

Quant aux lettres, il n'en fut plus question : et les journaux du ministère eurent enfin le bon esprit de n'y pas revenir. Il est vrai que le parti légitimiste avait fait à la chambre si mauvaise figure, que les amis du château purent se vanter d'une apparence de victoire.

Les imprudents, il est vrai, les naïfs parmi les conservateurs, reprochaient à M. Guizot de n'avoir pas franchement abordé la question, de n'avoir pas déclaré en termes exprès que les lettres étaient fausses. Ils ne se dissimulaient pas que cette fameuse victoire n'était qu'un avortement. Mais, à vrai dire, ils avaient tort de demander davantage. M. Guizot avait fait tout ce qu'il pouvait faire. Parler pour ne rien dire était sa seule ressource. Réveiller le débat eût été une insigne folie. Il fallait finir par un orage ou par un éclat de rire. M. Guizot préféra le dernier parti. C'était une solution misérable, indigne d'un gouvernement, sans doute ; mais la force d'une situation domine toute énergie personnelle. Le talent vient s'y briser, l'habileté du sophisme y échoue, l'audace même s'y trouble et s'y perd. L'affaire des lettres demeurait donc ce qu'elle était, une accusation terrible contre la personne royale, fortifiée par les témoignages des hommes d'État de l'Angleterre, par les documents des chancelleries, par le verdict du jury, et surtout par la défense équivoque des ministres.

Quel que fût, au surplus, le véritable mot de l'énigme, le trône en fut profondément ébranlé. Les partis politiques jouèrent avec habileté leur rôle ; le ministère accomplit le sien misérablement

CHAPITRE IV.

Demande de fonds secrets. — Réforme parlementaire, rejet. — Loi sur les ventes judiciaires d'immeubles, sur les ventes de marchandises vendues à l'encan. — Propriété littéraire. — Discussion confuse, rejet du projet.

La session législative ne fut pas dans son ensemble bien différente de celles qui l'avaient précédée, dramatique et animée dans les questions personnelles, pâle et languissante lorsque s'agitaient les intérêts généraux du pays.

Il semblait que la lutte de récriminations entre les ministères du 1er mars et du 29 octobre, dût être épuisée par la discussion de l'adresse. Elle se réveilla sur le thème toujours renouvelé des fonds secrets.

On ne saurait assez s'étonner de la pauvreté des arguments ministériels dans ces manœuvres parlementaires périodiquement répétées, et ce n'est pas un médiocre embarras pour l'historien que de retracer tous les ans la même comédie sur la même scène. A l'ouverture de la session la harangue royale vante l'habileté du gouvernement, proclame le retour définitif de la sécurité publique ; et un mois après, les ministres viennent demander un secours pécuniaire contre les tentatives du désordre, et fixent à un million les garanties nécessaires pour maintenir la paix intérieure. En présentant la demande de fonds secrets, M. Duchâtel ne fit autre chose que copier ses prédécesseurs. « De coupables associations, dit-il, s'agitent dans l'ombre, et menacent, non plus seulement le gouvernement, mais la société. On s'attache à répandre dans les classes laborieuses les plus funestes doctrines ; on s'organise mystérieusement pour attaquer l'ordre social dans sa base essentielle, la propriété. » Ces phrases stéréotypées, à l'usage de tous les ministères, n'étaient-elles pas la condamnation la plus formelle d'un système qui signalait périodiquement sa propre impuissance, en signalant constamment les mêmes dangers ? Tous les ans, les chambres sacrifiaient un million pour palliatif au mal, et tous les ans le mal se représentait plus menaçant. N'était-ce pas un argument contre les gouvernants eux-mêmes et contre le principe d'une aveugle compression qui approfondissait les plaies au lieu de les guérir ?

Le rapporteur, M. Jouffroy, plus sincère et mieux éclairé que le ministre, fit remonter la stabilité du mal au gouvernement lui-même. « La responsabilité et le repos manquent au gouvernement, dit-il ; il n'y a en France de lendemain bien déterminé pour personne ; le présent y chancelle toujours, l'avenir y demeure une éternelle énigme..... On se plaint de voir la lie de la société soulevée en battre avec audace les fondements : cette audace est l'ouvrage de la chambre ; elle est la conséquence directe de l'instabilité des majorités. Et d'où vient cette instabilité ? de ce qu'un jour, croyant les grandes questions décidées, chacun s'est mis à regarder dans ses principes, en a découvert les nuances, et s'est passionné pour ces nuances comme il s'était auparavant passionné pour les principes mêmes. »

M. Jouffroy eût été plus vrai s'il eût accusé de cette instabilité les ambitions personnelles, les rivalités jalouses, les intrigues des ministres en expectative contre les ministres en possession, et tous les vices du régime constitutionnel, qui livraient le pays en pâture à un petit nombre de privilégiés.

Loin de s'attacher à ce côté fondamental de la question, le rapporteur, et la commission avec lui, refusait toute satisfaction aux partisans de la réforme, se prononçant pour le strict maintien du *statu quo* en tout ce qui concernait la loi électorale et la législation de la presse. La fatale opiniâtreté qui doit conduire la monarchie à sa perte, pèse sur tous ceux qui s'en font les protecteurs; un profond aveuglement les détourne de la seule voie de salut.

Les conservateurs avaient même si peu conscience de la gravité de cette question qu'ils n'accueillaient qu'avec impatience et dérision les orateurs qui la ramenaient.

M. de Courcelles attaqua vivement la commission et son rapporteur, qui n'avaient trouvé d'autre système que l'immobilité.

« L'immobilité! y pensez-vous? Quoi! vous venez de déclarer que notre gouvernement, par son instabilité, ne peut acquérir aucune force intérieure ou extérieure! qu'il n'y a en France de lendemain bien déterminé pour personne, que le présent y chancelle, et que l'avenir est une éternelle énigme! Nous sommes en si grand péril, et il n'y a rien à faire !.... il n'y a rien à faire, si ce n'est à exécuter ces lois qui n'ont pu empêcher ni prévenir de si mortelles atteintes à la sécurité générale, à les exécuter avec rigueur, et notre salut est tout entier dans quelques réquisitoires de plus ou de moins !

« Votre second moyen, après l'immobilité constitutionnelle, c'est la résistance ; vous n'avez pas voulu dire la réaction, et vous avez bien fait, car personne n'y aurait cru. Vous conviez seulement à de belles et intrépides résistances..:... Mais contre quoi ? N'êtes-vous pas convenus ailleurs que le pays est plus las qu'agité ? Oui, le pays est fatigué et on le serait à moins. »

Pendant la discussion, M. Guizot demeurait silencieux et réservé. Encore peu sûr d'une majorité formée par la peur bien plus que par un principe commun, il craignait de s'engager dans une polémique sérieuse qu'il eût contraint à se dévoiler. Les incertitudes mêmes de sa pensée, et les obscurités de son programme, maintenaient la phalange ministérielle, et il risquait d'en rompre l'accord s'ils faisait preuve de sincérité et de hardiesse. Aussi, M. Piscatory l'ayant interpellé sur le système d'isolement extérieur, le ministre répondit que, dans l'état des affaires du pays, il ne pouvait, ne devait rien dire ; il regrettait également de ne pouvoir parler, autant qu'il l'aurait voulu, du rapport de la commission : tout ce que la chambre avait entendu depuis trois jours, n'ayant d'autre but, disait-il, que de porter le trouble et la désunion dans la majorité, le cabinet, qui voulait sincèrement le maintien et l'empire de cette majorité, avait dû se refuser à toutes les paroles, à toutes les explications qui pouvaient concourir aux espérances et aux desseins qu'il comprenait et qu'il combattait. Cette majorité s'était formée par la nécessité, en présence d'un grand danger, en présence de la question de la paix et de la guerre; elle s'était formée pour rappeler au-dehors la pratique d'une politique prudente et modérée; pour rétablir, au-dedans, la pratique d'une politique ferme, conséquente, favorable à l'affermissement, à l'exercice du pouvoir. Si le repos du pays s'était rétabli à l'apparition de cette majorité, par l'appui qu'elle avait donné au cabinet, si les espérances du pays s'attachaient à son affermissement, il était bien naturel que ceux qui lui étaient attachés, députés ou ministres, ne permissent pas qu'elle fût légèrement compromise.

« Quelle accusation jetée et contre cette majorité et contre l'avenir de votre administration ! s'écria M. Odilon Barrot ! Quoi ! vous avez une majorité qui n'existe que si vous ne vous expliquez pas ! »

Et, en effet, c'était là le véritable caractère de la situation ; la majorité qui s'était groupée autour du 29 octobre, ne pouvait rester unie qu'à la condition de ne pas s'expliquer sur les questions fondamentales.

Mais la question intérieure, suivant M. Barrot, n'admettait aucune réticence. Puis, revenant au principe de la réforme, sur lequel il n'était certes pas bien exigeant, puisqu'il se contentait du programme du 1er mars, définition de l'attentat et élargissement du cercle des incompatibilités, il s'écriait : « Ne parlez pas d'inopportunité ; il y a toujours opportunité à rentrer dans la loi et dans le droit. Quelle plus grande opportunité, et qu'est-ce qui peut plus honorer votre administration que ce retour au respect scrupuleux et fidèle de la constitution ?.... Mais aux uns vous accordez l'inopportunité, aux autres vous sacrifiez le principe. Ce n'est pas de la politique courageuse et franche ! »

Vaines paroles! inutiles avertissements, qui, pendant huit ans, retentiront aux oreilles du pouvoir sans le détourner du chemin de l'abîme!

Le projet de loi fut voté à une grande majorité, 235 voix contre 147. La chambre des pairs ne consacra qu'une séance à la discussion, qui fut terminée par un vote de 106 voix contre 8.

L'opposition néanmoins ne se découragea pas. La proposition Rémilly, prise en considération à la session précédente, et enterrée au sein d'une commission par les soins hypocrites du 1er mars, n'avait pas été définitivement jugée. M. Maurat-Ballange, chargé du rapport, en demanda la reprise dans la séance du 20 février. Le ministre de l'intérieur répéta les mêmes objections sur l'inopportunité qui avaient servi de texte à tous ses prédécesseurs, et la chambre, toujours docile, revint sur sa décision et se condamna elle-même.

Cependant la majorité, dans ce vote, avait été si faible, 178 voix contre 160, que la nécessité d'une réforme ressortait de l'incertitude même des esprits. Aussi, à peine la chambre eut-elle repoussé la reprise du projet de M. de Rémilly, que M. Pagès (de l'Ariége), de concert avec M. Mauguin, le reproduisit sous une autre forme. Les bureaux en autorisèrent la lecture, et le 18 mars l'auteur en saisit la chambre. La discussion remise au 5 avril occupa deux séances où l'animosité des partis témoigna tout l'intérêt qu'y prenait le public. La prise en considération fut encore rejetée.

Ce fut le dernier effort de l'opposition parlementaire durant cette session. Le cabinet du 29 octobre s'affermissait par la lutte, et M. Guizot, un instant incertain et troublé, se voyait désormais assuré d'une majorité docile. On fit trêve alors aux questions purement politiques, et les chambres se consacrèrent aux affaires législatives. La loi sur les ventes judiciaires d'immeubles, votée par la pairie en 1840, fut l'objet de longues et savantes discussions à la chambre élective. C'était un code tout entier destiné à régler une des matières les plus compliquées de la législation. La pensée dominante de la loi nouvelle reposait sur deux principes dont on ne pouvait nier l'utilité : économie de temps, économie de formes. Tous les partis s'accordaient pour favoriser d'aussi heureuses réformes, et malgré la timidité des modifications, la loi eût été accueillie par une approbation générale, si l'esprit de parti n'y avait introduit une clause qui livrait à la discrétion de magistrats complaisants les destinées de la presse indépendante. L'article 696 devenait aux mains du ministre une arme politique et un moyen nouveau de corruption.

La loi relative à l'expropriation pour cause d'utilité publique était destinée à compléter la loi de 1833 sur la même matière. Ce grave sujet introduisait de profondes modifications dans la propriété. L'intérêt du citoyen se trouvait en opposition directe avec l'intérêt de l'État : lequel devait être sacrifié ! La question ne pouvait être douteuse. Mais l'État ne devait user de son droit absolu qu'avec les plus extrêmes ménagements ; il fallait être juste en dépouillant, paternel en frappant, annuler le droit de propriété, et par une compensation équitable, le reconnaître en l'annulant, enfin changer toutes les dispositions de personnes, de familles, d'héritages, pour les subordonner à des dispositions d'un ordre supérieur, enfin accoutumer l'individu à se sacrifier à la société dans ce qu'il avait de plus personnel et de plus intime, sans résistance, sans trouble, sans murmure. Tel fut le but de la loi du 31 mai 1841. Elle fut discutée successivement dans les deux chambres avec une consciencieuse intelligence que l'on serait heureux de rencontrer plus souvent dans les débats parlementaires.

Une autre loi fut présentée, qui, sous le prétexte de défendre les intérêts du commerce, n'était en réalité qu'une satisfaction accordée au monopole des gros commerçants qui dominaient dans les élections.

Les ventes aux enchères et en détail des marchandises neuves provoquaient de nombreuses réclamations de la part des marchands sédentaires. Ils se plaignaient de voir inonder en un jour la place de marchandises qui, souvent vendues à vil prix, rendaient, selon eux, toute concurrence impossible. Les colporteurs faisaient ombrage aux boutiquiers; l'ouvrier qui avait fait un meuble, vendait directement le produit de son travail, sans l'intervention ruineuse d'un tapissier. C'était un commencement d'affranchissement. Les privilégiés à patente poussèrent de grands cris, et ces cris avaient été entendus, parce que les mécontents étaient électeurs. Une loi avait été en conséquence élaborée e présentée par le gouvernement, une commission nommée, un rapport déposé devant la chambre. C'était en 1840. Mais depuis, les commissaires-priseurs, avoués, huissiers, notaires, qui avaient intérêt à la multiplicité des ventes, achats et transactions, font entendre à leur tour de bruyantes réclamations. Or les officiers ministériels de toutes classes figurent aussi en bataillons serrés sur les listes électorales. Le gouvernement s'effraie de son œuvre, et ne sachant auxquels entendre, ou des officiers ministériels qui voudraient sauver leurs frais de vente, ou des gros commerçants qui voudraient interdire les ventes, il partage le différend par le milieu, et tâche de concilier les contraires. En conséquence, le 24 février, M. Martin (du Nord) donne communication à la chambre d'une ordonnance royale portant retrait du projet de loi sur les ventes de meubles, et présente en même temps un nouveau projet sur la vente des marchandises à l'encan. La portion de la loi qui déplaît aux officiers ministériels a disparu ; la portion de la loi qui ne déplaît pas aux commerçants est reproduite. Mais dans les deux cas, on sacrifie les colporteurs, les ouvriers et les consommateurs.

La discussion s'ouvrit le 3 avril ; mais dans l'intervalle, les commerçants eux-mêmes avaient fait des réflexions. Ils pensèrent que cette faculté de vendre, dont ils ne voulaient pas pour les autres, leur serait très-profitable à eux-mêmes. Il est en effet une multitude de circonstances où un commerçant, même notable, a besoin de réaliser promptement. En conséquence, à l'ouverture de la discussion, M. Ganneron, ancien commerçant, réclama au nom de la liberté du commerce, de l'intérêt du commerce, de l'honneur du commerce, la faculté pour les marchands sédentaires de faire vendre en détail et à l'encan des marchandises neuves avec l'autorisation du tribunal de commerce. C'était détruire le principe de la loi, mais c'était en même temps fortifier le monopole par un principe nouveau. L'amendement de M. Ganneron fut adopté. Et pour mieux en faire ressortir le caractère exclusif, l'article 5 portait que l'autorisation de vendre ne serait accordée qu'au marchand sédentaire ayant, depuis un an au moins, son domicile réel dans l'arrondissement où la vente serait opérée. La loi fut adoptée dans la séance du 9. C'était la guerre déclarée aux faibles, l'oppression consacrée en faveur du gros commerce, au détriment de l'ouvrier et du consommateur.

La commission de la chambre des pairs, par l'organe de son rapporteur, M. Persil, allait plus loin encore. Elle proposait d'accorder aux marchands sédentaires la faculté de vendre, même sans l'autorisation des tribunaux de commerce, offrant ainsi aux marchands sédentaires une liberté illimitée en frappant les colporteurs et les ouvriers d'une interdiction absolue. L'iniquité se trahissait si flagrante, si maladroite, que M. Martin (du Nord) lui-même se sentit obligé de la combattre. Le projet de la chambre des députés fut adopté sans modification.

Cette loi malheureuse succédait à de stériles débats sur une question longtemps agitée et jamais résolue. Bien des fois les écrivains s'étaient plaints avec amertume de la législation qui gouvernait les productions de l'esprit, ne laissant aux héritiers qu'un usufruit temporaire sur les fruits du travail intellectuel. Aux yeux de beaucoup, la société consacrait non-seulement l'ingratitude, mais la spoliation; comparant les œuvres de la pensée aux matérielles productions d'un labeur manuel, ils demandaient pour les unes comme pour les autres les mêmes garanties, les mêmes droits, les mêmes titres. Le gouvernement s'était laissé toucher par ces réclamations, et il avait présenté aux chambres un projet sur la *propriété littéraire*.

Cependant le principe de la loi rencontrait de notables adversaires, même parmi ceux qui y avaient intérêt.

« Que peut-il y avoir de commun, disaient-ils, entre un champ et une idée, entre un objet matériel, palpable, saisissable aux yeux, existant même indépendamment de la volonté de l'homme, et une chose immatérielle, insaisissable, et n'ayant de réalité que si elle est émise en public? Et qu'est-ce qui fait le mérite et la puissance d'une idée, si ce n'est le public qui l'accueille et l'encourage? Le succès d'un livre est donc autant dans le public que dans l'auteur; et, en supposant même le public injuste, la propriété devient nulle ; car le livre ne vaut commercialement quelque chose que par le consentement du public. Sa valeur intrinsèque elle-même, cette valeur que l'on suppose méconnue, n'est-elle pas due tout entière au milieu social où se rencontre l'auteur ? A qui doit-il les connaissances qui font son mérite, si ce n'est à la société, qui a développé sa pensée, fécondé son génie, livré à son intelligence naissante tous les trésors accumulés des âges passés? Depuis les premières lettres de l'alphabet jusqu'aux pages sublimes du livre qui fait son orgueil, n'a-t-il pas tout emprunté à ceux qui furent avant lui, à ceux qui vivent autour de lui? Et ce débiteur de tout le monde veut se dire propriétaire à l'exclusion de tout le monde? Et cet enfant de l'intelligence commune veut désavouer la paternité de la société ! Et cet heureux baron ose dire qu'une idée lui appartient parce qu'il la transforme en la dérobant ! Un raisonnement aussi vicieux ne supporte pas l'examen.

« Il n'y a pas, il ne peut y avoir de propriété littéraire, à moins qu'on ne donne un autre nom à la possession d'un champ ou d'un meuble. La propriété est ce qui est dans la société de plus individuel ; la pensée est ce qui l'est le moins. Le fruit du travail manuel est ce qui relève le plus de l'individu ; le fruit du travail intellectuel est ce qui en relève le moins. Si jamais il y eut une propriété publique commune, indivisible, inaliénable, c'est assurément l'œuvre de l'art et de la science. Le temps lui-même peut revendiquer sa part dans le mérite de la production, et sa part est la plus grande. Car un écrivain, un savant, un artiste, ne se fait admirer que parce qu'il est dans son œuvre l'éclatant résumé de plusieurs siècles. Il peut, il est vrai, rajeunir la voix des âges par une harmonie nouvelle, il peut donner aux choses transmises la forme moderne; mais les idées enveloppées sous la forme lui ont été données, et la société les adopte précisément parce qu'elle les reconnaît pour siennes. Elle les avait oubliées, peut-être, délaissées, méconnues, ces filles de ses entrailles; on les lui rend vêtues de pourpre et d'or; elle retrouve son sang, elle les accueille avec amour et leur ouvre les portes de la gloire et de la fortune. Mais il y a loin de là à se dépouiller elle-même de ce qui lui appartient, à dépouiller les siècles de leur apanage pour en faire une propriété individuelle, transmissible par héritage, et cessible par-devant notaire.

« Ce n'est pas à dire cependant qu'aucun droit personnel ne doive être accordé à l'écrivain de mérite, à l'artiste éminent. Ne refusons pas un juste salaire à un utile travail : la société doit tenir compte de ce qu'elle reçoit, et pour tout bienfait individuel offrir une récompense. Mais ce principe n'était contesté par personne; depuis longtemps il était appliqué. La législation existante accordait à l'auteur le droit exclusif de vente pour ses ouvrages, et continuait ce droit aux héritiers pendant vingt ans après le décès. Elle constituait donc en faveur des écrivains un monopole, un privilége; bien plus généreuse encore envers eux qu'envers les inventeurs en mécanique ou en industrie, qui ne reçoivent pour l'idée la plus féconde qu'un brevet d'invention limité, et pour lequel encore ils paient un droit pécuniaire.

« Il n'y avait donc pas réellement matière à une loi sérieuse ; car il ne pouvait y avoir de discussion que sur le plus ou moins de durée du privilége. »

Mais ce n'est pas ainsi que l'entendaient les auteurs de la loi, et la commission, et le rapporteur de la commission, M. de Lamartine. Tous voulaient constituer une propriété de nouvelle façon, une propriété littéraire. Il est vrai que la commission consentait à une transaction, en limitant la transmissibilité à cinquante ans après le décès. Mais ce n'était qu'une concession temporaire.

« Nous n'avons mis aucune limite aux droits de la propriété littéraire, disait M. de Lamartine, nous lui avons mis une borne dans le temps. Le jour où le législateur éclairé par l'épreuve qu'elle va faire d'elle-même, jugera qu'elle peut entrer dans un exercice plus étendu de ses droits naturels, il n'aura qu'à ôter cette borne, il n'aura qu'à dire *toujours*, où notre loi a dit *cinquante ans*, et l'intelligence sera émancipée. »

Le rapport de M. de Lamartine, rédigé dans le beau langage qui lui est si familier, était une œuvre d'art : il fut combattu avec succès par des orateurs moins poétiques, mais ayant mieux la pratique des affaires. M. Berville fut le premier opposant. « Vous posez, dit-il, le principe de la propriété, mais vous n'avez pas pu le faire sans vous mettre en même temps en contradiction avec vous-même.

« La propriété est transmissible à l'infini ; vous l'avez senti et vous n'avez pas osé le décréter. *Pourquoi pas toujours?* dites-vous. Vous sentez que vous devriez ainsi conclure, et vous n'y concluez pas.

« Moi je dis : Un livre est un service rendu à la société. L'auteur a droit à une récompense ; rien de plus naturel que de prendre la récompense sur les produits de son ouvrage.

Mais c'est là une rémunération, non une propriété : propriété et publicité sont deux mots incompatibles. »

M. Renouard. qui avait, depuis longues années, fait sur la matière des études spéciales et approfondies, parla dans le même sens.

« Votre commission, dit-il, ne met pas en pratique la perpétuité du droit exclusif ; mais elle proteste en sa faveur. Si le droit perpétuel existe, elle a tort de l'abandonner ; s'il n'existe pas, elle a tort d'ébranler par des protestations les bases de la loi qu'elle-même nous propose.

« La confusion dans les mots a engendré la confusion dans les idées. »

Les arguments de ces orateurs furent appuyés par MM. Portalis et Dubois.

Le ministre de l'instruction publique, M. Villemain, tenta de concilier les esprits en proposant de restreindre le privilége des auteurs à trente ans après le décès. C'était le projet primitif du gouvernement. La chambre, par son vote, adopta cette proposition.

Dès lors, la loi formulée par la commission perdait tout son caractère. Le principe de propriété disparaissait ; il n'y avait plus qu'une rémunération étendue, pour les héritiers, de vingt ans à trente ans. Cette extension ne satisfaisait pas les exigences ; elle semblait peu avantageuse aux esprits impartiaux. Pour un si pauvre résultat, était-il bien nécessaire de formuler avec éclat une loi nouvelle ? S'il n'y avait rien de mieux à faire, n'était-il pas préférable de s'en tenir à la législation existante ? C'est ce que sembla comprendre la chambre.

Après une discussion de huit jours, confuse, embarrassée, où chaque détail créait des difficultés nouvelles, la chambre, vaincue par son impuissance, rejeta le projet dans son ensemble.

Une nouvelle loi sur les douanes soulevait une foule de questions toujours compliquées par d'antiques préjugés, de fausses connaissances, et des intérêts opposés. En pareille matière, l'habitude fait trop souvent loi ; et l'habitude reposant sur d'anciennes insuffisances, sur un système d'isolement national qui tous les jours disparaît, sur des imperfections de culture et de mécanique depuis longtemps corrigées, enfin sur un système général d'hostilités réciproques auxquelles les nations n'obéissent plus, il en résulte que les barrières élevées entre les peuples, les oppriment bien plus qu'elles ne les protégent, et sont presque toujours des obstacles au bien-être général, en même temps qu'une contradiction au progrès et une offense à l'intelligence humaine.

Depuis cinquante ans, les rapports entre les nations se sont prodigieusement modifiés par un rapprochement constant, par des intérêts communs, par des engagements moraux et matériels qui ont créé une vaste solidarité, et depuis cinquante ans la barbare législation des douanes a si peu retranché de ses rigueurs, si peu diminué de ses entraves, qu'elle reste encore comme un monument inébranlable des vieilles haines et de la vieille politique. Ce qui a été fait pour la naissance de l'industrie, se continue lorsque l'industrie est agrandie, développée, émancipée ; la protection consentie pour aider au progrès devient un encouragement à la routine, une prime à la paresse ; les lisières qui ont soutenu les premiers pas de l'enfant sont maintenues à l'âge viril. L'intérêt public en souffre, mais certains intérêts privés y gagnent, et ces intérêts sont entre les mains d'hommes influents dans les élections, influents dans les chambres, et leur alliance s'achète par le maintien des abus. Telle a été, sous la monarchie constitutionnelle, l'histoire de la législation douanière. Cependant, de temps à autre, la force des choses et l'impérieuse voix du progrès contraignaient le gouvernement à donner aux intérêts généraux de timides satisfactions. La dernière loi de douane datait de 1836, et, depuis ce temps, le système restrictif, attaqué par les économistes, perdait constamment du terrain ; les questions douanières avaient été discutées avec ardeur, toutes les restrictions condamnées avec passion. Une école nombreuse s'était formée, qui proclamait hautement le principe de la liberté illimitée des échanges.

Les théories audacieuses ont cela d'avantageux que, par l'agitation qu'elles produisent, elles contraignent la routine à faire des concessions qui n'obtiendrait pas une calme discussion ou une logique modérée. Lorsqu'une question occupe vivement le pays, le gouvernement ne peut s'empêcher d'intervenir, et alors même que les innovations lui répugnent, il cède quelque chose à l'esprit du jour. C'est au moins un commencement de sagesse. Tel fut le but de la loi présentée par le ministère, et discutée dans les premiers jours de février.

Mais la chambre était l'asile et la place forte de tous les intérêts égoïstes opposés au bien-être général. Grands industriels et grands fabricants, enrichis par la prohibition, engraissés par le monopole, se soulevèrent contre un projet qui devait amoindrir leurs profits et porter atteinte à leurs priviléges ; s'établissant en majorité au sein de la commission, ils ameutèrent tous les intérêts cupides contre une loi qui était cependant bien loin de faire justice aux plus légitimes réclamations.

Le projet du gouvernement tendait timidement à continuer l'application du principe posé en 1836, à savoir : avancer avec prudence vers la liberté commerciale. La commission, au contraire, voulait donner plus de force au système protecteur. La loi attaquait faiblement les abus ; la commission voulait les étendre. Pour détourner les coups qui le menaçaient, le monopole se faisait agressif. Jamais la cupidité personnelle n'attaqua plus effrontément les droits de toute une nation.

A la voix des intérêts privés se joignit celle des rivalités départementales. Deux grandes divisions représentent en France le monde industriel et commerçant : les ports et les manufactures, le nord et le midi. Leurs intérêts sont en opposition, ou, du moins, sont rarement d'accord : il en résulte que le même système, protecteur pour les uns, est oppresseur pour les autres, et que, par la force des choses, toute loi de douane réclamée d'un côté est repoussée de l'autre. Aussi, pouvait-on d'avance indiquer les noms des joûteurs parlementaires qui combattraient ou soutiendraient une mesure fiscale, l'opinion de chacun se formant non d'après un principe général, mais d'après l'industrie particulière du département qu'il représentait. Ce ne sont plus les députés de la France qui paraissent à la tribune, mais les avocats d'une usine, et tout discours est moins une œuvre d'étude et de science qu'une opération électorale. L'histoire n'a pas besoin d'enregistrer les noms des députés qui prirent part à la discussion ; la lutte avait pour principe des circonscriptions géographiques. Nantes livrait bataille à Saint-Étienne sur la question des houilles ; Bordeaux se levait contre Rouen ; le Nord demandait une protection pour les toiles ; l'Ouest pour le chanvre. Ce conflit d'intérêts égoïstes faisait un beau rôle au ministère, qui, se plaçant à un point de vue général, proposait des améliorations d'ensemble, et semblait avoir tous les avantages de l'intelligence et du desintéressement. Pour les partisans prononcés de la liberté commerciale, le ministère faisait sans doute de bien faibles concessions. Mais en voyant la commission défendre opiniâtrement le système prohibitif, s'efforcer de multiplier les entraves et de perpétuer le monopole, on était obligé de trouver quelque mérite aux hommes du gouvernement qui abaissaient les tarifs, favorisaient les échanges et devenaient par contraste les défenseurs du progrès. C'était une chose nouvelle dans les annales parlementaires que de voir les ministres affronter les colères des gros industriels. Tant de courage eut sa récompense. La loi fut votée à une grande majorité dans les deux chambres.

La loi sur les travaux publics extraordinaires fut accueillie par la chambre comme le complément de la fortification de Paris. Il s'agissait de mettre dans un état respectable de défense les ports et les places frontières ; 5 millions étaient demandés pour cet objet. Ce surcroît de charges semblait, il est vrai, porter une grave atteinte à la situation financière. Mais, ainsi que le disait le rapporteur, M. Dufaure, « la considération du pays serait gravement compromise, s'il était obligé de s'arrêter par impuissance financière dans l'exécution du plan, si incomplet encore, des travaux publics auxquels notre loi nous donne pour six ans les moyens de pourvoir. »

Tels étaient les bénéfices de la paix armée, détestable système qui produisait tous les inconvénients de la guerre, sans aucune des compensations d'honneur et de gloire !

Mais il fallait subir les conséquences d'une mauvaise politique. La chambre était condamnée à tout approuver.

La discussion de la loi des crédits supplémentaires et extraordinaires, donna encore une fois le spectacle de la lutte entre le 1er mars et le 29 octobre. Ce projet n'était réellement que la conversion en loi des ordonnances de crédits rendues, à la suite du traité du 15 juillet, au milieu des complications survenues dans l'affaire d'Orient. C'était une thèse merveilleuse pour attaquer l'administration précédente. M. Humann en profita sans réticence et sans pitié. Faisant le tableau le plus sinistre de la situation financière, flétrissant avec sévérité les marchés d'urgence, les armements irréfléchis, les accroissements de l'effectif militaire, il montrait la France réduite à l'impuissance par un téméraire gaspillage, et signalait, en terminant, un déficit de un milliard qu'il mettait charitablement sur le compte du 1er mars.

M. Thiers ne pouvait subir une accusation pareille : il n'eut pas de peine à la combattre.

« Quel a été, dit-il, le but de cet énorme déficit qu'on a si artistement construit ?.... Pourquoi et comment ce milliard a-t-il été dépensé ? Pourquoi rappeler au pays que quelques mois d'une politique lui ont coûté un milliard ? Pourquoi cette assertion ? Pourquoi ? pour pouvoir dire, si les élections générales ont lieu, que quelques mois de la politique du 1er mars ont ruiné la France. »

L'orateur ne fut pas embarrassé de démontrer que la plus grande partie du déficit appartenait aux exercices précédents, et, en effet, déjà, en 1833, il y avait un découvert de 255 millions qui n'avait depuis lors fait que s'accroître. M. Thiers n'acceptait pour le compte du 1ᵉʳ mars qu'un déficit de 175 millions. Mais qu'importaient au pays ces misérables débats personnels? Le mal existait, quels qu'en fussent les auteurs; le milliard de déficit était avoué de tous, quoique chacun en rejetât sur un autre la responsabilité. Le fait vrai, c'est que la responsabilité retombait sur tous ceux qui depuis dix ans avaient pris part à la direction des affaires, sur le système général qui prévalait depuis dix ans; et tous les ministres qui venaient tour à tour s'excuser à la tribune ne réussissaient qu'à faire retomber sur la couronne les accusations que mutuellement ils se renvoyaient.

Aussi le pays se lassait-il enfin de ces vaines récriminations, tandis que la chambre, qui se passionnait aux disputes personnelles, votait sans émotion les millions que dévoraient les dépenses militaires sous un ministère qui avait adopté pour programme : la paix à tout prix.

La loi nouvelle du budget ramena encore une fois les chambres sur toutes ces questions et renouvela des débats irritants qui profitaient surtout à l'opposition. C'était en effet pour elle une douce vengeance, que de voir ses adversaires se déchirer entre eux, mettre à nu leurs faiblesses et compromettre le chef même du gouvernement par leurs querelles ambitieuses.

Ce qui ressortait le plus clairement de toutes les discussions, c'est que la masse des déficits s'augmentait annuellement dans une proportion effrayante. Le découvert du budget de 1840 était de 170 millions, celui de 1841 de 242 millions; et comme le budget des dépenses de 1842 s'élevait, avec la réduction de la commission, à 1,275,435,340 fr., tandis que le budget des recettes était fixé à 1,160,516,942 fr.; l'exercice de 1842 présentait un déficit d'environ 115 millions. De plus, la loi des travaux publics extraordinaires figurait dans la dépense pour 531 millions. C'était donc un total de plus d'un milliard auquel il fallait pourvoir en dehors des prévisions ordinaires du budget. Ajoutons que la dette flottante était engagée pour 256 millions par les déficits antérieurs à 1833. Cette situation désastreuse est bonne à rappeler à ceux qui vantent sans mesure la sagesse et les bienfaits du gouvernement royal.

La commission de la chambre se montrait justement alarmée de cet état de choses ; mais nous verrons ces alarmes se reproduire tous les ans, sans que jamais on propose sérieusement un remède au mal. Le rapporteur de la commission était l'ancien ministre des finances du 15 avril, M. Lacave-Laplagne. Les propositions du ministère et de la commission n'était autre chose que des expédients ruineux. Pour le paiement des travaux publics on contractait un emprunt jusqu'à concurrence de 450 millions, sauf à aviser plus tard aux moyens de se procurer les 81 millions d'excédant. « Quant aux découverts, ils seront éteints, disait M. Laplagne, par l'affectation qui leur sera faite des réserves de l'amortissement, à partir du 1er janvier 1842. Comme l'emprunt sera réalisé avant que les travaux soient effectués, il servira provisoirement à balancer les découverts qui, par ce moyen, cesseront de peser sur notre situation financière, avant que les ressources qui leur sont propres soient disponibles ; la dotation des travaux publics sera rétablie, à mesure de leur réalisation. »

Voilà tout ce qu'imaginaient les plus fortes têtes de la finance ! Un emprunt pour entreprendre les travaux publics ; puis, en attendant l'achèvement des travaux, l'application de l'emprunt aux découverts, puis le rétablissement de la dotation des travaux. Et avec quoi ? avec des éventualités, des incertitudes, des illusions ! Le dernier des enfants prodigues n'eût pas autrement raisonné.

Cependant M. Humann faisait des aveux qui trahissaient de graves inquiétudes.

« Non, pareille situation, disait-il, ne peut pas durer. Ce serait bien vainement que nous nous efforcerions de combler des déficits existants, si nous étions condamnés à voir chaque année s'ouvrir des déficits nouveaux. Or, le déficit, c'est le discrédit, l'impuissance et l'anarchie. Essaierait-on de conjurer un pareil avenir en accumulant emprunts sur emprunts, tristes expédients de la prodigalité aux abois ? Mais le crédit a ses exigences ; il refuse son aide à qui en veut abuser. Et remarquez que quand il s'agit de pourvoir à des dépenses annuelles, à des besoins permanents, l'emprunt est plus qu'un désordre, il est une injustice commise par la génération existante au détriment de celles qui vont suivre. L'emprunt, d'ailleurs, n'est que l'impôt différé ; les intérêts deviennent une charge immédiate ajoutée à celle du capital, dont il faudra bien se libérer un jour. C'est ainsi que l'abus du crédit appauvrit le présent et prépare un triste avenir... Peut-on maintenant par les seules ressources de l'économie arriver à l'équilibre ? Est-il possible que l'on vous présente pour 1843 un budget allégé de 116 millions ? Certes, le devoir de l'économie ne fut jamais plus impérieux qu'aujourd'hui, mais vous voulez des économies judicieuses, réelles ; or, je ne crois pas que l'on puisse en faire assez de cette nature pour ramener par ce seul moyen le niveau de nos budgets. »

Il y avait assurément de terribles menaces pour l'avenir dans cette déclaration publique d'impuissance. Plus de ressources ni dans l'emprunt, ni dans l'économie! Voilà ce que disait un ministre réputé habile! Et la chambre était à peine émue ! Ces graves questions la touchaient moins qu'une querelle de cabinet. Que lui importaient les dangers de l'avenir, lorsqu'elle n'avait plus à craindre une crise ministérielle ?

Le ministre, cependant, loin de partager cette imprudente sécurité, s'évertuait à chercher un palliatif. Mais où le trouver? A quel moyen recourir? L'établissement de charges nouvelles semblait impossible; l'augmentation des tarifs existants ne pouvait être admise. M. Humann résolut de réunir tous ses efforts pour obtenir des impôts établis de plus abondants produits, en en généralisant l'application. En conséquence, il ordonna un recensement général des propriétés bâties, des portes et fenêtres, des valeurs locatives. C'était d'ailleurs se conformer aux prescriptions de la loi du 14 juillet 1838, qui imposait au gouvernement l'obligation de présenter, en 1842, une nouvelle répartition des contributions personnelle, mobilière et des portes et fenêtres. Il est bon d'ajouter qu'à cette époque plus de cent dix mille maisons échappaient à l'impôt, et qu'un grand nombre de patentables avaient réussi à se soustraire aux charges qui pèsent sur l'industrie. C'était une mesure de justice et d'égalité; ce pouvait même être un dégrèvement individuel, puisque le chiffre contributif de chaque commune restant le même, le nombre des contribuables devait s'accroître de tous ceux qui échappaient aux prescriptions de la loi. Elle devint cependant l'occasion de troubles sérieux et faillit perdre le ministre qui l'avait ordonnée. Les chambres se séparèrent au moment même où la question du recensement agitait tous les départements.

CHAPITRE V.

Le recensement. — Circulaire de M. Humann. — Discussions entre les pouvoirs locaux et le pouvoir central. — Examen de la question. — Résistance des conseils municipaux. — Agitation à Toulouse. — Destitution du préfet. — Nomination de M. Mahul. — Démission de l'administration municipale. — Maladresse de M. Mahul. — Insurrection. — Expulsion du préfet et du procureur général, M. Plougoulm. — Envoi de M. Maurice Duval comme commissaire extraordinaire. — Dissolution de la municipalité. — Résistance du maire et des adjoints provisoires. — Ils sont renvoyés devant la police correctionnelle. — Désarmement de la garde nationale. — Reprise du recensement. — Troubles dans plusieurs départements.

Bien des fois, et depuis de longues années, des plaintes s'étaient élevées sur l'inégale répartition de l'impôt, sur l'injuste distribution des charges, soit entre les départements, soit entre les arrondissements, les communes ou les individus. Bien des fois le législateur avait reconnu le mérite des plaintes en cherchant un remède aux vices signalés. Les dernières dispositions concernant ces matières étaient contenues dans les lois des 21 avril 1832 et 14 juillet 1838. L'art. 2 de cette dernière loi portait : « Il sera soumis aux chambres dans la session de 1840, ensuite de dix années en dix années, un nouveau projet de répartition. » Cette révision périodique avait pour but de maintenir le principe d'égalité, en tenant compte des modifications introduites dans les ressources comparatives des départements, des arrondissements, des communes. C'était une mesure de sagesse et de justice : le moment de l'appliquer était venu ; M. Humann en fit l'objet d'une circulaire ministérielle en date du 25 février. Mais, par une insigne maladresse, au lieu de se pénétrer de l'esprit de la loi, qui reposait sur le principe d'égalité, le ministre ne s'occupe que de l'insuffisance de l'impôt. « Il est urgent, dit-il, de prendre des mesures pour obtenir des impôts les produits qu'on est en droit d'en attendre. « Une mesure de haute justice se transformait en une mesure de fiscalité. La loi avait pour but de rétablir de justes proportions qui, pour un grand nombre, eussent été un dégrèvement; le ministre semble vouloir surcharger tout le monde, et prescrit à ses agents de rigoureuses investigations. Sa circulaire fut considérée comme une menace; les esprits s'agitèrent et l'opposition mit habilement à profit les inquiétudes populaires. Dans les campagnes, aucun argument ne réussit aussi bien que les déclamations contre l'avidité du fisc; aucun n'a plus d'effet pour exciter les passions. Dans les villes, on fit en outre appel aux vanités locales, aux ombrageuses susceptibilités des conseils municipaux. Ce fut surtout dans cette voie que l'opposition obtint de merveilleux succès.

A qui appartenait l'exécution de la loi ? A qui les opérations du recensement ? Était-ce au pouvoir central ? Était-ce au pouvoir local ? Telle fut la thèse sur laquelle s'établit la controverse.

Pour bien apprécier la valeur des arguments énoncés de

part et d'autre, il est bon de rappeler en peu de mots les principes et les lois qui régissent la matière.

N'oublions pas d'abord qu'il s'agit des contributions personnelle, mobilière, et des portes et fenêtres, dont le mode de perception s'établit par voie de répartition.

Or, la répartition se fait par différentes séries :

1° Répartition entre les départements, faite par les chambres ;

2° Répartition entre les arrondissements, faite par les conseils généraux ;

3° Répartition entre les communes, faite par les conseils d'arrondissement ;

4° Répartition entre les citoyens, faite par les municipalités.

La première répartition ne devait, en vertu de l'art. 2 de la loi du 14 juillet 1838, se faire que tous les dix ans ; les autres se faisaient d'année en année.

Mais sur quelles bases, et d'après quels renseignements devaient s'établir les répartitions ?

Il est évident que les ministres chargés de présenter aux chambres, tous les dix ans, la loi de répartition, ne devaient consulter que les agents des contributions directes. Le pouvoir central agissait tout seul. Aussi n'y avait-il à ce sujet aucune discussion.

Pour les 2ᵉ et 3ᵉ séries, la loi s'exprimait formellement. Voici ce que porte l'article 11 de la loi du 21 avril 1832 :

« Le directeur des contributions directes formera, « chaque année, un tableau présentant, par arrondisse- « ment et par commune, le nombre des individus passibles « de la taxe personnelle, et le montant de leurs valeurs « locatives d'habitation.

« Ce tableau servira de renseignement au conseil gé-
« néral et aux conseils d'arrondissement pour la répartition
« de la contribution personnelle et mobilière. »

Ainsi, comme on le voit, il y a ici deux opérations distinctes ; une opération de recensement dirigée par les agents du pouvoir central, et une opération de répartition votée par les conseils. Cette distinction est importante et domine toute la question.

Mais s'agit-il de la répartition entre les citoyens, la législation n'est plus la même, le mode d'exécution change, les agents du pouvoir central font place à ceux du pouvoir local.

C'est la loi du 3 frimaire an VII qui la première détermine les fonctions des répartiteurs pour la répartition à faire entre les contribuables. Ces répartiteurs sont choisis dans le corps municipal et parmi les contribuables fonciers de la commune.

Mais non-seulement ils sont chargés de l'opération définitive de la répartition : c'est à eux encore qu'appartient l'opération préliminaire du recensement.

L'article 4 de la loi de frimaire an VII, porte :

« Les municipalités sont tenues, dans les dix jours de la
« présente loi, de faire ou faire faire par des commissaires,
« l'état des portes et fenêtres sujettes à l'imposition. »

L'art. 7 de la loi du 3 frimaire an VIII confirme ce principe.

« La direction des contributions directes sera chargée
« uniquement de la rédaction des matrices de rôles, d'après
« le travail préliminaire et nécessaire des répartiteurs. »

La loi du 21 avril 1832 contient les mêmes dispositions :

« Les commissaires répartiteurs, assistés du contrôleur

« des contributions directes, rédigeront la matrice des « contributions (Art. 17 et 27). »

Ici les agents du pouvoir central sont réduits à un rôle purement passif ; le pouvoir local règne seul et sans contrôle.

De tout ce qui précède il résulte donc : 1° que les trois premières séries de répartitions étaient précédées d'un recensement fait par les agents du pouvoir central ; 2° que la quatrième répartition était également précédée d'un recensement, mais que ce recensement appartenait exclusivement aux agents du pouvoir local.

Ajoutons toutefois que le recensement fait par le pouvoir central était absolument de même nature que celui fait par le pouvoir local ; seulement il servait de base à des répartitions différentes. D'où il suit que le recensement fait par des agents municipaux, n'excluait en aucune façon le même recensement fait par les agents des contributions directes.

Cela posé, il deviendra facile de démêler tout ce qu'il y avait de confus et d'obscur dans les controverses de 1841, qui conduisirent, en plus d'un endroit, à des luttes sanglantes.

Il est juste avant tout de signaler l'imprudence du ministre, qui pour une mesure toute simple, inscrite depuis longtemps dans la loi, exécutée tous les ans sans obstacle, croit devoir publier avec bruit une circulaire fiscale, et appeler ses employés à une espèce de croisade contre les contribuables. Les populations, peu au courant des lois financières, crurent qu'il s'agissait d'une chose toute nouvelle. Elles ne supposaient pas que le ministre se mît en frais d'éloquence et de menaces pour une mesure qui s'accomplissait tous les ans. Elles crurent à des vexations, et s'imaginèrent voir apparaître dans chaque maison le fisc avec tout son attirail d'agents avides et oppresseurs. Ces craintes étaient d'ailleurs justifiées dans beaucoup de villes où les agents, faisant à leur tour excès de zèle, portaient dans le compte des habitants la garnison, les détenus, les malades étrangers admis dans les hospices, les enfants mineurs dont les parents résidaient dans d'autres communes, enfin tout ce qui constitue la population flottante. C'était renverser toutes les règles suivies jusqu'alors ; et le motif de cette innovation n'était que trop apparent : il s'agissait d'obtenir, dans le plus grand nombre possible de localités, un chiffre de population dépassant de certaines limites proportionnelles, qui, à des degrés différents, font augmenter les droits du fisc sur les patentes, sur les entrées des boissons et alcools, sur les licences des débitants et sur les cautionnements des officiers ministériels. Les municipalités firent entendre de vives réclamations, et ces réclamations étaient si bien fondées, qu'elles donnaient du poids à d'autres qui l'étaient beaucoup moins. L'opposition de son côté excitait les esprits, stimulait les colères signalait les pensées fiscales de la circulaire ministérielle, défendait les droits des villes, engageait les maires à protester contre les recensements qui comprenaient la population flottante.

Jusque-là l'opposition avait toute raison. Mais bientôt, profitant de l'émotion générale, elle souleva une nouvelle thèse, qui, nous devons l'avouer, ne pouvait se justifier ni en logique ni en droit. Tous les journaux de l'opposition dynastique, tous ceux de l'opposition radicale, à l'exception toutefois du *Courrier de la Sarthe* soutinrent que les agents du pouvoir central n'avaient pas droit de faire le recensement, formellement réservé par la loi, disaient-ils, aux agents municipaux. Nous pensons que les explications données ci-dessus suffisent pour éclairer nos lecteurs sur le mérite de ces protestations. Il est certain que s'il ne s'était agi que de chercher des bases à la répartition entre citoyens, le recensement n'aurait appartenu qu'aux agents municipaux. Mais il s'agissait de fournir à l'autorité supérieure les renseignements nécessaires pour la répartition décennale, et à cet égard l'article que nous avons cité de la loi du 21 avril 1832, est formel : le droit de recensement appartenait incontestablement aux agents du pouvoir central.

Au fond beaucoup de radicaux ne l'ignoraient pas : mais dans la guerre constante qu'ils soutenaient contre la monarchie de juillet, ils faisaient arme de tout, ils saisissaient toute occasion d'agiter le pays, et les résistances des populations, les soulèvements des villes, leur prouvaient que l'occasion était bonne.

En effet, la question ainsi posée eut un retentissement immense. Les municipalités, s'établissant en gardiennes jalouses des droits des citoyens, protestèrent contre l'intervention des agents du fisc ; les citoyens, encouragés par la voix de leurs maires, refusèrent d'ouvrir leurs portes aux investigations ; les agents des contributions, arrêtés dans l'exercice de leurs fonctions, n'osèrent entrer en lutte avec les autorités locales. La confusion était partout, dans les campagnes, dans les villes, au sein du ministère. Les collègues de M. Humann, furieux de se voir troublés par une question qui ne soutenait pas l'examen, attribuaient, non sans raison, les agitations du pays aux imprudents écrits du ministre des finances et aux maladresses de ses agents.

Chaque jour apportait la protestation de quelque municipalité, chaque jour quelque ville importante faisait entendre sa voix mêlée aux clameurs des populations, aux excitations des journaux. A Mayenne, le conseil municipal décide qu'aucun agent de l'administration des finances ne prendra part au travail du recensement. A Grenoble, les habitants, se refusent à laisser pénétrer dans leur domicile les agents du fisc. Aix, Albi, Auxerre, Bayonne, Caen, Cahors, Châtellerault, Montpellier, Mont-de-Marsan, Provins, Troyes et une foule d'autres villes prennent la même attitude. A Strasbourg, le conseil municipal déclare illégales les opérations des agents des contributions. Le préfet annule la délibération du conseil. Le corps municipal persiste; les habitants se joignent à lui. Des conflits de même nature se reproduisent dans la plupart des départements. Toutes les communes s'agitent; toutes les municipalités sont en émoi; les unes protestant avec audace, les autres incertaines et n'osant se prononcer entre les prescriptions de l'autorité et les réclamations des citoyens. Le trouble est partout, et les partis hostiles à la couronne apportent des aliments aux passions et propagent les colères. Une explosion était imminente; elle se produisit dans une des villes les plus importantes du midi.

Le recensement rencontrait à Toulouse de vives oppositions; l'administration municipale refusait d'assister les agents des contributions, et les citoyens les repoussaient de leur domicile. Les agents s'adressèrent au préfet M. Floret. Celui-ci jugeant, à l'irritation des esprits, que des mesures rigoureuses pourraient amener une lutte sanglante, demanda les ordres à Paris. Les instructions ministérielles prévoyaient le refus de concours des administrations municipales ; mais elles se taisaient sur le cas de résistance de la part des citoyens sujets au recensement. C'est sur cette dernière difficulté que le préfet demandait des instructions. Provisoirement, il avait fait suspendre les opérations. La réponse du gouvernement se fit attendre douze jours : elle annonçait à M. Floret sa révocation. M. Mahul était appelé à le remplacer.

Le 3 juillet, le nouveau préfet arrivait à Toulouse ; le jour même l'administration municipale remettait sa démission entre les mains de M. Floret, qui tenta vainement de la faire revenir sur sa détermination. De son côté, la population de Toulouse voulut s'associer, par une manifestation publique, à la protestation du maire et de ses adjoints : le 4 au soir, une brillante sérénade fut donnée à M. Floret dans la grande cour de la préfecture. M. Mahul, qui déjà s'était empressé d'occuper l'hôtel préfectoral, put assister à l'ovation de celui qu'il remplaçait : au milieu des acclamations en l'honneur de M. Floret, on entendait distinctement crier : à bas Mahul ! à bas les ministres de l'étranger ! à bas Humann !

Le lendemain 5, le conseil municipal, réuni au complet, approuva à l'unanimité les motifs de la démission de l'administration municipale, et installa la nouvelle administration provisoire, composée, d'après la loi, des six premiers conseillers municipaux inscrits sur le tableau. Ceux-ci déclarèrent qu'en acceptant des fonctions transitoires, ils s'engageaient à marcher sur les traces des magistrats honorables qui se retiraient.

Aussitôt, comme pour mieux les encourager dans leur résolution, le conseil vota un crédit de 2,000 fr. pour les frais de recensement, sous la condition expresse que cette opération s'effectuerait sans le concours des agents des contributions directes.

M. Mahul répondit à la délibération du corps municipal, en ordonnant le jour même la reprise des opérations de recensement. Les mesures de part et d'autres ressemblaient à des provocations : la population voulut intervenir en faveur des autorités locales ; le 6 au soir, trois ou quatre mille hommes, pourvus d'instruments de toute espèce, commencèrent sur la place Saint-Étienne, devant la préfecture, le plus assourdissant charivari qu'ait inventé la bouffonnerie méridionale. Autour des exécuteurs se pressait une foule épaisse qui chantait la *Marseillaise*, interrompue à chaque couplet par les cris de *à bas Mahul! à bas Humann!*

De son côté, le préfet avait dès le matin pris ses dispositions. Toute la garnison était sur pied ; des ordres sévères avaient été donnés, et ils furent exécutés avec un zèle malheureux. Au plus fort des fanfares charivariques, la gendarmerie sortit à l'improviste de la préfecture, et s'élança au milieu des groupes les plus épais ; en même temps les artilleurs à cheval, le sabre en main, débouchaient au grand trot des rues adjacentes sur la place Saint-Étienne, renversant les spectateurs et les poursuivant dans toutes les directions. Un tumulte effroyable s'éleva ; la population exaspérée brisa les réverbères, et en tendit les cordes et les chaînes à travers les rues pour entraver la marche des chevaux ; la foule en se dispersant criait aux armes ; le sang coulait sur plusieurs points.

Pendant ce temps, environ cinquante personnes, se détachant du corps des trois ou quatre mille exécutants, se portaient vers la demeure du procureur général, M. Plougoulm, poussant des cris furieux et lançant des pierres dans les vitres de son appartement. De nombreuses arrestations eurent lieu. Le tumulte ne s'apaisa qu'à une heure avancée de la nuit.

Les jours suivants virent recommencer les mêmes scènes. Les rassemblements devenaient plus nombreux devant la préfecture et la demeure de M. Plougoulm; les troupes agissaient avec plus de rigueur. Les habitants étaient surtout exaspérés contre les artilleurs de Vincennes, qui se signalaient par des brutalités inouïes. Quelques officiers de ce corps avaient été dans les bureaux de l'*Émancipation*, journal radical, provoquer les rédacteurs. Il s'en était suivi un duel où fut tué un des officiers provocateurs. Le désordre s'aggravait de jour en jour ; des barricades s'élevaient sur plusieurs points de la ville.

En même temps le désaccord entre le préfet et la municipalité venait compliquer les difficultés. M. Mahul, il est vrai, semblait prendre à tâche d'exaspérer les esprits. Dans sa correspondance avec l'administration municipale, il affectait des formes arrogantes, que le maire provisoire, M. Arzac, crut devoir le rappeler au sentiment des convenances. Une de ses lettres au préfet contenait ces derniers mots : « En « terminant, il me sera permis de vous faire observer que le « style de votre correspondance à une forme blessante et « insolite pour l'administration que je représente, et qui a « droit à des égards que vous paraissez avoir oubliés. »

Cependant les ordres continuaient comme au premier jour, les rassemblements se portant d'un point sur l'autre, les soldats les suivant le sabre à la main et la baïonnette en avant, portant des coups sanglants qui exaspéraient les colères sans pouvoir dompter la sédition, lorsque dans la journée du 12, un jeune homme nommé Chavardès, revenu récemment de l'armée d'Afrique, où il s'était distingué par son courage, fut atteint mortellement par le sabre-baïonnette d'un tirailleur de Vincennes. Aussitôt une rumeur immense courut dans la foule : des cris d'indignation s'élevèrent de toutes parts. Un des amis du mort se procura en toute hâte un tambour, et, aidé de deux ou trois camarades, il battit la générale dans les faubourgs Guillemery et Saint-Étienne. A cet appel, les populations accoururent de toutes parts sur le lieu du rassemblement, et les dispositions les plus actives furent prises pour résister à la troupe. L'émeute s'élevait aux proportions d'une insurrection générale. En moins d'une heure, plus de vingt barricades s'élevèrent aux issues des principales rues. La plupart des toits étaient chargés d'habitants qui y accumulaient des tuiles, des pavés, des projectiles de toute nature pour accabler la troupe. De leur côté les soldats prenaient des mesures : les tirailleurs envahissant l'hôtel de France et les maisons voisines, étaient embusqués aux fenêtres, pendant que les voltigeurs gravissaient le clocher de Saint-Étienne et se plaçaient aux meurtrières, dominant tous les toits d'alentour où les habitants avaient pris leur poste de combat. Tout annonçait une furieuse mêlée ; un cri, un seul coup de feu pouvait être le signal d'une lutte exaspérée. M. Mahul comprenait enfin qu'il était engagé dans une fausse voie, ne sachant cependant comment en sortir. Déjà un engagement partiel avait lieu entre le poste de la préfecture et une partie du rassemblement, lorsque le maire, les adjoints provisoires, et quelques officiers de la garde nationale, traversant la foule, non sans quelques risques, pénétrèrent dans l'hôtel de la préfecture. M. Mahul les reçut avec empressement. M. Gasc,

un des adjoints, prit la parole : « Les officiers de la garde
« nationale, dit-il, viennent vous demander l'autorisation
« de convoquer la milice citoyenne pour prévenir les mal-
« heurs que l'exaspération générale fait pressentir. » C'était
pour le préfet une dernière ressource ; il consentit. Mais
c'était en même temps donner à l'insurrection une force
légale ; car la garde nationale, comme la municipalité, s'était
hautement prononcée contre le recensement.

Cette concession devait en amener bien d'autres. M. Mahul était arrivé avec la mission de dompter une cité rebelle, et dès les premiers moments il succombait sous le fardeau, impuissant, irrésolu, épouvanté de la tâche qu'il avait entreprise, et passé subitement de l'arrogance à la pusillanimité. Les insurgés demandaient à grands cris la liberté des citoyens arrêtés depuis les premiers jours de trouble. M. Mahul écrivit au procureur-général une lettre dans laquelle il l'engageait à relâcher les prisonniers. M. Plougoulm s'y refusa énergiquement.

Cependant la convocation de la garde nationale suspendit un instant les hostilités ; les gardes nationaux se présentèrent en grand nombre, occupèrent les principaux postes conjointement avec la troupe de ligne ; les artilleurs et les tirailleurs de Vincennes furent renvoyés dans leurs casernes.

L'insurrection était triomphante ; mais la victoire n'était pas complète, tant que le préfet qui avait apporté avec lui la menace et la violence resterait dans la ville ensanglantée. Le 13 au matin, des groupes armés se reformèrent sur tous les points ; les barricades furent coupées ; les postes militaires environnés et serrés de près par une multitude toujours grossissante qui demandait à grands cris le départ du préfet.

La garde nationale, qui avait pris les armes pour mettre fin à la lutte, ne pouvait la recommencer ; la troupe de ligne était paralysée par l'intervention de la garde nationale ; rien n'arrêtait plus les flots menaçants qui enveloppaient la préfecture. Quelques officiers de la milice citoyenne se rendirent auprès de M. Mahul, lui dépeignirent l'exaspération du peuple, leur impuissance à l'arrêter, et le supplièrent de quitter la ville pour éviter de nouveaux malheurs. M. Mahul ne voulut pas céder : il écrivit au général Saint-Michel, commandant la 10e division militaire, de diriger sur la préfecture toutes les forces disponibles. Il croyait voir arriver les régiments d'artillerie avec leurs pièces. Mais le général jugea qu'il serait de la plus haute imprudence d'employer la force ouverte, lorsque dans tous les postes l'armée se trouvait mêlée avec la garde nationale qui interviendrait nécessairement entre les soldats et le peuple. Le maréchal de camp Rambaud, commandant le département, se rendit à la préfecture pour démontrer à M. Mahul l'impossibilité de la lutte. Il ajoutait à son tour qu'un prompt départ était le seul moyen d'apaiser l'insurrection. M. Plougoulm arrivant sur ces entrefaites, joignit ses instances à celles du général. Seul contre tous, le préfet céda enfin.

Cependant les officiers de la garde nationale, qui s'offraient généreusement à l'accompagner jusqu'aux portes de la ville, craignant, s'il était reconnu, de ne pouvoir le soustraire aux fureurs populaires, demandèrent qu'on leur remît une pièce officielle qui pût servir de sauf-conduit. M. Plougoulm dicta l'écrit suivant :

DÉPART DE M. MAHUL.

« Toute cause de désordre doit cesser ; le préfet quitte à

l'instant Toulouse. — Le 13 juillet 1841, 10 heures du matin. »

Signé :

Le lieutenant-général DE SAINT-MICHEL.

Le procureur-général PLOUGOULM.

Cette pièce, qui devait compromettre si gravement les deux fonctionnaires qui l'avaient signée, devint inutile pour ceux qui l'emportaient. M. Mahul traversa, sans être reconnu, la ville soulevée, et fut bientôt sur la route de Paris. Mais le soir, toute la ville put lire imprimé dans le journal de l'opposition l'écrit qui signalait le préfet comme une « cause de désordre. » Chacun pensa que c'était une proclamation officielle, et l'émotion générale se produisit sous différents aspects, selon les opinions diverses. Les uns y voyaient avec joie la victoire complète de l'insurrection. Les autres accusaient avec indignation le commandant de la division et le procureur-général d'avoir pactisé avec l'émeute, d'avoir jeté en sacrifice à l'insurrection le premier magistrat du département.

Un des signataires s'aperçut bientôt à son tour qu'il restait encore une autre cause de désordre, et que la concession faite était une faiblesse inutile.

Aussitôt après le départ de M. Mahul, M. Plougoulm s'était rendu chez le général Saint-Michel, pour se concerter avec lui ; il y rencontra un chef de bataillon de la garde nationale, M. Goulard, qui lui fit savoir qu'il courait non moins de danger que le préfet, le peuple demandant maintenant à grands cris le départ du procureur-général. Il l'exhortait en même temps à ne pas entrer dans sa demeure. M. Plougoulm, ne tenant pas compte de ses avis, le commandant Goulard voulut l'accompagner pour écarter de lui les périls.

A peine arrivaient-ils ensemble sur la place Lafayette, qu'un rassemblement de trois mille personnes les environna, criant : *A bas Plougoulm ! Qu'il aille rejoindre Mahul! Plus de Plougoulm !* Malgré l'imminence du danger, M. Plougoulm fit assez bonne contenance, et s'arrêtant dans un groupe, il voulut essayer le pouvoir de sa parole, assurant qu'il n'était pour rien dans les mesures de M. Mahul, qu'il ne savait d'où naissait l'irritation qui se produisait contre lui ; qu'il n'avait participé à aucun ordre rigoureux, etc., etc. Mais on répondait à ses paroles par des huées et des menaces ; et le commandant Goulard, effrayé du peu de succès de l'éloquence du procureur général, l'entraîna vivement vers son hôtel.

La foule cependant l'avait suivi, et la maison, bientôt entourée, allait subir un assaut malgré les efforts d'un poste de garde nationale qui la protégeait, lorsque M. Roaldès, membre de la municipalité provisoire, y accourut avec quelques hommes, et l'écharpe municipale suffit pendant quelques instants pour arrêter les furieux élans de la population. Cependant le calme ne pouvait être de longue durée. M. Plougoulm reconnut avec M. Roaldès que la sécurité publique exigeait son prompt départ. Mais comment traverser les flots d'une population irritée ?

M. Roaldès lui offrit de le conduire au Capitole, répondant de son salut sur sa tête. Le procureur-général s'y refusa. On lui proposa de se revêtir d'un costume de garde national. « Non, dit-il, me déguiser pour échapper à un danger

« personnel, ce serait aviler la toge ; je ne le ferai pas. »
On respecta ce courageux scrupule.

Enfin, tout autre moyen d'évasion étant jugé impraticable, on convint que M. Plougoulm franchirait le mur qui séparait le derrière de son hôtel avec la maison voisine, et qu'il resterait là tout le temps convenable pour ménager son départ. Le changement d'habitation eut lieu ; on annonça au peuple que M. Plougoulm était parti. Il resta néanmoins caché pendant plusieurs heures dans sa nouvelle retraite, et fut enfin obligé de recourir au déguisement qu'il avait repoussé, traversant en habit de garde nationale les masses populaires qui poussaient contre lui des cris de mort.

L'insurrection de Toulouse était une victoire inespérée pour les radicaux. L'agitation qu'ils avaient semée à l'aide d'une question équivoque de légalité portait ses fruits, et mettait à nu les faiblesses et l'impéritie des fonctionnaires du gouvernement. Un préfet fuyant devant l'émeute, un général de division cédant à une pression populaire, un procureur-général aidant à la fuite du préfet, puis contraint de fuir à son tour, tel était le triste exemple offert par de fougueux partisans de la monarchie, joignant à l'oubli des principes d'autorité l'abnégation de toute dignité personnelle. Et les postes les plus éminents étaient désertés au moment où une foule d'autres villes s'agitaient pour la même cause, prêtes à prendre exemple sur une des cités les plus importantes du royaume.

Le ministère ne pouvait plus reculer sans suivre dans leur retraite MM. Mahul et Plougoulm. Les maladresses de M. Humann appelaient maintenant la violence. M. Maurice Duval fut envoyé à Toulouse en qualité de commissaire extraordinaire. M. Plougoulm fut remplacé par M. Nicias

Gaillard ; le général Saint-Michel par le général Rulhières.

Ces sévérités étaient des actes de justice. Les agents du gouvernement n'avaient montré ni confiance dans son principe, ni intelligence de ce qui aurait pu faire sa force, ni union entre eux, ni courage en face du danger. La population avait pu se tromper dans l'appréciation de ses droits ; mais les représentants du pouvoir avaient compromis le principe d'autorité et donné l'exemple de la plus déplorable anarchie.

Malheureusement les faiblesses des agents expulsés semblaient appeler des excès contraires. De nombreuses troupes de toutes armes furent dirigées sur Toulouse. Le commissaire général, M. Maurice Duval, fit une proclamation menaçante dans laquelle il accusait les partis de vouloir renverser le trône de juillet. Il était évident pour tous qu'au milieu des troubles qui avaient agité la ville, l'intervention de la garde nationale et surtout de la municipalité provisoire avait arrêté les excès et protégé les personnes des magistrats compromis ; et cependant des ordonnances royales prononcèrent la dissolution de la garde nationale et de la municipalité. On frappait la bourgeoisie, qui n'avait rien de commun assurément avec les révolutionnaires ardents : elle s'en indigna et tenta de résister. Une irrégularité dans les actes de dissolution lui offrit un prétexte. L'article 27 de la loi municipale du 21 mars 1831 porte que l'ordonnance de dissolution doit fixer l'époque de la réélection. Or l'ampliation de l'ordonnance qui dissolvait la municipalité, ne contenait pas cette formalité essentielle. Aussi, lorsque les nouveaux magistrats désignés par M. Maurice Duval se présentèrent, MM. Arzac, Gasc et Roaldès, les maires et adjoints destitués, protestèrent contre l'ordonnance frappée d'illégalité, s'opposèrent à l'installation de leurs successeurs, et ne se retirèrent que lorsqu'une plus longue résistance aurait pu devenir le prétexte d'une collision. Traduits pour ce fait, peu de temps après, en police correctionnelle, ils furent condamnés à l'amende. Il est à remarquer que dans ce procès, comme dans tous ceux que produisirent les agitations du recensement, les tribunaux firent preuve d'une indulgence excessive. L'opinion générale se prononçait contre les mesures fiscales et réagissait sur la magistrature.

Le désarmement de la garde nationale de Toulouse se fit sans trouble ; mais pour continuer le recensement, M. Maurice Duval fut contraint de déployer tout l'appareil des forces militaires. Des canons stationnaient sur les places et dans les principales rues ; les agents des contributions étaient escortés de soldats ; on eût dit que chaque maison devait être prise d'assaut.

Cependant les mêmes agitations se reproduisaient sur beaucoup de points du territoire. A Lille, il y eut des démonstrations très-énergiques contre le recensement ; à Clermont-Ferrand, des barricades furent construites, et le sang coula. Dans les villes où la résistance n'allait pas jusqu'à l'insurrection, les protestations des conseils municipaux arrêtaient ou entravaient l'action du gouvernement. Partout les pouvoirs électifs se mettaient en opposition avec le pouvoir central. C'est là surtout ce qui donnait de la gravité à un mouvement qui au fond ne reposait que sur une équivoque. Les partis hostiles à la monarchie en profitaient ; les fautes du ministère leur offraient une occasion dont ils usaient à bon droit. Il y eut un moment où le cri de réprobation fut si général, si profond, que M. Humann crut devoir offrir sa démission à ses collègues épouvantés. Le roi n'accepta pas un sacrifice qui eût été un aveu d'impuissance ; des ordres énergiques furent transmis dans les départements ; des mesures d'ensemble furent mieux concertées ; dans beaucoup de localités, les autorités municipales, après avoir fait réserve de leurs droits, intervinrent pour apaiser les citoyens et pour adoucir l'amertume des visites domiciliaires. Les troubles s'apaisèrent; toute résistance disparut ; mais il resta dans les cœurs des ressentiments mal éteints et des traditions exagérées sur les brutalités du fisc. Le gouvernement s'était compromis avec les classes moyennes, et l'émeute pour la première fois avait grondé au sein de la bourgeoisie.

Dans le même moment, le gouvernement portait une grave atteinte au privilége des électeurs, et poursuivait la liberté de la parole jusque dans le discours d'un candidat à la députation. Nous reviendrons sur cet incident, qui marque le début de M. Ledru-Rollin dans la carrière parlementaire.

CHAPITRE VI.

Persécution contre la presse. — Le *National* condamné par la cour des pairs. — Procès et exécution de Darmès. — Baptême du comte de Paris. — Mort de Garnier-Pagès. — Élection de M. Ledru-Rollin. — Son discours devant les électeurs. — Procès de MM. Ledru-Rollin et Hauréau. — Circulaire de M. Martin du Nord. — Nouveaux procès du *National*. — Acquittements successifs. — Attentat Quenisset. — Arrestation de M. Dupoty. — La complicité morale. — Condamnation de M. Dupoty. — Protestation des journaux. — Procès des accusés de Toulouse. — Acquittement.

M. Guizot, en se donnant hautement mission de comprimer les passions intérieures, n'avait fait que les exalter. Le défi jeté du haut de la tribune avait été relevé par la presse opposante ; les ardeurs de la polémique se développaient avec les rigueurs du parquet ; chaque jour la lutte devenait plus vive, plus implacable. Les vieux abus et les vieilles institutions avaient beau se débattre contre de quotidiennes attaques, les condamnations judiciaires ressemblaient à des vengeances qui aggravaient plutôt qu'elles ne guérissaient de mortelles blessures.

M. de Lamennais avait été condamné le 4 janvier,

M. T. Thoré le 8, et le *National* écrivait, le 9, les réflexions suivantes sur l'attitude de la chambre des pairs, au sujet du traité de la Plata.

« Nous sommes arrivés à la chambre des pairs avec un peu d'espoir, nous en sommes sortis comme on sort d'un hôpital des incurables. Non, la vie ne pénétrera jamais dans cet ossuaire; il n'y a pas d'énergie possible quand il n'y a pas d'indépendance. Ce semblant de chambre que le bon plaisir du monarque a créé, se meut dans une atmosphère où ne pénètrent ni la lumière, ni la chaleur. Il règne dans cette salle je ne sais quelle odeur de décrépitude qui vous refroidit et vous attriste. On dirait une comédie constitutionnelle jouée par des morts, une espèce de fantôme mécanique qu'on a hâte de voir fuir de peur que les ressorts ne cassent. »

Cette vigoureuse satire était bien faite pour mécontenter les hommes qu'elle flétrissait. Ils voulurent faire acte de virilité en frappant. M. Ségur prit le rôle d'accusateur; la chambre décida que le gérant du *National* serait traduit à la barre. Il y comparut le 8 mars.

Dans des procès de cette nature, la défense est une vaine formalité, presqu'une moquerie. M. Marie fit preuve de son habileté accoutumée, mais sans avoir l'espoir qui exalte l'orateur. Un mois d'emprisonnement et 10,000 francs d'amende vengèrent la pairie, mais ne la relevèrent pas.

Elle eut bientôt l'occasion de se former encore en cour de justice. L'attentat de Darmès avait longtemps occupé les juges d'instruction, et malgré six mois de recherches élaborées, on n'avait pu donner à un acte isolé les proportions d'un complot. Toutes les roueries de magistrats émérites avaient échoué devant les naïves réponses d'un ignorant.

Cependant, pour ne pas renoncer aux bénéfices de tant de jours perdus, le rapporteur, M. Girod (de l'Ain), voulut confondre dans une volumineuse accusation tous les partis, tous les écrivains, tout ce qui pensait ou parlait autrement que les valets de cour. Réformistes et communistes étaient complices du régicide. M. de Lamennais avait des liens intimes avec Darmès, et même les publications chartistes de l'Angleterre avaient leur part de culpabilité. Cependant la conclusion de ce terrible réquisitoire était aussi mesquine que les commencements en étaient exagérés. Après avoir accusé en masse et outragé sans choix, le rapporteur ne signalait que deux complices obscurs, Duclos, conducteur de cabriolet, et Considère, garçon de recette. Et encore furent-ils acquittés presque sans examen. Malgré les efforts d'une politique imprudente, Darmès demeura seul responsable de son attentat. Le 31 mai, sa tête tomba sous le glaive de la loi.

Cette expiation politique avait été, quelques jours auparavant, précédée d'une cérémonie célébrée avec éclat par les serviteurs de la couronne. Le 1er mai, jour de la fête du roi, le comte de Paris fut baptisé dans l'église métropolitaine. Le discours adressé à cette occasion au roi par l'archevêque de Paris, était le développement de cette pensée : « Jésus-Christ, par le premier de ses sacrements, imprime le même caractère au descendant des rois, et au fis du citoyen le plus obscur. » Admirable doctrine, que l'Église démentait trop souvent dans ses actes. Les pompes même qu'elle déployait en ce jour témoignaient contre l'archevêque.

Peu de temps après le baptême royal, s'avançait dans Paris un immense cortége funéraire composé de citoyens de toutes les classes : députés, écrivains, gardes nationaux, hommes du peuple en rangs serrés, en nombreux bataillons, accompagnaient les dépouilles d'un homme qui naguères faisait leur orgueil. Un des apôtres les plus fervents de la démocratie, une des gloires de l'opposition parlementaire, Garnier-Pagès, était mort le 23 juin, mort avant quarante ans, dans tout l'éclat du talent. Les luttes politiques avaient été trop rudes pour une frêle santé, et les triomphes oratoires qu'il venait d'obtenir dans une orageuse session avaient hâté la fin d'un athlète qui comptait plus son zèle que ses forces.

C'était surtout dans ces occasions tristes et solennelles que la démocratie déployait ses masses imposantes. Toujours isolés par une loi jalouse qui leur interdisait toute réunion, toute action commune, les démocrates ne pouvaient se rencontrer qu'à l'appel de la cloche mortuaire, en face d'un cercueil, au pied d'une tombe. Là, ils redisaient tout haut leurs doctrines, ils saluaient le jour de la délivrance, et les hommages qu'ils rendaient au frère qui n'était plus devenaient une occasion d'exhorter les lutteurs qui survivaient. Le tertre ombragé de cyprès formait une tribune où retentissaient de libres accents, de mâles espérances ; et l'assemblée convoquée par la mort, ne se séparait pas sans avoir recueilli de grandes leçons de courage et de nouvelles forces pour le combat.

Plus de vingt mille citoyens se trouvaient ainsi réunis au convoi de Garnier-Pagès, et les honneurs rendus au soldat de la démocratie étaient en même temps un grand exemple pour les citoyens et un solennel avertissement pour le pouvoir.

La mort de Garnier-Pagès laissait au parlement un vide

qu'il était important de dignement remplir. Le 2ᵉ collège du Mans qui l'avait envoyé à la chambre, était le seul en France où l'opinion républicaine eût une majorité prononcée, presque le seul où l'opposition radicale, maîtresse absolue du terrain, pût faire un choix hardiment significatif. Les rédacteurs du *Courrier de la Sarthe* proposèrent aux suffrages des électeurs un jeune avocat de Paris qui dans plusieurs procès de presse avait lutté avec éloquence et succès contre l'élite des magistrats du parquet. M. Ledru-Rollin, il est vrai, à part son habileté et son zèle à la défense, n'avait pas eu occasion de se mêler activement aux luttes politiques, et parmi beaucoup de républicains on ne savait pas si ses idées d'opposition allaient bien loin au-delà de celles de M. Odilon Barrot. Ceux qui l'avaient désigné au choix des électeurs, eurent en conséquence à lutter contre leurs amis de Paris. Les écrivains du *National* s'étonnaient qu'on préférât un homme nouveau à M. Michel (de Bourges), dont le talent promettait à la fraction démocratique de la chambre un vigoureux appui et des triomphes éclatants. Ils craignaient de ne rencontrer ni la même vigueur de langage, ni les mêmes hardiesses d'idées. Enfin, M. Ledru-Rollin leur semblait un choix bien pâle auprès de Garnier-Pagès. Ces craintes et ces méfiances étaient si vives, que deux rédacteurs de ce journal accoururent au Mans pour convertir les électeurs. Ils les trouvèrent décidés à maintenir leur choix; ils furent rassurés d'ailleurs sur les sentiments républicains de Ledru-Rollin par les rédacteurs du *Courrier* qui le connaissaient plus particulièrement.

Un autre concurrent se présentait, M. Garnier-Pagès jeune. Mais il ne s'était pas encore fait connaître comme homme politique, et les électeurs craignirent qu'on ne les accusât de faire d'un siége au parlement un titre héréditaire. Plus d'une fois ils avaient blâmé les manœuvres des conservateurs qui avaient fait transmettre leurs siéges à des fils, des frères ou des neveux, transformant ainsi une fonction indépendante en propriété de famille; ils ne voulaient pas imiter ce qu'ils avaient condamné, ni sacrifier un principe, même en faveur d'un homme qui avait leurs sympathies.

M. Ledru-Rollin fut élu le 24 juillet, à l'unanimité moins 4 voix.

La veille, dans une réunion préparatoire, il avait, comme candidat, fait une profession de foi qui rassura complétement les républicains auxquels auraient pu rester quelques doutes sur son énergie.

Son discours, à vrai dire, sortait des voies communes, et ne ressemblait en rien à ce qu'on était convenu d'appeler les formes parlementaires. L'expression en était vive, passionnée, quelquefois intempérante; la pensée en était audacieuse et pleine de défi. Les timidités des partis et leurs prudentes réticences y étaient condamnées avec autant de franchise que la corruption du pouvoir. On eût dit que le député nouveau voulait s'annoncer avec éclat; il y réussit.

Le discours de M. Ledru-Rollin eut un retentissement immense dans tous les départements de l'ouest. Une profession de foi ouvertement républicaine était quelque chose de tellement insolite, que les magistrats et le préfet ne purent dissimuler leur émoi. Une pareille audace voulait être châtiée. La cour royale d'Angers, dans le ressort de laquelle se trouve le département de la Sarthe, s'empressa d'intervenir entre le trône et la démagogie.

Le 3 août, un arrêt rendu en la chambre du conseil enjoignit au procureur-général de poursuivre deux coupables, M. Ledru-Rollin pour avoir prononcé son discours, M. Hauréau, rédacteur en chef du *Courrier de la Sarthe,* pour l'avoir publié. En homme prudent, le procureur-général voulut avoir l'assentiment du ministère. Il écrivit à Paris, et la question fut solennellement débattue dans un conseil de cabinet. Il fut décidé que les poursuites auraient lieu.

Mais aussitôt se présentait une grave question de droit. Le candidat en présence des électeurs relève-t-il de la loi pour les paroles adressées à ceux dont il sollicite les suffrages? La liberté de la tribune ne s'étend-elle pas également au collége électoral? et faut-il que des entraves nouvelles viennent interdire la franchise à celui qui fait une exposition de principes devant ses mandataires? Le droit électoral n'était-il pas compromis tout entier, violé dans son essence par les poursuites imaginées dans le chef-lieu de Maine-et-Loire? Telles étaient les questions soulevées dans les journaux, et discutées au milieu d'impatientes agitations.

Les députés eux-mêmes s'en émurent : ils étaient attaqués dans leurs priviléges; et ceux mêmes qui désapprouvaient le discours de M. Ledru-Rollin prenaient hautement sa défense depuis qu'il était devenu un des leurs.

Il fut convenu que, pour protester avec plus d'éclat contre une atteinte à leurs droits, les députés de chaque nuance de l'opposition se présenteraient comme défenseurs du principal accusé, et qu'un représentant de la presse assisterait le rédacteur du *Courrier de la Sarthe.* MM. Arago, Berryer, Marie, Odilon Barrot furent choisis pour la défense de

M. Ledru-Rollin, M. Marrast, rédacteur en chef du *National*, pour celle de M. Hauréau.

Cependant le pouvoir ne se contentait pas des rigueurs ordinaires ; il fallait encore enlever aux accusés une partie de leurs garanties en les éloignant du jury qui pouvait le mieux apprécier les faits. Le procureur-général d'Angers, pensant que les jurés de la Sarthe pourraient défendre les droits des électeurs de la Sarthe, forma en cour de cassation une demande en renvoi devant une autre cour pour cause de suspicion légitime, et la cour suprême, faisant droit à cette requête, renvoya les accusés devant la cour d'assises de Maine-et-Loire, c'est-à-dire à la source même d'où était partie l'accusation. Il semblait que les magistrats supérieurs voulussent se défendre de tout soupçon d'impartialité.

Les débats s'ouvrirent le 23 novembre. La position des accusés, la présence de si célèbres défenseurs, l'intervention du parlement et de la presse, la gravité de la question, tout se réunissait pour exciter les émotions du public. Le procureur-général, M. Corbin, soutint hardiment que le candidat en présence de ses électeurs n'avait pas le droit de dire toute sa pensée, et demanda le sacrifice de cette dernière liberté. C'était peut-être logique ; mais pour le gouvernement constitutionnel la logique n'est pas une nécessité. Aussi les jurés même de Maine-et-Loire s'effrayèrent-ils des étranges doctrines du procureur-général ; et, plus adroits que lui, ils trouvèrent le moyen de condamner, sans violer le privilége électoral. Écartant la culpabilité quant à l'énonciation du discours, ils ne l'admirent que pour la publication. En conséquence, M. Hauréau fut condamné à trois mois d'emprisonnement et 2,000 francs d'amende pour avoir publié le discours du candidat, et

M. Ledru-Rollin à quatre mois d'emprisonnement et 3,000 francs d'amende pour la part qu'il avait prise à la publication.

Ce n'était cependant pas la dernière phase de cet étrange procès. Un vice de procédure permit à M. Ledru-Rollin de se pourvoir en cassation. Le pourvoi fut admis, l'arrêt de Maine-et-Loire annulé, et la cause renvoyée devant la cour d'assises de la Mayenne. Là, M. Ledru-Rollin fut acquitté. Mais l'admission du pourvoi n'avait pas profité à M. Hauréau, le vice de procédure ne reposant que sur une non-observation des délais de distance, qui ne le concernait pas. Il en résultait que le même fait fut jugé diversement pour les deux accusés. L'accusé principal fut acquitté, tandis que son prétendu complice passait trois mois en prison. Ce fait n'est qu'une des nombreuses anomalies d'un code d'instruction qui depuis si longtemps appelle en vain des réformes profondes.

La haine de la publicité, la crainte de toute parole libre était le caractère dominant du 29 octobre. M. Guizot avait franchement annoncé la guerre à l'intérieur, et il était fidèle à cette partie de son programme : la guerre se poursuivait avec tout l'acharnement de la peur. Plus les esprits s'agitaient sous une compression toujours inefficace, plus s'appesantissaient les rigueurs du pouvoir. Le 22 septembre, à l'issue des troubles du recensement, M. Martin (du Nord) recommandait aux procureurs-généraux, dans une nouvelle circulaire, de poursuivre sans ménagement les écrits qui alimentaient les passions politiques et de réprimer avec vigueur les écarts de la presse. « Ne vous laissez pas détourner, disait-il, de poursuites qui vous paraîtraient d'ailleurs justes et opportunes, par la crainte de ne pas obtenir en définitive une répression suffisante. Faites votre devoir : l'exemple de votre fidélité éclairera les esprits et affermira les consciences. »

Le lendemain, le même ministre adressait à ses subordonnés une circulaire dirigée contre la formation des comités de réforme électorale. Toute liberté était proscrite.

Les parquets se montrèrent dociles à la voix de leur chef. D'abord le *National* avait un vieux compte à régler en cour d'assises pour un article publié en décembre 1840. On le fit comparaître le 23 septembre.

L'article contenait une revue de la politique suivie depuis 1830.

« Oh! ils sont bien coupables, disait-il, tous ceux qui nous ont conduits, tous ceux qui nous ont laissés venir où nous sommes! Lâches de cœur, lâches d'esprit, l'histoire, au défaut d'un tribunal plus efficace, leur posera de terribles questions? et que font-ils aujourd'hui après tant de funestes fautes, tant de criminelles résolutions? Comme les bandits qui se battent pour une proie ou qui se vendent mutuellement devant le juge, ils perdent en misérables débats, où la vanité le dispute à l'effronterie, ce qu'il leur reste encore de vigueur et de pudeur. Eh! déplorables vaniteux que vous êtes, il fallait employer au bien toute cette ardeur qui vous travaille aujourd'hui ; il fallait lutter avec fermeté, avec une impitoyable énergie contre la cause suprême de notre avilissement et de nos malheurs, et vous n'auriez pas besoin de crier maintenant que vos intentions étaient pures, et de nous montrer que l'habit de votre adversaire est encore plus souillé que le vôtre . . . .

. . . .

« Oui, vous êtes tous complices! le principal coupable,

oh ! nous savons bien qui il est, où il est ; la France le sait bien aussi, et la postérité le dira ! »

L'avocat-général n'eut pas beaucoup de peine à démontrer que cette dernière parole s'adressait au roi et contenait une offense à sa personne. Mais plus il le démontrait clairement, plus le résultat du procès dut alarmer le gouvernement. Le journal fut acquitté ; le jury s'associait aux accusations du *National*.

Le ministère cependant ne voulut pas céder. Le lendemain, le *National* fut saisi pour ses commentaires sur le verdict d'acquittement. Jugé le 22 octobre, il fut acquitté de nouveau. Enfin, le 23 novembre, un troisième procès lui valut un troisième triomphe. La bourgeoisie semblait décidée à protéger la liberté.

Il est vrai que le trône rencontrait des compensations dans une autre enceinte judiciaire dont les serviles excès ne justifièrent que trop l'opposition des jurés. La cour des pairs consentit à frapper la presse par un arrêt qui devra servir d'éternel argument contre les cours d'exception et les juges politiques. Ici, nous avons à inaugurer la monstrueuse doctrine de la complicité morale, née de l'imagination des doctrinaires, acceptée par des courtisans assemblés en tribunal.

Racontons les faits qui servirent de prétexte à cette sentence d'iniquité.

Le duc d'Aumale, revenu d'Afrique avec le 17ᵉ régiment d'infanterie dont il avait le commandement, devait faire son entrée à Paris le 13 septembre. Les ducs d'Orléans et de Nemours s'étaient portés au-devant de leur frère, et un nombreux état-major, attendant les princes à la barrière du Trône, avait grossi leur suite à l'entrée de la ville.

Le cortége s'était mis en route dans l'ordre suivant :
Un peloton de cuirassiers ; le lieutenant général commandant la place de Paris, et les officiers de tous grades et de toutes armes qui s'étaient réunis pour se porter au-devant des princes ; les sapeurs, les tambours, et la musique du 17ᵉ régiment d'infanterie légère ; les princes, accompagnés de MM. les lieutenants généraux, Pajol et Schneider, et suivis de plusieurs officiers ; le régiment, marchant en colonnes et par sections.

On était engagé dans le faubourg, et les princes se trouvaient à l'angle de la rue Traversière, lorsqu'une détonation se fit entendre, et une balle alla frapper le cheval du général Schneider, qui était à la gauche du duc de Nemours.

L'auteur de l'attentat, aussitôt aperçu, fut arrêté d'abord par un ouvrier, puis par les agents de la force publique, contre lesquels cependant il luttait avec vigueur, en criant : *A moi, les amis !* Mais les agitations de la foule ne permirent pas de reconnaître des complices, s'il s'en trouvait.

Cet individu, nommé François Quénisset, vivait à Paris du métier de scieur de long. Mais il n'était connu parmi ses camarades que sous le nom de Papart, parce qu'étant soldat il avait été condamné à trois ans de travaux pour crime d'insubordination et de rébellion, et était parvenu à s'évader en 1837.

Il résulta de l'instruction, dont fut saisie la cour des pairs, que des ouvriers appartenant aux sociétés secrètes avaient follement rêvé un mouvement insurrectionnel, sans plan, sans projet arrêté, guidés plutôt par un mécontentement aveugle que par aucune combinaison sérieuse. La déraison et l'inintelligence pouvaient seules avoir médité une tentative, qui, à part même les questions d'humanité et de moralité, devenait un crime inutile. Pas un parti politique ne pouvait tirer profit de la mort d'un des jeunes princes, alors qu'ils étaient entourés d'une si nombreuse famille.

Aussi, malgré les déclamations ordinaires des journaux ministériels contre les fureurs des factions, malgré les minutieuses investigations des juges instructeurs, l'accusation ne rencontrait pour complices de Quénisset que quelques ouvriers déclassés et un cabaretier chez lequel ils se réunissaient. Cependant, dans leur réunions, ils avaient coutume de lire le *Journal du Peuple*, dont le prix modique était au niveau des ressources du cabaretier. Un des hommes arrêtés comme complice, nommé Lannois, crut pouvoir invoquer la protection de M. Dupoty, rédacteur en chef du *Journal du Peuple*, et il lui écrivit en conséquence la lettre suivante :

« Cher citoyen, je m'empresse de vous apprendre que le traître Pa-
« part nous a tous vendus pour échapper aux coups de la justice. Je
« vous prie donc, citoyen, de prendre notre défense autant qu'il vous
« sera possible, ainsi que le *National*. Ce monstre a soutenu devant le
« juge d'instruction qu'il avait été reçu dans ma chambre en ma pré-
« sence ; c'est une chose dont je ne me rappelle pas. Nous sommes tou-
« jours au secret depuis notre arrestation. Adieu, cher citoyen ; je vous
« serre tous la main, en attendant un meilleur avenir. Le temps man-
« que. »

Tous ceux qui ont écrit dans les journaux populaires savent combien il est fréquent de recevoir des lettres d'ouvriers dans tous leurs embarras ou leurs chagrins. Pour ces hommes sans protection dans la société, le journaliste est l'autorité qu'ils invoquent, l'appui qu'ils recherchent, et, pour ainsi dire, le prêtre auquel ils se confessent. Ces âmes naïves se persuadent qu'il existe entre l'abonné d'un journal et l'écrivain des liens intimes qui permettent toute communication et autorisent toute demande d'avis ; et cette croyance, après tout, ne fait qu'ajouter à l'autorité morale de la presse. Il n'y avait donc rien que de très-ordinaire dans cet appel fait par Lannois à M. Dupoty : « Je vous prie de prendre notre défense, ainsi que le *National.* » C'est cependant sur cette pièce saisie au passage que le ministère fit reposer une accusation capitale. Mais il y avait là une occasion de frapper la presse, de se venger de ces écrivains qui faisaient la guerre au pouvoir, et de leur renvoyer les terreurs qu'ils inspiraient. Confondre un d'entre eux dans une accusation d'assassinat, l'associer à une conspiration de cabaret, l'accoupler à d'ignorants comploteurs qui se mettent une demi-douzaine pour attaquer un régiment en armes, et croient frapper la monarchie en visant au hasard sur un groupe de jeunes princes, c'était, dans la pensée des accusateurs, l'avilissement de toute la presse opposante. Cet odieux calcul fut suivi avec un acharnement féroce et une infernale habileté. Le procureur-général, M. Hébert, y déploya toutes les ruses d'une cruelle chicane, s'attachant à sa proie, l'enveloppant dans les replis subtils d'un perfide interrogatoire, et dévoilant dans cette lutte d'un magistrat contre un accusé toutes les haines et les vanités des passions politiques.

Pour qui connaissait M. Dupoty, une participation à un pareil complot était en contradiction manifeste avec toute sa manière d'être. De mœurs douces et presque efféminées, d'habitudes réglées jusqu'à l'uniformité, délicates jusqu'au raffinement, ganté, musqué, peigné, c'eût été le dernier homme à se mêler à des politiques de barrière, à des conspirateurs de cabaret. Il était impossible à l'accusation d'être plus malheureuse dans son choix ; c'était un défi non-seulement à la justice, mais encore au bon sens, à la plus vulgaire logique. Mais l'accusation, par cela même, n'en était que plus opiniâtre, et tenait d'autant plus au triomphe que toutes les probabilités étaient contre elle. Condamnée dans la personne de **M.** Dupoty, la presse devait être avertie que rien ne pourrait la garantir, ni le droit, ni la raison, ni l'évidence.

Aussi, devant la cour des pairs toute la morale de la procédure fut-elle renversée, M. Hébert lui imprimant une direction qu'on n'avait pas soupçonnée. Il ne s'agissait plus d'un malheureux qui avait tiré sur les princes ; mais d'un vaste complot tendant à renverser le gouvernement, complot dont Dupoty était l'âme, le créateur, le centre et le mobile. Quénisset ne comptait plus au procès ; ce n'était qu'un misérable instrument ; Dupoty était tout ; c'était la tête qui avait dirigé le bras de l'assassin. Le comptoir du marchand de vin n'était pas digne des colères du procureur général ; c'était dans les bureaux du *Journal du Peuple* qu'avait pris naissance le complot.

Vainement M. Dupoty affirmait-il qu'il n'avait vu aucun de ses coaccusés, pas plus Lannois que les autres, vainement ceux-ci confirmaient-ils sa déposition, le procureur-général s'opiniâtrait à confondre dans une communauté de pensée des hommes entièrement étrangers les uns aux autres. Il est vrai que Quénisset, mis habilement en opposition avec ses coaccusés, déclara que c'était la lecture du *Journal du Peuple* qui avait exalté ses idées. Mais cet aveu, en supposant qu'il ne lui eût pas été dicté, pouvait-il être admis par des hommes consciencieux comme une preuve de complicité? N'était-ce pas une amère dérision de la justice que de rencontrer là un argument?

Au surplus, en déplaçant la question, en mettant la pairie aux prises avec la presse, le ministère public avait éveillé dans le public de profondes émotions. Le procès avait pris les proportions d'une question de principes ; la tentative insensée du principal accusé disparaissait devant l'audacieuse agression de l'accusateur contre la liberté de la presse. Chaque écrivain se sentait blessé dans sa conscience, dans sa dignité, dans sa personne : la polémique quotidienne devenait plus ardente, plus furieuse, à mesure que se déroulait le drame immoral du Luxembourg. M. Hébert, dans son réquisitoire, employa tous les raffinements à l'usage des accusateurs publics pour faire d'une taupinière une montagne, d'une parole un poignard, et d'une ligne d'écriture un vaste complot. Afin de retrouver la trace d'un attentat commis en 1841, il alla fouiller les colonnes d'un journal publié par M. Dupoty à Versailles, en 1831, les pages du *Réformateur*, mort en 1836, les lignes amoncelées du *Journal du Peuple*; puis rassemblant tous ces éléments combustibles, il en fit un vaste incendie qui devait dévorer la France, et dont il représentait les terribles lueurs aux imaginations des pairs épouvantés. Le talent, il est vrai, ne lui fit pas défaut; s'il est permis de qualifier ainsi le sinistre paradoxe qui ne s'élevait à l'éloquence que par des rugissements de haine. La cour des pairs ne présentait pas l'aspect d'une salle de justice, mais d'un champ de combat où se livrait une bataille à outrance entre la presse et la liberté. Dans les tribunes se voyaient MM. Guizot et Martin (du Nord), spectateurs intéressés qui réclamaient leur victime, et trouvaient des jouissances anticipées dans ce réquisitoire sanglant. M. Hébert leur offrit d'amples satisfactions : tous les efforts de sa logique furent employés à créer un coupable en dehors de toutes preuves, à l'aide d'interprétations forcées, de présomptions spécieuses, d'audacieux sophismes. Négligeant le véritable fait du procès, oubliant la tentative du faubourg Saint-Antoine, il accumula ses foudres sur la tête de Dupoty, s'acharna sur lui seul, concentra en lui toute la cause, et abandonna les autres en pâture à ses substituts.

M. Ledru-Rollin s'était chargé de la défense de M. Dupoty. Lui aussi venait d'être victime d'une condamnation politique. Mais c'était pour un fait qu'il avouait, dans une cause qui était la sienne, pour des paroles dites par lui et dont il acceptait toute la responsabilité, et quoique ce fût une atteinte aux libertés électorales, au moins ne portait-il pas la peine des gestes d'autrui. Cependant il avait besoin de calme, et pour contenir ses propres ressentiments et pour maîtriser la juste indignation qui devait naître du procès inouï auquel il assistait. Il accomplit sa tâche avec une éloquente dignité qui causa une vive impression même sur les bancs de la cour. Ferme et réservé, chaleureux et contenu, il mit de côté toute passion politique pour combattre avec les seules armes de la raison, de la logique et du droit. Le monstrueux édifice de M. Hébert fut démoli pièce à pièce, et l'iniquité, mise à nu, n'eut plus d'autres ressources que la passive obéissance de juges qui avaient engagé leurs consciences.

Les délibérations de la cour réunie en conseil se ressentirent des agitations du dehors. Quelques esprits honnêtes parmi les pairs, les hommes qui prenaient au sérieux leur rôle de juges, s'épouvantaient des excès de fureur politique que révélait cette étrange procédure. Frapper un écrivain, parce que les coupables lisaient son journal, c'était livrer à l'arbitraire de l'interprétation tout homme ayant tenu une plume ; et quelques-uns des juges ne pouvaient oublier qu'eux aussi, dans d'autres temps, avaient, pour leurs écrits, subi la proscription ; M. Cousin entre autres. Aussi fit-il entendre d'énergiques paroles contre les sévérités de l'accusation. « Donnez-moi des preuves, disait-il, et je serai sévère ; mais je ne saurais condamner un homme pour ses opinions, quelque détestables qu'elles puissent être. Montrez-moi des faits ; c'est sur des faits seulement qu'un juge peut prononcer. » M. Portalis et les jurisconsultes soutenaient la complicité directe de M. Dupoty ; il avait eu connaissance du complot ; il était en communication avec les complices ; on en retrouvait la preuve matérielle dans la lettre de Lannois.

C'était, à vrai dire, la seule thèse supportable pour motiver ou excuser une condamnation ; mais la preuve était si incertaine, les prétextes si impossibles, que la proie allait échapper par l'acharnement même des accusateurs.

Alors intervinrent les doctrinaires, apportant pour la circonstance une théorie nouvelle, la complicité morale. MM. de Broglie et Rossi furent les premiers apôtres de cette doctrine. Il est bon de le rappeler, parce que la tradition politique en a fait honneur à M. Hébert. Nous voulons être juste pour tout le monde. M. Hébert avait soutenu hardiment la complicité directe ; des hommes plus adroits vinrent offrir une transaction aux consciences timides. Les courtisans se joignirent à eux. MM. Molé et de Montalivet saisirent avec empressement cette occasion offerte aux lâches complaisances, apaisèrent doucement les esprits rebelles, et achevèrent par la séduction l'œuvre commencée par l'hypocrite combinaison des doctrinaires. Voici la thèse de MM. de Broglie et Rossi : M. Dupoty n'avait pas, il est vrai, connu le complot ; mais ses vœux, ses tendances, ses écrits, ses antécédents démontraient qu'il l'approuvait. Or, entre l'approbation et l'exécution, il y avait complicité morale. On pouvait donc être coupable d'un fait sans connaître le fait.

Nous dégageons, il est vrai, cette effroyable doctrine de toutes les précautions oratoires, de toutes les adresses de langage qui l'enveloppaient ; mais nous n'en exagérons rien, et ce n'est pas notre faute si elle épouvante dans sa nudité. M. Cousin la repoussa avec indignation, en signala les funestes conséquences, et finit par s'écrier : « Je suis donc coupable de complicité morale, puisque je défends Dupoty contre vous ! » Les jurisconsultes devaient sans doute aussi être stupéfaits de cette nouveauté ; mais ayant leur théorie de condamnation, ils se turent.

Quoi qu'il en soit, le jugement déclara la complicité, sans s'expliquer entre les deux théories.

Dupoty fut condamné ! non pas, ainsi que le voulait M. Hébert, comme chef du complot, mais comme complice de gens qu'il n'avait jamais vus. M. Hébert demandait sa tête, les pairs sacrifièrent sa liberté. La peine de cinq ans de détention fut prononcée.

L'émotion produite par cet arrêt dans la capitale fut immense. Quoique l'on fût au courant de toutes les intrigues qui s'agitaient, quoique les ministres eussent fait de la condamnation de Dupoty une question de cabinet, agissant sur les pairs tantôt par la séduction, tantôt par la terreur, personne n'avait cru à la possibilité d'un si grand méfait judiciaire. Un cri général d'indignation retentit dans tous les organes de la publicité. Parmi les journaux ministériels, le *Journal des Débats*, honteux de ce triomphe, se condamna au silence ; la *Presse*, qui avait toujours vigoureusement appuyé le ministère, fit entendre à cette occasion d'énergiques réprobations. « S'il est, dit-elle, une vérité immuable, sacrée, tutélaire, c'est que la politique ne doit jamais intervenir dans les décisions de la justice. La société a d'autres moyens de se défendre ; quand elle croit n'avoir plus que celui-là pour se sauver, elle est perdue ! »

Tous les autres journaux menacés dans leur indépendance préparèrent une protestation collective. Cette protestation, signée par les rédacteurs de seize journaux de Paris, réunis aux délégués de la presse départementale, contenait l'énonciation des lois qui garantissaient la liberté de discussion, et invitait, en des paroles fermes et modérées, les citoyens à défendre les droits menacés.

« Nous respectons, disaient les signataires, le principe de la chose jugée.... Mais il nous sera permis de signaler un résultat qui s'élève aux proportions d'un malheur public. Dans un État où les citoyens ont part au gouvernement, un fait judiciaire de la nature de celui qui afflige et qui émeut aujourd'hui jusqu'à la presse ministérielle doit alarmer la société.

« L'arrêt de la cour des pairs ne se borne pas à frapper un écrivain politique, il pèse sur la liberté même de discussion. La jurisprudence que cet arrêt tend à établir va même au-delà des lois de septembre ; elle est encore plus menaçante, et l'arbitraire n'avait jamais été introduit aussi formellement dans la légalité. »

A partir de ce jour, la plupart des journaux signataires

résolurent de ne plus rendre compte des débats de la cour et de la chambre des pairs.

Pendant que le ministère s'applaudissait de cette triste victoire, des défaites multipliées lui apportaient d'autres avertissements. Les faits qui s'étaient passés à Toulouse avaient été, après une longue procédure, l'objet de poursuites judiciaires. Les accusés, renvoyés devant la cour d'assises de Pau, y avaient comparu le 29 novembre. Fidèles aux leçons de M. Martin (du Nord), les juges instructeurs avaient rendu la presse complice des troubles, et sur les bancs des accusés figuraient les rédacteurs de l'*Émancipation*. Mais là les citoyens n'avaient plus affaire à un tribunal exceptionnel, les libertés publiques étaient sous la sauvegarde du jury et un verdict d'acquittement répondit aux provocations du ministère public. Les journalistes de Toulouse, constamment environnés des sympathies populaires, quittèrent la ville au milieu des ovations.

Dans d'autres localités, les agents de M. Martin (du Nord) ne furent pas plus heureux. A Lille, l'*Impartial du Nord*, à Arras, le *Progrès du Pas-de-Calais*, à Nancy, le *Courrier de la Moselle* sortirent triomphants des luttes judiciaires. Partout où le pays était consulté dans ses véritables organes, il se proclamait hautement le défenseur de la liberté. Les implacables ressentiments de M. Guizot se brisent devant l'énergique résistance des citoyens armés de leurs droits; mais sourd aux avertissements, fatalement entraîné par un orgueil impuissant, il poursuit sa route à rebours pour ne s'arrêter qu'en tombant.

CHAPITRE VII.

Transactions diplomatiques de M. Guizot. — Hatti-schériff du 13 février. — Avances faites par les ambassadeurs de Prusse et d'Autriche. — Résistance de lord Palmerston. — Soumission complète de Méhémet-Ali. — Convention des détroits. — Chute du ministère wigh. — Traité du droit de visite. — Les États-Unis refusent de s'y associer. — Émotions en France. — Ouverture de la session. — Discussion du droit de visite. — Défaite du ministère. — Embarras du cabinet tory. — Discussion sur la politique intérieure. — Atteintes à l'institution du jury. — Lettre du procureur-général de Riom. — Confession de M. Martin (du Nord). — Les jurés probes et libres. — Vote de l'adresse.

Lorsque l'on passe de l'histoire intérieure aux faits du dehors, la physionomie du 29 octobre change entièrement de caractère. Aux rigueurs succèdent les complaisances ; l'arrogance fait place à la souplesse, et les mêmes voix qui par leurs menaçants éclats appellent en France les troubles civils, s'adoucissent à l'étranger et murmurent dans toutes les cours de pacifiques refrains. Il importait beaucoup à M. Guizot de montrer comme gage de son habileté la France ramenée dans le concert européen, surtout après s'être annoncé en réparateur des fautes du 1er mars. Mais les désirs mêmes qu'on lui connaissait à cet égard rendaient les négociations plus difficiles ; et les difficultés étaient augmentées par les méfiances de l'intérieur. Accusé hautement de vouloir sacrifier la dignité nationale, contraint de céder pour mériter un retour dans l'alliance commune, il lui fallait satisfaire à des exigences opposées, et en acceptant cette position équivoque, se condamner à de pauvres subterfuges, que ne comportaient ni la gravité de la situation, ni l'honneur de la nation qu'il représentait.

La note du 8 octobre avait assurément beaucoup simplifié la difficulté. En posant comme ultimatum les droits du pacha à la possession de l'Égypte, le gouvernement français avait implicitement abandonné la question de Syrie. M. Guizot s'empressa d'accepter la position qui lui était faite, et, bien convaincu que l'Égypte au moins serait respectée, il prit de l'arrogance et en inspira à ses agents diplomatiques. « Je dis très-haut et très-ferme, écrivait de Londres M. de Bourqueney, que le traité de juillet n'a pas mis l'Égypte en question ; qu'il en faudrait un nouveau pour cela, et que c'est assez d'un seul traité conclu sans la France. »

Cependant lord Palmerston, dans une conversation avec notre chargé d'affaires, lui disait que si le pacha persistait dans sa résistance même après l'évacuation de la Syrie, la Porte serait autorisée à suivre les opérations militaires jusque contre l'Égypte rebelle.

« Non, milord, répéta encore une fois M. de Bourqueney, il faudrait pour cela un nouveau et plus grave traité [1]. »

Ce fier langage fut encore une fois démenti par l'événement. A quelques jours de là, les Anglais attaquèrent

---

[1] Dépêche de M. le baron de Bourqueney, 18 nov. 1840.

Alexandrie, sans souci d'un nouveau traité. La note même du 8 octobre était comptée pour rien, et M. Guizot perdait tout d'abord la position qu'il avait prise et qu'il avait crue inattaquable.

Heureusement, toutefois, la convention du 27 novembre, en laissant au pacha la possession héréditaire de l'Égypte, sauvait l'honneur, et quoique le gouvernement français n'y fût pour rien, il pût se féliciter qu'on ne mît pas sa longanimité à une plus rude épreuve. Ce n'est pas cependant que les mauvaises volontés fissent défaut. L'amiral Stropford ne consentait pas à reconnaître la convention d'Alexandrie ; la Porte, gouvernée par lord Ponsonby, le confident des vues secrètes de lord Palmerston, refusait également sa ratification. Reschid-Pacha, ministre dirigeant, était voué aux intérêts anglais, et tout se faisait à Constantinople par l'influence de lord Ponsonby. Remplaçant en conséquence la convention d'Alexandrie par un *hatti-schériff* en date du 13 février 1841, le sultan confirmait, il est vrai, Méhémet-Ali dans le gouvernement de l'Égypte, et lui accordait l'hérédité, mais à des conditions qui réduisaient sa position au-dessous même de celle des pachas ordinaires. Ainsi, pour l'hérédité, le sultan se réservait de l'accorder *à celui des enfants mâles* qu'il choisirait. C'était organiser d'avance la guerre civile à toute vacance du pachalick. Et encore la prérogative de l'hérédité ne devait donner au gouverneur de l'Égypte aucun rang ou titre supérieur à celui des autres vizirs, ni aucun droit de préséance. Quant au service militaire, l'effectif des troupes égyptiennes ne devait pas dépasser 18,000 hommes en temps de paix, et la nomination de tous les officiers supérieurs de terre et de mer appartenait au sultan, le gouverneur de l'Égypte ne devant nommer que jusqu'a grade de lieutenant inclusivement. Enfin, le gouverneur de la province d'Égypte ne pouvait construire des bâtiments de guerre sans l'expresse permission du sultan. On reconnaissait dans cette clause ainsi que partout ailleurs l'effet des influences britanniques.

Mais en allant aussi loin, lord Palmerston avait dépassé le but, et les puissances qui l'avaient secondé commençaient à se repentir de leurs trop faciles complaisances. La Prusse et l'Autriche s'alarmaient de voir tomber la balance que l'Égypte tenait suspendue entre les deux prétendants à la succession des Osmanlis : la Russie s'inquiétait du soudain raffermissement de cet empire ottoman dont elle épiait la chute. Les uns et les autres tendirent à se rapprocher de la France.

Déjà au commencement de décembre, M. de Metternich, écrivant à M. de Saint-Aulaire pour lui annoncer la convention d'Alexandrie, lui disait :

« Que devient maintenant l'isolement de la France ? Le sultan aura fini ses affaires, Méhémet-Ali sera pacha héréditaire en Égypte. L'affaire va être arrangée entre eux dans la forme d'une question intérieure. La France voudrait-elle s'isoler de ces résultats ? Où est la quadruple coalition ? contre qui et contre quoi armerait-on ? Ne sera-ce pas contre la paix elle-même. »

Des ouvertures analogues furent faites à Londres à M. de Bourqueney par les ambassadeurs de Prusse et d'Autriche ; M. de Metternich envoyait en même temps à lord Palmerston un projet de convention générale qui devait être soumis à la signature de la France ; et cette convention ayant été communiquée à Saint-Pétersbourg, M. de Nesselrode écrivait à Londres au baron de Brunow :

« La question d'Orient ainsi réglée, reste maintenant à consacrer la solution par une transaction finale à laquelle concourrait la France. L'empereur serait disposé à admettre le plan proposé par lord Palmerston, et, si le gouvernement français se décidait à l'accepter, l'empereur vous autoriserait à y prendre part [1]. »

Ce qui expliquait d'ailleurs l'empressement des puissances à faire des avances au cabinet des Tuileries, c'est que la signature de la France devenait une approbation de tout ce qui s'était fait, une condamnation même du système d'isolement qu'elle avait suivi.

Le piége était cependant trop grossier, et malgré ses ardents désirs vers un rapprochement, M. Guizot ne pouvait s'y laisser prendre. Il écrivait en conséquence à M. de Bourquency le 18 décembre : « Le gouvernement du roi n'approuve, ni avant ni après l'événement, le mode employé par le traité du 15 juillet, ni le but que ce traité atteint. Il ne s'y est point opposé par la force, mais il ne saurait entrer en part dans aucune de ses conséquences. Toute la question pendante entre le sultan et le pacha lui est et lui doit être étrangère. Il ne peut donc rentrer dans les conseils de l'Europe, tant que cette question dure encore; il n'aurait à y prendre part qu'autant que les intentions du sultan à l'égard du pacha blesseraient les droits que la France a garantis, ce que personne ne parait plus supposer. »

C'était, à vrai dire, une singulière manière de sauvegarder la dignité de la France, que de dire : « Vous avez commencé sans moi, terminez sans moi. » Sans doute, la France ainsi

---

[1] *Histoire de la politique extérieure du gouvernement français,* 1830-1848, par M. d'Haussonville, t. Ier, p. 198.

ne s'associait pas à ce qui s'était fait ; mais elle laissait faire, et ce n'était guère l'attitude d'une grande nation. Après avoir persuadé au pacha et au monde entier qu'elle protégerait l'Égypte, il ne fallait pas un grand effort de courage pour refuser de s'associer aux spoliateurs. M. Guizot, en se contentant de cette attitude passive, n'était ni bien difficile ni bien téméraire.

« Il faut avant tout, écrivait-il à M. de Bourqueney, que l'affaire turco-égyptienne soit terminée : tant qu'elle ne l'est pas, le traité du 15 juillet subsiste, et nous ne pouvons sortir de l'isolement dans lequel ce traité nous a placés que lorsqu'il aura cessé d'unir entre elles les puissances et n'appartiendra plus qu'au passé [1]. »

C'était dire aux puissances : « Vous nous avez offensés ; complétez votre offense, de sorte qu'elle n'appartienne plus qu'au passé, et nous reprendrons alors nos anciennes relations. »

M. Guizot ne se maintint même pas longtemps dans cette attitude négative. Le 25 février, il écrivait à M. de Bourqueney :

« Du moment que nous n'avons pas fait les premières ouvertures, qu'on ne nous demande pas de sanctionner le traité du 15 juillet, et qu'on ne nous parle plus de désarmement, l'honneur est parfaitement sauf. »

En conséquence les négociations commencèrent. La Prusse et l'Autriche se montraient fort empressées de sortir de la situation violente où elles s'étaient laissé entraîner, et les ambassadeurs de ces deux puissances offraient toutes facilités à un rapprochement. Le sacrifice d'ailleurs n'était

---

[1] Dépêche du 13 février 1841.

pas très-grand; la France acceptait tacitement les faits accomplis. MM. Nieuman et de Bulow se déclarèrent donc prêts à insérer dans un protocole que la conférence de Londres, malgré les légers embarras qui subsistaient encore, tenait décidément les questions soulevées par le traité du 15 juillet comme bien et dûment terminées, ce traité lui-même comme virtuellement abrogé. En même temps ils refusaient, ainsi que M. de Brunow, de ratifier le hatti-schériff du mois de février. Le sultan, sur leurs représentations, consentit de son côté à modifier ses conditions : l'hérédité fut accordée à Méhémet dans les termes d'une succession dynastique ordinaire ; on lui laissait en outre la nomination des officiers de son armée, jusqu'au grade de colonel inclusivement. Ces transactions avaient été facilitées par la disgrâce de Reschild-Pacha; l'influence anglaise était amoindrie, et Rifaat-Bey, qui était devenu premier ministre, écoutait plus volontiers les conseils de la Russie.

Tout restait néanmoins en suspens par les résistances de lord Palmerston. Il refusait de rien conclure tant que Méhémet-Ali n'aurait pas accepté le hatti-schériff modifié. Il voyait la possibilité de nouvelles contraintes à exercer sur le pacha ; pour lui le traité du 15 juillet existait encore dans toute sa plénitude. La France avait en vain offert d'oublier le passé ; lord Palmerston repoussait avec hauteur la main qu'elle lui tendait.

M. Guizot n'avait plus d'espoir que dans l'appui de Vienne et de Berlin ; mais lord Palmerston exerçait sur les ambassadeurs un ascendant auquel ils n'osaient se soustraire. *Les Allemands parlent bien, mais agissent peu*, écrivait M. de Bourqueney. Triste résultat des complaisances diplomatiques de M. Guizot ! La France se trouvait placée sous la protection des cours du Nord, et ce protectorat inefficace ne lui épargnait aucune humiliation !

Pour satisfaire lord Palmerston, il fallait que le pacha d'Égypte poussât jusqu'au bout le sacrifice, la France la résignation. M. de Metternich avouait lui-même que la question n'aurait pas d'autre issue. « Ne nous cassons pas inutilement la tête, ni vous ni moi, disait-il à M. de Saint-Aulaire; avant peu de jours, nous recevrons la réponse d'Alexandrie, et cette réponse nous apprendra *la fin finale* de l'affaire d'Orient. »

M. de Metternich avait bien prévu, et les exigences de lord Palmerston se trouvèrent pleinement justifiées. Le 28 juin, on reçut la nouvelle de la soumission de Méhémet-Ali ; il avait publié le hatti-schériff du divan et s'était hâté de promulguer l'acte qui lui assurait l'hérédité de l'Égypte; la flotte turque était rentrée dans les eaux de Constantinople. Tout était accompli ; la leçon donnée à la France était complète.

Dans de telles conditions, assurément, les alliés pouvaient bien sans humilité rendre à la France une place dans les conseils européens. Mais la France avait-elle bonne figure à s'empresser d'y rentrer? Alors sans doute le traité du 15 juillet, selon l'expression de M. Guizot, n'appartenait plus qu'au passé. Mais admettre la prescription le lendemain d'une insulte, classer parmi les faits accomplis les blessures faites à la dignité nationale, c'était se montrer de trop facile composition et faire bon marché des colères d'un grand peuple. On comprend qu'un fait matériel tombe dans le passé ; mais l'outrage qui accompagne le fait ne s'efface pas avec lui ; il reste vivant dans les cœurs, et toutes les lâchetés politiques ne sauraient éteindre chez une nation le sentiment et le souvenir.

Mais il fallait à M. Guizot le triomphe d'une signature collective ; c'était une des promesses de son avénement, une des gloires de son programme. Après avoir si hautement reproché au 1er mars sa sortie du concert européen, il avait à cœur d'y rentrer à tout prix. Prendre le contre-pied de son rival était pour cet homme d'État la suprême politique. Louis-Philippe d'ailleurs se fatiguait de son isolement. Il avait hâte d'être réintégré dans la famille des rois.

La tâche des alliés était facile ; on ne leur demandait ni réparation ni désaveu, mais une simple formalité, un traité quelconque où notre signature pût figurer à côté de celles des quatre puissances comme un gage de réconciliation et d'oubli. Ce fut l'objet de la convention du 13 juillet 1841, appelée *convention des détroits* [1]. Quelles étaient les stipulations de ce traité? Rien autre chose que la reconnaissance des droits du sultan de fermer aux vaisseaux de guerre le Bosphore et les Dardanelles, droit qui avait été la règle constante de l'empire ottoman, qui n'avait jamais été nié, qui n'avait besoin d'aucune consécration. Du reste pas un mot de l'Égypte, de la Syrie, de Suez ; silence sur notre allié dépouillé ; silence sur la France outragée : il faut que la France se résigne; M. Guizot a fermé les portes de la guerre, en fermant les détroits de Constantinople qui n'avaient jamais été ouverts. Voilà le grand acte par lequel la France rentrait dans le concert européen. C'était la plus grossière des mystifications, si ce n'eût été la plus cruelle des hontes.

Il n'est pas difficile d'avouer que dans toute l'affaire d'Orient, le ministère anglais avait eu l'avantage sur le cabinet des Tuileries. Supérieur en dignité, en habileté, en courage,

---

[1] Voir l'appendice.

il avait commencé et conclu comme il l'entendait ; et la France elle-même avait été conduite sinon à une approbation directe, au moins à la ratification du silence. L'orgueil de lord Palmerston pouvait être satisfait. Cependant la convention du 13 juillet fut son dernier triomphe. Les succès extérieurs du cabinet whig ne le protégeaient pas contre les difficultés croissantes de l'intérieur. La situation des finances était fortement compromise par ses hardiesses belliqueuses ; la lutte entre les intérêts industriels et les intérêts territoriaux devenait chaque jour plus vive ; le ministère chancelant voyait chaque jour diminuer les voix de la majorité ; il ne se maintenait plus qu'avec l'appui de la fraction irlandaise. Pour reprendre un peu de force, lord John Russell voulut essayer de quelques réformes qui depuis longtemps étaient l'objet de sérieuses discussions. Elles portaient principalement sur un abaissement des droits affectant les produits étrangers, notamment le sucre et les céréales. Les tories prirent cette occasion pour achever la défaite du ministère compromis. Sur la proposition de sir Robert Peel, les communes déclarèrent, le 5 juin, à une voix de majorité, que le cabinet n'avait plus la confiance de la nation. Il fallait ou se retirer, ou en appeler à des élections nouvelles ; ce fut à ce dernier parti que s'arrêtèrent les ministres. Le 23 juin, la dissolution du parlement fut prononcée.

Mais le résultat fut loin d'être favorable au ministère. Les tories se présentèrent avec une majorité prononcée à l'ouverture de la session, le 24 août, et les premières luttes décidèrent la victoire. Le 27 août, la chambre des pairs déclara que les conseillers actuels de Sa Majesté n'avaient pas la confiance du pays. Le 30, la chambre des communes fit une déclaration analogue à une majorité de 360 voix contre 269 ; le ministère whig se démit aussitôt de ses fonctions. Le 3 septembre, les tories prenaient possession du pouvoir ; ils y avaient pour représentants principaux sir Robert Peel, lord Aberdeen, lord Stanley et le duc de Wellington.

Cette révolution ministérielle était pour M. Guizot une bonne fortune. Lui qui, pendant son ambassade à Londres avait tant usé d'intrigues en faveur des tories, il les voyait enfin parvenir pour lui donner appui dans son ministère, pour effacer les dernières traces d'une rupture malencontreuse. Louis-Philippe triomphait également. Il était vengé de lord Palmerston, retrouvait dans les conseils de Saint-James des voix amies, des influences en harmonie avec sa pensée personnelle. La politique intérieure du 29 octobre allait se développer mieux à l'aise. Aussi M. Guizot s'empressa-t-il de donner aux tories des gages de sa bonne volonté, en les aidant à terminer une question depuis longtemps pendante, et dont la conclusion importait beaucoup à leur popularité en Angleterre. Le traité du droit de visite fut le premier sacrifice fait à l'intérêt des tories. Hâtons-nous d'ajouter cependant que M. Guizot n'avait pas pris l'initiative de cette convention, et ne faisait que consacrer ce qu'avaient préparé ses devanciers.

Il ne nous appartient pas de retracer tous les événements qui se sont rattachés à cette fameuse question du droit de visite maritime. Qu'il nous suffise de dire que, d'après les règles générales du droit des gens, tout vaisseau est considéré comme faisant partie du sol national, et devient inviolable comme le sol : d'où résulte ce principe que pendant la guerre les personnes et les marchandises transportées sur un navire sont insaisissables par les parties belligérantes, si la nation à laquelle appartient le navire n'est pas engagée dans la guerre, principe qui a été consacré par cette formule : *Le pavillon couvre la marchandise.* L'Angleterre elle-même avait hautement invoqué ce principe dans le traité d'Utrecht, alors qu'elle avait à se protéger contre la marine espagnole qui se faisait redouter sur toutes les mers. Mais après que les fortunes maritimes eurent changé, après que l'Angleterre eut multiplié ses navires sur tous les rivages, elle viola audacieusement les droits consacrés, et quand éclata la guerre de l'indépendance américaine, elle fit saisir en mer tous les bâtiments russes, suédois ou autres qui portaient du bois de construction en France et en Espagne, et confisqua ces bois, quoiqu'ils ne fussent pas compris dans les objets de contrebande de guerre, dont le transport était seul interdit par les traités. Cette tyrannie provoqua la coalition des neutres, en février 1790, à la tête de laquelle se plaça l'impératrice Catherine.

La querelle qui avait cessé avec la guerre d'Amérique, reprit une nouvelle animosité avec la guerre de la révolution française. Paul Ier, suivant les traditions de Catherine, fit, le 16 décembre 1800, une nouvelle coalition maritime, à laquelle adhérèrent la Suède, le Danemark et la Prusse. La mort tragique de ce prince ne fut pas étrangère à cet acte de vigueur. La guerre étant devenue générale, l'Angleterre reprit sans obstacle le cours de ses pirateries, auxquelles Napoléon répondit par les décrets de Berlin et de Milan. Les neutres étaient écrasés entre deux forces contraires ; il n'y avait plus pour eux ni droit ni garanties. Mais les décrets de Napoléon étaient illusoires avec une marine détruite ; ceux de l'Angleterre étaient exercés avec une insolence tyrannique et une sauvage rigueur. Le droit de visite qu'on lui contestait vainement, lui était définitivement acquis par la supériorité de ses forces.

Il eût semblé toutefois que ce droit expirait nécessairement avec la guerre. L'Angleterre s'efforça de le faire revivre même durant la paix. Le congrès de Vienne avait fait entrer dans le droit public européen l'abolition de la traite des noirs. Cette clause était pour les autres puissances une formule générale d'humanité ; mais pour les plénipotentiaires anglais qui l'avaient provoquée, c'était une mesure de politique traditionnelle. En effet, le principe une fois admis, l'Angleterre demanda comme conséquence que les puissances se concédassent réciproquement le droit de visite sur leurs bâtiments respectifs ; sans cela, disait-elle, tout bâtiment négrier, à la vue d'un croiseur de sa nation, n'aurait qu'à arborer un autre pavillon pour rendre vaines les mesures des gouvernements. Trop faibles pour lutter contre l'Angleterre, l'Espagne, le Portugal et les Pays Bas, accédèrent à ses désirs.

La même demande fut adressée à la France en 1817, alors que le territoire français était encore occupé par les troupes étrangères. Le ministère Richelieu répondit que le roi ne se croyait pas en droit, sans le concours des chambres, de livrer ses sujets à une juridiction étrangère, en autorisant la marine anglaise à les saisir, et une commission mixte à prononcer sur l'égalité des prises, que mieux valait respecter un principe qui n'avait admis jusqu'alors aucune exception.

L'Angleterre renouvela ses tentatives au congrès d'Aix-la-Chapelle. Le duc de Richelieu les repoussa avec la même fermeté.

Mais avec cette ténacité qui forme un des caractères de sa

politique, l'Angleterre profita du congrès de Vérone pour revenir à la charge. Le plénipotentiaire français, Chateaubriand, répondit : « Que si la France pouvait consentir à ce qui lui était demandé, cette concession aurait les suites les plus funestes. Le caractère national des deux peuples anglais et français s'y opposait; s'il était besoin de preuves à l'appui de cette opinion, il suffirait de se rappeler que cette année même, en pleine paix, le sang français avait coulé sur le rivage d'Afrique. La France reconnaissait la liberté des mers pour tous les pavillons : elle ne réclamait pour elle que l'indépendance qu'elle respectait dans les autres, et qui était nécessaire à sa dignité. »

Ainsi, dans toute cette question, le gouvernement de la restauration avait défendu avec une constante énergie l'honneur national et l'indépendance du pavillon; malgré les immenses obligations qu'ils avaient contractées envers l'Angleterre, les Bourbons de la branche aînée s'étaient montrés gardiens jaloux de la liberté des mers et des droits de la France.

L'Angleterre semblait donc avoir renoncé à ses prétention, lorsque éclata la révolution de 1830. On sait avec quel empressement le cabinet de Saint-James reconnut le nouveau roi des Français; mais les complaisances du gouvernement anglais sont rarement désintéressées. On le fit promptement sentir à Louis-Philippe. La question du droit de visite fut reprise avec toutes les considérations que devaient faire valoir l'importance de l'alliance anglaise, et la gloire qu'il y aurait pour le gouvernement de juillet à donner à la répression de la traite un concours efficace.

Louis-Philippe se montra moins scrupuleux que ses aînés. Ce droit de visite contre lequel avaient lutté l'ancienne monarchie et l'empire, que n'avait pu obtenir l'Angleterre pendant que ses soldats campaient sur notre territoire, fut le premier à-compte sur le prix de l'alliance britannique. La liberté des mers, l'indépendance du pavillon, l'inviolabilité du navire, image du sol national, étaient sacrifiés, toutes les fières traditions de la marine française méconnues. Pour l'Angleterre, l'abolition de la traite n'était qu'un prétexte ; le droit de visite était le premier attribut de sa souveraineté maritime. Pitt avait dit : « Plutôt que de renoncer au droit de visite, je m'ensevelirais au fond de l'Océan, enveloppé dans les replis de notre dernier pavillon. » Il ne s'agissait donc nullement d'une question d'humanité, mais d'une question de haute politique ; et c'est pourquoi les ministres de la restauration avaient repoussé toujours avec énergie toute concession à cet égard. Malheureusement il se trouvait une dynastie nouvelle qui avait besoin de payer sa bienvenue.

Une convention fut signée le 30 novembre 1831, par laquelle les deux gouvernements s'accordaient réciproquement le droit de visite, dans les latitudes que devaient nécessairement traverser les négriers soit pour aller acheter les noirs, soit pour les transporter à leur destination. Une convention spéciale devait fixer, chaque année, le nombre des croiseurs de chaque nation, qui ne pouvait différer de plus du double ; les croiseurs de chaque nation étaient commissionnés par l'autre pour pouvoir visiter les bâtiments de celle-ci ; tout bâtiment retenu comme suspect devait être conduit dans la colonie la plus voisine de la nation à laquelle il appartenait, pour y être jugé d'après les lois de son pays ; les deux gouvernements, enfin, devaient agir de concert pour amener les autres puissances à adhérer au traité.

Dans une seconde convention du 22 mars 1833, on expliqua de quelle manière les navires retenus seraient conduits dans un port de leur nation et livrés à leurs juges, la part qu'auraient les capteurs dans le produit de la confiscation, les signes qui autoriseraient à retenir les navires comme suspects, tels que la disposition intérieure, la nature et la quantité des approvisionnements, la présence de certains instruments, enfin, les lieux où les bâtiments capturés devaient être conduits, et les formalités à remplir, en cas d'abus dans l'exercice du droit de visite, pour en obtenir le redressement.

Si l'on se reporte aux immenses questions soulevées depuis cent ans par le droit de visite, aux luttes acharnées qui en résultèrent, au rôle important qu'y joua la France, protectrice séculaire des droits de l'Europe, il est impossible de méconnaître l'étendue du sacrifice fait à l'Angleterre par le gouvernement de Louis-Philippe. Tout ce qu'il y avait de noble et de généreux dans les efforts opiniâtres de Louis XIV, de la république et de l'empire, pour protéger la liberté des mers était répudié sans pudeur ; la France commettait un acte de déchéance. Le prétexte d'un droit tyrannique se trouvait, il est vrai, changé, mais le principe était le même, avec l'hypocrisie de plus.

Cependant alors cette monstrueuse concession passa en France presque inaperçue. Les conventions consenties dans le secret des chancelleries échappèrent même aux investigations de la presse ; les troubles intérieurs absorbaient l'attention publique. Elle fut réveillée par de nouvelles exigences de l'Angleterre, et M. Guizot porta la peine des fautes de ces devanciers.

Fidèle à sa vieille politique, le cabinet de Saint-James

n'avait cessé de négocier pour obtenir les adhésions des autres puissances aux principes consacrés par les traités de 1831 et de 1833. Le Danemark, la Sardaigne, la Suède, Naples, la Toscane et les villes libres s'étaient successivement laissé convaincre. L'Autriche, la Prusse et la Russie, après avoir longtemps résisté, avaient aussi fini par céder en 1838. Seulement, en leur qualité de grandes puissances, elles n'avaient pas trouvé qu'il fût de leur dignité d'accéder purement et simplement à des traités déjà existants, et à la confection desquels elles n'avaient pas concouru. Elles demandèrent, en conséquence, que l'on fît une autre convention, où elles entreraient comme parties principales, sur le même pied que les cours de Paris et de Londres. Le cabinet britannique y consentit volontiers : c'était une occasion pour lui d'obtenir davantage. En effet, il eut soin que le nouveau projet donnât plus d'extension aux zones où devait s'exercer la visite; elles devaient comprendre toute la côte des États-Unis et les mers qui baignent la partie septentrionale de l'Amérique et de l'Europe, au-dessus du 32e degré de latitude nord; en sorte que toute la navigation entre l'Europe et les États-Unis y était enveloppée, et que tous les navires qui allaient d'un continent à l'autre pouvaient être visités. On supprimait en outre la clause qui établissait que le nombre des croiseurs d'une nation ne dépasserait pas de moitié celui des croiseurs d'une autre nation. Ces deux modifications étaient tout à l'avantage de l'Angleterre. Désormais la marine britannique pouvait étendre indéfiniment ses croisières et paralyser notre commerce sur toutes les côtes de l'Afrique et de l'Amérique méridionale. L'honneur français avait été sacrifié par les premiers traités;

les intérêts français devaient être immolés par la nouvelle convention.

L'ambassadeur de France à Londres, M. le comte Sébastiani, fut autorisé à traiter sur ces bases. C'était sous le ministère du 12 mai. Le cabinet du 1er mars ne se montra pas plus difficile ; et toutes les parties contractantes étaient d'accord, lorsque le traité du 15 juillet vint arrêter la conclusion définitive. Mais les complaisances de M. Guizot et la convention du 13 juillet 1841 avaient rétabli l'harmonie européenne ; l'avénement des tories resserrait les liens des deux cabinets, et si lord Aberdeen était trop bon anglais pour oublier longtemps un projet essentiellement national, M. Guizot était trop ami des tories pour leur faire perdre l'occasion de se fortifier dans l'opinion publique. Le traité fut signé le 20 décembre 1841. M. Guizot était encore entraîné par une autre considération. C'était un nouveau traité à cinq, et la rentrée de la France dans le concert européen devenait plus sinificative.

Mais l'opinion publique en France ne se montra cette fois pas aussi complaisante que l'avait espéré le ministre. Le traité du 1er juillet avait été accueilli comme une humiliante mystification ; celui du 20 décembre parut aux yeux de tous, ce qu'il était, une honteuse concession à la politique anglaise. Tous les organes de la presse opposante signalèrent l'abaissement de la France ; tous les intérêts qui se rattachaient au commerce maritime s'alarmèrent. Il était démontré que nos armateurs n'auraient plus aucune sécurité sous l'inspection tyrannique de leurs éternels concurrents ; on les livrait en proie aux officiers britanniques, on leur fermait les mers ; on réservait aux Anglais le privilége exclusif du commerce africain. Les villes maritimes s'émurent ; les populations des côtes furent remplies d'indignation, et leurs plaintes étaient appuyées par les hommes politiques qui en faisaient une question d'honneur national et de dignité extérieure.

Les faiblesses du cabinet des Tuileries furent encore mieux signalées par le contraste que représentait un autre gouvernement. Il résultait d'une correspondance entre lord Aberdeen et l'envoyé des États-Unis à Londres, que le minstre anglais se bornait à demander la permission pour les croiseurs anglais, quand ils rencontraient un bâtiment portant pavillon américain, de s'assurer qu'il ne cachait pas sa nationalité. C'était assurément bien moins que n'accordait la France; cependant, l'envoyé américain refusa, son gouvernement ne pouvant, disait-il, déléguer à personne le droit de s'immiscer dans la police de sa navigation, de vérifier les papiers de bord de ses bâtiments et de décider de leur nationalité. Lord Aberdeen avait dit qu'en cas de refus des États-Unis, les puissances ne se laisseraient pas arrêter par un *morceau d'étamine* dans l'accomplissement de la mission qu'elles s'étaient donnée. Le ministre américain répondit que les États-Unis sauraient, au besoin, faire respeter ce *morceau d'étamine* dont on parlait avec tant de dédain.

La publication de cette correspondance produisit en France une vive sensation et conduisit naturellement à des rapprochements qui n'étaient pas à l'avantage de nos hommes d'État.

Bientôt, les États-Unis, persistant dans l'énergique défense de leurs droits, mirent en demeure le gouvernement français. Le 13 février 1842, le ministre des États-Unis à Paris présenta au ministre des affaires étrangères une note dans laquelle il témoignait son regret de voir la France s'engager dans cette politique, et demandait si elle induisait du traité, comme l'Angleterre, la nécessité de vérifier la nationalité des bâtiments américains, auquel cas la paix serait inévitablement troublée entre les deux pays. M. Guizot commençait à voir que ses complaisances envers l'Angleterre l'entraînaient dans des périls imprévus. A force de chercher la paix, il créait des occasions de guerre.

A l'intérieur, les émotions étaient si vives, que toute autre question disparaissait devant celle du droit de visite; on attendait avec impatience la discussion de l'adresse; malgré les condescendances de la chambre, on comptait encore sur elle pour protéger la dignité du pavillon français, pour défendre les intérêts du commerce maritime.

La session fut ouverte le 27 décembre 1841. La discussion de l'adresse commença au Palais-Bourbon le 19 janvier 1842.

Le premier paragraphe, qui avait rapport aux affaires d'Orient, ranima la guerre de mutuelles récriminations entre les ministres tombés et les ministres en possession. La discussion porta principalement sur la convention du 13 juillet. Il ne fut pas difficile à l'opposition d'en démontrer l'insuffisance et la puérilité.

Mais toutes les forces des lutteurs parlementaires se réservaient pour la question qui occupait la nation entière.

Ce fut M. Billaut qui commença l'attaque. Jeune, ardent plein de verve, M. Billaut apportait à la tribune plus de nerf et de logique que n'en montrent d'ordinaire les avocats transportés du barreau dans l'enceinte législative. Il appartenait à cette classe d'opposants entraînés par leur âge et leurs goûts vers les idées nouvelles, mais retenus par la crainte de trop s'éloigner du pouvoir en marchant trop avant ; hardis et vigoureux dans la lutte corps à corps avec un ministre, prudents et réservés dans les hautes questions qui ébranlaient le système constitutionnel. Assez novateurs dans le fond pour ne pas se fermer l'avenir, assez ménagers de la forme pour ne pas s'interdire le présent, ils avaient leurs jours d'audace et de popularité dans les questions spéciales qui livraient un cabinet à leurs attaques sans trop compromettre le trône. Sous ce rapport, le droit de visite leur présentait l'occasion la plus favorable, et M. Billaut avait encore dans sa position parlementaire un avantage tout particulier. Député de Nantes, représentant des intérêts maritimes que menaçait le traité de 20 décembre, il se trouvait défendre en même temps la fortune de ses commettants et les droits de la nation, et satisfaisait à la fois aux vœux de ses électeurs et aux ressentiments populaires, double mission qui donnait à ses paroles une imposante autorité.

Il ouvrit la discussion par l'introduction d'un amendement au 4ᵉ paragraphe de l'adresse, qui avait rapport à des traités conclus avec diverses puissances. M. Billaut proposait d'ajouter :

« La prudence avec laquelle seront suivies les négociations nous répond aussi que dans les arrangements relatifs à la répression d'un trafic coupable, votre gouvernement voudra soigneusement mettre à l'abri de toute atteinte les légitimes intérêts de notre commerce maritime et la complète indépendance de notre pavillon. »

Les termes généraux de cet amendement pouvaient le

rendre facilement acceptable par le ministère, si l'orateur n'avait eu soin, tout aussitôt, de préciser sa pensée et d'annoncer qu'elle renfermait un blâme formel. « Par mon amendement, dit-il, j'ai voulu signaler à la chambre le droit de visite concédé par le traité de 1831, développé par les concessions de 1853 et aggravé par une convention de décembre 1841, convention qui n'est pas encore ratifiée. Voilà mon but. »

La question ainsi posée ne laissait pas de prétexte à l'équivoque. C'était une accusation directe. M. Billaut la développa avec une lumineuse vigueur, signalant les efforts constants de l'Angleterre à saisir sous divers prétextes le contrôle de la navigation, les énergiques résistances de la France jusqu'en 1830, et rappelant avec indignation les concessions successives du gouvernement de juillet, qui livraient à l'Angleterre cette souveraineté des mers, objet de son éternelle ambition.

En réponse à cet accablant réquisitoire, M. Guizot essaya de démontrer que le droit de visite nouvellement concédé n'avait aucun rapport avec l'ancien droit de visite qui avait fait l'objet des longues protestations de la France. « Il s'agissait alors, dit-il, du droit des neutres ; il s'agit aujourd'hui de l'abolition de la traite. » M. Guizot ne faisait que répéter les arguments de l'Angleterre. Mais personne ne prenait le change. En vain il voulait justifier le motif du droit de visite ; on lui répondait en contestant ce droit, et ses vagues déclamations sur l'application du principe étaient réduites à néant par des adversaires qui niaient le principe même.

M. Thiers ne pouvait manquer une si bonne occasion d'attaquer son rival. Mais il oubliait qu'il était ministre au moment de la convention de 1833. M. Guizot le lui rappela durement et le contraignit à prendre sa part de responsabilité. Ce petit triomphe personnel ne fut qu'une faible compensation aux déroutes d'une journée malheureuse. M. Dupin se joignit aux adversaires du droit de visite, et son discours agressif fut d'un grand effet sur la chambre; on savait que M. Dupin ne parlait d'habitude que contre les causes perdues.

Le ministère, en effet, n'avait pas seulement porté atteinte au sentiment national, à la conscience populaire, il menaçait encore les intérêts de riches commerçants, de grands spéculateurs, et leur influence exerçait une action puissante sur la chambre. La politique des intérêts matériels, prêchée par M. Guizot, se retournait contre lui, et il recueillait le fruit de ses tristes leçons. Aussi était-il facile de voir, à la physionomie de la chambre entière, que le ministère, abandonné de tous ses fidèles, allait subir une éclatante défaite. Un de ses amis lui vint en aide, sinon pour le sauver, au moins pour arracher à l'opposition les profits du triomphe. M. Jacques Lefebvre proposa un nouvel amendement conçu en ces termes : « Nous avons aussi la confiance qu'en accordant son concours à la répression d'un trafic criminel, votre gouvernement saura préserver de toute atteinte les intérêts de notre commerce et l'indépendance de notre pavillon. »

L'amendement de M. Billaut se trouvait reproduit dans les mêmes termes sauf un léger changement aux premiers mots. Dans les développements à l'appui M. Jacques Lefebvre alla même plus loin et ne craignit pas de blâmer les traités de 1831 et 1833. M. Guizot fit des efforts désespérés pour ramener la chambre. Seul contre tous, il fit preuve d'une incroyable énergie à combattre l'opinion publique, et déploya un talent digne d'une meilleure cause. Il osa même déclarer qui si la décision de la chambre lui était contraire, il ne s'engageait pas à en tenir compte, disant que le gouvernement se bornerait à peser les considérations exposées par la chambre, et qu'il se déciderait sous sa responsabilité. Cette fière menace ne réussit pas mieux que la séduction. L'amendement de M. Jacques Lefebvre fut adopté presque à l'unanimité. Jamais plus rude échec n'avait frappé un ministère ; jamais la défection des dévoués ne fut plus complète, plus significative, jamais l'opinion publique n'agit avec plus de force sur les résolutions de la chambre, contrainte à se montrer courageuse, à rappeler le gouvernement au sentiment de la dignité nationale.

Selon les règles du système constitutionnel, M. Guizot aurait dû prendre sa retraite. On en parla beaucoup : lui seul n'en parla pas. Il n'était pas homme à se dessaisir si facilement du pouvoir.

Il faisait d'ailleurs bon marché des hostilités intérieures. Mais son influence au-dehors était gravement compromise. Le cabinet tory qu'il avait voulu fortifier, afin d'être fortifié par lui, partageait sa défaite. Les abolitionistes, composés d'une multitude de sectes fanatiques, formaient en Angleterre une masse imposante toute prête à se soulever contre un ministère impuissant à les satisfaire, et les wihgs trouvaient l'occasion de mettre leurs adversaires dans l'embarras, et d'aigrir entre la France et l'Angleterre les différends à peine apaisés. Dès le commencement de février, lord Palmerston interpellait sir Robert Peel. Le premier ministre ne put se défendre que par des moyens dilatoires : « Le délai déterminé pour l'échange des ratifications, dit-il, n'expire que le 20 du mois; il n'est donc pas étonnant que l'échange n'ait pas eu lieu. « Sir Robert Peel, toutefois, savait bien que l'échange ne pouvait avoir lieu, au moins dans les délais voulus. Les dispositions de la France lui étaient révélées par les débats de la chambre et par les confidences de M. Guizot. Plein de bienveillance cependant et même de compassion pour le cabinet des Tuileries, le ministère britannique fit tout ce qui dépendait de lui pour aplanir les difficultés et laisser à M. Guizot le temps de réagir. Après le 20 février, le protocole demeura ouvert pour l'accession de la France. En agissant ainsi, les tories non-seulement offraient une ressource au gouvernement français, ils se protégeaient encore eux-mêmes contre les attaques auxquelles ils auraient été nécessairement exposés s'ils avaient fait un aveu public de leur mécompte. Ajoutons néanmoins que, d'après la déclaration de lord Aberdeen à la chambre des lords, c'était sur la demande du gouvernement français que le protocole était resté ouvert. Le ministre anglais ajoutait : J'espère fermement que le traité sera incessamment ratifié. » Cette révélation, cette confiance du cabinet britannique réveilla les colères en France. Il devenait évident pour tous que M. Guizot, malgré la décision de la chambre, malgré la volonté bien prononcée de toute la nation, se proposait de donner sa signature au traité. Sa tactique était facile à suivre. La résolution était prise de dissoudre une chambre rebelle aux injonctions de M. Guizot. En son absence, et en l'absence de tout autre, on comptait faire ce qu'elle venait d'interdire. M. Guizot se promettait alors et promettait à ses alliés de remplir le blanc qu'on laissait pour la place de sa signature. En supposant même que la législature à venir ne fût pas moins jalouse que sa devancière de l'honneur national, il se flattait d'étouffer toute réclamation sous le poids d'un fait accompli.

Mais M. Guizot se trompait dans ses calculs, comme il se trompa tant de fois par son obstination à ne rien voir au-delà de l'enceinte du Palais-Bourbon, à ne tenir aucun compte de la nation. La chambre, en émettant son vote, avait été l'expression de l'opinion publique, et la même force vint agir énergiquement sur la chambre renouvelée et contraindre M. Guizot à céder.

Telle fut pour le cabinet du 29 octobre la première phase de cette fameuse question du droit de visite, transmise à M. Guizot par ses prédécesseurs, dont il fit une question personnelle, par calcul d'abord, ensuite par orgueil, et qui fut pour son orgueil une amère déception.

Au surplus, la diplomatie britannique, ordinairement si patiente dans son habileté, s'était dans toute cette affaire comportée avec une précipitation maladroite, qui lui avait fait manquer le but en le dépassant. Les traités de 1831 et de 1833 avaient été pour elle une bonne fortune. A l'ombre de ces traités, le cabinet de Londres pouvait entraver et détruire notre commerce dans des parages importants. Il pouvait habituer nos marins à fléchir devant son pavillon sous certaines latitudes. C'était beaucoup, il ne s'en contenta pas. Il voulut étendre le cercle de son insolente domination. Il marcha trop vite. Les complaisances empressées des Tuileries lui firent croire à une prompte solution. Il fallut pour le détromper le soulèvement unanime de l'opinion nationale.

La discussion de l'adresse devait nécessairement ramener la question du recensement. M. Humann défendit victorieusement, nous devons le dire, le principe de l'égalité. Il avait pour l'appuyer les paroles d'un des plus illustres vétérans de l'opposition. En 1831, comme ministre des finances, M. Laffitte disait en traitant la même question : « Il est évident que si l'État n'établit pas l'assiette de l'impôt, il n'y aura plus d'impôt : les riches seront les pauvres, les pauvres seront les indigents. L'égalité et la justice, voilà ce que nous voulons ; on a trouvé que les uns payaient trop, que les autres ne payaient pas assez, et qu'un grand nombre ne payaient absolument rien. Si le principe contraire était adopté, il n'y aurait pas de véritable impôt : les répartiteurs pourraient acquérir de la popularité, mais le trésor ne recevrait pas d'argent. »

La chambre repoussa un vote de blâme proposé par M. Lestiboudois.

Au milieu de la discussion sur la politique intérieure, un incident inattendu vint révéler d'odieuses manœuvres dans le sanctuaire même de la justice, pour frauder la loi et dépouiller les citoyens de leurs garanties. M. Billault faisant reproche au ministère des atteintes portées aux institutions fondamentales du pays, la garde nationale, la presse, le jury, cita une lettre du procureur-général de Riom au garde des sceaux, dans laquelle ce magistrat, pressé par le ministre de suivre activement contre les accusés des troubles de Clermont, répondait : « Vous pressez trop vivement le jugement de cette affaire ; d'après la composition actuelle du jury, un acquittement est infaillible ; mais M. le préfet m'assure que les dispositions pour la composition du jury de 1842 sont faites de telle façon que la condamnation sera à peu près certaine. » Cette lettre était datée du 29 septembre 1841 ; elle avait été vue par M. Isambert. Celui-ci vint à la tribune confirmer les paroles de M. Billault. Vous eussiez vu alors l'indignation des deux côtés de la chambre, la stupéfaction des centres, la confusion du ministère surpris en flagrant délit de prévarication. Pâle et tremblant, M. Martin (du Nord) monte à la tribune, assure qu'il n'a pas connaissance de la lettre, jette l'injure à ses accusateurs et demeure accablé sous la pauvreté même de sa défense.

Le lendemain, il voulut payer d'audace. La lettre existait, il est vrai ; il était forcé d'en convenir, mais les termes différaient un peu de ceux qu'on avait rapportés. Ce lui fut un prétexte pour élever des chicanes, des subterfuges, des récriminations indignes non-seulement du chef de la magistrature, mais d'un homme de quelque éducation. Du reste, malgré les pressantes instances de l'opposition, il refusa de donner communication de la lettre, sous le prétexte qu'elle était confidentielle ; il avouait seulement cette phrase : « La liste du jury pour 1842 donnera des jurés probes et libres, comme la loi le veut. » C'était la confirmation de ce qu'avait dit M. Isambert. Qu'importaient les termes de la phrase ? Elle signifiait clairement que les jurés étaient choisis pour 1842, autrement que pour les années précédentes. Elles signifiait que des manœuvres frauduleuses portaient une atteinte profonde à l'*institution* du jury, et que la magistrature était complice. C'est ce qu'avait soutenu M. Isambert, et avant lui, M. Billault. Ce dernier orateur signala un autre fait non moins scandaleux. Les listes du département de la Seine pour 1842 avaient été arrêtées ainsi que le veut la loi. Quinze cents noms choisis par le préfet sur 22,000 électeurs y avaient été inscrits. Les épurations du préfet furent cependant jugées insuffisantes. Onze cents noms furent rayés par les agents du ministère et remplacés par autant de noms dévoués à la politique ministérielle. Parmi eux se trouvaient environ quatre cents fonctionnaires publics. Pour obtenir cette liste modèle, le bureau des élections de la préfecture de la Seine avait été entièrement remanié et le nouveau bureau surveillé dans ses opérations par les agents ministériels employés dans les élections de la garde nationale. C'est ainsi que M. Martin (du Nord) s'apprêtait aux luttes judiciaires de 1842, par de lâches détours qui faisaient du jury un mensonge, de la justice une arme politique, de toutes les garanties de droit un piége. Chaque jour le ministère se déconsidérait par des expédients que n'aurait pu avouer la morale la plus vulgaire. Démolisseur hypocrite des institutions qu'il avait en garde, contempteur effronté de la probité politique, violent et rusé, poltron et implacable, recourant à l'arbitraire pour combattre les factions, et faisant du gouvernement luimême une faction et de tous ses agents des conspirateurs.

La lettre du procureur général de Riom est le témoignage officiel des flétrissures de cette époque ; la dénomination des *jurés probes et libres* devint une locution proverbiale pour signaler la servilité, la corruption et les lâches complaisances.

L'ensemble de l'adresse fut adopté par 240 voix contre 156. Mais que d'échecs avait subis le ministère ! Quelles cruelles leçons il avait reçues, depuis les défaites de M. Guizot jusqu'aux mésaventures de M. Martin (du Nord) ! Battu sur les questions extérieures, plus maltraité encore par sa politique intérieure de violence et d'intimidation, le cabinet du 29 octobre s'épouvantait aux indocilités de la chambre, et prit dès lors la résolution de recourir à une nouvelle législature, en précipitant les débats d'une session écourtée.

CHAPITRE VIII.

Nomination du général Bugeaud au gouvernement de l'Algérie. — Situation d'Abd-el-Kader. — Première expédition du général Bugeaud. Succès dans l'Est. — L'Émir repoussé gagne les frontières du Maroc. Grave dissension entre l'Angleterre et les États-Unis. — Affaire Mac Leod. — Désastres dans l'Afghanistan. — Guerre de la Chine; stériles victoires. — Déficit du budget. — Réformes financières de Sir Robert Peel. — Affaires d'Espagne. — Espartero appelé à la régence définitive. — Ses complaisances pour l'Angleterre. — Soulèvement des provinces du Nord. — Conspiration à Madrid. — O'Donnell et Diégo-Léon. — Répression de l'insurrection.

L'occupation définitive de l'Algérie avait été si longtemps mise en doute par de maladroites oppositions à la chambre, par les réponses équivoques du gouvernement français, chaque fois que l'Angleterre lui avait adressé des sommations directes, et, il faut le dire, par les vices de système d'une guerre entreprise sans plan, sans suite, sans ensemble, que l'on s'inquiétait généralement de savoir quelle était à cet égard la véritable pensée des Tuileries. La venue du 29 octobre avait accru les méfiances, et tout ce qu'on voyait d'un ministère décidé à regagner les bonnes grâces de Saint-James, entretenait les craintes et multipliait les soupçons. Son premier acte, en ce qui concernait la colonie sembla le justifier. Dans les premiers jours de janvier, le maréchal Valée était remplacé par le général Bugeaud ; et ce choix d'un homme que l'on supposait avoir les secrètes pensées du château, fut accueilli par beaucoup de monde comme un premier pas vers l'abandon du pays. Les radicaux le croyaient sincèrement et le disaient. Les faits, il est vrai, démentirent leurs pressentiments : mais nous devons constater les impressions du moment. L'affaire des lettres vint leur donner une nouvelle force ; cet immense scandale, si mal appaisé par les ministres, frappait la royauté de suspicion et avait ébranlé la confiance même chez les monarchistes dévoué. La couronne compromise n'avait plus qu'un argument pour se réhabiliter : c'était le développement bien suivi de nos conquêtes en Afrique. La valeur de nos soldats ne lui fit pas défaut.

La prise de Cherchell, Milianah, et Médéah formait un commencement d'occupation régulière. Mais ces postes éloignés étaient sans cesse exposés aux attaques des Arabes qui reparaissaient en armes aussitôt que les grands corps expéditionnaires se repliaient sur le centre. Les garnisons se maintenaient avec vigueur ; mais les inquiétudes, les embarras, les difficultés des communications, et les périls des convois restaient toujours les mêmes. Le général Bugeaud, bien convaincu que les combats les plus glorieux seraient constamment stériles, si l'on ne prenait sur tous les points du territoire une vigoureuse offensive, avait résolu de poursuivre les Arabes à outrance, de porter la guerre au sein même des tribus, d'attaquer le lion dans son antre, enfin de ne laisser à l'ennemi ni trêve ni relâche jusqu'à ce qu'on eût obtenu une soumission complète. Pendant que lui-même s'attachait aux pas de l'infatigable émir, ses lieutenants devaient rayonner sur tous les points, envelopper des replis de leurs colonnes tous les territoires ennemis et y porter le ravage et la terreur; le seul arguments puissant auprès des Arabes étant le glaive et le feu.

De son côté, Abd-el-Kader prenait ses mesures avec une remarquable intelligence. Instruit des dispositions de son nouvel adversaire, il y conformait les siennes.

Au lieu de concentrer ses forces, comme l'année précédente, il les éparpillait pour les rendre partout insaisissables et partout prêtes à l'attaque. Son infanterie seulement qu'il avait promptement réorganisée, était massée au nombre d'environ cinq mille hommes dans les places de Tekedempt et Tlemcen, les bataillons réguliers reformés avec des Koulouglis de Tlemcen, des Kabiles de Nedroma et quelques Marocains attirés par l'espoir d'une forte paie. La cavalerie, composée entièrement d'Arabes, restait disséminée dans les tribus, prête à marcher au premier signal, mais disposée de manière à défendre vigoureusement chaque localité. Ainsi les Bodgia, les Medgéer, les Beni-Zerouald, les Hachems, et les Ouled-Charagas étaient chargés de protéger la vaste plaine de l'Habrah, qui conduit à Kalah, à Mascara et à Oran, par celle du Zig. Deux bataillons régulier devaient appuyer les mouvements de cette cavalerie.

Le pays de Tittery étant découvert par suite de l'occupation de Milianah et de Médéah, l'émir semblait s'en inquiéter peu et ne prendre aucune mesure pour nous y combattre.

Le pays d'Oran était garanti par les Beni-Amer, les Garabas, les Hachems-Greris, les Ouled-Ali et toutes les petites tribus campées au delà du pic de Thessalah. Deux bataillons réguliers soutenaient encore cette cavalerie et servaient à la rallier.

La route de Tlemcen était gardée par un contingent de Beni-Amer, les Ouad-Sinan, les Kabaïles de Dax-el-Hachem et par toute la population guerrière des vallées de la Sikkak, de la Safseff, et de la Tafna. Un seul bataillon prenait position dans ce cercle, où il trouvait facilement à réparer ses pertes parmi les montagnards qu'il devait défendre.

Ces trois corps d'armées pouvaient se réunir en quarante-huit heures, et former un effectif de douze mille combattants, mais il n'était pas à présumer que cette réunion s'accomplît, le plan de l'émir étant d'éviter toute action générale, et de nous harasser sans cesse par des combats partiels et des attaques imprévues.

Les kalifas de l'émir étaient Mustapha-Ben-Thamy pour l'est, et Sidi-Bou-Hameidi pour l'ouest. Quant à l'émir lui-même, il ne se réservait aucun poste fixe, se transportant rapidement d'un corps à un autre, à la tête d'un corps de cavalerie d'élite, se multipliant aux yeux des siens, et semblant, par son activité prodigieuse, être partout à la fois.

Dès les premiers jours de son arrivée, le général Bugeaud prit ses mesures pour commencer une puissante offensive. Tous les points militaires secondaires furent abandonnés pour remplacer le morcellement des troupes par un système de concentration; il prescrivit une nouvelle division de la province de Constantine, fixa la délimitation du territoire d'Alger, ordonna une nouvelle organisation de la garde nationale d'Alger, et la création d'une milice urbaine indigène dans les localités de Blidah, Coléah et Gigelly. Enfin la suppression de la quarantaine pour les voyageurs et les provenances d'Alger vint améliorer les conditions du commerce, et le départ de deux courriers par semaine de France et d'Afrique, au lieu d'un seul, resserrait plus intimement les liens de l'Algérie avec la mère-patrie.

La première expédition du maréchal Bugeaud avait pour but non-seulement de ravitailler Médéah et Milianah, mais encore d'entreposer dans la première de ces villes les vivres et munitions nécessaires aux troupes qui devaient faire la première campagne. Partie de Blidah le 30 mars 1841, une colonne de dix mille hommes commandés par le gouverneur-général atteignit sans combat la première de ces places. Mais des pluies continuelles la contraignirent de rentrer, non sans avoir eu à repousser à son retour de vives attaques où l'on perdit une centaine de soldats.

Il fallut une nouvelle expédition pour ravitailler Milianah. Elle partit de Blidah le 27 avril; le 1er mai, elle arriva devant la gorge qui remonte vers la ville. Il y avait un mois que Milianah était vigoureusement bloquée par des forces considérables que dirigeait Ab-el-Kader lui-même. Cependant elles laissèrent ce corps expéditionnaire y pénétrer. Le général Bugeaud en sortit le 3 pour tenter un coup décisif. L'armée des Arabes combattit mollement, et le général, la faisant tourner par le 17e léger, allait par une manœuvre habile l'écraser en la prenant à revers, lorsqu'une charge faite sans ordre par le duc de Nemours, qui commandait le centre, empêcha les Arabes de s'engager, et le 17ᵉ léger ne put atteindre que quelques fuyards. Le général Bugeaud fut vivement contrarié d'une manœuvre qui lui arrachait une victoire complète ; et quoique son rapport officiel ménageât le prince trop fougueux, il s'en exprimait autour de lui en termes peu mesurés. En campagne, le général Bugeaud n'était en aucune façon courtisan. L'état-major des princes, leurs immenses bagages, les précautions à prendre pour leur sécurité, le gênaient dans ses opérations, et il ne dissimulait pas les ennuis que lui causait ces incommodes officiers. Souvent même avec eux il était irrévérencieux jusqu'à la brutalité. Le duc d'Aumale qui commandait un bataillon du 24ᵉ, s'était associé à l'attaque impétueuse de son frère, et partagea avec lui les mécontentements du général ; mais dans l'armée, on pardonnait aisément une faute qui n'était due qu'à un excès d'ardeur.

Ces opérations préliminaires terminées, le général Bugeaud courut à Mostaganem, qui allait devenir la base d'opération d'une campagne décisive dans l'Ouest, centre d'action d'Abd-el-Kader. Il avait le projet de détruire Mascara, Tazza, Tekedempt, et s'il ne pouvait joindre l'émir, au moins de le refouler dans le désert.

L'expédition se mit en route le 17 mai, occupa Tekedempt le 25, Mascara le 30, et rentrait à Mostaganem le 3 juin après quelques engagements partiels où l'ennemi fut constamment battu.

La position de Mascara était assez importante pour ne pas être abandonnée. Le colonel Tempoure y fut laissé avec une garnison de 2,000 hommes.

Les Arabes cependant ne se laissaient pas décourager. Pendant la marche, le général Bugeaud, rendant la liberté à un prisonnier, l'avait chargé d'une proclamation qui appelait en termes menaçants les Arabes à une prompte soumission. Dans un de ses campements, il reçut la réponse; elle était ainsi conçue : « La soumission des Arabes « est représentée par un cheval sans queue; ce cheval est « inconnu dans nos montagnes; nous te l'enverrons quand « nos juments l'auront produit. » En même temps, Abd-el-Kader écrivait au chef français, en faisant allusion à notre passage à travers les récoltes et les villages : « Le « préjudice que votre armée fait à la fertile Afrique, dans « laquelle elle trace son pénible sillon, est plus léger que « celui qu'éprouve l'Océan quand l'hirondelle de mer « plonge dans ses eaux pour y prendre un poisson. »

Pendant que le gouverneur général parcourait les tribus placées entre Mascara et la rive gauche du Chéliff, le général Baraguay-d'Hilliers agissait sur la rive droite de ce fleuve, le général Lamoricière manœuvrait entre Mascara, Oran et Tlemcen, les généraux Négrier et Gueswiller dans les provinces de Constantine et de Sétif. Cinq colonnes se trouvaient ainsi en mouvement à la fois, les Arabes nous rencontraient sur tous les points; la guerre se faisait avec un ensemble qu'elle n'avait jamais eu; Abd-el-Kader était enveloppé d'un cercle de fer qui allait de jour en jour se rétrécissant sur lui. Des tribus qui n'avaient point encore vu les baïonnettes françaises et avaient été pour Abd-el-Kader les plus fermes auxiliaires, commencèrent à douter de lui et à considérer avec terreur cette force envahissante des Européens qui s'avançait sur eux, gagnant toujours du terrain et multipliant les victoires. De ce nombre fut la tribu des Medgéer, dont une partie se rallia à la cause française. La nouvelle campagne qui s'ouvrit en automne permettait d'espérer que la tribu entière suivrait bientôt cette impulsion. Partie de Mostaganem le 13 septembre, la division d'Oran, sous les ordres du gouverneur général, resta cinquante-trois jours en action, campagne la plus longue qui eût encore été entreprise. Dans cette laborieuse course, elle livra plusieurs combats heureux et remporta deux avantages brillants sur la cavalerie d'Abd-el-Kader. Se portant à dix-huit lieues au sud de Mascara, elle prit et détruisit le fort de Saïda, élevé par l'émir pour contenir les tribus de l'Yagoubia qui supportaient impatiemment sa domination. Six d'entre elles, des plus nombreuses, firent alliance avec les Français, et les guidèrent contre la grande tribu des Hachems, qui a été la source et la base de la puissance d'Abd-el-Kader. Les Hachems furent obligés de se retirer dans le désert avec leurs familles et leurs troupeaux. Pour les contenir, et en même temps pour protéger nos nouveaux alliés, six mille hommes furent établis à Mascara sous les ordres du général Lamoricière. Dès lors la domination française se trouvait solidement établie dans l'ouest.

On recueillit bientôt les fruits de cette heureuse expédition. Les autres tribus de la province d'Oran, à l'exception des Hachems et des Garabas, se détachèrent successivement d'Abd-el-Kader. Toutes ces tribus, réunies solennellement le 28 décembre, dans une vaste plaine, en face de Tlemcen, reconnurent pour leur sultan Mohamed-Ben-Abdallah, lequel fit alliance, le même jour, avec la France, représentée par le vénérable général Mustapha, qui nous avait donné de nombreuses preuves de sa fidélité.

L'émir, avec les débris de ses forces, s'était renfermé dans Tlemcen; le général Bugeaud résolut d'aller l'y chercher. Parti d'Oran le 26 janvier 1842, il pénétrait dans Tlemcem le 29 ; l'émir était parti la veille, entraînant avec lui une partie de la population. On se mit activement à sa poursuite, et il fut rejoint le 3 février par la cavalerie des Douairs sur la rive gauche de la Tafna. Il n'avait plus avec lui que 258 cavaliers, ses autres troupes l'ayant abandonné dans sa fuite ; malgré une défense désespérée, il fut poussé jusqu'aux frontières du Maroc, où il parvint à se dérober à notre poursuite.

Pendant toutes les journées suivantes les colonnes françaises parcoururent les environs de Tlemcen, domptant les tribus rebelles, et portant en tous lieux de salutaires terreurs. Le général Mustapha parcourut pendant quatre jours les frontières du Maroc, espérant y surprendre l'émir ; le général Bugeaud se portait à deux journées de marche au sud de Tlemcen sur la lisière du désert d'Angad, ruinait de fond en comble le fort de Tafrona, qu'Abd-el-Kader avait construit à grands frais, et où il avait installé des magasins et des ateliers militaires, et soumettait à nos armes les Beni-Amed et les Angad, si longtemps rebelles à notre domination. Enfin le général Lamoricière poursuivait à outrance la tribu des Hachems, berceau et dernier boulevard de la puissance d'Abd-el-Kader. En repassant à Mascara, le gouverneur général désigna pour commander à Tlemcen le général Bedeau, auquel il donnait 5,000 hommes.

Cette campagne était décisive. La puissance d'Ab-el-Kader était anéantie, son royaume détruit, ses troupes dispersées, son prestige évanoui, et la domination de la France consacrée aux yeux des Arabes par ce qu'ils respectent le plus, la force et la victoire. Pour eux la mission du prophète s'arrête lorsqu'il succombe aux revers, la guerre sainte perd son caractère lorsqu'elle est faite sans gloire, et ils n'hésitent pas à délaisser l'ambitieux ou le fanatique sur qui s'appesantit la main de Dieu. Chez aucune nation ne réussit mieux la logique du succès. Aussi de toute son armée ne restait-il à l'émir vaincu qu'une poignée de cavaliers, serviteurs plutôt que soldats, et fidèles bien plus au malheur qu'à leurs convictions.

Pour lui, errant sur le territoire du Maroc, n'ayant plus un pouce de terrain dans le royaume qu'il avait formé, traqué par les chrétiens qu'il prétendait exterminer, il ne démentait même, dans cette extrémité, rien de son orgueil, rien de ses espérances. Les populations au milieu desquelles il campait avaient les mêmes croyances que celles qu'il venait de quitter, les mêmes préjugés, les mêmes haines. N'ayant d'ailleurs pas vu de près la puissance des chrétiens,. elles se croyaient en mesure de les affronter ; et quoique la présence même d'Abd-el-Kader dût leur servir de leçon, elles ne considéraient ses défaites que comme des épreuves que Dieu envoie à ses élus, et s'encourageaient en rappelant les premiers revers de Mahomet. Abd-el-Kader sut habilement mettre à profit ces favorables dispositions. Des émissaires dévoués parcoururent les tribus, les lieux de prières, tous les endroits de réunion, faisant des quêtes religieuses pour la défense de l'islamisme et recueillant partout des offrandes et des sympathie. A l'aide de ces tributs volontaires, l'émir put rappeler autour de lui quelques-uns de ses réguliers dispersés dans la province de l'ouest. En même temps, il faisait prêcher le *Djéhad*, ou la guerre sainte, dans les pays de Garet, de Gioun, d'Atkersif, et du Malouïa, qui s'étendent à l'ouest des montagnes de Tlemcen, d'Ouschda et de Nedroma. Bientôt il eut autour de lui une petite armée formée de quatre mille Marocains et Kabyles, d'un millier de cavaliers arabes et d'un bataillon de réguliers. Le général Bugeaud, instruit de ces intrigues, avait dépêché d'Oran à Tanger un bâtiment à vapeur, avec des instructions pour notre consul, au sujet de la retraite armée d'Abd-el-Kader sur un territoire neutre. Mais il était évident que le gouvernement marocain favorisait sous main les manœuvres de l'émir. Les réclamations de notre consul furent éludées ou méconnues.

Pendant que l'on négociait, Abd-el-Kader agissait. Le 20 mars, le général Bedeau fut informé que l'émir venait tout à coup de reparaître à la tête de six mille hommes, pillant et incendiant les douairs de nos tribus alliées du cercle de Tlemcen. Une prompte et vigoureuse sortie faite le lendemain suffit pour repousser les agresseurs. Mais cette attaque imprévue démontra qu'Abd-el-Kader n'était pas abattu : elle avait surtout de la gravité par l'intervention ouverte des populations marocaines. La guerre entrait dans une phase nouvelle. Chacun crut que le gouvernement français allait faire une démonstration énergique. En effet, quatre vaisseaux récemment arrivés du Levant à Toulon, le *Friedland*, le *Jemmapes*, la *Ville de Marseille*, le *Généreux*, reçurent ordre de faire leurs vivres et leurs remplacements en rade du lazaret et de se tenir prêts à partir. En même temps, le bateau à vapeur le *Véloce* partait pour Tanger, transportant un officier d'état-major chargé de demander à l'empereur une prompte et éclatante satisfaction. Les négociations furent traînées en longueur par la mauvaise volonté des autorités marocaines ; nous y reviendrons plus tard.

De graves événements occupaient l'attention des ministres de la Grande-Bretagne. En se retirant du pouvoir, les whigs avaient légué à leurs successeurs d'immenses difficultés à l'extérieur. Les démêlés avec la France venaient d'être apaisés, ainsi que nous l'avons vu, par la convention du 10 juillet. Mais avec les État-Unis, les querelles se compliquaient et prenaient un degré d'animosité qui semblait n'avoir d'autre solution qu'une guerre imminente. La question des frontières faisait naître chaque jour entre les riverains des collisions sanglantes qui devenaient pour les deux gouvernements une occasion d'accusations réciproques. Un incident nouveau porta des deux côtés l'irritation à l'extrême, et réveilla toutes les haines nationales, toutes les passions jalouses d'une vieille rivalité.

Lorsqu'en 1837, la Canada combattait pour son indépendance, beaucoup d'Américains des frontières se joignirent à eux et leur fournirent des secours de vivres et de munitions. Il faut ajouter que ceux qui tombaient entre les mains des Anglais étaient pendus ou fusillés comme rebelles, sans que le gouvernement américain élevât aucune réclamation, considérant qu'ils s'étaient volontairement mêlés à une querelle qui leur était étrangère. Vers le commencement de décembre, les insurgés canadiens s'étaient emparés de l'île de la Marine (Navy-Island) située dans la rivière Niagara, au-dessus de la fameuse chute, vis-à-vis le village de Chippewa du côté anglais et celui de Schlosser du côté américain. Les Anglais faisaient à Chippewa de grands préparatifs pour s'emparer de cette retraite ; on s'attendait chaque jour à une attaque ; c'en était assez pour que la curiosité fût vivement excitée sur le rivage américain, et que de nombreux visiteurs se rendissent chaque jour en bateau à l'île de la Marine. M. Wills, propriétaire d'un petit bateau à vapeur, la *Caroline*, voulut mettre à profit la curiosité publique ; il fit dégager son bateau d'entre les glaces qui le retenaient captif, et transporta, moyennant un léger péage, les curieux qui se rendaient à l'île de la Marine. Il est probable que quelques amis des Canadiens profitèrent de l'occasion soit pour aller eux-mêmes dans l'île, soit pour y envoyer des vivres et des munitions. C'était le 20 décembre. A la nuit, la *Caroline* rentra à Schlosser ; les chaudières furent éteintes et le bateau attaché au quai. Schlosser ne renfermant qu'une seule auberge, et les hôtels du village de Niagara étant à trois milles de distance, force fut à grand nombre de personnes de chercher des lits à bord du bateau.

Cependant le colonel Mac-Nab, commandant des forces anglaises à Chippewa, avait suivi avec inquiétude pendant le jour les mouvements de la *Caroline*. Sans prendre aucun renseignement pour s'éclairer, il ordonna au lieutenant Drew d'armer quatre larges bateaux et de s'emparer, au mépris du droit des gens, dans les eaux américaines, sur le rivage américain, du bâtiment suspect. L'ordre du commandant fut dignement exécuté.

Tout dormait à bord de la *Caroline*. Les Anglais l'environnent en silence, se glissent le long de ses flancs, s'élancent sur le pont, pénètrent dans les cabines, massacrent la plupart des hommes endormis, et ne laissent la vie aux autres que pour leur préparer une mort plus cruelle. Amassant des matières combustibles, ils mettent le feu sur plusieurs points du bâtiment, coupent les câbles qui l'amarrent au rivage et le lancent sur le courant qui conduit aux chutes du Niagara. La masse enflammée glisse sur les flots, projetant au loin ses sinistres lueurs, au milieu desquelles se débattent avec des cris effrayants les malheureux qui survivent encore ; puis, se penchant sur l'abîme, elle disparaît au milieu des eaux mugissantes de la cataracte.

On n'a jamais su au juste le nombre des victimes de cet infâme guet-apens ; quelques personnes seulement, à la première attaque des Anglais, s'étaient jetées par-dessus le bord et avaient gagné le rivage.

Les autorités du Niagara firent aussitôt une enquête ; quelques-uns des hommes échappés au carnage déclarèrent avoir reconnu parmi les plus acharnés assassins un Anglais nommé Mac-Leod. Il résultait d'autres témoignages que, de retour à Chippewa, le même Mac-Leod se glorifiait de ses prouesses, et montrait fièrement le chien de son pistolet souillé du sang et des débris de cervelle de « *l'un de ces damnés de Yankees,* » suivant son expression.

Cependant, cette affaire n'avait eu d'autre suite qu'une demande en indemnité vainement adressée par l'État de New-York, à M. Fox, représentant anglais près les États-Unis, lorsqu'au mois de novembre 1840, Mac-Leod fut reconnu dans les rues de New-York. Signalé aussitôt par l'indignation publique, il fut arrêté, et mis en jugement comme un des complices du massacre et de l'incendie de la *Caroline.*

A la nouvelle de cette arrestation, l'orgueil britannique se souleva. M. Fox fit d'énergiques remontrances et somma le gouvernement central de mettre en liberté Mac-Leod. Le président répondit que l'administration de la justice dans chaque l'État de l'Union, était essentiellement indépendante, que l'État de New-York avait le droit de juger, lorsqu'il s'agissait d'un fait qui s'était accompli sur son territoire, que les réclamations du gouvernement anglais n'étaient donc pas fondées. De part et d'autre les explications prirent un caractère d'animosité qui n'admettait aucune concession, et les deux peuples se mêlant activement à la controverse, le procès de Mac-Leod prenait toute l'importance d'une querelle nationale. Les Américains indignés ne voulaient pas relâcher l'assassin de leurs compatriotes ; les Anglais non-seulement se faisaient un point d'honneur de défendre un de leurs nationaux, mais aussi, considérant la capture de *la Caroline* comme un fait de guerre, ils sommaient leur gouvernement de protéger l'auteur d'un acte qu'il avait lui-même autorisé. A la chambre des lords, à la chambre des communes, des interpellations multipliées contraignirent les ministres à prendre l'engagement de sauver Mac-Leod. Tous les partis étaient d'accord. O'Connell lui-même s'écriait : « M. Mac-Leod ayant agi d'après les ordres du gouvernement de S. M. a droit à des marques de sympathies de la part de la chambre, et la chambre doit déclarer qu'elle est prête à seconder le gouvernement dans ses efforts pour le sauver. » Des applaudissements unanimes répondirent aux paroles de l'orateur.

De leur côté, les Américains étaient décidés à se faire justice. La question avait pris de telles proportions, qu'elle dut être soumise au congrès. Dans la séance du 13 février, M. Pickens, président du comité des affaires étrangères, fit un long rapport qui justifiait entièrement les droits de l'État de New-York et condamnait en termes énergiques la politique de la Grande-Bretagne. L'impression de ce rapport fut, après une discussion des plus vives, votée par 103 voix contre 68.

L'émotion fut grande en Angleterre. Le *Courrier*, organe de lord Palmerston, signala le rapport comme une véritable déclaration de guerre. On ne le considérait pas autrement en Amérique, et sur la motion de M. Fillimore, le congrès, à l'unanimité, décidait que le comité de la guerre mettrait le pays en état de défense. Au même moment, le jury d'accusation renvoyait Mac-Leod devant les assises pour cause de meurtre. Cette sentence avait été prononcée par 19 jurés sur 20. Enfin, les deux chambres de l'État du Maine, particulièrement intéressé à la question des frontières, votaient un million de dollars (5,000,000) pour suffire à tous les besoins de la guerre, et le gouverneur était chargé de prendre immédiatement des mesures pour chasser les Anglais de la position qu'ils occupaient. Aucune de ces difficultés n'était résolue lorsque les tories prirent possession du pouvoir. La plus menaçante, cependant, celle qui n'admettait pas de conciliation, l'affaire Mac-Leod, se terminait pour eux d'une manière satisfaisante. Mis en jugement, le 12 octobre, Mac-Leod avait invoqué un alibi. Soit que les témoignages fussent incertains, soit que les jurés voulussent éviter à leur pays une guerre certaine, il fut acquitté. Ainsi les Américains avaient maintenu leur droit, et les Anglais étaient heureux de n'avoir pas à prendre les armes pour venger une tête obscure.

Mais d'autres soucis attendaient le cabinet de Saint-James. D'épouvantables désastres dans les Indes venaient porter le deuil au sein de ces fières familles aristocratiques qui envoient leurs enfants recueillir les trésors de l'Asie.

Le gouvernement de Calcutta, toujours occupé à ouvrir de nouveaux débouchés à ses riches marchands, avait fait invasion dans les vastes contrées de l'Asie centrale. Selon leur constante politique, emmenant avec eux un prince indigène qui devait leur servir d'instrument, les Anglais avaient pénétré dans l'Afghanistan, ôté la couronne à Dost-Mohammed et placé sur le trône de Caboul leur créature Shah-Shoudja. Mais les populations de ces contrées ne ressemblent pas aux peuplades de la presqu'île de l'Inde, si dociles à la servitude. Hardies et belliqueuses, elles étaient peu disposées à recevoir la loi de l'étranger. Malgré la présence d'une armée européenne de 15,000 hommes, les Afghans se réunirent en armes, et sous la conduite de Ukhbar-Khan, fils de Dost-Mohammed, ils vinrent camper fièrement aux environs de Caboul, où bientôt l'armée anglaise se trouva bloquée et en proie à toutes les horreurs de la faim. Depuis le 1er novembre jusqu'au milieu de décembre des combats sanglants sont livrés dans les plaines qui environnent la ville, les Afghans affrontent avec une rage fanatique tous les obstacles que leur oppose la discipline européenne. Leurs pertes sont cruelles ; mais tous les jours ils reviennent plus nombreux, tandis que leurs adversaires, épuisés par de continuelles mêlées, par les rigueurs d'un hiver glacial et plus encore par le défaut de vivres, succombent aux fatigues d'une lutte inégale.

Les forces anglaises qui se trouvaient à Caboul ne dépassaient pas 6,000 hommes ; les autres troupes étaient dispersées par petites divisions à Candahar, à Chuznee, Jellalabad, à Khélat. Cette dernière place est située à 80 lieues de Caboul. Candahar à 200 lieues.

La petite troupe de Caboul était placée moitié dans la citadelle de la ville, moitié dans un camp fortifié à six milles de distance. Le 21 novembre, les Afghans qui, la veille, avaient vainement tenté d'inonder le camp, en détournant un torrent dont ils avaient dirigé les eaux vers les retranchements, se portent au nombre de dix mille sur les hauteurs qui avoisinent la citadelle ; les assiégés font une sortie ; une horrible mêlée s'engage et le combat se prolonge pendant plusieurs jours avec des sacrifices considérables de part et d'autre. Mais les Afghans reçoivent des renforts et des vivres, tandis que les Anglais, étroitement bloqués, ne peuvent ni réparer leurs pertes ni suffire à leurs besoins. Bientôt ils sont réduits à parlementer. Ukhbar-Khan consent à une entrevue avec le commissaire anglais, sir William Mac-Nahgten, pour poser les bases d'une capitulation. Celui-ci s'y rend, le 25 décembre, avec le capitaine Trévor et trois autres officiers. Ukhbar-Khan les reçoit avec des paroles hautaines, auxquelles Mac-Nahgten répond avec dignité, lorsqu'un Afghan, l'ajustant à bout portant, le fait tomber aux pieds du chef. Le capitaine Trévor tirant son épée est aussitôt massacré ; les autres officiers sont saisis et garottés.

Cette indigne trahison laissait peu d'espoir aux Anglais. Cependant la situation n'était plus tenable. Le 5 janvier, par une nouvelle convention conclue entre Ukhbar-Khan et le major Pottinger, Caboul fut évacuée, l'armée se mettant en marche avec un sauf-conduit, emportant ses fusils, ses sabres et les munitions de chaque homme. Ukhbar-Khan l'accompagna jusqu'au bout de sa première marche. Mais dès le lendemain, le sauf-conduit devint une lettre morte. Les Afghans s'acharnèrent aux flancs de la petite brigade ; les populations accouraient de toutes parts, poussant des cris de mort et accablant les malheureux fuyards de pierres et de projectiles. Les femmes mêmes sortaient de leurs maisons pour maudire l'étranger. Les soldats, exténués par la famine, presque sans vêtements, se traînaient à peine à travers les neiges et les torrents : le long défilé qui conduit de Caboul à Jellalabad était jonché de cadavres qui tombaient sous le feu continuel des ennemis placés sur les hauteurs. Chaque nuit on bivouaquait dans les neiges.

Bientôt le désordre fut à son comble. Les femmes qui suivaient la troupe jetaient leurs enfants de désespoir. Des centaines de cipayes auxiliaires se tenaient agglomérés dans la neige et poussaient des cris affreux. Les efforts des officiers pour maintenir la discipline furent inutiles. Quelques soldats frappèrent leurs chefs ; mais tous successivement tombaient sous les balles ennemies ; beaucoup moururent de froid. Bientôt il n'y eut plus qu'une agglomération désordonnée de fuyards dont le nombre diminuait à tout instant. Le 12 au matin, il ne restait plus que 300 hommes ; le soir, un seul était survivant. Le 13 au matin, il entrait à Jellalabad pour raconter les détails de cet immense désastre. Il se nommait le docteur **Brydone**.

L'orgueil britannique trouvait à peine une compensation dans l'expédition de Chine. Les succès avaient été faciles dans toutes les rencontres. La prise de Chusan, la destruction des forts du Bogue et la capitulation de Canton avaient bien en Europe un certain retentissement ; ce pays toujours fermé, même à la curiosité, semblait désormais ouvert aux entreprises. Cependant la victoire demeurait stérile ; un climat meurtrier vengeait les Chinois de leur infériorité dans les combats, et de vaines négociations avec les mandarins du littoral étaient aussitôt désavouées par le céleste empereur. En somme, l'expédition offrait plus d'éclat que de profit. L'administration des whigs avait aussi légué de grands embarras à l'intérieur ; la situation financière était menaçante ; depuis trois ans des déficits accumulés montraient l'insuffisance des ressources, et cependant la misère publique ne permettait pas d'ajouter aux charges d'un budget écrasant. Les périls de la situation étaient encore augmentés par la guerre de la Chine et les désastres de l'Afghanistan. Sir Robert Peel, loin de s'en effrayer, les aborda de front, et, proportionnant le remède au mal, donna par ses hardies réformes une grande leçon aux réformateurs immobiles de la France.

Les impôts de consommation formaient en Angleterre la principale branche des revenus publics. Une logique vulgaire aurait conseillé de les augmenter. Sir Robert Peel fit le contraire. Tous les droits furent abaissés ; il créait volontairement un nouveau déficit de vingt millions. Mais ce déficit n'était que temporaire ; le nombre des consommateurs devait augmenter avec la diminution des tarifs et faire une heureuse compensation en multipliant les canaux qui fertilisaient le trésor en même temps que se trouvait amélioré le bien-être des masses.

L'impôt de consommation, d'ailleurs, pesait principalement sur les classes populaires. Le ministre demanda des ressources nouvelles aux classes riches, à la classe moyenne, aux rentiers et aux fonctionnaires. L'impôt sur le revenu, *income-tax*, créé en 1798 pour les besoins de la guerre, aboli en 1814, fut rétabli en 1841, mais à un taux réduit, 3 p. 100. Et afin qu'il fût bien constant qu'on ne voulait pas atteindre les petites bourses, on n'appliquait cet impôt qu'aux revenus supérieurs à 3,750 fr. (150 liv. st.). Sir Robert Peel calculait que ce genre d'impôt procurerait au trésor une somme annuelle de 95 millions. C'était exactement le montant du déficit annuel de 75 millions ajoutés au déficit de 20 millions produit par la réduction des tarifs.

Ces différentes mesures ne pouvaient manquer d'être populaires, puisqu'elles avaient pour effet le soulagement des pauvres en même temps que le rétablissement des finances. Et les suites prouvèrent combien les hardiesses de sir Robert Peel étaient sagement calculées.

Pendant qu'en Angleterre les tories justifiaient au moins leur ambition par de salutaires réformes, l'Espagne voyait avorter les espérances de sa révolution entre les débiles mains d'Espartero. Le principal souci du général triomphant était de changer en une régence définitive l'autorité provisoire que lui avait value l'insurrection de septembre. La question de la régence était en effet la première qui dût occuper les cortès ; et bien avant l'ouverture de la session, les esprits divisés se préoccupaient des solutions diverses proposées par l'ambition ou l'intrigue. Les partisans d'Espartero demandaient un seul régent, espérant bien que le choix tomberait sur lui. Les patriotes, qui se méfiaient de lui, et les royalistes qui désiraient amoindrir son influence, voulaient que la régence fût composée de trois membres ; et les deux partis, distingués par les noms d'*unitaires* et de *trinitaires*, s'agitaient avec toute la fougue des habitudes méridionales. Le duc de la Victoire lui-même ne semblait pas prendre part à la lutte : indifférent en apparence et simulant le désintéressement, il faisait dire autour de lui qu'il voulait se retirer des affaires, ayant l'air de s'éloigner pour être plus recherché. Mais ses secrètes pensées étaient trahies par les impatiences de Linage, qui semblait dicter d'avance aux cortès la décision qu'elles auraient à prendre. Quelques jours avant l'ouverture de la session, au commencement de mars 1841, il écrivait à l'*Echo del Commercio* que l'unique désir du duc de la Victoire était de se reposer au sein du foyer domestique ; mais que, toujours disposé à tirer l'épée quand la patrie l'appellerait à défendre sa liberté et son indépendance, il serait, nonobstant ce désir, prêt à exécuter ou faire exécuter la résolution des cortès sur le nombre des personnes qui composeraient la régence. « Cependant, ajoutait-il, le général ne jouerait pas le rôle qu'elles lui assigneraient, si ce rôle était contraire à son opinion et à ce qui lui paraîtrait nécessaire pour sauver le pays dans les circonstances actuelles. »

C'était dire assez clairement qu'Espartero prétendait être seul régent. Si son ambition était patiente et silencieuse, il avait dans son aide de camp un porte-voix assez bruyant pour contraindre les timides et entraîner les irrésolus.

L'ouverture des cortès eut lieu le 19 mars. Le 8 mai, les deux chambres réunies, les sénateurs au nombre de 94, les députés au nombre de 196, votèrent sur la question de la régence, en tout 290 votants. 153 membres votèrent la régence unique, 136 la triple régence, une voix seulement la régence quintuple. Pour la désignation du régent, Espartero obtint 179 voix, Arguelle 103, la reine Christine 5. Espartero fut, en conséquence, proclamé régent du royaume.

Il restait encore à décider une question qui remuait non moins vivement les passions politiques. La tutelle de la jeune reine était-elle vacante par l'absence de Marie-Christine?

les royalistes soutenaient la négative : « Le testament de Ferdinand, disaient-ils, subsiste dans toute sa plénitude ; aucun pouvoir ne saurait annuler les droits qui s'y trouvent établis. » Les chambres lui répondirent en déclarant, le 25 juin, la tutelle vacante.

Arguelles, qu'une minorité imposante avait désigné pour la régence, devenait naturellement le premier candidat à la tutelle. Mais par cela même Espartero le redoutait. Il essaya secrètement de lui opposer l'infant don Francisco de Paule, soutenu d'ailleurs de l'assentiment de l'Angleterre. Mais cette intrigue ne réussit pas. Arguelles fut nommé, le 10 juillet, à une forte majorité.

La reine Christine répondit à la décison des cortès par une protestation, triste et dernière ressource de l'impuissance. On sait assez que les princes détrônés n'acceptent jamais leur déchéance. La dignité du silence conviendrait mieux.

Espartero ne se montra pas plus habile que sa victime. Il publia une réponse en langage de procureur, invoquant des textes pour prouver son bon droit, et affaiblissant ainsi sa cause et son autorité. Toute révolution qui ne se justifie pas par elle-même trouve peu de ressources dans les arguments de légiste.

Au surplus, Espartero allait bientôt démontrer à tous combien il était au-dessous de la grande mission qu'il avait acceptée. Obéissant moins à des principes politiques qu'à des préoccupations personnelles, cherchant à fortifier son autorité aux dépens des intérêts nationaux, il favorisait ouvertement les ambitions commerciales de l'Angleterre, qui depuis si longtemps tendait à envahir tous les marchés de la Péninsule. D'abord il se montra disposé à faire cession au gouvernement britannique des îles de Fernando-Pô et d'Annobon, au prix de 60,000 liv. st. (1,500,000 fr.). L'Angleterre devait se payer elle-même d'une somme égale pour les services rendus par les Anglais auxiliaires dans les dernières guerres. C'était en réalité livrer les îles pour rien. Un cri unanime de réprobation s'éleva dans le pays; le régent dut y céder, montrant seulement ainsi la volonté du mal et l'impuissance de l'accomplir.

C'était surtout dans les provinces catalanes que les populations se prononçaient contre les périls de l'alliance anglaise. Barcelone, ville manufacturière, menacée dans sa fortune et son existence, avait tout à craindre de la concurrence étrangère; mal protégée par le gouvernement contre la contrebande effrénée des émissaires britanniques, elle se faisait justice elle-même. Des marchandises anglaises furent saisies et brûlées par la population exaspérée. Les connivences d'Espartero ne servaient qu'à révéler aux Anglais toute la haine qu'on leur portait.

En même temps, les provinces basques réclamaient hautement le maintien des *fueros*. Dans la Navarre, le Guipuscoa et tout le nord, les populations s'agitaient menaçantes; quelques bandes carlistes reparaissaient dans les montagnes.

Au milieu de ces éléments de trouble, les christinos reprenaient espérance. Les généraux qu'avaient mécontentés les événements de Valence, ceux auxquels pesait la domination d'un collègue devenu leur maître, organisaient en silence une vaste conspiration militaire. Le licenciement d'une partie de la garde royale, la destitution de quatre-vingt-huit officiers fournissaient aux conjurés de nombreux auxiliaires. Marie-Christine à Paris correspondait activement avec des partisans qui lui présageaient un succès décisif, et le cabinet des Tuileries recevait des confidences.

Les cortès venaient de se séparer au milieu des vagues inquiétudes qu'entretiennent toujours les incertitudes d'un gouvernement irrésolu, lorsque vers la fin de septembre, on apprit que le général O'Donnell, donnant le premier signal de la révolte, s'était emparé de la citadelle de Pampelune. En un instant, toutes les provinces du nord prirent les armes, les divers éléments de troubles agissant tous à la fois. Les premiers soldats envoyés contre O'Donnell prirent parti pour lui; la garnison d'Estella et son commandant, Ostigora avec ses troupes, s'associèrent à l'insurrection. D'autres s'avançaient dans toutes les directions pour la combattre; c'était un effroyable désordre où l'on pouvait à peine distinguer les drapeaux. Tout était partiel, et la révolte et la fidélité. Dans la ville même de Pampelune, Ribero tenait encore pour le gouvernement avec trois cents hommes et la garde nationale. La lutte s'engagea sous les murs de la citadelle, qui ouvrit son feu le 5 octobre. Pour soutenir les dévouements ébranlés, on annonçait l'arrivée prochaine d'Espartero avec quatorze bataillons. Mais d'autres événements le retenaient dans la capitale.

La tentative d'O'Donnell n'était pas un coup de main isolé; les principaux complices manœuvraient à Madrid; à leur tête étaient les généraux Diégo Léon et Concha. Ce qui restait de la garde royale n'acceptait qu'avec répugnance le gouvernement nouveau, et cependant, suivant l'habitude d'Espartero de ne faire les choses qu'à demi, la garde royale continuait de faire le service du palais, conjointement avec les hallebardiers et quelques troupes de la garnison. Les généraux conspirateurs voulurent profiter de cette imprudence ; leur projet n'allait à rien moins qu'à enlever la reine et l'infante.

Dans la nuit du 7 octobre, Diégo Léon et Concha se présentent au détachement de la garde faisant le service, lui rappellent les serments de fidélité prêtés à Marie-Christine, et l'engagent à faire justice du général usurpateur. Des cris d'enthousiasme leur répondent ; des soldats proclament la régence de la reine Christine ; ils sont rejoints par un bataillon du régiment de la princesse, et tous ensemble pénètrent dans le palais et se précipitent vers l'appartement de la reine. Mais aux portes et dans les vestibules les hallebardiers se présentent, bientôt renforcés par quelques bataillons de la garnison. Une lutte désespérée s'engage à quelques pas des chambres des princesses ; les coups de feu retentissent dans les corridors, dans les escaliers, les dalles sont couvertes de morts et de blessés. La reine et sa sœur éplorées entendent, pendant plus d'une heure, les bruits d'une effroyable mêlée. Enfin les conjurés sont repoussés, le palais est évacué ; Diégo, Léon et Concha s'empressent de fuir de Madrid, suivis de quelques cavaliers, et la capitale, à son réveil, apprend avec étonnement qu'elle vient d'échapper à une révolution.

Ce premier succès raffermit les fidélités ébranlées, et le régent, agissant avec vigueur, enveloppa de ses troupes toutes les provinces insurgées. Van-Halen s'avançait sur Saragosse ; Alcala désarmait la milice de Tolosa ; Seoane se rendait à Valence, et Espartero, lui-même, marchait vers le nord. Bientôt O'Donnell, vivement pressé, évacuait la citadelle de Pampelune, et venait, avec Ubisondo, chercher un refuge en France. Toutes les troupes révoltées de l'Alava et du Guipuscoa rentraient dans le devoir, et les populations étaient entraînées par l'exemple ; Diégo Léon, arrêté dans sa fuite, était militairement exécuté ; l'insurrection avortée semblait donner de nouvelles forces à Espartero. Il profita des premiers moments de triomphe pour porter un coup décisif au fédéralisme provincial. Par un bando, daté de Vittoria, le 23 octobre, il déclara aux provinces basques qu'elles seraient, à l'avenir, assimilées au reste de la Péninsule. C'était annoncer la suppression des *fueros* et le triomphe de la centralisation. Espartero accomplissait l'entreprise qui avait fait tomber Marie-Christine, et lui-même n'avait gagné le pouvoir qu'en soutenant le principe contraire.

Quoi qu'il en soit, le triomphe d'Espartero était aussi un échec pour la politique française en Espagne. Le cabinet des Tuileries s'était associé, au moins, par ses sympathies, à la dernière tentative de Marie-Christine et de ses généraux. Personne ne l'ignorait dans la Péninsule ; beaucoup de gens, à Madrid, lui attribuaient même une complicité plus directe, et ceux-là félicitaient l'Espagne d'avoir remporté une double victoire.

CHAPITRE IX.

Réforme électorale. — Le roi s'y oppose avec opiniâtreté. — Ses héories sur le gouvernement représentatif. — Conseil de cabinet sur la question de la réforme. — Le duc d'Orléans y assiste. — Propositions Ganneron et Ducos. — Les conservateurs-bornes. — Loi sur les chemins de fer. — Crédits supplémentaires. — Vote du budget. — Accroissement du déficit. — Clôture de la session. — Poursuites contre la presse. — Procès Bourdeau. — Condamnations multipliées des journaux. — Mort de M. Humann. — M. Lacave-Laplagne le remplace. — Occupation des îles Marquises et des îles de la Société par l'amiral Dupetit-Thouars.

A peine le ministère était-il sorti des épreuves de l'adresse, que la lutte des partis recommença sur une question qui doit se représenter sans cesse, comme un avertissement donné au pouvoir, sans que jamais le pouvoir veuille comprendre qu'elle renferme un révolution. La réforme électorale gagnait chaque année des partisans dans le pays, quoique, chaque année, les privilégiés du parlement se retranchassent avec opiniâtreté dans le cercle étroit du monopole.

Le plus grand obstacle à la réforme était le roi lui-même. Ennemi de toute innovation, non-seulement parce qu'elle lui semblait un affaiblissement de son autorité, mais aussi parce qu'elle lui apportait l'inconnu, il repoussait obstinément toute discussion à ce sujet. Il se persuadait d'ailleurs que les réclamations n'avaient rien de sérieux, que l'agitation n'était que factice, entretenue seulement par quelques hommes de parti, sans que les masses eussent aucun souci des droits qu'on invoquait pour elles. En général la politique représentative n'était pour lui qu'une grande comédie; et le système constitutionnel qu'une mystification. « C'est la « maladie de l'époque, disait-il; elle passera, mais il faut « savoir la traiter. Les rois du continent s'en préservent avec « terreur; moi, j'emploie la méthode homéopathique, et cela « me réussit. » Avec aussi peu de respect pour des formes politiques dont il avait la garde, il devait nécessairement accueillir avec dédain ou légèreté tout ce qui tendait à les développer. Trop oublieux, d'ailleurs, de l'origine de sa royauté, il ne voulait se rappeler que l'origine de sa famille, et chaque fois qu'il s'agissait des prérogatives de la couronne, il terminait la discussion en disant : « Ne suis-je pas le petit-fils de Louis XIV. » La révolution de 1789 n'était à ses yeux qu'un fait passager dont il fallait amoindrir les conséquences, celle de 1830, une transaction de famille qui n'ôtait rien au principe dynastique. Or, ce principe n'admettait pas de concessions : celles qui avaient été faites, il les considérait comme provisoires; sa logique, par conséquent, n'en pouvait accueillir d'autres.

Mais ses ministres, qui voyaient de plus près les agitations réformistes, commençaient à s'en préoccuper; et sans même en comprendre toute l'importance, ils ne pouvaient s'empêcher d'en tenir compte, ne fût-ce que pour les comprimer. D'un autre côté, il se faisait à petit bruit des modifications dans la phalange ministérielle. Quelques conservateurs, blessés d'être toujours condamnés à un rôle passif, persuadés d'ailleurs que le temps était venu d'accorder quelques satisfactions à l'esprit de progrès, se décidaient à donner leur appui à la réforme dans ce qu'elle avait de moins exigeant. Ils prévoyaient, non sans raison, qu'une compression opiniâtre produirait, plus tard, une explosion qui briserait toutes les barrières et faisaient entendre aux ministres de salutaires avertissements ; ils s'appelaient conservateurs progressistes. Parmi eux, se distinguait M. de Lamartine, qui, du reste, n'avait jamais engagé ses votes sans réserve. D'autres conservateurs, moins préoccupés des questions politiques, poussaient le ministère aux réformes industrielles, demandaient qu'on fît quelque attention aux intérêts matériels, et se mêlaient de loin aux luttes de l'école socialiste qui déjà commençait à prendre de l'importance. Organe principal de cette fraction de la droite, le journal la *Presse* prétendait inaugurer une politique nouvelle, celle des intérêts, opposée aux abstractions fondées sur le droit. Ce n'était, en réalité, qu'une querelle de mots ; car les intérêts qui n'auraient pas pour eux le droit, mériteraient peu de respect. Mais cette distinction subtile séduisait quelques esprits, qui soutenaient qu'il était bien plus naturel d'assurer le pain aux ouvriers que de leur accorder un suffrage. C'était se donner facilement les avantages de la discussion, en opposant l'un à l'autre deux droits également sacrés ; mais les radicaux n'acceptaient pas l'alternative : pour eux, le droit au salaire n'avait pas une autre origine que le droit au suffrage ; la vie intellectuelle avait ses besoins comme la vie matérielle ; ils ne séparaient pas le citoyen de l'homme, ni les exigences de l'esprit des appétits du corps. Seulement les réformateurs matérialistes avaient cet avantage d'offrir moins de prise au doute et à la contradiction. Aussi prenaient-ils une certaine importance, et le plus actif d'entre eux, M. de Girardin, appelait obstinément le ministère dans une voie qui devait, selon lui, épargner au pouvoir les ennuis et les dangers des discussions politiques. Ainsi, pressé dans son intérieur, harcelé dans son propre camp, le cabinet se décida, sinon à faire quelque chose, au moins à sortir de son indifférence. Dans le courant de janvier 1842, un conseil fut tenu aux Tuileries pour examiner l'opportunité d'une réforme dans la loi électorale. La délibération n'allait pas au-delà de l'admission des capacités. Le duc d'Orléans y assistait. Ce prince, dont le caractère est resté encore un problème pour ceux qui l'ont approché, avait au moins cet avantage sur son père, qu'il comprenait tout ce qu'il y avait eu de puissant et d'impératif dans la Révolution française. Loin d'en faire comme le roi un objet de dérision et d'indifférence, il méditait profondément sur ce mouvement immense qui avait renouvelé la face de l'Europe, constamment préoccupé de l'avenir, et l'esprit agité par de mélancoliques pressentiments. Il ne se dissimulait pas que la marche suivie jusqu'alors aggravait singulièrement la tâche qui devait lui revenir, et s'en exprimait parfois à Louis-Philippe en termes peu mesurés. Mais ce n'étaient que des boutades, des éclairs de contradiction, des oppositions passagères qui n'allaient jamais jusqu'au système. Le plus souvent il se retranchait dans une réserve silencieuse; évitant avec soin la controverse et n'arrivant à la contradiction que quand il était près de la colère. Aussi était-ce quelque chose de solennel et de décisif que sa présence au conseil des ministres. Ceux-ci croyaient sans doute avoir besoin de cet appui pour les protéger contre les importunités des conservateurs progressistes.

En effet, la question de la réforme, soumise au conseil, rencontra dans le duc d'Orléans un adversaire décidé. Ceux qui connaissaient ses dispositions à tenir compte des triomphes de la révolution, s'étonnaient de le voir se rapprocher des aveugles obstinations du roi. D'autres prétendaient qu'il en agissait ainsi par les conseils de M. Thiers, qui aurait voulu réserver les réformes pour le moment où ce prince monterait lui-même sur le trône. Une mesure populaire ne devait pas en ce moment profiter à l'héritier présomptif. Comme don de joyeux avénement, elle aurait beaucoup plus d'action. Cette tactique, en effet, rentrait assez dans les goûts de M. Thiers. Il aimait à faire réserve de petits moyens pour les employer à l'occasion ; c'est ce qu'il appelait *conserver de l'argent de poche*.

Quoi qu'il en soit, l'opinion du duc d'Orléans fortifiait celle des ministres ; elle était d'accord avec celle du roi. La réforme fut indéfiniment ajournée. Mais la question revint par l'initiative parlementaire, sous le patronage de deux députés dont la modération n'avait assurément rien d'hostile au trône, MM. Ganneron et Ducos. Le premier ne demandait qu'une réforme pour ainsi dire intérieure ; il voulait que les députés qui ne seraient pas fonctionnaires publics salariés au moment de leur élection, ne pussent par le devenir pendant la durée de leur mandat, ni pendant l'année qui en suivrait l'expiration.

M. Ducos proposait d'admettre au nombre des électeurs tous les citoyens inscrits sur la liste départementale du jury.

La première de ces propositions devait donner aux votes de la chambre un caractère plus grand d'indépendance et de moralité. La seconde appelait, mais avec une grande réserve, quelques citoyens de plus à la vie politique. Le ministère les repoussa toutes deux.

Cependant celle de M. Ganneron rallia un si grand nombre de voix, 190 contre 198, qu'on put considérer la question comme jugée; si l'on songe, en effet, que parmi les votants on comptait 161 fonctionnaires directement intéressés à la question, on peut apprécier quel eût été le résultat dans une chambre indépendante.

La proposition de M. Ducos n'était pas nouvelle; c'est ce qu'on appelait l'adjonction des capacités. M. de Montalivet lui-même l'offrait en 1830, et cependant on l'avait vainement demandée au 1er mars. Il était naturel que le 29 octobre ne se montrât pas plus accommodant.

M. Guizot, pour mieux combattre la réforme, nia qu'elle fût une pensée sérieuse. Le bruit qu'on en faisait, disait-il, n'était qu'un mouvement superficiel, factice, mensonger, suscité par les journaux et par les comités, un mouvement qui n'était point sorti spontanément du sein de la société elle-même, de ses intérêts, de ses besoins. Puis s'adressant à la peur, à l'égoïsme, à la paresse, le ministre ajoutait : « Comment! vous trouvez que la tâche de mettre un peu de stabilité en toutes choses, la tâche de suffire aux nécessités du gouvernement, aux affaires naturelles obligées et inévitables du pays, vous trouvez que cela ne vous suffit pas! Il faut que vous acceptiez toutes les questions qu'on se plaira à élever devant vous, toutes les affaires qu'on vous suscitera, réelles ou factices, vraies ou fausses.

« Messieurs, gardez-vous bien d'une telle facilité; ne vous croyez pas obligés de faire aujourd'hui ceci, demain cela; ne vous chargez pas si facilement des fardeaux qu'il plaira au premier venu de mettre sur vos épaules, lorsque celui que nous portons est d'un si grand poids. Résolvez les questions obligées; faites les affaires indispensables que le temps amène naturellement, et repoussez les questions qu'on vous jette à la tête aujourd'hui légèrement et sans nécessité ! »

A cette argumentation sans vérité et sans dignité, M. de Lamartine fit une foudroyante réplique. Il donna surtout une éloquente leçon aux hommes dont on venait d'invoquer les passions et les craintes.

« Il y a de tout temps, dit-il, et partout des hommes bien aveugles dans les corps politiques, dans les majorités : ce sont ceux qui se refusent à tout examen des choses nouvelles, quoique bonnes, mûres ou préparées.

« C'est en vain que les pouvoirs s'altèrent, se décomposent, se dénaturent, que les forces morales même du pays se corrompent, se démoralisent, s'abdiquent sous leurs yeux; ils ne veulent pourvoir à rien ; ils se cramponnent immobiles et toujours tremblants à quoi que ce soit ; ils saisiraient même le fer chaud d'un despotisme pour se préserver de la moindre agitation ; ils ne voient qu'un seul mal pour eux, le mouvement, qu'un seul danger pour les institutions, le mouvement.....

« On dirait, à les entendre, que le génie des hommes politiques ne consiste qu'en une seule chose, à se poser là sur une situation que le hasard ou une révolution leur a faite, et à y rester immobiles, inertes, implacables.....

« Oui, implacables à toute amélioration. Et si c'était là, en effet, tout le génie de l'homme d'État chargé de diriger un gouvernement, mais il n'y aurait pas besoin d'homme d'État, une borne y suffirait. »

Les bornes lui répondirent en rejetant la proposition; mais le mot survécut à la discussion, et désormais les hommes de la résistance furent appelés conservateurs-bornes.

Parmi les lois d'intérêt matériel qui occupèrent cette session, nous devons citer la loi sur les chemins de fer.

Quelques voies de communication existaient déjà : celles de Saint-Étienne à Lyon, de Strasbourg à Bâle, de Paris à Orléans, de Paris à Rouen. Mais ces lignes courtes et isolées ne donnaient pas à la France les avantages qui appartenaient aux grandes nations rivales; elle ne pouvait rester plus longtemps dans cet état d'infériorité. Un vaste système d'ensemble devenait nécessaire pour développer toutes les forces vives du pays, pour resserrer l'unité, et en même temps pour balancer les inconvénients d'une trop puissante centralisation, en rapprochant les provinces de la capitale, et en leur communiquant la vie et le mouvement.

Il avait donc été résolu d'embrasser toute la surface du territoire par un classement préalable, sauf à examiner ensuite les voies et moyens; adopter le principe, puis discuter l'exécution.

Vaste dans son ensemble, mais abandonnant peut-être trop aux éventualités de l'avenir, la loi présentée et adoptée par les deux chambres comprenait les dispositions suivantes :

1° Un chemin de fer de Paris à la frontière de Belgique;

2° Un chemin de Paris au littoral de la Manche, rapprochant la France de l'Angleterre;

3° Un chemin de Paris à la frontière d'Allemagne, par Nancy et Strasbonrg; voie plutôt stratégique que commerciale, la capitale se rapprochant par là des places fortes de la Lorraine et de l'Alsace ;

4° De Paris à la Méditerranée, par Lyon, Marseille et Cette, chemin de grande communication européenne ;

5° De Paris à la frontière d'Espagne, par Tours, Poitiers, Angoulême, Bordeaux et Bayonne, mettant en communication la France avec la péninsule hispanique ;

6° Sur l'Océan par Tours et Nantes ;

7° Sur le centre de la France, par Bourges ;

8° De la Méditerranée au Rhin, par Lyon, Dijon et Mulhausen. On mettait ainsi en contact la Provence et l'Alsace ; on conservait aux ports français de la Méditerranée le commerce d'entrepôt, et à nos voies de communication les frais de transport de ces produits ;

9° Chemins de l'Océan à la Méditerranée par Bordeaux, Toulouse et Marseille.

Dans la discussion du mode d'exécution, on ne vit plus se renouveler les anciennes discussions sur l'État et les compagnies. Chacun semblait reconnaître ce que les deux doctrines avaient de trop absolu, et le ministère et les chambres étaient également disposés à concilier les deux systèmes et à remplacer la concurrence par l'action combinée des deux forces rivales.

Dans l'exécution on réservait à l'État la partie la plus indéterminée : achat de terrain, nivellement, construction des travaux d'art, viaducs, ponts, déblais et remblais ; ensuite, aux compagnies : l'achat et la pose des rails, le matériel, les frais d'exploitation, d'entretien et de construction. Cependant les sommes de recettes devaient varier selon la qualité des lignes, on les égalisait par des modifications sur la durée du bail et sur le tarif des droits. A l'expiration du bail, la valeur de la voie de fer et du matériel de l'exploitation devait se rembourser à dire d'experts, à la compagnie, soit par l'État, soit par la compagnie qui lui succéderait. Pour aider au concours de l'État, on faisait contribuer, selon la proportion des avantages, les départements traversés par la voie de fer; le conseil général devait régler ensuite la part contributive des communes.

Tel était l'ensemble du projet adopté en 1842 par la législature. Sans doute bien des années se passeront encore avant qu'il ait reçu son accomplissement, et aujourd'hui encore il reste beaucoup à faire. Mais chaque département peut voir la part qui doit lui revenir des bienfaits de ces communications nouvelles, destinées à multiplier les échanges des idées et les rapports des intérêts.

Le projet des crédits supplémentaires ramena la discussion sur des questions déjà traitées, mais non épuisées, le recensement et le droit de visite. Aucun nouvel argument ne fut produit; mais, sur la dernière question, M. Guizot était obligé de reculer de jour en jour. M. Molé ayant donné à entendre que le cabinet n'attendait que la séparation des chambres pour ratifier le traité, le ministre des affaires étrangères répondit : « Non, messieurs, ce n'est pas votre présence matérielle, c'est votre opinion, c'est votre vœu connu qui influe sur le gouvernement, et qui influera tout aussi bien après votre départ qu'auparavant. »

M. Guizot fait l'aveu complet de sa défaite.

Il est à remarquer que la discussion du budget, qui fut l'origine première et la raison d'être du régime parlementaire en Europe, semblait prendre à chaque session moins d'importance et de temps. Présentée la veille de la clôture, lorsque les esprits épuisés par les luttes politiques n'aspiraient qu'au repos, la loi de finances se votait en quelques jours, au milieu des distractions et des impatiences ; les millions s'entassaient sans examen et sans mesure ; et l'avenir du pays était quelque chose de trop lointain pour des ministres qui vivaient au jour le jour, ou pour leurs rivaux qui convoitaient le pouvoir du lendemain. En vain quelques voix isolées signalaient avec effroi le gouffre toujours élargi du déficit. Le déficit était l'état normal du budget, et nos financiers ne se donnaient plus la peine de balancer les millions. Le budget de 1843 fut, comme les précédents, voté avec une différence avouée entre les recettes et les dépenses. Le découvert était de 33,781,808 fr. En y ajoutant 29,500,000 alloués pour les chemins de fer, il ressortait un déficit total de 63,289,808 fr. Ce déplorable système, qui entassait année par année de formidables arriérés, était maintenu avec une aveugle opiniâtreté, en pleine paix, au milieu des développements d'une prospérité toujours croissante. Tandis que toutes les classes de citoyens ajoutaient par leurs efforts à la somme des richesses générales, l'État s'endettait par une mauvaise gestion, et la dette ira toujours en s'accumulant jusqu'au dernier jour de la monarchie.

Le 11 juin, aussitôt après l'adoption définitive du budget, fut prononcée la clôture de la session. C'était en même temps la fin de la législature. Le ministère, peu rassuré des dispositions d'une majorité souvent douteuse et qui l'avait quelquefois abandonné, voulut en appeler aux élections. L'affaire du droit de visite lui tenait au cœur. L'ordonnance de dissolution parut le 13 juin ; les colléges électoraux étaient convoqués pour le 12 juillet.

La chambre qui se séparait avait eu de singulières destinées. Née d'une coalition formée contre les usurpations du pouvoir monarchique, appelée à inaugurer le triomphe du système parlementaire, elle s'était montrée dès les premiers jours effrayée de sa victoire, incapable d'en user, habile seulement à paralyser les élans du pays. Dans une seule question, celle d'Orient, elle avait donné le spectacle des métamorphoses les plus étranges. Sous le 12 mai, téméraire et superbe, votant des millions et armant ses vaisseaux, elle ne reçoit pas l'impulsion, elle la donne; sous le 1er mars, inquiète et agitée, ne sachant ni commander, ni obéir; sous le 29 octobre, humble et docile, livrant l'Orient qu'elle avait compromis, et courbant la tête devant lord Palmerston, après avoir menacé le monde. Aucune chambre n'avait traversé autant de règnes et d'interrègnes ministériels, avec des votes approbatifs pour chacun, avec un accueil complaisant pour tout ce qui se présente, sans donner un regret à ce qui s'en va.

Et cependant dans toutes ces variations, elle conserve encore quelques traces de son origine. Le principe de la coalition avait été, au moins en apparence, un principe de réforme, et malgré les modifications de cabinet, malgré les fractionnements des partis, malgré la prompte déroute des coalisés, le mot de réforme était celui qui ralliait le mieux les voix dispersées et jetait dans les délibérations de menaçantes incertitudes. Dans la proposition Ganneron, les votes personnels des ministres avaient seuls fait l'appoint de la majorité. L'adjonction des capacités avait trouvé de notables appuis dans le parti conservateur. A chaque discussion, la réforme gagnait visiblement du terrain, et il se manifestait dans la chambre de vagues symptômes d'indépendance qu'une autre session pouvait amener plus prononcés. Enfin les votes de confiance étaient discutés, pesés et marchandés beaucoup plus qu'il ne convenait à l'arrogance du cabinet, et sur une question importante, le droit de visite, le ministère avait été complétement battu aux yeux de toute l'Europe. Il en était venu à ce point extrême où il fallait risquer son existence dans des élections générales, d'où devaient sortir ou sa chute ou son raffermissement..

Du reste, le cabinet ne dissimulait pas son programme : c'était l'opposition à toute réforme et la guerre aux libertés intérieures. Les persécutions contre la presse redoublaient avec une rigueur inouïe, et la connivence des magistrats offrant toutes les ressources de la chicane à la haine des parquets, on venait d'imaginer un nouveau moyen de ruiner les journaux et de les enlever à la juridiction qui faisait leur garantie.

On sait que le droit commun de la presse est d'être jugée par le jury en cour d'assises. Cependant une exception était introduite pour le cas de diffamation. Si les faits diffamatoires étaient articulés contre un simple citoyen, la police correctionnelle était saisie et la preuve des faits n'était pas admise. Le fait seul de la diffamation entraînait la condamnation. Si au contraire les imputations étaient adressées à un fonctionnaire public et pour des faits relatifs à ses fonctions, le jury était appelé à prononcer en cour d'assises, et la preuve était admise. La loi ajoutait : « La preuve des faits imputés met l'auteur de l'imputation à l'abri de toute peine. » La loi ne voulait pas protéger le fonctionnaire coupable; elle le livrait à la discussion; elle admettait même comme un devoir de bon citoyen l'accusation qui éclairait le public sur les méfaits d'un fonctionnaire. Il était réservé au cabinet du 29 octobre de mettre à l'abri le fonctionnaire prévaricateur et de transformer en cause de ruine l'action courageuse du citoyen accusateur.

M. Bourdeau, pair de France, ancien garde des sceaux sous Charles X, avait été attaqué par le *Progressif de Limoges* pour des faits qui tous se rapportaient à sa vie publique et aux différentes fonctions officielles qu'il avait remplies. Une voie facile lui était ouverte pour avoir réparation ; il pouvait, s'il y avait calomnie, appeler le calomniateur en cour d'assises ; mais aussi le journaliste était admis de son côté à prouver la vérité de ses assertions. L'épreuve était dangereuse. Il valait bien mieux exhumer de l'arsenal des codes quelque arme à double tranchant qui, dans les mains de juges complaisants, pût frapper à coup sûr. L'article 1382 du code civil oblige tout homme qui cause un dommage à le réparer. M. Bourdeau assigna donc le *Progressif* devant le tribunal civil en paiement de vingt mille francs pour le dommage qu'il lui causait. C'était le renversement de toute la législation de la presse. Il était évident que le législateur avait réservé aux journaux le droit d'attaquer des fonctionnaires coupables, sans que ceux-ci pussent jamais arguer du dommage qui leur était causé ; car plus la culpabilité était démontrée, plus le dommage était considérable. La loi qui régissait la presse autorisait expressément le dommage causé au fonctionnaire coupable, puisqu'elle admettait la preuve, puisqu'elle admettait qu'après la preuve faite, l'auteur de l'imputation était à l'abri de toute peine. Bien loin de protéger le coupable contre la flétrissure, elle l'appelait publiquement sur sa tête et semblait encourager l'accusateur. L'article 1382 formulé dans un temps où il n'y avait pas de presse, en pouvait donc, sans violer toutes les règles du droit et de la logique, servir de bouclier et de glaive aux fonctionnaires attaqués par la presse. C'est ainsi que jugea le tribunal de première instance de Limoges. Mais les ennemis de la publicité avaient trop intérêt à introduire un moyen nouveau d'oppression, pour se contenter d'une première épreuve. Sur l'appel, la cour royale donna gain de cause à M. Bourdeau; plus tard la cour de cassation consacra cette monstrueuse procédure, qui, conservant le nom de son inventeur, fut appelée *jurisprudence Bourdeau*. Le *Progressif de Limoges* fut ruiné par la somme de dommages accordés à l'ancien ministre de la restauration ; désormais les fonctionnaires publics pouvaient répondre par une demande d'argent aux reproches d'incapacité et de dilapidation.

A Paris, s'ouvrait contre la presse une campagne générale. Le 8 janvier, le *Charivari* était condamné en cour d'assises pour avoir dit que M. Hébert avait reçu la croix d'honneur comme récompense de ses services dans le procès de septembre. L'imprimeur partageait la peine du gérant. Le 18, la chambre des pairs condamnait le *Siècle* à 10,000 francs d'amende et son gérant Louis Perrée à un mois de prison pour offense envers la chambre. Le 14 février, le gérant du *National* était condamné à un an de prison et 4,000 francs d'amende; et celui de la *Gazette de France* à la même peine pour reproduction du même article. La *Mode* subissait deux ans de prison et 6,000 francs d'amende, son imprimeur trois mois de prison et 2,000 francs d'amende. Les peines infligées aux imprimeurs étaient blâmées même par beaucoup de ceux qui encourageaient les poursuites contre les journalistes. Des industriels, souvent étrangers à la politique, faisant un acte de commerce, leur semblaient devoir être à l'abri de l'hostilité des partis. Les contradictions même des décisions prouvaient tous les vices de la loi ; tantôt acquittés, tantôt condamnés, les imprimeurs n'avaient pas même les garanties d'une oppression commune, qui peut au moins servir d'avertissement.

Une modification partielle dans le ministère venait de se faire en dehors de l'action des partis. Le 25 avril, à la veille de la discussion sur le projet de loi des chemins de fer, M. Humann était frappé de mort subite au milieu de ses travaux ; il fut trouvé assis dans son cabinet, la tête appuyée sur son bureau ; sans qu'aucun avertissement eût fait présager cette soudaine catastrophe. Le ministre des finances du 15 avril, M. Lacave-Laplagne, fut aussitôt appelé à le remplacer.

Pendant la discussion même des lois sur les chemins de fer, un affreux accident arrivé sur le chemin de fer de Versailles, rive gauche, répandait la consternation dans Paris. Le 8 mai, au milieu des fêtes de Versailles, un convoi nombreux de joyeuses familles regagnait la capitale, lorsqu'à la hauteur de Bellevue, une des locomotives, brisée dans sa marche, sortit des rails, arrêta celle qui la suivait et toutes deux renversées par les voitures précipitées à leur suite, opposèrent un formidable obstacle de fer et de feu. Les wagons broyés s'entassèrent pêle-mêle sur les charbons brûlants, et un vaste bûcher consuma les voyageurs emprisonnés. Plus de cinquante personnes y trouvèrent la mort en quelques minutes. Parmi les victimes, la France perdait un de ses plus illustres enfants, le contre-amiral Dumont-d'Urville.

C'était un triste avertissement au moment où une loi nouvelle allait multiplier dans toute la France les bienfaits et les dangers de la vapeur. M. Dupin réclama, comme article additionnel au projet de loi, une pénalité sévère contre les infractions au règlement dans le service des chemins de fer.

Vers la même époque, la France devait à l'intelligence de nos marins l'occupation d'une station navale importante dans l'océan Pacifique. Le 1er mai, l'amiral Dupetit-Thouars, d'accord avec les chefs indigènes, prenait possession de l'archipel des îles Marquises. Déjà, depuis quelque temps, il avait été prescrit à nos officiers de procurer au commerce français des ports de relâche et d'approvisionnements sur différents points du globe, soit sur les côtes méridionales de l'Afrique, soit dans les parages de l'Océanie. Conformément à ces instructions, nos marins s'étaient, en 1841, emparés de Nossi-Bé, et avaient, en 1842, fait accepter aux chefs indigènes de Mayotte la souveraineté de la France. En même temps nos stations de la côte de Guinée avaient reçu les développements nécessaires pour offrir un abri sûr à ceux de nos bâtiments de commerce qui fréquentaient ces rivages. Après que nos vaisseaux eurent exploré dans le même but les archipels de l'Océanie, il avait été résolu par le gouvernement qu'un établissement serait fondé sur les côtes de la Nouvelle-Zélande pour offrir pendant les hivernages un asile à nos navires baleiniers, et aussi pour y établir des lieux d'échange et de commerce. Mais l'Angleterre eut vent de ce projet, et devançant rapidement les préparatifs de la France, elle fit occuper pour son compte ce vaste archipel, qui lui promet dans l'avenir des avantages considérables. De la part d'une alliée, il y avait sans doute défaut de procédés; mais l'Angleterre usait de son droit de premier occupant. Il fallut se résigner et chercher ailleurs.

Les îles Marquises, situées à l'extrémité nord-est de tous les archipels de la mer du Sud, sont les premières terres que l'on rencontre en venant de Panama, et lorsque cet isthme important aura été conquis par l'activité commerciale de l'Europe sur l'indolence espagnole, il n'y a pas à douter que la grande route entre l'Europe et les archipels ne s'établisse sur cette direction. Dans ce cas, les Marquises deviendraient nécessairement une des stations les plus fréquentées de la route. Les avantages de cette position n'avaient pas échappé à l'amiral Dupetit-Thouars. Lorsqu'il s'y présenta vers la fin d'avril, un heureux hasard vint servir à l'accomplissement de ses desseins. En débarquant à Tahuata, l'île principale du groupe du sud, il y trouva le roi Yotété plein de craintes et d'inquiétudes par suite d'une collision qui avait eu lieu quatre mois auparavant entre les indigènes et une baleinière des États-Unis. Un Américain avait été tué, et ses camarades s'étaient éloignés en menaçant le roi de la vengeance de leur gouvernement. Yotété redoutait vivement les suites que pouvait avoir cette mauvaise affaire, et il était encore sous l'impression de ces alarmes, lorsque les Français se présentèrent. Son premier soin fut de demander la protection de l'amiral, qui la lui promit avec empressement, à condition qu'il reconnaîtrait la souveraineté de la France. Cette offre fut aussitôt acceptée, les actes furent signés, et la prise de possession s'accomplit, ainsi que nous l'avons dit, le 1er mai.

Le peu d'étendue superficielle des terres de cet archipel ne permet pas qu'il puisse jamais devenir un lieu de production important ; mais il est admirablement situé comme point de relâche pour les bâtiments allant à la côte nord-ouest de l'Amérique, pour ceux qui en reviennent, pour ceux qui se dirigent du Pérou ou du Chili vers la côte d'Asie, enfin pour les baleiniers de toutes les nations.

L'amiral Dupetit-Thouars trouva bientôt occasion d'assurer sur un autre point de ces mers la domination française. Il avait reçu ordre de se rendre aux îles de la Société afin d'obtenir satisfaction des mauvais traitements infligés par les autorités du pays à des missionnaires catholiques, et à quelques-uns de nos compatriotes établis à Tahiti. Au moment où les vaisseaux français s'y présentèrent, de graves discussions agitaient les petits états placés sous la domination de la reine Pomaré. Les principaux chefs du pays étaient en lutte ouverte avec les conseillers de la souveraine, et durant les troubles, les colons français avaient eu à souffrir les outrages de l'un et de l'autre parti. L'amiral, à son arrivée, somma les insulaires de faire réparation, et leur imposa le paiement d'une indemnité de 10,000 piastres, les menaçant, en cas de refus, d'occuper immédiatement l'île et les établissements de Motoo-Rita. La reine et les chefs, également embarrassés, oublièrent leurs querelles pour se concerter sur le danger commun qui les menaçait ; le résultat de leurs conférences fut l'offre faite à l'amiral de placer les îles de la Société sous le protectorat de la France. Celui-ci s'empressa d'accepter un arrangement qui répondait parfaitement à la pensée générale de ses expéditions. Le traité définitif fut conclu le 9 septembre 1842, au grand déplaisir des Anglais. Nous verrons plus tard quelles en furent les conséquences.

CHAPITRE X.

Élections générales. — Scission parmi les légitimistes. — Triomphe de l'opposition à Paris. Progrès des forces républicaines. — Position critique du ministère. — Mort du duc d'Orléans. — Son portrait.

Les élections générales se présentent toujours aux partis comme une ressource ou comme une espérance. Celles de 1842 réveillèrent toutes les illusions des constitutionnels vaincus. MM. Thiers et Odilon Barrot, Dufaure et Rémusat, centre gauche et gauche, croyaient l'occasion venue de ressaisir les positions perdues. Les républicains, qui ne pouvaient avoir de chance que dans un très-petit nombre de colléges, appuyaient partout ailleurs de leurs votes l'opposition dynastique. La lutte s'engageait assez vivement pour donner de sérieuses craintes au ministère; une polémique ardente ranimait toutes les passions, tous les ressentiments, les uns rappelant les violences à l'intérieur et les faiblesses à l'extérieur, la guerre aux libertés, les concessions à l'étranger; les autres racontant les fautes du 1er mars, ses étourderies et ses mystifications, ses vanteries et son impuissance, et chacun, comme d'habitude, attachant le salut du pays à sa propre victoire. Les républicains, faute de mieux, venaient en aide aux constitutionnels, sans rien espérer de leur triomphe qu'un peu de facilités pour le developpement du principe démocratique.

C'est vers cette époque que se prononce une scission éclatante parmi les légitimistes. Deux partis se forment à l'ombre du drapeau blanc. L'un, s'associant aux idées démocratiques, veut appuyer le trône sur le consentement du peuple et ne craint pas de réclamer le suffrage universel; l'autre, opiniâtre dans ses traditions, soutenant que la royauté ne tient ses droits que d'elle-même, repousse tout rapprochement avec les doctrines radicales.

Les élections ne répondirent aux espérances ni des conservateurs, ni des constitutionnels. Les premiers, il est vrai, se trouvaient encore en majorité; mais les oppositions réunies pouvaient former dans la chambre une redoutable phalange que l'absence ou la défection de quelques voix ministérielles devaient aisément faire triompher. A Paris, l'opposition comptait dix élus sur douze, et cette hostilité prononcée de la capitale ôtait considérablement à la force morale du cabinet. Mais le fait le plus significatif était le progrès marquant des forces républicaines. Paris avait nommé deux républicains avoués, MM. Carnot et Marie; M. Dupont de l'Eure était l'élu de trois colléges, M. Ledru-Rollin était réélu sans opposition par la Sarthe, M. Garnier-Pagès jeune était applé par l'Eure. Dans d'autres localités, les candidats républicains avaient obtenu de nombreux suffrages, qui révélaient de notables modifications même dans le cercle circonscrit des électeurs censitaires. En résumé, la majorité minstérielle n'était ni plus compacte ni plus décidée que dans la chambre précédente ; le cabinet n'avait rien gagné au changement, et dans ce cas, changer, pour n'avoir pas mieux, équivaut à une défaite.

Aussi la situation du cabinet semblait-elle gravement compromise, lorsqu'un événement inattendu vint remplir d'alarmes l'opposition constitutionnelle, la distraire de toute pensée de lutte, et préparer d'étranges complications à l'avenir monarchique.

Le 13 juillet, le duc d'Orléans devait partir à midi pour Saint-Omer, dans le dessein d'inspecter plusieurs des régiments désignés pour le corps d'armée d'opérations sur la Marne. Ses équipages étaient commandés, ses officiers étaient prêts. Tout se disposait au pavillon Marsan pour ce voyage, après lequel le prince devait aller rejoindre la duchesse d'Orléans aux eaux de Plombières.

A onze heures, il monta en voiture dans l'intention d'aller à Neuilly faire ses adieux au roi, à la reine et à la famille royale.

La voiture était un cabriolet à quatre roues, en forme de calèche, attelé de deux chevaux à la Daumont. Le prince était seul, n'ayant permis à aucun de ses officiers de l'accompagner.

Arrivés à la hauteur de la porte Maillot, les chevaux, échauffés par une marche assez rapide depuis le départ des Tuileries, commencèrent à s'animer outre mesure. Déjà le postillon ne les maîtrisait plus qu'avec peine, quoique le porteur eût seul pris le galop, attaché très-court, ainsi que c'est l'usage dans les attelages à la Daumont, il se sentit gêné, donna quelques ruades dans le palonnier, et s'emporta avec une rapidité qui entraîna le cheval sous main, lequel était resté jusqu'alors assez calme. La voiture s'engageait en ce moment dans l'avenue appelée chemin de la Révolte, perpendiculaire à la porte Maillot. En voyant les mouvements brusques de l'attelage, le prince cria au postillon : « Tu n'es plus maître de tes chevaux? — Non, Monseigneur, mais je les dirige encore. » Et, en effet, debout sur ses étriers, il tenait vigoureusement les guides, et il pouvait espérer détourner ses chevaux, par la gauche, dans la vieille route de Neuilly, qui lui offrait carrière. « Mais tu ne peux donc pas les retenir? » cria de nouveau le duc d'Orléans, qui s'était levé debout dans la voiture. — Non, Monseigneur. » Alors le prince, ouvrant la portière, et se plaçant sur le marchepied, qui avait très-peu de hauteur, sauta à pieds joints sur la route. Mais la puissance d'impulsion de la voiture multipliant la rapidité d'un élan irréfléchi, les deux talons portèrent sur le sol avec une telle force, que le contre-coup produisit une violent commotion cérébrale, et probablement un épanchement instantané. Le prince retomba lourdement la tête sur le pavé, et resta sans mouvement en travers de la route.

On accourut aussitôt des maisons voisines; le corps fut relevé et transporté dans la maison d'un épicier situé à quelques pas de là. Pendant ce temps, le postillon s'était rendu maître de ses chevaux, et il revenait se mettre à la disposition du prince.

Celui-ci cependant restait inanimé; on l'avait étendu tout habillé sur un lit, dans une des salles du rez-de-chaussée. Un médecin des environs accourut et pratiqua une saignée qui ne produisit aucun changement.

Cependant la foudroyante nouvelle avait été apportée à Neuilly, et bientôt l'on vit le roi, la reine, la princesse

Adélaïde, la princesse Clémentine pénétrer en pleurs dans ce triste réduit, dernier asile de l'héritier du trône. Peu après, le duc d'Aumale, accouru de Courbevoie, le duc de Montpensier, de Vincennes, la duchesse de Nemours, accompagnée de ses dames, venaient ajouter à la somme des douleurs. L'humble demeure du commerçant était trop petite pour cette nombreuse famille d'affligés.

Le docteur Pasquier, chirurgien du prince royal, venait d'arriver, et son premier coup d'œil suffit pour anéantir tout espoir. Le prince n'avait pas repris connaissance. Quelques mots confusément prononcés en langue allemande avaient seuls révélé un reste d'existence.

Les ministres étaient assemblés aux Tuileries, attendant l'arrivée du roi pour ouvrir le conseil. Avertis de la catastrophe qui arrêtait ses pas, ils se transportèrent à Sablonville, dans la maison où s'éteignaient les plus chères espérances de la monarchie. Déjà s'y trouvait le maréchal Gérard, le chancelier de France, le préfet de Police, le général Pajol, et les officiers de la maison du roi et des princes. Tous ces personnages se trouvaient concentrés dans l'espace laissé libre près de la boutique, et entouré d'un cordon de sentinelles.

Quatre heures se passèrent; heures d'ineffable anxiété et de poignantes amertumes. La reine et les princesses étaient agenouillées auprès du lit funèbre, priant et pleurant; les jeunes princes contemplaient avec des larmes silencieuses leur frère agonisant. Le roi debout, immobile, conservant à sa douleur cette virilité que donnent les années et les grandes épreuves, suivait sur le visage décoloré de son fils les progrès du mal dont son expérience lisait l'inexorable arrêt. Au dehors, la foule, toujours sympathique aux grandes douleurs, murmurait des paroles de compassion pour le trône.

Les médecins n'avaient pas cessé, par les moyens les plus énergiques, de lutter contre les invasions de la mort; leur art était impuissant. Un instant la respiration parut plus libre, le pouls devint sensible; et comme dans les cœurs désolés l'espérance est opiniâtre, on se reprit à espérer. Mais ce n'était que le dernier effort de la jeunesse luttant contre la destruction, le dernier rayon d'une lumière qui s'éteint. A quatre heures, apparurent dans toute leur menaçante vérité les symptômes d'une fin prochaine; à quatre heures et demie un dernier mouvement convulsif, puis le repos absolu.

Les pleurs éclatèrent avec désespoir. Pleurs bien légitimes! Une telle mort équivalait à une révolution;

Amis et ennemis le comprirent. La monarchie, si péniblement assise, était ébranlée sur sa base, livrée aux incertitudes, abandonnée aux transitions orageuses d'une régence. Les prévoyances du père de famille soigneux de l'avenir, les calculs du politique expérimenté étaient déjoués en même temps; le roi était frappé aussi cruellement dans sa puissance que le père dans son affection, le trône et la famille chancelaient sous une même secousse; la dynastie d'Orléans était mutilée, non dans une de ses branches, mais dans le rejeton vigoureux qui perpétuait la vie de l'arbre.

Aussi Louis-Philippe, quoiqu'il sût commander à sa douleur, dut-il, plus que tous autres, être pénétré d'une telle perte, puisqu'elle était un échec bien plus encore qu'une épreuve. L'affliction d'une mère peut se consoler avec les autres objets de sa tendresse, surtout lorsqu'il reste encore des fils nombreux et pleins de promesses ; mais la paternité, à bon droit ambitieuse, qui a placé sur une seule tête l'avenir de sa maison, ne trouve rien qui compense la chute soudaine de ses illusions.

Aussi bien, la mort du duc d'Orléans faisait moins défaut aux sentiments de famille qu'aux pensées de grandeur, et les penchants affectueux étaient ce que ses parents avaient le moins à regretter en lui. Silencieux et peu communicatif, il n'avait aucun de ces épanchements qui font dans une famille la joie et l'union. Rarement familier, gai par exception, il montrait envers ses frères et sœurs de la bienveillance plutôt que de la tendresse, des égards bien plus que de l'enjouement. Vis-à-vis de sa mère, sa réserve allait jusqu'à la froideur, presque jusqu'au dédain. Lorsqu'elle parlait, il ne l'écoutait pas, et sur une question politique, ne lui répondait jamais, soit par dégoût pour toute controverse inutile, soit par répulsion pour tout ce qui lui paraissait ressembler à des commérages. Sa physionomie muette trahissait à peine quelques impatiences excitées par des observations malsonnantes ou des alarmes exagérées. La reine cependant était très-altière, avec beaucoup de penchant à donner des conseils ; mais le prince, sans jamais la blesser par une parole hors de convenance, ne lui témoignait ni affection ni respect, et la traitait visiblement, qu'on nous passe l'expression, en *bonne femme*.

Avec le roi, il n'était guère plus respectueux, mais sa pensée se manifestait ouvertement par d'énergiques oppositions. Pour tout autre, la discussion avec Louis-Philippe était chose impossible. Son verbe élevé, sa parole abondante, intarissable, assourdissaient les contradicteurs; sa grande taille et ses grands bras, qu'il agitait en parlant, étonnaient les yeux, et ses façons impérieuses arrêtaient les arguments. Aussi dans ses élans de discoureur, personne n'osait lui tenir tête, personne ne pouvait le faire céder. Il n'y avait que deux seules exceptions : sa sœur, la princesse Adélaïde, et son fils, le duc d'Orléans. La première le calmait par la douceur, le second le réduisait par une résistance vive jusqu'à l'irrévérence.

Les fougues du roi rencontraient alors des fougues plus grandes, son flux de paroles se heurtait contre un torrent, et les éclats de sa voix se perdaient dans les bruits d'une orageuse contradiction. Pour tout dire, en un mot, le fils tançait le père et le forçait au silence.

Ce n'est pas qu'il n'eût une haute idée des talents personnels du roi, de ses vastes connaissances et de son habileté dans l'art d'éluder les difficultés. S'il ne l'aimait pas, il le considérait. Mais il se plaignait que cette habileté créât des difficultés qu'il aurait valu mieux éviter que vaincre ; il lui semblait d'une meilleure politique d'écarter les obstacles que d'avoir à les franchir. Il était plus de son temps que le roi ; c'était tout naturel ; mais il en résultait cet avantage pour lui de mieux voir l'avenir et de ne pas se laisser tromper à des succès éphémères. Un jour que Louis-Philippe se flattait devant lui d'avoir comprimé les passions, dompté l'esprit de liberté et paralysé les vaines institutions que les idées modernes avaient élevées contre la royauté. « C'est « fort bien, sire, répliqua le duc d'Orléans, mais vous n'a-« vez fait qu'éloigner le péril et le grossir en l'éloignant. « Vous ne songez pas à nous, qui serons exposés à l'explo-« sion de toutes ces forces comprimées. »

Il était très-soucieux, en effet, des menaces de l'avenir ; sa pensée s'y attachait avec opiniâtreté, et l'entraînait souvent à de sinistres pressentiments. On en trouve plus d'une trace dans son testament écrit à un moment où certes il était loin de se croire si voisin de la mort. Ce monument, empreint de mélancolie, révèle les sérieuses appréhensions qui l'agitaient : on dirait une secrète protestation contre tout ce qui se faisait autour de lui. Le passage suivant mérite d'être rappelé par l'histoire :

« Que le comte de Paris soit un de ces instruments brisés avant qu'ils aient servi, ou qu'il devienne l'un des ouvriers de cette régénération sociale qu'on n'entrevoit encore qu'à travers de grands obstacles et peut-être des flots de sang ; qu'il soit roi, ou qu'il demeure défenseur inconnu et obscur d'une cause à laquelle nous appartenons tous, il faut qu'il soit avant tout un homme de son temps et de la nation ; qu'il soit catholique et défenseur passionné, exclusif, de la France et de la révolution. »

Ces prophétiques paroles sont remarquables à plus d'un titre. La nature de l'acte qui les contient ne permet pas de douter de leur sincérité, et environné comme était ce prince, avec les leçons qu'il recevait, il y avait quelque mérite à se dégager des illusions présentes, pour interroger d'un œil inquiet les sombres lueurs du lointain.

Ce qu'il dit de la religion catholique se rapporte à quelques détails d'intérieur qu'il n'est pas inutile de rappeler. Il savait que la reine, dévote à outrance, surveillait avec une jalouse inquiétude la mère protestante du comte de Paris. Mais c'est ce qui le préoccupait le moins, et les questions religieuses ne le touchaient que par leur côté politique. Or, il jugeait que le catholicisme était encore une force imposante, avec ses institutions tenaces, ses associations disciplinées et son action multiple dirigée par une seule impulsion. Il lui semblait important que son fils ne sortît pas de la communauté du plus grand nombre, qui forme encore un lien d'unité, malgré les relâchements de la foi et les progrès du scepticisme. Au surplus, la duchesse d'Orléans était en cela parfaitement d'accord avec lui. Elle voyait si bien les avantages de cette résolution pour son fils, qu'elle était tentée de les rechercher pour elle-même. Quoique protestante par tradition et par habitude, elle était très-indifférente en matière de religion. Quelque peu philosophe, ce qui faisait le désespoir de la vieille reine, elle traitait ces questions en affaires d'état et les pesait hardiment dans la balance politique. Aussi la logique de sa position l'entraînait-elle à se faire catholique. Avec un mari et un fils de cette religion, il lui semblait déplaisant de se trouver isolée aux heures de prière, et de ne pas être associée activement aux fêtes solennelles de la nation. Les protestants français pourraient bien murmurer; mais elle se disait qu'ils étaient quinze cent mille et que les catholiques formaient trente-cinq millions. Elle s'exposait bien aussi au blâme des philosophes, pour lesquels elle avait des égards marqués. Mais les philosophes, pensait-elle, sont gens d'esprit, et me comprendront facilement lorsque je leur dirai, comme Henri IV : « Paris vaut bien une messe. » Elle fit part de son projet au duc d'Orléans. Celui-ci l'en détourna, soit par un sentiment chevaleresque qui répugnait à une abnégation, soit de peur que cet acte ne parût, ce qu'il était en effet, un calcul politique. Mais il n'en appréciait pas moins le mérite d'une si bonne logique, et en faisait application pour le bien-être de son fils.

Quelle influence, s'il fût monté sur le trône, le duc d'Orléans aurait-il exercée sur les destinées de la France ?

Voilà ce que se demandaient les hommes qui n'ont pas pour les princes des admirations exclusives. Le peu que l'on savait de son caractère laissait le champ ouvert aux conjectures. Ceux qui avaient eu occasion de l'étudier étaient embarrassés de le définir. Ce n'était pas un homme ordinaire, chacun en convenait; mais qu'elle était l'étendue des qualités qui le portait au-delà du vulgaire, voilà ce qu'on avait peine à déterminer. La réserve cache souvent une haute intelligence; quelquefois aussi la réserve est la seule habileté; mais elle suffit chez un prince pour commander le respect, et pour faire espérer de lui, au-delà même de ce qu'il pourrait donner. Rien de grand ne frappait chez le duc d'Orléans, mais aussi rien de petit; rien de saillant, mais rien de défectueux. Il est vrai que, sous la domination toute personnelle de Louis-Philippe, il n'avait jamais eu occasion de se manifester. Il remplissait cependant, avec convenance, son rôle de prince royal, protecteur des arts sans ostentation, visitant les artistes sans hauteur et sans familiarité, témoignant des égards aux savants et aux hommes distingués, mêlé aux affaires, assez pour les connaître, pas assez pour les dominer, tenant toujours sa place sans l'amoindrir, mais sans la dépasser.

Avec les hommes politiques, il adoptait volontiers les bonhomies extérieures dont Louis-Philippe usait avec tant de succès, prodigue de paroles et ménager de controverses, agissant par captation plutôt que par persuasion, et peu soucieux de convaincre les esprits, pourvu qu'il dominât les volontés. Comme Louis-Philippe, il avait, au plus haut degré, cette faculté d'endormir les consciences, qui les conduit aux transactions, aux demi-moyens, aux expédients; et, sans doute, il aurait pu réussir longtemps avec d'habiles câlineries. En cela le père et le fils étaient tout un. Sur un seul point, il y avait entre eux un abîme : c'était sur la manière d'apprécier la Révolution française. Pour Louis-Philippe, la Révolution n'était qu'un accident, une fantaisie, une déviation momentanée de la bonne route où la France ne pouvait manquer de revenir ; et les concessions qu'il lui avait faites, n'avaient rien de plus définitif à ses yeux que les indulgences accordées aux faiblesses d'un malade. Le duc d'Orléans prenait bien plus au sérieux ce grand événement. Au milieu même des faits qui par tradition le blessaient, il reconnaissait les signes d'une transformation sociale ; il entrevoyait les idées nouvelles, les intérêts nouveaux qui demandaient satisfaction ; il lisait dans les sanglants avertissements du passé tout ce que peut produire de malheurs la résistance opiniâtre à des besoins populaires réellement sentis, il s'étudiait aux moyens d'éviter, autrement que par la compression, le renouvellement de commotions épouvantables, et il puisait ses enseignements dans de salutaires terreurs. Louis-Philippe, sans doute, avait les mêmes effrois ; mais il ne voyait pour les conjurer que des concessions à retirer ; le duc d'Orléans des concessions à faire. Peut-être, s'il eût vécu, sa volonté eût-elle pesé dans la balance des événements ultérieurs ; sa mort ôtait à Louis-Philippe une dernière chance de salut.

Après les premières heures données aux larmes, Louis-Philippe dut songer aux précautions politiques. Les conditions de sa famille étaient entièrement changées, et il fallait pourvoir à l'improviste aux périls inattendus d'une régence. Ni les conseils, ni les empressements ne lui firent défaut, et la terrible catastrophe eut pour premier effet de ramener autour du trône des serviteurs à l'écart et de calmer pour quelque temps les dissidences. MM. Thiers, Cousin, et autres rivaux du 29 octobre, accoururent au château, apportant l'expression de leurs douloureuses sympathies, faisant offre de leur concours dans les discussions qui allaient s'ouvrir, et renonçant à toute opposition qui pourrait contrarier les vues personnelles du monarque. En même temps les journaux de l'opposition dynastique, le *Constitutionnel*, le *Siècle*, etc., invitaient leurs lecteurs à oublier toute dissension, à se confondre dans une commune pensée de douleur et d'amour. « Rallions-nous, s'écriaient-ils, autour de la monarchie ! Affermissons la dynastie avant tout ! » Les conservateurs exploitèrent avec habileté ces entraînements dynastiques; le ministère en avait les premiers profits. En se ralliant autour du trône, les constitutionnels se groupaient autour de M. Guizot; en croyant servir la royauté, ils fortifiaient leurs adversaires, et le cercueil du duc d'Orléans était pour le 29 octobre une planche de salut.

Au lendemain des élections, en effet, le ministère n'avait guère de chances de durée; sa chute était inévitable. Le 13 juillet le remit debout en ajournant les hostilités, en livrant les affaires à la peur et aux molles complaisances.

Quant à M. Thiers et aux hommes d'état qui faisaient offre de leur concours, ils n'étaient pas aussi désintéressés qu'ils semblaient l'affecter. Sans doute les périls de la monarchie avaient appelé leur premier élan; mais aussi de secrètes espérances ressortaient pour eux des complications du moment. La loi de régence leur apportait une occasion favorable, et le besoin qu'on avait d'eux pouvait merveilleusement seconder leurs fortunes. Le roi cependant ne se laissait pas tromper à ces professions de zèle; mais les arrière-pensées ne le préoccupaient guère, et pourvu qu'on le servît, il lui importait peu que ce fût par dévouement ou par calcul. M. Thiers était un adversaire redoutable, un auxiliaire puissant; il s'offrait sans condition, on ne risquait rien à lui faire bon accueil, et des politesses ne formaient pas un engagement. On le laissa donc s'immiscer activement au projet, donner des conseils, discuter la rédaction et s'y intéresser de telle façon, que, dans les débats, il pût croire défendre son œuvre.

Quand il s'agit de faire l'exposé des motifs, M. Guizot, toujours entraîné par les préoccupations d'une politique arrogante, voulut introduire ses formules ordinaires sur les dangers des factions, les menées des partis et la conservation des saines doctrines, M. Thiers s'y opposa, disant qu'il fallait effacer ces conditions, ne rien montrer d'irritant, mais se proposer au contraire une œuvre nationale en faisant appel à l'opinion libérale tout entière.

« La force du trône est amoindrie, disait-il; il lui faut l'appui de tous ceux qui ont fait le gouvernement de juillet. Ce n'est pas le moment de diviser, mais de concilier. »

Son avis l'emporta; M. de Broglie fut chargé de la rédaction. Les articles étaient soumis à MM. Thiers, Cousin et Odilon Barrot. Celui-ci se montrait plein de condescendance, dominé par un sentiment de compassion et faisant dans ces communications officieuses trop bon marché peut-être des exigences politiques. Les moins actifs dans les discussions préliminaires étaient les ministres. On laissait l'initiative à l'opposition libérale; le centre gauche semblait avoir l'empire.

Le testament du duc d'Orléans désignait comme régent le duc de Nemours. C'était la loi vivante du moment; personne, parmi les conseillers officiels ou officieux de la couronne, ne parlait d'un autre choix : celui-là, d'ailleurs, était conforme aux volontés personnelles de Louis-Philippe. Il ne fut pas question de la duchesse d'Orléans; elle-même n'y songeait guère. Brisée, anéantie par le coup soudain qui venait de la rappeler de Plombières, elle était tout entière à sa douleur, et n'avait pas assez de forces pour les pensées ambitieuses. M. Odilon Barrot lui-même, qui plus tard demanda la régence de la mère, n'avait pas soulevé cette discussion dans les premières conférences. Ce ne fut que cinq jours avant la présentation du projet de loi, qu'il fit part de son opinion à MM. Thiers et Cousin. Le duc de Nemours ne présentait pas selon lui les garanties désirables. Ce prince était impopulaire, et les courtisans eux-mêmes, par l'empressement qu'ils mettaient à le porter au rang suprême, avertissaient les amis de la liberté. On le savait élevé dans les traditions de Louis-Philippe, et il passait pour les pousser à l'extrême. La duchesse d'Orléans, au contraire, femme de haute intelligence et de pensées généreuses, inspirait plus de confiance au parti constitutionnel, et ses sentiments de mère devenaient une garantie de prudence, lorsqu'il s'agissait de l'avenir de son fils.

M. Thiers et ses amis combattirent vivement les arguments de M. Odilon Barrot; mais il y persista, entraîné par d'autres conseils et obéissant à d'autres influences.

Pendant que les royalistes faisaient en secret leurs combinaisons, les radicaux discutaient publiquement la question, et s'élevant plus haut que des querelles de noms ou des rivalités de personnes, rappellaient les principes fondamentaux qui devaient présider à une loi organique. Une loi organique, sur la régence, disaient-ils, serait une addition à la charte, et les chambres et le roi, pouvoir législatif ordinaire, n'ont pas le droit de faire un acte pareil, de toucher à la charte pour la compléter ou la réviser. Une législature, pouvoir constitué en vertu de la loi, n'a d'autre autorité que celle qui ressort de la législation, de la constitution. Organiser la régence d'un roi mineur, décider dans quelles mains cette fonction est remise, remplacer, non pas le roi qui existe, qui est là, mais la royauté qui est en sommeil, c'est ajouter à la constitution de l'État. Une loi de cette importance ne saurait être faite par une assemblée qui n'a pas de mandat spécial, et par conséquent il n'appartient pas aux députés actuels de la rendre. Dans ces conditions, c'est la nation qui doit être consultée, qui doit être représentée par une assemblée constituante. La régence ne saurait être déléguée dans l'intérêt du roi mineur, ni dans celui d'une famille, mais dans celui du pays. La régence ne peut donc être un droit inhérent à une famille; on doit la déférer suivant les circonstances, suivant les garanties offertes par les hommes sur lesquels le choix peut s'arrêter. Différente de la tutelle, qui n'a d'autre objet que l'intérêt du mineur, la régence n'a d'autre objet que l'intérêt du peuple : la tutelle appartient à la famille, la régence à la nation. Cette thèse, soutenue par les journaux radicaux, fut développée avec intelligence et talent dans une brochure publiée par M. E. Duclerc, qui traita la question à fond, et ne laissa aucun argument à la réplique.

Les radicaux, en cette occasion, étaient les véritables défenseurs des principes : il était difficile de répondre à leurs arguments. On aima mieux n'en pas tenir compte. Pendant que l'on contestait à la chambre le droit de prononcer, les portes du Palais-Bourbon se rouvraient. La séance royale eut lieu le 26 juillet; le 9 août, on présentait la loi sur la régence.

CHAPITRE XI.

Discussion sur la loi de régence. — M. Thiers se sépare de l'opposition, M. de Lamartine du ministère. — M. Ledru-Rollin invoque le pouvoir constituant. — Vote de la loi. — M. Thiers n'obtient pas la récompense de son dévouement. — Souffrances matérielles. — Situation de la propriété foncière. — Industrie vinicole. — Pétition des propriétaires de la Gironde. — Projet d'union commerciale avec la Belgique. — Coalition des grands industriels. — Réunion Fulchiron. — Traité entre l'Angleterre et les États-Unis. — Clôture du protocole dans l'affaire du droit de visite. — Intrigues ministérielles. — Dilapidations de l'Hôtel-de-Ville. — Procès Hourdequin.

Déjà étaient oubliées les douleurs feintes ou sincères ; la loi de régence n'était plus qu'une occasion pour les ambitions ou les intrigues. M. Guizot comptait que la gravité de la question ferait taire toutes les résistances ; M. Thiers espérait se rapprocher du pouvoir par une éclatante adhésion ; M. O. Barrot voulait regagner quelque popularité par de prudentes réserves.

Quant aux républicains, ils trouvaient le moment venu pour eux d'invoquer les droits de la souveraineté nationale. Ils portèrent hardiment la question sur ce terrain. Leur principal organe dans la chambre fut M. Ledru-Rollin.

Nouveau venu dans l'enceinte du Palais-Bourbon, il y prit place, en cette occasion, parmi les premiers orateurs. Sa thèse était bien simple : il niait la compétence de la chambre. Le projet de loi sur la régence était conçu en des termes qui engageaient l'avenir ; il appartenait, par sa nature même, aux lois fondamentales du royaume ; le pouvoir législatif, avec ses attributions limitées, n'avait pas le droit de voter une loi semblable ; il fallait donc recourir au pouvoir constituant. Tel fut le résumé du discours de M. Ledru-Rollin, et il développa sa théorie avec une éloquence calme et fière, où la franchise se joignait à la mesure, la logique à l'élévation. « Au nom du peuple, s'écriait-il en terminant, je proteste contre votre loi, qui n'est, à mes yeux, qu'une usurpation. »

La chambre était peu faite à ce hardi langage, et c'était quelque chose d'inouï pour elle, que de se voir contester son droit ; M. Guizot vint la rassurer par des sophismes qui n'avaient pas même le mérite du bon goût.

« Si, dit-il, on prétend qu'il y a dans la société deux pouvoirs, l'un constitutionnel et l'autre constituant ; l'un, si je puis parler ainsi, pour les jours ouvrables, l'autre pour les jours fériés ; on dit une chose insensée, pleine de dangers, une chose fatale.....

« J'ai vu, dans le cours de ma vie, trois grands pouvoirs constituants : en l'an viii, Napoléon ; en 1814, Louis XVIII ; en 1830, la chambre des députés ; tout le reste, l'appel au peuple, les ratifications, tout cela n'a été que fiction et simulacre. »

M. Guizot en concluait que les trois pouvoirs constitutionnels suffisaient à tout ordonner, parce qu'ils formaient la souveraineté sociale organisée.

M. de Lamartine ne voulut pas s'occuper du pouvoir constituant. « Je viens, dit-il, rabaisser la discussion à la sphère du fait éminemment actuel, éminemment pratique..... Je parlerai de l'investiture personnelle au profit du prince le plus près du trône, et de l'exclusion à tout jamais du droit des mères. »

Il y avait quelque habileté à placer ainsi la discussion entre la régence héréditaire et la régence élective. Il est vrai que l'orateur réservait le droit électif à la chambre, mais c'était plus que ne voulait accorder le projet ministériel, et M. de Lamartine fut entraîné par la logique même de son sujet à des aveux qui le séparaient profondément des conservateurs.

« Si je veux, leur disait-il, associer la nation et la dynastie comme vous, je ne veux pas subordonner l'un à l'autre. Non, je ne veux pas glisser du gouvernement national au gouvernement dynastique, exclusivement dynastique. La dynastie doit être nationale, et non la nation dynastique. »

« Non, s'écriait-il ailleurs, la loi que vous faites n'est ni conservatrice ni dynastique..... On l'appelle conservatrice, et elle est grosse de révolutions; on l'appelle dynastitque, et elle est grosse d'usurpations. Elle chasse la mère du berceau, et y place le compétiteur et le rival ! »

Faisant ensuite appel aux sentiments de dignité de la chambre, l'orateur ajoutait :

« Dans les grandes et neuves situations où le pays se trouve placé depuis cinquante ans, à l'origine, à la fondation même du gouvernement représentatif qui doit concilier, dans une proportion égale, les influences de la prérogative sacrée de la royauté et le libre et plein exercice de la liberté nationale, quand il se présente une occasion, une occasion fatale, que nous aurions repoussée de toute la force de nos sentiments, mais enfin une occasion plus forte que nous, donnée par une destinée cruelle, de saisir momentanément l'exercice régulier, normal, pacifique, parlementaire de ce grand pouvoir national, je dis qu'il y a honte pour nous à ne pas la saisir. Je dis qu'il y a désertion de la mission grave, de la mission audacieuse quelquefois que nous avons reçue de notre époque, de notre temps et de toutes les révolutions dont nous représentons l'esprit, l'esprit sage, modéré, mais progressif, dans cette enceinte. Je dis que se réfugier timidement et à la hâte, en pareil cas, dans le seul pouvoir dynastique, c'est déclarer à la face de la France et du monde qu'on ne croit pas le pays capable et digne de se gouverner lui-même.

« Or, une régence de femme c'est le pouvoir du pays, c'est le gouvernement dans le parlement, c'est la dictature de la nation à la place d'un dictateur royal. »

Tandis que M. de Lamartine se séparait ainsi, avec éclat, des conservateurs obstinés, M. Thiers sortait des rangs de l'opposition pour faire offre à la couronne de ses dévouements les plus empressés. M. Guizot peut-être n'en était que médiocrement touché, car son rival devenait dangereux par ses docilités. Mais Louis-Philippe qui, après tout, ne s'engageait à rien en acceptant des services, se réjouissait d'avoir acquis au duc de Nemours un si puissant avocat. D'ailleurs, en même temps qu'il fortifiait sa propre cause, il affaiblissait l'autorité de M. Thiers, désormais compromis avec l'opposition et faiblement réconcilié avec les conservateurs. Si M. Thiers n'aperçut pas le piége, au moins fit-il tous ses efforts pour l'éviter, en multipliant les protestations monarchiques, qui pouvaient faire oublier ses erreurs passées.

« Je ne veux pas, dit-il, faire un discours aujourd'hui, je veux faire un acte. »

Quant à la loi elle-même, M. Thiers la déclarait irréprochable. « Je déclare, disait-il, que c'est la loi que j'aurais faite, et certes je n'ai pas été consulté. » Cette assertion n'était pas exacte; mais il ne se croyait sans doute pas obligé de révéler les secrets de la coulisse. « Toutefois, ajoutait-il, la loi serait tout autre, je la voterais de même. Je vous déclare que dans la loi on aurait placé des institutions temporaires, appliquées uniquement au règne actuel, ce que j'aurais cru plus prudent, au lieu de la régence des hommes, on aurait mis la régence des femmes, je vous déclare qu'avec le même empressement, avec le même esprit d'adhésion, j'aurais consenti à la loi uniquement par ce sentiment qu'aujourd'hui, dans l'état, non pas de péril, mais d'ébranlement au moins, où un coup funeste a placé la monarchie, ce dont elle a le plus besoin, ce n'est pas d'amendements, c'est de notre adhésion. »

Assurément, il était difficile de pousser plus loin l'abnégation, et tant d'humilité méritait une récompense. Le roi avait espéré sans doute que M. Thiers entraînerait à sa suite quelques hommes influents de l'opposition, et celui-ci ne négligea rien pour justifier cette espérance. S'adressant directement à la gauche en termes presque suppliants, il la conviait à voter la loi par égard pour la monarchie. « Il ne s'agit pas, lui dit-il, de ministres, il s'agit de la monarchie; il s'agit de prouver, par notre adhésion, qu'il n'y a pas de différences entre nous quand il est question d'elle. J'appelle l'unanimité, et cette unanimité, à qui la demanderai-je? A qui cet exemple était-il surtout recommandé? Ce n'est pas aux membres de la majorité qui votent ordinairement avec le pouvoir. C'est à l'opposition, à cette opposition du moins dont j'ai l'honneur de faire partie, à adhérer, à montrer cet empressement que je regarde comme une des forces de la monarchie. C'est alors qu'on aurait vu que tous les partis étaient prêts à se serrer autour du trône; et je le lui demandais, et je le lui demande encore pour le pays. Je le lui demande pour elle. N'est-ce pas une occasion de s'honorer, de prouver qu'on a l'esprit de gouvernement, l'esprit, le véritable esprit monarchique ; une occasion unique, et sans faire aucun sacrifice d'opposition? »

M. Thiers invitait l'opposition à se rendre possible, et semblait lui montrer des portefeuilles en échange de ses concessions. L'artifice était maladroit et lui valut cette rude apostrophe de M. O. Barrot : « L'opposition met ses convictions avant ses intérêts. »

Nous ne terminerons pas cette rapide analyse du discours de M. Thiers sans faire connaitre son opinion sur le mérite du pouvoir constituant.

« Je demande pardon, dit-il, aux partisans du pouvoir constituant du peu de respect avec lequel j'en parle; oui, j'en parle avec peu de respect parce que j'en ai fort peu. Sans aucun doute, j'admets une grande différence entre une charte et une loi. Ce pouvoir constituant dont on parle a existé, je le sais ; il a existé à plusieurs époques de notre histoire; mais s'il a toujours paru placé au-dessus des autres pouvoirs, il a toujours, en réalité, joué un triste rôle au service des assemblées primaires et des passions dans les premiers temps de la révolution, au service d'un grand homme sous l'empire, et sous la restauration, caché sous l'article 14 de la charte, sans lequel il n'aurait pas existé. Il n'est donc pas vrai de dire que le pouvoir constituant soit l'honneur de notre histoire. »

On voit que MM. Thiers et Guizot étaient parfaitement d'accord pour nier les principes fondamentaux de la démocratie. Au surplus, il y avait encore dans le discours du premier une phrase qui peut s'appliquer à tous deux, quoiqu'elle fût adressée aux légitimistes. « Messieurs, disait M. Thiers, quand on a trompé un pays aussi gravement qu'on l'a fait, il ne faut plus prétendre qu'on ferait autrement. »

M. O. Barrot, qui, ainsi que nous l'avons dit, s'était laissé circonvenir dans les premiers jours de stupéfaction, se sépara hautement, à la tribune, de la funeste alliance de M. Thiers, et son talent, dégagé de ses entraves, se développa dans toute son ampleur. Ce fut le moment d'un de ses plus beaux triomphes oratoires, et ce que nous avons vu depuis donne à ses paroles quelque chose de prophétique. Comme M. de Lamartine, il demandait la régence élective, et ses arguments, empruntés à la situation du pays, à l'état de nos mœurs, aux exigences de la constitution, étaient concluants, solides, dépouillés de toute déclamation. Ses dernières paroles étaient une réponse directe aux cajoleries de M. Thiers.

« Les fonctions de régent, dit-il, sous une minorité, sont celles qui exigent le plus de capacité personnelle, et vous voulez faire une loi qui dépouille les pouvoirs politiques d'un droit d'appréciation qui leur appartient depuis les temps les plus reculés de la monarchie ; vous voulez les en dépouiller au profit du hasard ; vous considérez une pareille loi comme une loi secondaire, et vous invoquez des motifs de convenance au nom desquels nous devons faire le sacrifice de nos convictions. Eh bien ! nous croyons mieux servir la monarchie en disant franchement nos convictions et en mettant nos votes en harmonie avec elle.

« Songez-y bien, ce n'est pas en vertu du discernement, de l'appréciation de ses qualités, que vous désignez l'homme appelé aux fonctions de régent; non, c'est un droit absolu que vous créez. Eh bien! nous, nous voudrions que le prince régent eût pour lui au moins cette autorité d'adhésion, d'intelligence de la part des pouvoirs de l'État. Cette adhésion intelligente, loin de l'affaiblir, sera une force pour lui. »

Pour les zélés monarchistes qui avaient préparé la loi, MM. de Broglie, Thiers, Guizot, et qui s'étaient flattés de rallier autour du trône ébranlé tous les dévouements dynastiques, c'était un fait considérable que l'opposition de MM. O. Barrot et de Lamartine; c'était, en outre, un échec personnel pour M. Thiers, qui avait à peine détaché de la gauche quelques hommes des plus timides. Son autorité était compromise et son rôle amoindri; au lieu d'un chef d'opposition entraînant à sa suite des bataillons obéissants, on ne voyait qu'un déserteur désavoué des siens; au lieu de se présenter à M. Guizot comme un rival avec lequel il faudrait compter, il n'était devenu qu'un instrument destiné à le raffermir.

Dès que la loi fut votée (310 voix contre 94), M. Thiers put voir qu'on n'avait plus besoin de lui. Aux empressements succédèrent les froideurs, et les espérances qu'il avait conçues s'évanouirent après la victoire. Il avait eu cependant plus d'une fois occasion de connaître la politique de Louis-Philippe. Lorsque les embarras se présentaient, ce prince avait coutume de dire : « La montée est difficile, il faut prendre un nouveau relais ; » et les ambitions personnelles lui amenaient promptement un attelage de renfort. Mais dès que les escarpements étaient franchis, il détachait l'attelage, et d'un coup de fouet dédaigneux le renvoyait à l'écurie.

Ainsi il en advint avec M. Thiers. Tout meurtri du combat, séparé de ses amis, repoussé de ses nouveaux alliés, il n'eut plus qu'à se retirer dans sa tente, mais après avoir perdu son armée et sa position.

La session anticipée des chambres n'avait eu d'autre but que la loi de régence. Aussitôt après le vote, elles furent prorogées, non sans avoir apporté, dans la situation des partis, d'importantes modifications. Il est constant que le cabinet du 29 octobre s'était fortifié par l'adhésion du centre gauche. Mais la gauche elle-même, quoique amoindrie, avait montré dans la défense du principe électif une vigueur qui avait relevé son autorité morale. D'un autre côté, la discussion sur le pouvoir constituant, soulevée par les radicaux du parlement et de la presse, avait élargi le domaine de la politique, et réveillé dans les esprits des théories audacieuses sur le principe du gouvernement. Le résultat matériel du vote était sans doute une victoire pour la monarchie, mais la victoire avait été précédée de contestations menaçantes qui laissaient l'avenir plein de doutes et d'incertitudes. En voyant M. de Lamartine prendre hautement la défense de la mère du comte de Paris, on croyait dans le public qu'il y avait au parlement un parti tout formé pour la régence maternelle. On se trompait, il est vrai ; mais il suffisait qu'on le crût pour qu'un jour cela pût être.

Cette courte session avait pourvu aux intérêts dynastiques. Il y en avait d'autres cependant qui méritaient d'attirer la sollicitude du législateur, et le repos parlementaire fut plus d'une fois troublé par la voix des souffrances auxquelles on n'apportait aucun remède. Le cabinet du 29 octobre s'était vanté de sortir des abstractions politiques, pour entrer dans le domaine des faits. A défaut des satisfactions morales et qu'il appelait illusoires, il avait promis de faire une large part aux intérêts matériels, et cependant des plaintes partout répétées appelaient en vain l'accomplissement de solennels engagements.

La matière cependant était importante, et le champ était vaste, car il avait pour mesure l'étendue des douleurs et la variété des souffrances. Le pays légal lui-même, assis sur la propriété foncière, laquelle fournissait les bataillons de l'armée électorale, étalait aussi ses plaies et demandait soulagement. Accablé par les impôts, pliant sous le faix des créances hypothécaires, il eût volontiers repoussé des priviléges qui se mesuraient au poids des contributions. L'agriculture, base première de notre richesse nationale, dépérissait de jour en jour sous la double pression du fisc et de l'usure. Quelques chiffres puisés aux statistiques officielles peuvent indiquer l'étendue du mal et l'urgence du remède.

Le revenu territorial s'élevait à	1,580,597,000 fr.
La propriété foncière payait à l'État.	562,094,084
Les hypothèques inscrites au nombre de. , ...	4,587,862
Formaient un capital de. . . .	11,233,265,778
L'intérêt à 5 0/0 est de. . . .	561,533,288

D'où il résulte que la propriété foncière, sur un revenu

de 1,580,597,000 fr. payait 1,123,627,472 fr.; c'est-à-dire que le propriétaire ayant 1,500 francs de revenu payait en moyenne 1,100 francs d'impôt et d'intérêts.

Il est vrai qu'un certain nombre des hypothèques inscrites peut être retranché du capital total, les débiteurs ayant négligé d'en obtenir la radiation. En tenant compte de cette déduction, on serait encore au-dessous de la vérité en fixant le total restant à huit milliards.

Mais, d'un autre côté, nous n'avons porté l'intérêt qu'à 5 p. 0/0 ; et pour qui connaît les formalités exigées par notre loi hypothécaire, et les frais exigés par ces formalités, il est évident que la moyenne de l'intérêt est de 10 p. 0/0; c'est-à-dire que le riche qui fait de gros emprunts et à longs termes, paye 6 à 7 p. 0/0, et que le pauvre qui emprunte de petites sommes et à courte échéance, paye de 15 à 20 p. 0/0.

On peut juger quelle perturbation une pareille législation jette dans les fortunes, quelles douleurs elle apporte aux familles, quels insurmontables obstacles elle oppose aux progrès de l'agriculture. Pour un ministère qui avait promis satisfaction aux intérêts matériels, quel sujet plus fécond de réformes utiles, quelle plus heureuse occasion de gagner les cœurs? Et pourtant rien ne se faisait; aucune tentative, même apparente, n'apportait une perspective de soulagement.

Les grandes industries n'avaient pas moins de sujets de plaintes. Une de celles qui manifesta avec le plus d'énergie son mécontentement, fut l'industrie vinicole, et les nombreux intérêts qu'elle représente donnaient à ses réclamations une menaçante importance. Elle parlait, en effet, au nom de six millions de travailleurs, au nom d'une culture qui occupe en France la vingtième partie du sol, qui produit annuellement environ 40 millions d'hectolitres, représentant une valeur créée de 700 millions de francs, qui fournit à une exportation dont la valeur a souvent atteint 800 millions, qui donne lieu dans nos ports à un mouvement côtier ou de long cours de plus de 350,000 tonneaux, et qui paye enfin, tant au trésor qu'à l'octroi des villes, une somme de 110 millions d'impôts. Et cette immense puissance productive était frappée de paralysie d'une part, à l'étranger, par les entraves du système protecteur et prohibitif; d'autre part, à l'intérieur, par le régime des contributions indirectes et des octrois. Dans le département de la Gironde, le mal était plus grand que partout ailleurs. Bordeaux, qui devait son ancienne prospérité à nos développements coloniaux, et qui ne s'était pas relevé du coup que lui avait porté l'émancipation de Saint-Domingue, Bordeaux, en particulier, avait une part immense dans les souffrances générales ; en six ans ses exportations avaient été réduites de près d'un tiers.

Aussi la crise commerciale se développait-elle sur cet important marché avec des symptômes effrayants. Une pétition des propriétaires de vignes de la Gironde signifia au gouvernement que, par suite de l'entassement des vins et de la réduction des prix, il leur devenait impossible de payer l'impôt. Le président de la commission nommée par les propriétaires ajoutait : « Je ne puis vous celer la désaffection que les mesures ministérielles (la perception pratiquée sans ménagements et sans délais par les agents du fisc) produisent dans la Gironde, à tel point que, si des élections générales devaient avoir lieu en ce moment, il ne faudrait pas être étonné si elles produisaient des choix entièrement hostiles au gouvernement. « Le pays légal se mettait en insurrection : il alla plus loin, menaçant de refuser l'impôt ou de ne le payer qu'en nature.

Le remède à ces plaintes ne pouvait être qu'une profonde et intelligente réforme dans le droit international, basée sur des concessions réciproques de peuple à peuple, qui devait abaisser par degrés les barrières de la prohibition et remplacer la guerre de tarifs par les bienfaits de la liberté commerciale. Mais dans cette voie d'intelligence et de progrès, le gouvernement rencontrait pour adversaires les coryphées parlementaires qui guidaient les phalanges ministérielles. Gros financiers, gros industriels, tous les cœurs avides auxquels ils avait enseigné le culte des intérêts, se soulevèrent à l'idée de voir atteindre leur monopole et prouvèrent au ministère qu'ils avaient retenu ses leçons.

En 1837, un projet d'union commerciale complète avec la Belgique avait été proposé par le ministère du 6 septembre. Mais le gouvernement de Bruxelles jugeait que l'indépendance belge ne s'y trouvait pas suffisamment garantie. Après de longs pourparlers, les négociations furent interrompues. Le ministère du 1er mars les avait reprises ; elles furent arrêtées de nouveau par les complications extérieures. Au commencement de la session de 1842, le projet d'union douanière reparaissait encore ; mais la chambre parut peu disposée à l'accueillir avec faveur, et, dans la discussion de l'adresse, les intérêts rivaux firent entendre de menaçantes paroles. Le ministère crut prudent d'ajourner.

Après la courte session d'août, à la suite d'une victoire politique, il se crut assez fort pour reprendre son œuvre, et le roi Léopold était venu lui-même à Paris dans les premiers jours d'octobre, pour mener à bonne fin une transaction aussi éminemment utile aux deux pays. Mais les privilégiés du parlement eurent bientôt montré à M. Guizot que s'ils étaient toujours prêts à lui sacrifier les libertés publiques, il n'aurait pas aussi bon marché de leurs intérêts privés.

A peine la présence de Léopold eut-elle révélé les périls qui menaçaient le système protecteur, que les chefs d'industrie s'ameutèrent : maîtres de forges, propriétaires de forêts, extracteurs de houilles, tous crièrent à la spoliation, parce que le public allait avoir à bon marché des articles supérieurs à ce qu'ils ne livraient qu'à des prix exorbitants. Qu'importaient les avantages des consommateurs? La masse des consommateurs ne figurait pas sur les listes électorales, n'avait aucune influence sur les décisions de la chambre, sur les changements de cabinets. La minorité des producteurs dominait au parlement; elle voulait conserver sa domination sur le marché. Le 26 octobre, une réunion de députés industriels, engraissés par le monopole, eut lieu chez M. Fulchiron, et là retentirent les plus folles clameurs contre un gouvernement qui voulait mettre fin aux tyranniques exploitations de quelques favoris de la fortune. L'intérêt matériel, si merveilleusement encouragé par le ministère, se mettait en insurrection et prenait des airs de tribun. L'assemblée adopta des mesures de résistance, et l'on y vota des résolutions portant que « chacun des membres chercherait ou saisirait l'occasion de porter ses doléances auprès du trône, et lui ferait connaître les perturbations que causerait la réalisation des projets ministériels; que chaque député devrait se mettre en rapport avec les représentants légaux de l'industrie et du commerce dans sa localité, afin de leur offrir à Paris un intermédiaire et un organe pour toutes les représentations qu'ils croiraient utile d'adresser au gouvernement. » C'était une véritable coalition, faisant appel à toutes les mauvaises passions que soulève la cupidité. Cet appel fut entendu : les chambres de commerce de la province, les chambres consultatives envoyèrent des délégués à Paris ; un congrès industriel se réunit dans les salons de Lemardelay et somma le ministère de renoncer à la seule idée féconde qu'il eût osé concevoir. Le ministère céda honteusement, et courba la tête devant l'insolente féodalité qu'il avait lui-même créée.

Jamais peut-être il n'y eut d'argument plus décisif en faveur de la réforme électorale. Quel poids, en effet, auraient eu les clameurs de quelques hommes, s'ils n'avaient été en possession exclusive du droit électoral, c'est-à-dire de la véritable souveraineté? Le gouvernement, pour maintenir compacte sa petite armée de privilégiés, s'était obstinément refusé à en grossir les rangs. Mais un jour ses soldats se révoltent ; ils lui jettent le défi ; il est à leur discrétion ; et ces phalanges indociles ne reconnaissent plus ni frein ni discipline. On avait fait appel aux intérêts et les intérêts ne peuvent plus être gouvernés dans leur propre sphère ; il n'y a plus de règle qu'ils acceptent et qu'il soit permis de leur appliquer ; et le pouvoir social est déchu non-seulement comme guide dans ses attributions matérielles, mais comme inspiration dans les sphères plus élevées de l'intelligence et de la morale.

L'union douanière avec la Belgique était non-seulement une heureuse introduction vers la liberté commerciale, c'était encore l'agrandissement politique de la France, la conquête pacifique d'un pays qui rentre par son territoire, ses mœurs et son langage dans la sphère de notre nationalité. La presse radicale appuya énergiquement la pensée ministérielle, et prouva en cette occasion que ses oppositions n'étaient pas systématiques. Le cabinet du 29 octobre perdit par sa faiblesse tout le fruit de ses bonnes intentions.

Ajoutons, pour compléter l'histoire de cette négociation avortée, que les cabinets de Londres, de Vienne et de Berlin, firent entendre de menaçantes protestations contre un projet qui devait agrandir les influences politiques de la France. Ils prétendaient que c'était une violation des traités de 1815, que l'union commerciale équivalait à une accession du territoire de la Belgique en France; ils avaient peut-être raison. Mais la logique des peuples rivaux donnait la mesure du patriotisme de nos grands industriels.

Pendant qu'il luttait contre ses partisans à l'intérieur, M. Guizot trouvait une compensation dans les complaisances du ministère tory qui l'aidait à terminer sans mécompte les différends relatifs au droit de visite.

Ce n'avait pas été pour lord Aberdeen un médiocre embarras que de rencontrer la résistance de la France jointe à celle des États-Unis. Si le premier pays eût accepté le traité, il n'est pas impossible que l'Angleterre ne se fût décidée à agir sur l'autre par la contrainte; mais l'attitude de la France donnait à l'Amérique une force morale devant laquelle il fallait nécessairement céder, malgré les injonctions des fervents abolitionistes et les sarcasmes des whigs. Quoique le protocole restât ouvert pour la signature de M. Guizot, il n'y avait guère à espérer qu'il pût la donner; et les protestations énergiques des chambres ne permettaient même pas de reprendre les négociations.

Ainsi séparé de la France, il ne restait plus au cabinet de Saint-James qu'à se rapprocher de l'Amérique. Aussi bien il y avait à traiter d'autres questions non moins irritantes : la délimitation des frontières amenait tous les jours des collisions sanglantes qui entretenaient les animosités et pouvaient conduire à une guerre ouverte. Les désastres de l'Asie et de nouveaux troubles dans les districts manufacturiers contribuaient d'ailleurs à rendre l'Angleterre accommodante. Lord Ashburton fut envoyé à Washington en qualité de plénipotentiaire chargé de régler tous les différends, et le 9 août 1842, intervint un traité qui fixait définitivement la limite des frontières, stipulait l'extradition réciproque de certains criminels et réglait ou plutôt abolissait le droit de visite. Il était convenu que les forces armées par chacune des puissances pour réprimer le commerce de la traite seraient égales, et qu'elles agiraient séparément; c'est-à-dire que chacune des deux nations ferait la police des mers pour son propre compte et sur ses propres navires, sans que l'autre fut en droit de visiter les bâtiments de son alliée.

Ainsi les Américains maintenaient en leur faveur le grand principe maritime, celui de l'inviolabilité de leurs navires. C'était un exemple donné à la France qui ne permettait plus au ministère aucune concession.

Aussi le traité Ashburton fut-il accueilli en Angleterre avec des ressentiments mal déguisés, et même les journaux attachés aux tories avouaient l'échec de leur diplomatie. « Nous ne voyons dans ces stipulations, disait l'un d'eux, rien dont l'Angleterre ait à s'enorgueillir. » Un autre, plus particulièrement dévoué au cabinet, l'excusait par la nécessité. « Il fallait en passer par là, dit-il, ou tirer le canon, et la première extrémité est moins défavorable que la seconde. »

Cependant, quelque désavantageux que fut le traité, lord Aberdeen avait intérêt à le ratifier. En effet, jusque-là l'Amérique demeurait unie à la France ; par le traité du 9 août, la France était isolée. Cette pensée fut trahie par les organes mêmes du cabinet tory. « Osera-t-on, s'écrie le *Standard*, accuser les ministres de S. M. qui sont appelés à maintenir notre grande nation dans le rang élevé de conservatrice de la paix, d'avoir réalisé une mesure qui garantit tous les intérêts de notre pays, remplit les vœux des Américains, aujourd'hui nos amis, et qui, nous dégageant de toute alliance embarrassante, laisse le pays libre de soutenir ses droits et sa puissance vis-à-vis des autres puissances européennes ? »

Mais que pouvaient ces vaines menaces contre l'opinion bien prononcée du peuple et du parlement français ? Lord Aberdeen avait trop intérêt à ménager le cabinet conservateur du 29 octobre, pour suivre les impulsions belliqueuses de ses imprudents amis. M. Guizot, de son côté, aux approches d'une session nouvelle, voulait écarter une question qui lui avait déjà tant apporté de soucis. M. de Saint-Aulaire fut chargé de demander au gouvernement anglais la clôture du protocole de 1841 ; et le 19 novembre, on lisait dans le *Moniteur* : « Le gouvernement du roi ayant déclaré qu'il ne croyait pas devoir, ni en ce moment, ni plus tard, ratifier le traité du 20 décembre 1841, les représentants de l'Angleterre, de l'Autriche, de la Prusse et de la Russie, réunis en conférence à Londres, mercredi dernier, 9 novembre, ont décidé que le protocole était clos, et que le traité conservait d'ailleurs, quant aux quatre puissances, toute sa force et toute sa valeur. »

Il faut avouer que cette fois M. Guizot cédait sans détour et prenait un engagement solennel envers le public et envers les chambres. Il est vrai qu'il lui eût été difficile de faire autrement ; mais encore fallait-il une certaine adresse pour calmer les ressentiments britanniques. Si la France repoussait à bon droit une transaction qui compromettait sa dignité, l'Angleterre avait bien sujet de se plaindre, car le cabinet français s'était engagé et ne tenait pas sa parole. Avec les wibgs, M. Guizot n'aurait pas obtenu de si faciles indulgences ; les tories se résignèrent à subir la solidarité de ses échecs parlementaires.

Cependant cet aveu public d'une défaite affaiblissait l'autorité de M. Guizot ; ainsi du moins le jugeaient les rivaux qui cherchaient à le supplanter. Les intrigues se réveillèrent autour des portefeuilles ; une coalition se tramait entre les dépossédés du 15 avril et du 12 mai, coalition de grands hommes méconnus et de vanités brisées. En tête, M. Molé, secrètement appuyé de M. de Montalivet. Puis venaient à la suite les tapageurs de la cour, aides de camp hâbleurs, députés zélés, journalistes à la solde. Chacun à l'envi jetait la pierre à M. Guizot : c'était un homme usé, ayant fait son temps, compromis à l'intérieur par une impopularité toujours croissante ; à l'extérieur par la triste issue du droit de visite, incapable en administration et malheureux en diplomatie. Ces bruits, d'abord répandus avec mystère, puis grossissant de proche en proche, tenaient en éveil toutes les cupidités. La session approchait, et il fallait enlever la place pour avoir le temps de préparer la campagne parlementaire. Les amis de M. Molé s'y dévouaient avec une activité qui révélait de hautes complicités. Déjà l'on préparait les listes du nouveau cabinet. M. Passy était engagé, M. Dufaure caressé, M. Vivien invité. Des avances étaient faites à M. Billault et un traité d'ailliance offert à M. de Lamartine ; mais ce dernier faisait ses conditions, et sa conscience, rebelle aux intrigues, devenait un embarras.

Toutefois, si M. Guizot était mal vu des valets du château, il avait pour lui le maître. Louis-Philippe tirait trop bon parti des ressources oratoires de son ministre, pour le sacrifier à des criailleries subalternes. Il était surtout dominé par une pensée secrète qui ne l'abandonnait jamais, celle de recommencer la lutte pour la dotation du duc de Nemours, et nul ministre ne lui paraissait plus propre que M. Guizot à vaincre par son habileté les résistances des conservateurs. Il le tenait donc en réserve pour reprendre ce débat qu'il regardait, non sans raison, comme une des épreuves les plus décisives du principe monarchique. M. Guizot put laisser avec calme s'embrouiller les fils de l'intrigue qui s'agitait à ses pieds. L'appui du roi lui permettait le dédain envers des courtisans révoltés.

Pendant que ces ténébreuses menées obscurcissaient les hautes régions du pouvoir, un procès scandaleux en cour d'assises révélait au public les honteuses dilapidations de certains administrateurs de la ville de Paris, et dévoilait un système organisé de prévarication, dont une foule de citoyens avaient été victimes.

Le bureau de la grande voirie et des plans a dans ses attributions tout ce qui concerne les alignements, les ouvertures de nouvelles rues, les contraventions en matière de construction et le payement des indemnités dues aux propriétaires dépossédés. Quelques employés de cet important bureau avaient profité de leur position officielle, non-seulement pour détourner à leur profit les deniers de la ville, mais aussi pour mettre à contribution les parties intéressées. Une association organisée dans les bureaux protégeait ce brigandage, et la connivence du chef et des employés l'avait fait durer plusieurs années. Les uns exécutaient des travaux inutiles, les faisaient présenter par des prête-noms, et en recevaient le prix après une vérification accomplie par un confrère complaisant. D'autres, plus haut placés, faisaient disparaître les dossiers des contrevenants, qui payaient rançon ; les propriétaires dépossédés ne pouvaient faire régler leurs indemnités qu'en faisant de ruineux sacrifices. Ceux qui n'avaient pas le secret des marchés clandestins attendaient vainement qu'on leur fît justice, ou bien, assaillis par des spéculateurs qui étaient en communication avec les employés, il vendaient à vil prix leurs créances qui étaient aussitôt payées aux trafiquants. Puis venaient les spéculations sur les terrains, les ouvertures de rues nouvelles pour lesquelles des entrepreneurs achetaient le secret des bureaux. La communication d'un plan d'alignement, d'une délibération du conseil municipal, s'était vendue 15 ou 20 mille francs. Enfin, dans cette région administrative, on profitait de l'influence qu'on exerçait sur certains conseillers municipaux pour faire abaisser ou élever le chiffre des indemnités, pour donner aux rues projetées telle direction qui devait profiter aux entrepreneurs favorisés. Or, il arriva qu'un spéculateur chassé de la préfecture voulut continuer à partager les bénéfices. Ces prétentions étant repoussées, une lutte s'engagea entre le complice qui possédait le secret des opérations et la bande mystérieuse qui volait l'administration et les particuliers, lorsque la justice intervint. Plusieurs employés furent arrêtés, et le public apprit avec stupéfaction que parmi eux était le chef de bureau, M. Hourdequin, jusque-là environné d'une considération générale, exerçant une haute influence sur le préfet, et gouvernant, plus qu'il n'était légitime peut-être, les délibérations du conseil municipal.

Les débats furent pleins de scandales et d'affligeantes révélations, et cependant on ne put percer tous les mystères de ces ténébreuses machinations. Beaucoup de complices échappèrent aux poursuites. M. Hourdequin, plus coupable parce que ses fonctions destinées à protéger les citoyens, lui avaient servi à les dépouiller, fut condamné avec deux employés des bureaux. Cette tardive satisfaction accordée à la conscience publique, n'en laissait pas moins derrière elle un sentiment profond de méfiance envers l'administration. Le pouvoir tout entier en était ébranlé, et l'opposition profitait des ressentiments publics, pour attaquer avec énergie le gouvernement, qui manquait au moins de surveillance, si ce n'était de moralité.

CHAPITRE XII.

Nouvelle discussion sur le droit de visite. — Condamnation des traités de 1831 et 33. — MM. Dufaure et Passy se séparent du ministère. — Question de réforme parlementaire. — Nouvelle loi sur les sucres. — Lois diverses. — Enquête parlementaire. — Corruptions électorales. — Espagne : Ministère Lopez.—Sa prompte démission.—Indignation des cortès.—Prorogation et dissolution des chambres. — Soulèvement des provinces. — Bombardement de Séville. — Chute d'Espartero. — Isabelle est déclarée majeure. —Ministère Olozaga. — Ses luttes contre les royalistes. — Incidents de sa chute. — Ministère Gonzalès Bravo. — Rappel de Marie-Christine. — Les Anglais se vengent des désastres de l'Afghanistan. — Paix avec la Chine. — Troubles dans les districts manufacturiers. — Les chartistes. — O'Connell et l'association du rappel. — Procès et condamnation d'O'Connell. — Les Rebeccaïtes du pays de Galles. — Ligue des céréales.

On n'en avait pas encore fini avec le droit de visite. Le traité du 20 décembre 1841 n'existait plus pour la France, mais ceux de 1831 et 1833 demeuraient toujours comme une consécration du principe ; et lord Aberdeen, si complaisant jusqu'alors, avait repoussé toute ouverture tendant à les effacer du code international. Dans une conférence avec M. de Saint-Aulaire, il lui avait déclaré que si le gouvernement français procédait violemment à l'abrogation de ces traités, il serait du devoir des ministres de S. M. de rappeler de Paris l'ambassadeur d'Angleterre. La menace était assez sérieuse pour contraindre M. Guizot à céder à son tour. Mais, d'un autre côté, l'opinion publique en France ne se prononçait pas avec moins d'opiniâtreté, et déjà victorieuse en ce qui concernait le traité de 1841, elle voulait compléter son triomphe en attaquant le principe même du droit de visite, imprudemment admis dans les conventions antérieures. Pour l'opposition, les sympathies générales en faisaient une excellente occasion de lutte; pour les rivaux ministériels, c'était un nouveau sujet d'espérances. L'ambition et le patriotisme se trouvaient d'accord. La session qui commença le 9 janvier 1843 ouvrait une nouvelle carrière aux attaques, le droit de visite fut, en effet, la question qui domina toutes les autres dans la discussion de l'adresse. M. Guizot, seul contre tous, fit preuve d'une énergie désespérée et d'une remarquable puissance de talent. Mais tout fut inutile. Il fallut se courber devant l'arrêt de la nation. La chambre des pairs cependant lui avait offert la satisfaction d'une première victoire. On y avait proposé par amendement d'introduire dans l'adresse les paroles suivantes : « Les bonnes relations avec l'Angleterre seraient plus assurées encore, si un nouvel examen des traités de 1831 et 1833 parvient à faire disparaître les inconvénients que leur exécution a paru révéler. » M. Guizot combattit l'amendement et soutint qu'on ne pouvait l'accepter, sans pousser inévitablement la France à une faiblesse ou à une folie. Les pairs furent dociles à sa voix. Mais au Palais-Bourbon, la commission même de l'adresse, composée de conservateurs, proposa le paragraphe suivant : « Nous appelons de tous nos vœux le moment où notre commerce sera replacé sous la surveillance exclusive de notre pavillon. » M. Guizot fut obligé d'accepter cette protestation bien autrement significative que celle qu'il avait repoussée au Luxembourg. Le droit de visite était définitivement jugé. Les traités antérieurs n'avaient désormais pas plus de force que la convention de 1841.

La discussion de l'adresse avait été féconde en émotions, lorsque les orateurs de tous les partis, radicaux, légitimistes, libéraux et conservateurs, se présentaient tour à tour, chacun jetant sa pierre au principe du droit de visite et désavouant le ministre qui livrait en proie la dignité nationale.

Ce qui remuait surtout les esprits, c'était de voir des hommes jusque-là soutiens de la monarchie de juillet s'en détacher résolûment, s'inscrire à ciel ouvert dans les rangs de l'opposition et déclarer la guerre à ceux qu'ils avaient servis. M. de Lamartine avait déjà, dans la session d'août, combattu le ministère ; ici il attaqua tout le système du gouvernement ; il avait différé sur une question spéciale, il annonça une scission complète. S'élevant tout à coup jusqu'au plus hardi radicalisme, il étonna la chambre par la ferveur de ses théorie démocratiques. Le vice de la situation, disait-il, n'était pas à ses yeux dans le ministère, ni dans le ministère actuel ni dans celui qui l'avait précédé, ni peut-être dans ceux qui seraient destinés à lui succéder. Le vice était plus haut... Puis, faisant loyalement amende honorable pour ses propres aveuglements, M. de Lamartine condamnait lui-même la conduite qu'il avait jusqu'alors tenue, car le gouvernement se faisait de la modération des gens de bien un encouragement à des fautes nouvelles.

Les centres, frémissant de colère, cherchaient vainement à interrompre l'orateur, il faisait taire leurs murmures par des menaces éloquentes qui avaient quelque chose de prophéthique :

« Non, s'écria-t-il, non, il ne sera pas donné de prévaloir longtemps contre l'organisation et le développement de la démocratie moderne à ce système qui usurpe légalement, qui empiète timidement, mais toujours, et qui dépouille le pays pièce à pièce de ce qu'il devrait conserver des conquêtes de dix ans et de cinquante ans.

« Non, ce n'est pas pour si peu que nous avons donné au monde européen, politique, social, religieux, une secousse telle, qu'il n'y a pas un empire qui n'en ai croulé ou tremblé, pas une fibre humaine dans tout l'univers qui n'y ait participé par le bien, par le mal, par la joie, par la terreur, par la haine ou par le fanatisme !

« Et c'est en présence de ce torrent d'événements qui a déraciné les intérêts, les institutions les plus solidifiées dans le sol, que vous croyez pouvoir arrêter tout cela, arrêter les idées du temps, qui veulent leur place, devant le seul intérêt dynastique trop étroitement assis, devant quelques intérêts groupés autour d'une monarchie récemment fondée? Vous osez nier la force invincible de l'idée démocratique un pied sur ses débris !

« Ah ! détrompez-vous. Sans doute, ces captations, ces faveurs personnelles, ces timidités du pays qu'on fomente au dedans, ont leur force, mais c'est une force d'un jour, une force précaire avec laquelle on ne fonde pas pour longtemps...

« Derrière cette France qui semble s'assoupir un moment, derrière cet esprit public qui semble se perdre, et qui, s'il ne vous suit pas, du moins vous laisse passer en silence sans vous résister, mais sans confiance ; derrière cet esprit public qui s'amortit un instant, il y a une autre France et un autre esprit public ; il y a une autre génération d'idées qui ne s'endort pas, qui ne vieillit pas avec ceux qui vieillissent, qui ne se repent pas avec ceux qui se repentent, qui ne se trahit pas avec ceux qui se trahissent eux-mêmes, et qui, un jour, sera tout entière avec nous.

« Je sais que vous déclarez cela impossible. Savez-vous ce que cela veut dire? Cela veut dire que vous croyez que les développements d'institutions sont des chimères ! Non, ces hommes impossibles seront nécessaires un jour, et c'est pour cela que je m'éloigne de jour en jour davantage du gouvernement, et que je me rapproche complétement des oppositions constitutionnelles, où je vais me ranger pour toujours. »

C'est un symptôme grave pour un gouvernement que de se voir délaisser par les hommes d'élite, et de n'avoir plus à leur opposer que des troupeaux obéissants, rassemblés parmi tous les cœurs sans foi et sans intelligence. Quand on n'a plus pour soi que les hommes qui se laissent effrayer ou corrompre, quel qu'en soit le nombre, on touche à la décadence. L'autorité morale se perd ; la puissance n'est plus qu'un fait brutal dont une heure de résistance fera justice. La prise d'armes de M. de Lamartine était un solennel avertissement ; et les votes de cent muets ne pouvaient contrebalancer les éclats d'une telle voix prédisant la chute d'un gouvernement coupable.

Bientôt se produisirent d'autres dissidences non moins significatives. Le tiers parti, composé des hommes qu'on appelait malicieusement les héritiers présomptifs du ministère, avait jusque-là donné ses votes au cabinet du 29 octobre. Dans la discussion même si animée de l'adresse, MM. Dufaure et Passy avaient fait preuve d'une excessive réserve. Mais lorsque vint, au commencement de mars, la question périodique des fonds secrets, ils en prirent occasion pour annoncer officiellement leur changement de conduite. M. Dufaure vint déclarer à la tribune que lui et ses amis croyaient devoir retirer au ministère cet appui qu'ils lui avaient si longtemps prêté? Dans leur opinion, après treize ans de durée et de consolidation, le temps était venu pour le gouvernement d'examiner si des réformes sages, modérées, prudentes, ne pourraient pas être faites ; il fallait, selon eux, saisir le moment où ces réformes étaient devenues nécessaires pour prévenir celui où on exigerait des réformes plus radicales et plus dangereuses. Or, le ministère refusait toute concession. Pourquoi le centre gauche continuerait-il son appui à une administration qui ne faisait rien pour le mériter ?

M. Guizot contesta, comme d'habitude, l'opportunité des réformes et accueillit avec une certaine fierté la signification du divorce. Il se consolait avec les résultats du scrutin, plus sage s'il eût pesé les votes au lieu de les compter.

Les questions de réformes parlementaires se renouvelèrent avec moins de succès que les années précédentes. M. Duvergier de Hauranne proposa de remplacer le scrutin secret par le vote de division. C'était un hommage rendu au principe de la publicité ; c'était de plus une gêne pour les députés fonctionnaires, contraint de mettre au grand jour leur conduite politique. Aussi la prise en considération fut-elle repoussée par la chambre.

La proposition sur les incompatibilités, reprise par M. de Sade, fut également rejetée à une grande majorité. La réforme perdait évidemment du terrain à la chambre, mais les régions parlementaires étaient loin d'être l'image fidèle du pays, et pendant que les ministres se flattaient d'un surcroît de puissance, les idées de réforme, étouffées au Palais-Bourbon, pénétraient profondément dans toutes les couches sociales, et devenaient plus actives par les résistances du privilége.

Une question industrielle qui avait plus d'une fois occupé les assemblées législatives, et restait toujours sans solution satisfaisante, la question des sucres, fut soumise à des délibérations nouvelles. On se souvient qu'en 1840, l'impôt sur le sucre indigène avait été fixé à 27 fr. 50 c. les 100 kil., celui des sucres coloniaux étant maintenu à 49 fr. 40 c. Dans la discussion, cependant, tout le monde avait reconnu la nécessité d'un nivellement futur entre les impôts des deux produits ; on n'était en désaccord que sur l'époque et la méthode du nivellement. Les uns le voulaient par un surcroit progressif sur le sucre indigène, les autres par un dégrèvement du sucre colonial. Les intéressés directs n'acceptaient aucune transaction, et les efforts entrepris pour les concilier n'avaient servi qu'à rendre les querelles plus vives et les plaintes plus amères. Les colonies surtout protestaient énergiquement contre une inégalité de droits qui les mettait à la merci de leurs rivaux. Il est certain que déjà la situation respective des deux industries n'était plus la même qu'en 1840, et que le développement du sucre indigène rendait plus frappante l'inégalité de droits. Le chiffre de la production officielle, qui n'avait été pendant la campagne de 1839 à 1840 que de 22 millions 749,000 kil.

s'était élevé de 1840 à 1841, à 26 millions 940,000, et de 1841 à 1842, à 31 millions 235,000 kilog. Pour les trois premiers mois de 1843, il avait dépassé de plus de 25 pour 100 celui de la période correspondante de l'année précédente, et tout faisait présumer qu'il s'élèverait pendant la campagne à 40 millions. D'un autre côté, les colonies, pour soutenir la concurrence, avaient aussi forcé leur production, de sorte que les deux industries réunies jetaient annuellement dans la consommation une masse d'environ 140 millions de kilogr. sur un marché qui n'en demandait que 115 à 120. Aussi le *stock* ou restant en entrepôt, qui s'accroissait chaque année, dépassait-il 40 millions de kilogrammes. Cette situation ne pouvait durer; les deux industries rivales en souffraient également. Le gouvernement devait aviser. L'embarras était de concilier les intérêts opposés de l'agriculture et du commerce. Le ministre, M. Cunin-Gridaine, chargé de les protéger tous deux, s'épargna les difficultés d'une solution équitable, en proposant la suppression totale de la fabrication indigène moyennant une indemnité de 40 millions.

La commission, dont le rapport fut présenté le 26 avril par M. Gauthier de Rumilly, ne se montra pas si prompte à détruire. Le projet du gouvernement était entièrement modifié, et la fabrication indigène conservée. La commission admettait en principe l'égalité des droits, et la montrait en perspective; mais elle en subordonnait la mise en pratique aux progrès des fabriques, progrès qui se manifesteraient naturellement par un accroissement de production. Pour chaque extension de 5 millions de kilogrammes elle établissait un surcroît de taxe de 5 fr. Elle adoptait comme point de départ un droit de 30 fr. (décime non compris) pour une production de 30 millions de kilogrammes. Ainsi, quand la production du sucre indigène atteindrait 45 millions de kilogrammes, l'égalité des droits serait en vigueur. D'un autre côté, elle admettait dans le cas de décroissement de la production une réduction dans le droit de 5 fr. par 5 millions de kilogrammes.

Ce système avait l'inconvénient de laisser à la discrétion des producteurs la quotité de l'impôt, puisqu'il pourraient toujours régler leurs produits sur le minimum du droit.

Aussi la minorité de la commission, représentée par MM. Muret de Bort, Ducos et Passy, proposait l'égalité de droits dans un nombre d'années déterminé, sans tenir compte de la production. De cette manière, le droit devant augmenter nécessairement, on était certain que la production augmenterait nécessairement aussi.

Un autre système se produisit dans la discussion, l'égalité par voie de réduction progressive sur le sucre des colonies, pour s'arrêter au droit uniforme de 30 fr. Cette thèse fut soutenue par M. Garnier-Pagès jeune, qui, faisant son début dans la carrière parlementaire, prouva dès le premier jour qu'il était digne de porter un nom illustre.

Après une discussion assez confuse, où chacun avec opiniâtreté défendit son système, la chambre accueillit le principe de la minorité de la commission, l'égalité des droits par accroissements successifs sur le sucre indigène. Il fut décidé qu'à partir du 1er août 1844, le droit serait augmenté, pendant cinq années successives, de 5 fr. par an. Il eût mieux valu sans doute arriver à l'égalité par le dégrèvement. Car, pour une denrée de première nécessité, la diminution dans le prix amène infailliblement l'accroissement dans la consommation, et par conséquent dans la perception. Mais enfin l'on mettait un terme aux incertitudes menaçantes qui pesaient depuis tant d'années sur deux industries également dignes d'intérêt.

Le reste de la session fut principalement consacré à des questions spéciales qui laissaient reposer les discussions politiques. Des lois sur le notariat, le tarif des commissaires-priseurs, les brevets d'invention, la gendarmerie, l'école d'arts et métiers d'Aix, la police du roulage, l'inscription des pensions militaires, etc., occupèrent utilement les moments de la chambre.

Une loi sur la refonte des monnaies de cuivre fut rejetée, des dépenses relatives aux établissements de l'Inde furent repoussées, un projet de modification au code d'instruction criminelle fut écarté par la chambre des pairs ; un autre projet ayant pour objet de prêter deux millions à la compagnie du chemin de fer de la Teste à Bordeaux, eut le même sort. Si l'on rapproche ces votes de ceux qui concernaient le droit de visite, de ceux qui dans la loi des sucres avaient entièrement modifié le projet du gouvernement, on verra que le ministère n'avait guère à se féliciter de son autorité sur la chambre. Il ne retrouvait la majorité que dans les questions politiques où l'on pouvait craindre un changement de cabinet, n'ayant d'autre appui que la peur et les plus mesquines passions.

L'opposition ne se contentait pas de ces victoires de détail. Poursuivant sans relâches les vices du système électoral, elle s'emparait de tous les exemples propres à les démontrer, soit intrigues privées, soit connivences des autorités administratives. Les élections de 1842 avaient révélé

à cet égard des faits scandaleux, qui avaient motivé dans la session d'août une enquête parlementaire sur la nomination de M. Pauwels à Langres, de M. Floret à Carpentras. Le rapport de la commission d'enquête concluait à l'annulation de la première élection. La discussion s'ouvrit le 5 mai. Il s'y fit de singulières révélations. M. Pauwels, imitant les procédés des élections anglaises, avait employé les moyens de corruption les moins déguisés, hébergeant et enivrant les électeurs, répandant l'argent à pleines mains, et achetant les faveurs du sous-préfet de Langres par des prêts pécuniaires. Ce sous-préfet, de son côté, nommé M. de Bajoc, sollicitait humblement M. Pauwels d'obtenir pour lui de l'avancement. Mutuel échange de bons offices entre l'élu et l'agent électoral. « Quand vous trouverez jour à me
« tirer d'ici, écrivait le sous-préfet, je me fierai à votre
« bonne amitié..... Du courage ! je ne désire pas qu'on
« mette à la porte tous les préfets, parce qu'il y en a de
« bons, mais au moins que l'on m'en trouve une petite
« (préfecture) n'importe où, je m'en contenterai, voire
« même celle de Chaumont. » Ces édifiantes négociations se passaient sous le ministère du 1er mars. Or voici que les affaires d'Orient viennent déranger les projets de M. de Bajoc. « Savez-vous, écrit-il à M. Pauwels, que les nou-
« velles politiques me font trembler pour mon avance-
« ment ? Et si M. Thiers s'en va, me voilà ajourné, à
« quand ? Dieu le sait. Pressez-le donc : voyez M. d'Ap-
« pony..... Il pourrait, tout-puissant comme il l'est, faire
« un petit mouvement dans lesquel il me mettrait..... où ?
« cela m'est égal. »

En présence des témoignages unanimes sur les faits de corruption et des naïfs épanchements du sous-préfet, la chambre indignée annula l'élection de Langres. Celle de Carpentras présentait des faits analogues ; mais c'était de la part du candidat ministériel évincé, M. de Gérente, qui avait été en concurrence avec M. Floret. M. de Gérente était frère du sous-préfet de Carpentras, et ce sous-préfet, digne pendant de M. de Bajoc, avait menacé un percepteur de destitution, s'il ne marquait pas son bulletin ; les mêmes menaces avaient été employées envers un maire. La commission d'enquête avait condamné le sous-préfet dans les termes les plus énergiques, et conclu à la validité de l'élection de M. Floret, quoique celui-ci eût aussi fait quelques promesses à des électeurs. Mais M. Floret était l'ancien préfet de Toulouse qui avait, dans l'affaire du recensement, fait preuve d'une grande réserve. Brutalement destitué par le ministère, il se pouvait qu'il allât grossir les rangs de l'opposition. Aussi les orateurs ministériels, M. Hébert en tête, trouvèrent-ils des accents d'une vertueuse indignation pour condamner ces manœuvres par promesses ; les centres votèrent avec ensemble l'annulation de l'élection. L'opposition fut loin de se plaindre de cet excès de sévérité ; elle avait contraint M. Hébert à déclarer : « Qu'une promesse faite à « un électeur en vue de l'élection suffisait pour vicier cette « élection et la faire annuler. » Elle avait toujours soutenu cette doctrine, et elle se promettait bien de la rappeler à ceux pour qui elle était toute nouvelle.

M. Gustave de Beaumont avait dit dans la discussion : « Quand l'enquête n'aurait été que l'occasion du spectacle « offert aujourd'hui par la chambre, le spectacle d'une « grande assemblée s'élevant d'un commun accord contre « l'intrigue et flétrissant les manœuvres électorales, l'en-« quête aurait été utile et eût donné un grand résultat. »

Les émotions, en effet, avaient été grandes au-dehors. La révélation de ces honteux marchés, l'aspect de ces magistrats trafiquants, l'abaissement du pouvoir, la dégradation des citoyens, tout cet ensemble de corruptions et de fraudes, excitaient l'indignation publique et apportaient aux idées de réformes des arguments invincibles.

En même temps se passaient dans les hautes régions ministérielles des faits mystérieux dont plus tard un procès criminel devait donner la solution, mais qui alors déjà étaient signalés avec méfiance par les hommes clairvoyants. Les grandes lignes des chemins de fer avaient été tracées par la loi de 1842. Il s'agissait de faire l'application des principes, et de traiter avec les compagnies qui se présentaient pour les différents parcours. Aussi, l'intrigue était-elle active autour du ministère des travaux publics, et quoique les transactions coupables restassent dissimulées, il en transpirait assez pour éveiller les soupçons et pour exposer la conduite du ministre à des commentaires défavorables. D'abord le chemin de fer du Nord était abandonné à une compagnie puissante avec des avantages que l'on trouvait exagérés. La chambre n'accueillit pas la proposition du ministre et prononça l'ajournement. Ensuite vint le chemin d'Orléans à Tours, qui donna lieu à de singuliers incidents. Un capitaliste anglais, M. Barry, se présentait pour soumissionner; il était muni de lettres de recommandation de lord Aberdeen pour M. Guizot, de lord Cowley pour M. Teste. Ainsi appuyé, il avait toutes chances de succès. Et en effet, M. Teste lui écrivait le 30 septembre 1842 : « J'ai fait rédiger le projet de bail d'exploitation qui devra régler les conditions du traité, et je me propose de le faire examiner immédiatement par la commission.....

De votre côté, monsieur, vous pouvez hâter la conclusion en rapportant, dans le plus court délai possible, la ratification des honorables capitalistes anglais..... et il n'y aura plus alors qu'à s'entendre définitivement sur les conditions du traité. »

Les esprits scrupuleux auraient pu trouver que le ministre se montrait bien empressé, sans même s'inquiéter si d'autres compagnies pourraient se présenter, et s'il n'eût pas été plus convenable d'avoir un peu plus de réserve et de retenue. Les choses allèrent plus loin. M. Barry retournant à Londres pour réunir les souscriptions, avait chargé de ses négociations secrètes M. Edmond Blanc, la fleur des conservateurs, fort répandu dans les salons ministériels et bien au courant de tous les moyens de réussite. Il écrit à M. Barry, le 6 janvier 1843 :

« Le ministre des travaux publics est toujours dans d'excellentes dispositions, mais pour vous seul, car il a besoin de vous et désire pouvoir présenter le projet de loi au plus tard vers le 15 février..... Je crois toujours au succès, et je n'ai pas besoin de vous répéter que mes amis et moi nous agirons sans relâche dans ce sens...

« J'oubliais de vous dire que j'ai passé trois heures avec M. Teste ; j'ai dîné avec lui, à côté de lui ! et nous n'avons cessé de parler de ce qui vous intéresse. » (31 janvier.)

« Ce matin, le ministre m'a fait dire qu'il était impatient de vous voir, qu'il vous attendait pour signer le bail, et qu'il voulait présenter le projet avant quinze jours : qu'il tenait à ce que votre concession fût approuvée et autorisée la première ; qu'enfin, il avait, jusqu'à ce jour, repoussé toutes les propositions rivales qui lui avaient été faites. » (9 février.)

« ..... J'ajoute qu'il ne faut nous préoccuper en rien des détails ou des conditions qui ne vous conviendraient pas ; à votre arrivée et avec vos souscriptions, je réponds et je garantis que j'obtiendrai toutes les modifications raisonnables que vous réclamerez, et sur le cautionnement, et sur toute autre chose. » (12 février.)

« Et moi aussi je vous dirai : Tout va bien, et de tous les côtés ; le ministre est dans les meilleures et les plus favorables dispositions : je viens de causer avec lui, il nous donnera toutes les facilités nécessaires et sur le cautionnement que nous ferons réduire très-notablement, et sur toutes les autres conditions. » (4 mars.)

En lisant ces étranges lettres, on se demande comment un ministre avait si peu souci des intérêts publics pour se montrer tout prêt à sacrifier à la spéculation privée les premières garanties de l'État..

Quoi qu'il en soit, M. Barry, certain de son succès, accourt à Paris, se rend au ministère, demande à parler à M. Teste. M. Teste n'est pas visible. Il insiste ; on refuse de le recevoir. Il écrit ; on ne lui répond pas ; il se plaint ; on méprise ses plaintes ; et enfin il apprend que la concession qu'il croyait tenir vient d'être accordée à un certain M. Bulot. D'où venait cette soudaine préférence si peu d'accord avec les promesses antérieures ? Le rival plus heureux ou plus adroit aurait peut-être seul pu le dire. Le public exprimait son étonnement en termes peu flatteurs.

Toujours est-il que le ministre saisit la chambre de la demande faite par la compagnie Bulot. M. Barry, de son côté, persistait dans ses offres et adressait à la chambre un mémoire qui démontrait que ses conditions étaient plus avantageuses que celles de la compagnie rivale. En effet, la commission nommée par la chambre ayant rédigé les conditions du bail, la compagnie Bulot ne voulait pas les accepter, tandis que M. Barry, allant au-delà, faisait même des conditions qui ne lui étaient pas demandées. Et cependant, le ministre des travaux publics persistait à vouloir traiter avec la compagnie Bulot, et, par une étrange complaisance, la commission se laissait entraîner à l'avis du ministre. La presse fit en vain des réclamations : elles ne furent pas écoutées. La concession fut livrée par la chambre à la compagnie Bulot. Quarante-huit heures après, M. Teste soumettait le projet à la chambre des pairs. On était au 9 juillet, aux dernières limites de la session. Il fallait se hâter. La pairie, toutefois, moins complaisante qu'on ne pouvait le penser, prononça l'ajournement. Les machinations secrètes se trouvaient encore déjouées.

M. Teste fut plus heureux pour le chemin d'Avignon à Marseille. Là encore une compagnie rivale présentait sa soumission au ministre des travaux publics, demandant l'examen des conditions qu'elle proposait, et des garanties qu'elle offrait. Le ministre avait refusé de l'entendre, refusé d'accepter son cautionnement, refusé de saisir la commission de la chambre ; il avait pris sous son patronage la compagnie Talabot, à laquelle la concession fut accordée à des conditions si onéreuses pour l'État, que le ministre et la chambre semblaient être de complicité pour dépouiller les contribuables. Dans le public, on ne dissimulait pas les mécontentements et les alarmes : on se demandait avec inquiétude si dans les conseils même du gouvernement, il n'y avait pas des trafiquants faisant abandon des intérêts de l'État dans une vue de profits personnels. On avait eu la corruption électorale, la corruption parlementaire : il ne manquait plus pour compléter l'histoire du 29 octobre, que les corruptions de l'agiotage, et les honteux mystères de la concussion.

Les esprits étaient encore tout émus de ces incidents, lorsque se fit la clôture de la session.

En même temps se passaient à l'extérieur de graves événements : l'Angleterre était émue par de formidables agitations ; l'Espagne accomplissait une nouvelle révolution.

Si Espartero n'avait eu à combattre que des menées royalistes, s'il eût été guidé dans sa politique par une pensée nationale, les difficultés de sa position eussent été singulièremeut amoindries. Mais exclusivement dominé par des préoccupations personnelles, subissant les influences de l'Angleterre, toujours prêt à lui sacrifier les intérêts commerciaux de la nation, il avait éloigné de lui les patriotes les plus énergiques, et il était devenu suspect à ceux mêmes qui l'avaient porté au pouvoir, les progressistes de toutes les nuances. Les cruelles rigueurs qu'il avait déployées à Barcelone achevaient de lui aliéner les cœurs ; on lui pardonnait difficilement d'avoir traité en pays conquis une province qui s'était soulevée plutôt contre l'Angleterre que contre le gouvernement.

A son retour à Madrid, une menaçante opposition se préparait contre lui au sein des cortès ; il crut la vaincre de haute lutte et prononça le 3 janvier la dissolution. C'était offrir à ses ennemis une occasion de légitimes accusations ; car le budget de 1843 n'était pas encore voté, l'impôt, à partir du 1ᵉʳ janvier, cessait d'être légalement perçu.

A cet imprudent acte de défi, les mécontents de tous les partis se rallièrent, les uns pour défendre la constitution menacée, les autres pour chercher une occasion d'expulser le régent. Une coalition se forma entre les progressistes et les modérés ; républicains et monarchistes s'appuyèrent mutuellement dans les élections ; et l'échec du gouvernement fut si complet, que dès les premières discussions de l'adresse, le ministère dut donner sa démission.

M. Lopez chargé de former la nouvelle administration, était un de ces esprits calmes mais énergiques, qui, sans avoir des dehors brillants, savent se créer une autorité par la modération, et marchent résolûment dans la voie qu'ils se sont tracée. Bien convaincu que la détestable influence de Linage était la cause principale des mécontentements publics, il exigea la destitution de ce général, et celle de Zurbano, qui venait de ce signaler par d'abominables cruautés. Mais le faible Espartero ne pouvait se séparer de son favori; élevé au pouvoir par une révolution, il montrait les misérables entêtements d'un monarque de droit divin : on eût dit le vieux Charles VI défendant le prince de la Paix contre les ressentiments publics. Lopez, ne pouvant triompher de ses aveuglements, donna sa démission; tous ses collègues l'imitèrent.

Cette nouvelle produisit au sein des cortès une indignation profonde. Une adresse de remerciments aux ministres démissionnaires fut votée à la presque unanimité; la chambre des députés déclara sa résolution de faire justice des intrigants qui entouraient le régent.

Celui-ci, de son côté, ne voulut pas céder, et choisit un nouveau cabinet présidé par M. Gomez Becerra, avec Mendizabal au ministère des finances.

Le 20 mars, Becerra se présenta dans la salle du congrès pour y donner connaissance de la liste des ministres. Aussitôt s'éleva un tumulte effroyable; le général Hoyos, son collègue dans le nouveau cabinet, était entré avec lui au congrès en costume militaire, sans avoir le droit de siéger comme député; on le contraignit de quitter la salle; le nom de Mendizabal fut accueilli par des cris de colère et de mépris; le mot de voleur fut prononcé.

Le régent put se convaincre qu'il ne triompherait pas des résistances de la chambre; le lendemain, par un décret, il suspendit la session jusqu'au 27 mai. Alors les agitations se répandirent au-dehors. Les rues, les places publiques se remplirent d'attroupements tumultueux; les ministres fusent menacés, insultés. Espartero, environné de troupes, maintint la capitale. Mais la fermentation gagnait les provinces; partout se firent ouvertement des préparatifs d'insurrection, qui n'attendaient pour éclater que la réunion des cortès, lorsque le 26 mai un nouveau décret du régent prononça la dissolution des chambres et donna le signal de la révolte.

Le mouvement parti de Malaga. Les autorités municipales y constituèrent un gouvernement provisoire, auquel la garnison donna son adhesion. A Grenade, une junte insurrectionnelle appela les citoyens à la défense de la constitution. Les députés parcouraient les provinces, excitant les colères et organisant la résistance. A Barcelone, la junte provisoire déclarait, le 28 juin, la déchéance d'Espartero et la nomination du ministère Lopez comme gouvernement provisoire.

En même temps, les agents de Marie-Christine se mêlaient au mouvement. Le général Narvaez, accouru de Paris, offrait ses services qui étaient acceptés. Il fut nommé capitaine-général de Valence et de Murcie; le général Concha obtenait le commandement en second.

Espartero se vit contraint d'entrer en campagne, et quitta la capitale après l'avoir déclarée en état de siége.

Au moment de son départ, l'insurrection faisait des progrès considérables. Séville, la Gallicie, Valence s'étaient prononcées. C'est sur ce dernier point que le régent se portait : position intermédiaire qui maintenait les communications avec les armées du nord et du midi. Les divisions du midi étaient commandées par les généraux Van-Halen et Facundo-Infante, celles du Nord par Seoane et Zurbano.

Bientôt le régent fut obligé de se porter sur Séville dont l'énergique résistance rendait vaines les attaques de Van-Halen. Jusque là, c'était presque toujours dans l'Andalousie que, dans les derniers temps, s'était décidé le sort des divers gouvernements de l'Espagne. Mais pendant qu'il opérait dans le midi, les généraux Narvaez et Aspiroz se dirigèrent rapidement sur Madrid, malgré les efforts de Seoane et Zurbano, qui ne purent les rejoindre qu'aux portes de la ville. Après un faible engagement à Torrejon, les deux armées fraternisèrent; le général Seoane et le fils de Zurbano furent faits prisonniers; Zurbano parvint à s'échapper. Le 23 juillet, Narvaez pénétra dans Madrid, et le 24, le ministère Lopez rentra en fonctions.

Dans le même moment, Séville était livrée à toutes les rigueurs du bombardement; Espartero signalait les derniers jours de sa puissance par le sang et la destruction. Toutes les horreurs dont Barcelone avait été un an auparavant le théâtre étaient renouvelées, mais sans pouvoir ébranler la constance des habitants. Le premier soin du gouvernement de Madrid fut de délivrer cette héroïque cité. Concha renforcé de seize bataillons, de six cents chevaux et de quelques batteries, y accourut en toute hâte. Espartero ne tenta même pas de l'arrêter; ne songeant plus qu'à sauver sa liberté et sa vie, il se retira précipitamment sur le Port-Sainte-Marie, près-Cadix, qui tenait encore pour lui. Concha se mit à sa poursuite avec quelques détachements de cavalerie. Mais il n'atteignit que quelques débris de troupes fugitives. Espartero s'était jeté dans un bateau qui le conduisit à bord d'un vaisseau anglais prêt à faire voile pour la Grande-Bretagne.

Telle fut la fin d'un homme appelé subitement à de hautes destinées par une révolution populaire qu'il fut le premier à méconnaître. Sans initiative et sans intelligence politique, il avait peu fait par lui-même pour monter au premier rang, il ne sut rien faire pour éviter la chute. Le favori qui avait été le véritable instrument de sa grandeur, devint la cause de sa perte, et l'influence britannique qu'il avait acceptée comme sauvegarde de sa puissance, souleva toutes les colères nationales qui devaient le renverser. Marie-Christine, en luttant contre les libertés publiques, suivait la logique de la royauté; Espartero, en marchant dans la même voie, était infidèle à son origine et accusait lui-même son pouvoir. Personne ne pouvait contester la justice de son châtiment.

Malheureusement, il compromettait par ses fautes la cause de la révolution. En la voyant si stérile et si pleine de déceptions, on se prit à l'accuser des méfaits de son représentant, et l'on confondit dans une même réprobation le principe et l'agent coupable. Aussi, quoique les progressistes eussent donné le premier signal de la résistance, ce furent les royalistes qui eurent tous les fruits de la victoire.

Les généraux émigrés, Narvaez et Concha, prirent la plus haute influence. Déjà les christinos parlaient hautement de réparations pour l'ancienne régente. Des correspondances actives s'échangeaient avec Paris, et l'on préparait, sans beaucoup de mystère, un retour qui devait effacer les dernières traces de la révolution.

De nouvelles élections écartèrent tout ce qui restait de partisans d'Espartero. La première mesure des cortès fut de proclamer la déchéance du régent et la majorité de la reine, qui ne devait s'accomplir légalement que le 10 octobre 1844.

C'était, pour les progressistes, une précaution contre les ambitions particulières, pour les royalistes un moyen plus facile de rappeler la reine-mère.

Isabelle, en possession pleine et entière de la couronne, maintint le ministère Lopez. Mais soit qu'il regardât sa tâche comme accomplie, soit qu'il fût effrayé des difficultés de la situation, Lopez donna sa démission avec tous ses collègues.

Les progressistes, cependant, se sentaient encore assez forts pour ne pas se dessaisir du pouvoir. Le nouveau président du cabinet fut un de leurs chefs les plus influents et les plus énergiques, M. Olozaga.

Il eut, dès le principe, à lutter contre le mauvais vouloir des christinos qui, en majorité à la chambre, étaient encore appuyés par les influences du palais. Parmi les plus agissants était Nervaez, favorisé par la jeune reine au-delà même des bienséances. Elle voulut contraindre M. Olozaga à inviter le général à un dîner diplomatique; le refus obstiné du ministre exaspéra la reine et son protégé. M. Olozaga rencontra des obstacles jusqu'au sein du conseil. Le général Serrano, d'accord avec Narvaez, donna sa démission. En même temps se préparait dans les cortès une formidable opposition; M. Olozaga résolut de mettre fin aux intrigues par un acte de vigueur, la dissolution des cortès, et pour ne pas avoir à lutter contre des dissentiments au sein du conseil, il rédigea le décret sans consulter ses collègues, et se présenta, le 28 novembre au soir, chez la reine pour obtenir sa signature. Le lendemain, les christinos apprirent avec stupéfaction l'audacieuse résolution du ministre, et alors se trama un de ces complots de palais qui laissent toujours derrière eux le doute et le mystère. Des bruits étranges circulèrent sur la conférence du 28 novembre ; l'on assurait qu'Olozaga avait usé de contrainte envers la reine, et que l'acte de dissolution était le fruit de l'intimidation et de la violence. Voici, au surplus, la déclaration de la reine, faite en présence des principaux dignitaires du royaume :

« Dans la soirée du 28 novembre, Olozaga se présenta à moi et me proposa de signer le décret de la dissolution des cortès. Je répondis que je ne voulais pas le signer, par la raison, entre autres, que ces cortès m'avaient déclarée majeure. Olozaga insista ; je me refusai de nouveau à signer le susdit décret : je me levai et me dirigeai vers la porte qui est à la gauche de mon bureau, Olozaga me devança et mit le verrou à cette porte ; je me dirigeai à celle qui est en face, et Olozaga me devança encore et mit le verrou à cette porte. Il me saisit par ma robe et m'obligea à m'asseoir ; il me prit la main et m'obligea à signer. Olozaga s'en alla ensuite, et je me retirai dans ma chambre. »

Il faut remarquer que cette déclaration fut faite le 1er décembre, et que les dévoués du palais avaient eu tout le temps de circonvenir Isabelle, et de construire un roman propre à faire effet dans la bouche d'une jeune fille et d'une reine.

Narvaez avait eu les premières confidences de la reine sur la signature de la dissolution. Quelles furent, en cette occasion, ses influences et ses manœuvres, c'est ce qu'on ne saurait déterminer. Toujours est-il qu'il se sentait perdu si le décret de dissolution était maintenu. A peine sorti de sa conférence avec Isabelle, il convoqua le président et les vices-présidents de la chambre, leur exposa en termes emphatiques les outrages qu'avait subis la personne royale. La destitution de M. Olozaga fut arrêtée dans ce premier conseil.

Ce fut encore Narvaez qui provoqua la réunion des hauts dignitaires, lesquels, le 1er décembre, reçurent la déclaration de la reine. Olozaga ne fut ni entendu, ni appelé. On le condamnait sur les paroles d'une enfant, paroles dictées peut-être, très-suspectes, en tous cas, lorsqu'elle était environnée de tant de gens intéressés au mensonge.

La fable, du reste, était merveilleusement calculée pour faire effet sur le public. On connaît le culte superstitieux de la population espagnole pour la royauté. Ce vieux fanatisme a survécu aux révolutions, et le prestige du trône aveugle encore les yeux, même au milieu des plus formidables insurrections. L'idée d'un outrage fait à la reine fut accueillie par la population crédule de la capitale avec des cris de colère; on chargeait de malédictions le ministre coupable, et les passions s'exhalaient en paroles de sang et de mort.

Olozaga, cependant, repoussait hautement l'accusation, et les progressistes devinaient les manœuvres de leurs ennemis. Réunis au nombre de soixante-seize députés des cortès, ils appelèrent Olozaga au milieu d'eux pour lui demander des explications. Il les donna satisfaisantes, complètes, montra la main de Narvaez et des christinos ourdissant la trame grossière de cette infâme accusation, demanda à être confronté avec ses accusateurs, les défia de le mettre en présence de la reine, et offrit tous les moyens possibles de vérification.

Cependant un nouveau ministère était formé. Les christinos, n'osant encore porter un des leurs à la direction du cabinet, l'offrirent à un progressiste médiocre. M. Gonzalès Bravo, qui, après s'être fait remarquer comme avocat et journaliste par l'exaltation de ses opinions, s'était subitement rapproché de la cour, prêt à livrer ses anciens amis pour se faire pardonner. C'était à Olozaga qu'il devait sa position politique; il lui prouva sa reconnaissance en se faisant son accusateur le plus acharné.

La majorité de la chambre accepta ou feignit d'accepter avec la même crédulité que le vulgaire le récit officiel des outrages ministériels. Olozaga, s'y étant présenté, fut accueilli avec des cris de fureur. Les uns demandaient son expulsion, les autres son arrestation, d'autres le signalaient aux poignards des assassins. Il résista courageusement aux premiers orages; mais sachant sa vie menacée, il se retira en Portugal. C'est tout ce que demandaient ses ennemis; et comme pour mieux démontrer eux-mêmes la fausseté de leurs assertions, ils ne donnèrent aucune suite à un décret d'accusation voté par la chambre.

Cette première victoire fut suivie du rappel de Marie-Christine. Une députation, officiellement envoyée à Paris, vint lui faire réparation et la supplier de hâter son retour en Espagne. Au même moment, M. Gonzalès Bravo, après avoir, par un décret du 27 décembre, suspendu la session des cortès, rétablissait, par ordonnance, la loi des ayuntamientos, qui avait été la cause immédiate de la chute de Marie-Christine. On ne pouvait plus galamment inaugurer son retour.

Le cabinet britannique ne vit pas sans dépit la chute d'Espartero, qui anéantissait son influence dans la péninsule hispanique. Mais il rencontrait des compensations dans les succès d'entreprises lointaines qui mettaient fin à d'immenses difficultés. Les désastres de l'Afghanistan avaient été vengés d'une manière brillante. Les Anglais étaient rentrés victorieux dans Caboul, Ghuznée, Candahar, et malgré d'opiniâtres efforts, Ukhbar-Khan avait été contraint de faire sa soumission.

Les opérations en Chine avaient été non moins heureuses. Après une suite de victoires, les forces anglaises se disposaient à attaquer la grande ville de Nanking, lorsque trois mandarins vinrent offrir la paix au nom de l'empereur.

Elle fut signée le 29 août 1842, aux conditions suivantes: 1° le paiement, comme indemnité, de 21 millions de dollars (105,000,000 fr.) par le gouvernement chinois; 2° l'ouverture des ports de Canton, Amoy, Ning-Pô, au commerce anglais; 3° la cession de l'île de Hong-Kong; 4° l'occupation, comme garantie, des îles de Chusan et de Kolong-Sou, jusqu'à paiement intégral du tribut.

Cette heureuse issue d'une guerre peu morale dans son origine remplissait d'orgueil les tories qui se vantaient de réparer partout les fautes de leurs devanciers. Mais il y avait à l'intérieur des maux irréparables, contemporains de tous les systèmes, correctifs à toutes les gloires, des souffrances rendues plus effrayantes par le contraste des richesses concentrées en peu de mains, et devenant pour le pays une perpétuelle menace. Les crises industrielles de 1842 ramenèrent les troubles qui agitent périodiquement une population tout entière entassée dans les fabriques. Au moment où le parlement allait se séparer, on apprit à Londres que des insurrections redoutables éclataient à la fois dans plusieurs grands districts manufacturiers. A Manchester, à Boston, à Preston, à Bradford, à Derby, dans les mines, dans les forges du pays de Galles, de l'Écosse, les ouvriers, demandant une augmentation de salaire, avaient abandonné les travaux et parcouraient les campagnes en masses menaçantes. Dans plusieurs des comtés les plus riches, une population affamée promenait la dévastation et l'incendie. Aux cris de la souffrance se joignaient des démonstrations politiques. Les chartistes, qui poussaient la logique de l'égalité jusqu'au nivellement, se réunissaient en assemblées nombreuses à Liverpool, à Coventry, à Paddington, appelaient le peuple à la défense de ses droits, et cherchaient à régulariser les mouvements des ouvriers que la faim leur amenait pour auxiliaires. Mais chez les populations anglaises, la pensée d'une insurrection organisée contre le gouvernement ne se fait pas accepter, même au milieu des souffrances les plus cruelles. Elles détruisent dans leur fureur, elles exercent leur colère sur les propriétés, les immeubles, les objets matériels, mais dès que l'autorité intervient, elles se dispersent et reprennent leurs chaines. Il en fut encore ainsi en 1842. Des arrestations se firent parmi les ouvriers coalisés ; près de trois cents d'entre eux furent condamnés à la déportation ; les principaux chartistes furent envoyés en cour d'assises. Le gouvernement n'avait pas d'autre réponse aux angoisses de la faim.

D'autres souffrances cependant élevaient la voix ; d'autres colères apportaient à Saint-James de formidables échos. En prenant le pouvoir en 1841, sir Robert Peel avait dit :

« L'Irlande est ma grande difficulté, » et l'Irlande se réveillait pour justifier les craintes du ministre.

O'Connell avait été sous l'administration whig nommé lord-maire de Dublin ; mais cette position officielle semblait avoir paralysé ses élans et compromis sa popularité. Aussitôt qu'il fut dégagé de ses chaînes brillantes, aussitôt que, par la venue des tories, il fut affranchi des alliances ministérielles, le tribun populaire reparut avec toute sa verve et toute son énergie ; la voix de l'Irlande opprimée retentit de nouveau, et les populations soulevées vinrent apporter leur appui à la défense de la cause nationale.

Le thème du **grand** agitateur est cette fois le rappel de l'union, la séparation complète de l'Irlande et de la Grande-Bretagne avec un parlement national et une administration indépendante. Les méthodes ordinaires sont employées : l'association et les souscriptions. Bientôt l'association envoie ses proclamations dans toute l'Irlande ; bientôt les revenus croissants signalent l'adhésion de la foule.

Mais la puissance de l'association concentrée à Dublin ne produisait pas cette agitation profonde, universelle, continue, qui avait f t la force et le succès de la ligue catholique. O'Connell résolut donc de renouveler les assemblées provinciales, de promener partout l'émotion, afin que partout fût réveillé l'esprit national. Déjà septuagénaire, et comptant déjà tant de triomphes, qu'ils auraient suffi à remplir la vie de tout autre homme, le formidable athlète descend de nouveau dans l'arène : il semble que sa jeunesse recommence avec la lutte au moment où recommencent ses courses victorieuses, ses harangues inépuisables, ses ardentes prédications et tout le mouvement, toute la pompe de sa croisade pacifique en faveur de la liberté et de la religion.

Il voyage le jour et la nuit, au nord et au sud, et semble être sur tous les points à la fois, électrisant les multitudes toujours insatiables de sa parole, variant les formes de son éloquence sur un thème monotone, infatigable de corps et d'esprit, et réchauffant les cœurs au souffle de ses ardentes inspirations. Et il ne se contente pas seulement du rôle de prédicateur : partout encore, il établit l'association sur des bases solides, entrant dans les détails pratiques les plus minutieux, faisant des règlements, organisant une constitution politique complète, sans rien oublier des formes de la procédure, sans rien négliger des arguties d'une légalité qui met souvent en défaut la science des jurisconsultes les plus exercés.

Et pendant qu'il fait, pour ainsi dire, la législation de l'émeute, pendant qu'il discipline la résistance, il prodigue les trésors d'une éloquence toujours jeune, toujours animée, et reproduisant sous mille aspects divers les passions et les sympathies de ce peuple qu'il appelle à une résurrection sociale. Ses improvisations se multiplient à l'infini, tantôt au milieu des gaîtés d'un long repas, tantôt en plein air, du sommet d'une colline, du haut d'une charrette, de l'impériale d'une voiture, à toute heure du jour et de la nuit, dans toute occasion, en tout lieu, sous les feux d'un soleil ardent, sous des torrents de pluies, parmi les sifflements du vent; toujours O'Connell est prêt à se faire entendre.

Pour un orateur pareil, il n'y a pas de surprise possible; son thème est toujours fait; car il n'a pas d'autre pensée que l'Irlande; mais, pour exprimer cette pensée, les mots abondent sans se ressembler. On dirait qu'il a concentré dans son âme toutes les douleurs accumulées sur l'Irlande pendant six siècles, et trouvant enfin un interprète qui les reproduit sous toutes leurs formes, dans toutes leurs phases, avec toutes leurs péripéties. Et cependant, parmi ces harangues jetées au hasard, semées en courant et dispersées çà et là comme le souffle de cette vie agitée, on peut recueillir des morceaux de la plus sublime éloquence, qu'avoueraient avec orgueil des orateurs accoutumés à méditer leurs paroles et à mûrir longuement leurs pensées.

Cependant le ministère britannique regardait avec indifférence cette manifestation nouvelle : les leçons du passé étaient oubliées, et le parlement ne trouvait pas que la question d'Irlande méritât les honneurs d'une discussion. Vainement M. O'Brien demanda une enquête; vainement il signala toutes les iniquités de l'Angleterre, l'inégalité de la représentation, l'énormité des taxes, le despotisme des propriétaires, la détresse universelle, la partialité de la justice, l'intolérance de l'Église protestante, le servage du pauvre fermier, et les innombrables plaies politiques et sociales qui rongent le corps de la nation irlandaise, et font de sa vie une souffrance sans mesure et sans terme. La chambre des communes prend à peine garde à ces discours et passe dédaigneusement à l'ordre du jour.

Un peu plus tard, le ministère, forcé de se prononcer, déclare par l'organe de sir J. Graham que le gouvernement est décidé à faire la guerre plutôt que de consentir au rappel de l'union.

Si l'on représente à sir J. Graham que les protestants sont sept cent mille, et les catholiques huit millions, il répond qu'il ne sera pas fait la moindre réforme dans la constitution du clergé protestant en Irlande. Si on lui demande d'étendre la franchise électorale et de donner à l'Irlande une représentation proportionnée à celle des deux autres pays, il déclare que le réform-bill a déjà trop fait pour l'Irlande. Veut-on introduire des modifications dans la propriété, il reconnaît qu'elle est constituée de manière à produire l'horrible misère qui dévore le laboureur irlandais; mais y toucher serait attaquer le droit de propriété dans sa racine. Ainsi toutes les questions de réforme, d'amélioration, de justice, sont hautement repoussées.

Pendant ce temps, l'association du rappel prenait des développements considérables. Ce ne sont plus quelques milliers d'hommes qui accourent aux meetings, mais des populations entières. A Donnybrook, à Tullamore, à Tuam, à Baltinglass, chaque réunion compte trois ou quatre cent mille hommes. A Tara-Hill, il s'en trouve un million.

Le cabinet britannique sortit enfin de son indifférence, non pour rendre justice, mais pour sévir. De nombreuses troupes débarquèrent en Irlande; des préparatifs militaires se firent ouvertement au château de Dublin et dans les principales villes du royaume.

L'attitude des Irlandais n'en était ni moins fière ni moins calme. Aux démonstrations hostiles du gouvernement, ils opposèrent une pacifique opiniâtreté. Un nouveau meeting fut indiqué à Clontarf pour le 8 octobre. D'immenses prépatifs se faisaient; toutes les populations s'étaient mises en route, lorsque le 8, dans l'après-midi, une proclamation du lord-lieutenant d'Irlande vint interdire la réunion. Ce tardif manifeste semblait annoncer une collision inévitable. On jugeait impossible que toutes les populations pussent être arrêtées dans leur marche, et sur tant de milliers d'hommes il suffisait de quelques centaines de repealers obstinés ou non avertis pour engager une lutte qui devait servir de prétexte aux violences légales. O'Connell le comprit, et tous ses efforts tendirent à déjouer cette perfide combinaison. Les principaux chefs de l'association se portèrent sur tous les points par où devaient arriver les repealers, et il ne fallut que quelques heures pour faire rentrer paisiblement dans ses foyers une population d'un million d'âmes. La pacifique retraite de ces multitudes qui accouraient pleines d'exaltation, fut la preuve la plus étonnante de l'influence des hommes qui les dirigeaient.

Le succès que par sa prudence O'Connell obtint en cette occasion força le ministère à prendre une autre marche, et bientôt il fut résolu de poursuivre O'Connell et les chefs principaux de l'association, à raison des paroles qu'ils avaient prononcées dans les différents meetings.

Sur le terrain judiciaire, le cabinet britannique reprenait ses avantages. Les jurés représentaient moins la cause populaire que les préjugés de la bourgeoisie protestante, attachée par son origine et ses noms au gouvernement anglais. O'Connell fut condamné, et ce triomphe des tories suspendit momentanément les agitations, mais sans apaiser ni les colères ni les souffrances.

L'Irlande, dans toutes ses agitations, avait repoussé l'alliance des chartistes; mais ceux-ci eurent plus d'action dans une province où l'extrême misère produisit une espèce de guerre sociale. L'excès de la production industrielle, les abus de la concurrence, le prix exagéré des fermages, et l'élévation des taxes locales avaient réduit à la mendicité une portion considérable de la population du pays de Galles. Les malheureux affamés ne pouvant satisfaire leurs besoins, satisfirent leurs colères. Réunis au nombre de plusieurs milliers sous la conduite d'un chef mystérieux, qui se faisait appeler Miss Rebecca, ils démolirent et brûlèrent toutes les barrières, tous les bureaux d'octroi qui percevaient sur les routes un prix de passage. Des bandes d'hommes, ayant la figure noircie, et revêtus d'une jupe blanche, parcouraient les campagnes, dévastant les fermes, annonçant leur arrivée par des placards menaçants, et l'exécution suivait de près la menace. Le 19 juin, Carmarthen, la capitale du comté, fut attaquée par une troupe de plus de 10,000 hommes, au jour et à l'heure annoncés par Rebecca. Cet audacieux avertissement avait permis aux autorités d'envoyer chercher du secours ; mais les dragons n'arrivèrent que lorsque la ville était prise et plusieurs établissements pillés. Les rebeccaïtes, mis en déroute, laissèrent derrière eux beaucoup de prisonniers, ce qui n'empêcha pas les mêmes scènes de se reproduire dans d'autres localités.

C'est ainsi qu'au milieu de l'éclat extérieur de la Grande-Bretagne, des plaies honteuses révélaient les vices d'une organisation intérieure fondée sur les plus monstrueuses inégalités sociales. En vain, elle étalait son or et ses grandeurs. Chaque année, des millions de mendiants protestaient sous le feu des soldats contre l'injuste accumulation de tant de richesses mal acquises.

Cette année est encore fameuse par les progrès d'une association réformiste, connue sous le nom de *Ligue des céréales*. Formée d'abord pour combattre les droits prohibitifs à l'importation des blés, elle en était venue à formuler sans détours le principe de libre échange, et à demander le renversement de tout le système douanier. Ce n'était, à vrai dire, qu'une lutte entre deux aristocraties puissantes, celle des manufactures, et celle de la propriété territoriale. Le bien-être des masses n'y était pour rien ; mais il n'en ressortait pas moins le principe novateur et fécond de la liberté commerciale, et le principe renversait de fond en comble le vieil édifice britannique, et devait amener une révolution profonde dans toutes les relations internationales.

En Angleterre, tout succès se traduit par des souscriptions en argent. Or, en 1842, la ligue, faisant appel au public, avait demandé 1,250,000 francs ; six mois après, elle les avait ; en 1843, elle demanda 2,500,000 francs ; ils furent promptement obtenus. Ces sommes étaient consacrées à composer, imprimer et distribuer des écrits pamphlets et brochures en faveur de la liberté commerciale. Le total des écrits distribués dans les villes et campagnes avait été au nombre de 9 millions, pesant ensemble 100 tonnes. Les chefs de la ligue, MM. Cobden et Bright, parcouraient les comtés, tenant de nombreux meetings, et consacrant leurs doctrines par l'adhésion de leurs milliers d'auditeurs. La ligue était une puissance nouvelle s'imposant à l'Angleterre, et dont le gouvernement allait être incessamment obligé de tenir compte.

CHAPITRE XIII.

Affaires d'Afrique. — Prise de la Smalah d'Abd-el-Kader. — Voyage du duc de Nemours. — Sa réception au Mans. — Visite de la reine d'Angleterre au roi de France. — Le duc de Bordeaux à Londres. — Le duc de Nemours s'y rend aussi. — Pèlerinage à Belgrave-Square. — Émotion au château. — Intrigues de la petite cour de Belgrave-Square. — Les deux camps légitimistes. — MM. Berryer et de Larochejacquelein. — Tahiti et la reine Pomaré. — Intrigues des Anglais. — Le consul Pritchard. — Prise de possession des îles de la Société par l'amiral Dupetit-Thouars.

Louis-Philippe, si soudainement frappé dans sa famille, s'attachait à la raffermir par de nouvelles alliances, et à prendre toutes ses précautions contre les chances de l'avenir. Le mariage de sa fille, la princesse Clémentine, célébré le 20 avril, avec le prince Auguste de Saxe-Cobourg, était une satisfaction paternelle; celui du prince de Joinville, avec la sœur de l'empereur du Brésil, accompli le 7 mai, était un acte politique. On pouvait espérer que l'influence de la France s'acroîtrait dans le Brésil, et que des relations de commerce plus avantageuses allaient s'établir entre elle et l'Amérique méridionale.

Une autre consolation glorieuse était au même moment

réservée à Louis-Philippe. Son fils, le duc d'Aumale avait eu la bonne fortune de rencontrer la Smalah d'Abd-el-Kader (familles, tentes, troupeaux), et de l'enlever par une brillante attaque de cavalerie.

Depuis que les Français établis à Mascara et à Tlemcen avaient porté le fer et le feu au sein de la grande tribu des Hachems, la puissance d'Ab-el-Kader n'avait plus de centre, plus d'unité. On peut même ajouter qu'avec la dispersion de cette tribu, la nationalité arabe avait cessé d'exister; ou du moins elle était tellement réduite, qu'elle n'avait plus de ressource que dans une guerre de partisans.

Abd-el-Kader cependant entra résolûment dans cette nouvelle phase de la lutte. Revenant à petit bruit sur le territoire français, se glissant dans les montagnes, au milieu des tribus mal soumises, relevant leur courage et réveillant leurs haines, il se revit bientôt entouré de compagnons nombreux, reprit ouvertement les hostilités, jeta la terreur dans les provinces de l'ouest, sur toute la ligne de Cherchell à Milianah, et répandit l'inquiétude jusqu'aux portes d'Alger. Il fallut reprendre la campagne contre un ennemi que l'on croyait abattu, lancer des colonnes mobiles dans toutes les directions, et multiplier les expéditions pour frapper sur tous les points à la fois. Il y avait, il est vrai, plus de fatigues à supporter que de périls à craindre, plus de marches que de combats, souvent au milieu des pluies et des tempêtes. Mais l'armée ne se découragea pas, et après deux mois de courses et d'escarmouches, Abd-el-Kader, battu dans tous les engagements, fut rejeté dans les montagnes de l'Ouarensenis, ne laissant aux tribus qui l'avaient secondé, d'autre alternative qu'une prompte soumission. La prise de la Smalah avait surtout agi profondément sur l'imagination de ces peuplades, toujours promptes à se soumettre aux décisions de la fortune, et à prendre un échec pour un mauvais présage. Ce fut le 16 mai que s'accomplit ce brillant fait d'armes. L'émir était depuis quelques jours cerné de plusieurs côtés; les deux colonnes de Médéah et de Mascara étaient sur ses traces, le général Lamoricière le serrait de près, tandis qu'une autre division, partie de Boghar sous la conduite du duc d'Aumale, cherchait à le rejoindre. Fuyant de l'un à l'autre, Abd-el-Kader espérait leur échapper en gagnant les montagnes appelées Diebel-Amour, lorsque le duc d'Aumale fut informé que cet insaisissable adversaire était campé non loin de lui à la source de Taguin. Le prince n'était suivi en ce moment que de 500 chevaux; les ennemis étaient dix fois plus nombreux. Mais si l'on attendait l'infanterie, l'émir avait le temps de s'échapper. Confiant dans la valeur de ses soldats, de duc d'Aumale s'élança au galop et arriva au milieu des tentes, malgré la résistance désespérée de l'infanterie régulière de l'émir. Tout fut culbuté sous la charge impétueuse des spahis et des chasseurs. Abd-el-Kader eut à peine le temps de monter à cheval, et de s'enfuir au milieu de quelques cavaliers d'élite. Sa mère et sa femme n'échappèrent que par miracle ; un nombre considérable de personnes de sa famille, des femmes et des filles de ses principaux lieutenants, et divers personnages appartenant à son administration, tombèrent entre les mains des Français. Des populations considérables, appartenant surtout à la tribu des Hachems, furent emmenées prisonnières ; les tentes, quatre drapeaux et un butin immense, furent les trophées de cette victoire. La soumission de toutes les tribus environnantes en fut le premier résultat.

Pendant quelque temps on perd les traces de l'émir,

mais bientôt on le retrouve au sud-ouest de Tlemcen, agitant encore les populations du Tell, et prêt à opérer sa jonction avec Sidi-Embareck, le plus actif de ses lieutenants, et après lui, notre ennemi le plus acharné. Sidi-Embareck emmenait avec lui les restes des bataillons réguliers de Médéah et de Milianah, au nombre d'environ 750 hommes, réunis à 200 cavaliers la plupart démontés. Le colonel Tempoure se mit à sa poursuite, le rejoignit près de la vallée de l'Oued-Mala, dispersa ses troupes et enleva ce dernier renfort à l'émir. Sidi-Embareck, rejoint au milieu de la mêlée par quelques cavaliers français, lutta contre eux en désespéré et tomba frappé d'un coup de feu. La mort de ce chef renommé produisit une grande impression sur les Arabes. Abd-el-Kader fut contraint de se retirer de nouveau sur les frontières du Maroc. Toutes les tribus renfermées dans la ligne du Tell ou établies sur le territoire appelé le Petit-Désert, firent leur soumission. La sécurité régna bientôt dans toute la colonie, d'Alger à Boghar, et de Constantine à Tlemcen.

Pour prix de cette nouvelle campagne, le général Bugeaud reçut le bâton de maréchal de France. A cette occasion, le *journal des Débats* eut l'imprudence d'écrire : « Les coups qu'il a portés à l'émir ne pourraient faire oublier ceux qu'il a porté, en d'autres temps, à l'anarchie. » Il semblait, de l'aveu même des organes ministériels, qu'on eût voulu récompenser les exploits malheureux de sanglantes journées. Les radicaux s'indignèrent qu'on allât chercher des titres dans les luttes civiles. M. Bugeaud était mal servi par des amis qui engageaient la polémique sur un pareil terrain.

D'autres, mieux informés peut-être, assuraient que l'élévation de M. Bugeaud à la dignité de maréchal se liait à un projet conçu depuis longtemps de confier le gouvernement général de l'Algérie au duc d'Aumale. M. Bugeaud n'aurait pas voulu céder sa place sans une compensation éclatante, et l'heureux résultat de ses campagnes en offrait l'occasion.

Louis-Philippe, d'ailleurs, méditait pour son fils un titre plus significatif. Le gouvernement général de l'Algérie pouvait être transformé en vice-royauté, et le duc d'Aumale aurait alors un établissement conforme à sa naissance. Car le roi, infatigable dans son activité paternelle, ne négligeait aucune occasion de faire valoir ses fils, de les montrer aux populations, et d'appeler sur eux des hommages qui semblaient environner le trône de garanties nouvelles. Le duc de Montpensier avait parcouru les départements du midi, et les journaux dynastiques faisaient grand étalage des empressements de tous les habitants à fêter le prince voyageur. Le duc de Nemours avait eu les mêmes succès dans l'ouest, jusqu'à ce qu'il arrivât au Mans. Là, se rencontrait un maire plus ami de la démocratie que des princes, et ne se croyant pas obligé de répéter à l'illustre voyageur les formules banales qui l'avaient accompagné sur toute sa route. Comptant, par son intelligence et sa position sociale, parmi les hommes les plus considérables du département de la Sarthe, M. Trouvé-Chauvel avait pris possession de la mairie par les victoires répétées de l'opposition radicale dans les élections; ses deux adjoints, MM. Sévin et Jadin, représentaient également l'élément démocratique, et une majorité imposante dans le conseil municipal luttait avec avantage contre les influences du préfet.

Lorsque le duc de Nemours se présenta, le 7 août, dans

la ville du Mans, M. Trouvé-Chauvel, appelé par ses fonctions à le recevoir au nom des habitants de la ville, prononça un discours qui ne ressemblait en rien, sans doute, à ce que le prince avait entendu jusque-là, mais qui était remarquable par la simplicité et l'élévation du langage, en même temps que par un profond sentiment des convenances. Il est vrai que le maire, fidèle représentant de ses délégués, n'avait déguisé ni leurs vœux, ni leurs espérances.

« Si notre population, disait-il, s'empresse autour d'un
« jeune prince, c'est qu'elle estime qu'il doit, par ses ten-
« dances comme par son âge, appartenir à la jeune géné-
« ration. Elle n'oublie pas, d'ailleurs, que les chambres
« vous ont désigné pour présider au gouvernement de
« l'État durant les difficiles épreuves d'une minorité. Si
« l'avenir vous réserve ces hautes et pénibles fonctions, on
« vous verra, nous en avons la confiance, donner à la li-
« berté toutes les garanties désirables, accepter avec sincé-
« rité les institutions représentatives, maintenir au dehors
« la dignité de la France, renouer avec les traditions gé-
« néreuses de la vieille politique française, et prouver que
« les révolutions ne doivent pas placer un peuple au-des-
« sous de ce qu'il était, alors qu'il obéissait aux volontés
« absolues des rois. »

Les courtisans virent dans ces phrases une critique indirecte du gouvernement de Louis-Philippe. Ils pouvaient avoir raison. Mais ils contestèrent au maire le droit de parler un langage politique. Selon eux, un maire devait renfermer ses phrases dans les limites d'un fade compliment. M. Trouvé-Chauvel avait fait abus de ses fonctions. Leurs colères donnèrent à cet incident de voyage une importance immense ; les journaux ministériels de Paris et des départements fulminèrent des réquisitoires ; M. Trouvé-Chauvel et ses adjoints furent destitués, le conseil municipal du Mans fut dissous. Il semblait que l'honneur du duc de Nemours fût compromis. Le zèle maladroit allait jusqu'à en faire une affaire personnelle du prince avec le maire. Pour une si grave offense, il fallait une victime. Il est vrai que M. Trouvé-Chauvel y gagna une popularité plus grande, tandis que le duc de Nemours perdait tout le fruit de son voyage. Que pouvaient valoir désormais les discours officiels, lorsqu'on punissait avec bruit ceux qui ne plaisaient pas?

Dans ces querelles de prince à fonctionnaire, les journaux dynastiques avaient toujours des colères si compromettantes, que le silence eût mieux valu pour la cause royale. Mais comment faire taire les flatteurs? C'eût été renoncer aux anciennes traditions.

Ils eurent bientôt occasion de faire succéder les dithyrambes aux emportements. Une grande solennité allait réjouir les cœurs vraiment monarchiques. La reine d'Angleterre venait en personne rendre visite à Louis-Philippe, et distraire ses royales grandeurs sous les ombrages de la résidence d'Eu. Il ne s'agissait pas, il est vrai, d'une entrevue politique, d'une de ces conférences entre souverains qui règlent les destinées des peuples. La monarchie constitutionnelle rend ces rapprochements moins importants et moins dangereux. Ce n'était pas autre chose qu'un délassement pour la jeune reine, un moment d'élan vers la liberté personnelle, n'ayant pas d'autre portée qu'une fantaisie de femme allant aux eaux pour fuir les soucis du ménage. Cependant ces fantaisies sont souvent accueillies avec une certaine inquiétude par le maître du logis, et le maître du logis était sir Robert Peel. Il voyait avec un médiocre plaisir la reine Victoria livrée aux captations habiles de Louis-Philippe, et quoiqu'elle ne pût en droit prendre aucun engagement politique sans l'aveu de ses ministres, elle pouvait dans d'intimes causeries laisser tomber une promesse royale qu'on n'oserait contredire. D'après la loi anglaise, le souverain ne peut sortir du royaume sans le consentement de son conseil. Mais lorsqu'il ne s'agissait que d'une partie de plaisir, il eût semblé trop rigoureux d'user strictement du *veto* ministériel, et Peel accepta par son consentement la responsabilité du voyage. Il eut soin, toutefois, de faire accompagner la reine par lord Aberdeen, en qualité de directeur et de surveillant politique, représentant le cabinet à bord et sur la rive française.

Louis-Philippe accueillit avec une grande joie la nouvelle de cette bonne fortune. Sa plus chère ambition était de prendre aux yeux de l'Europe une place incontestée dans la famille des rois, et les mauvais vouloirs des cours du Nord lui rendaient plus précieux un éclatant hommage de fraternité. Cette démarche spontanée d'une grande souveraine était pour lui une consécration. Calcul puéril sans doute, insultant pour la nation française qui, pour faire un roi, n'avait pas besoin de la sanction des autres rois, mais tout à fait en harmonie avec les pensées secrètes de Louis-Philippe, que troublaient toujours les souvenirs de son origine, et qui mettait toute sa politique à la faire oublier.

Ceux qui entouraient le roi, témoins de ses contentements, faisaient grand bruit de cet illustre rendez-vous, et célébraient en style pompeux les magnifiques préparatifs de l'entrevue. Les hommes raisonnables ou indifférents ne voyaient aucune importance à un fait qui ne sortait pas des proportions d'une visite de voisinage, et les hommes politiques n'étaient ni alarmés, ni réjouis d'une politesse qui se faisait moins au roi de France qu'à Louis-Philippe personnellement.

Ce fut le 2 septembre que la reine Victoria débarqua au Tréport. Louis-Philippe fit les honneurs de son château d'Eu avec beaucoup de grace et de munificence, mais plus en seigneur féodal qu'en roi. Il y eut de splendides repas, des cavalcades dans les bois, des collations sous la feuillée ; de part et d'autre on semblait se dérober aux soins de la royauté, et il n'y aurait eu aucune trace de soucis politiques, si ce n'eût été la présence de M. Guizot et de lord Aberdeen, l'Achate et le Mentor des monarchies constitutionnelles.

Cinq jours se passèrent dans les fêtes, décrites avec une complaisante admiration par les écrivains du château, regardées avec indifférence par le public, qui n'y associait aucune idée d'intérêt général. Louis-Philippe pouvait penser que sa couronne venait de recevoir un nouvel éclat; la nation jugeait, à bon droit, que c'était elle, et non les adhésions étrangères, qui donnait à la couronne toute sa grandeur.

Cependant des hommes ordinairement bien informés prétendaient que les conférences d'Eu n'avaient pas été complétement stériles, et qu'au sein des promenades champêtres, MM. Guizot et Aberdeen n'avaient pas tout à fait oublié leurs fonctions diplomatiques. On parlait d'un projet d'alliance dont les bases auraient été arrêtées au milieu des fêtes, et qui entrait assez dans les vues de Louis-Philippe pour obtenir quelque crédit dans le monde diplomatique. Il s'agissait d'une étroite alliance entre la France, l'Angleterre et l'Autriche. Le roi aurait ainsi réalisé le projet qu'il poursuivait depuis tant d'années, d'une union étroite avec l'Autriche ; il détruisait en même temps l'œuvre de lord Palmerston, et isolant la Russie, retournait le traité de juillet contre la puissance qui l'avait provoqué.

A ne consulter que la suite des événements on serait tenté de croire que ce projet ne fut pas sérieusement discuté ; mais le défaut d'exécution ne tint peut-être qu'à la chute prochaine des tories, dont lord Palmerston devait nécessairement rejeter les traditions diplomatiques.

Louis-Philippe eut bientôt occasion de mettre à l'épreuve la bonne volonté de la reine Victoria, dans une question qui lui était toute personnelle, insignifiante d'ailleurs pour la France, et dont il fit maladroitement une grosse affaire politique.

Le duc de Bordeaux, promenant ses loisirs dans les cours étrangères, était arrivé à Londres dans le courant d'octobre, et le roi des Français se montrait, plus que de raison, alarmé de ce voisinage. Il redoutait surtout de le voir officiellement reçu à la cour, ce qui aurait singulièrement effacé toutes les illusions des conférences d'Eu. D'un autre côté, il était difficile de persuader au gouvernement anglais que le duc de Bordeaux fût un simple particulier, et pour les tories surtout, sa chute ne pouvait être un titre de proscription. Ils venaient de présenter Espartero aux réceptions de la reine, et il devait paraître étrange qu'ils eussent moins de condescendance pour l'héritier des Bourbons. La question était délicate, d'autant plus que dans une correspondance diplomatique, M. Guizot était embarrassé d'avouer les sérieuses inquiétudes du roi dans une question aussi frivole. Mais lord Aberdeen sut démêler la vérité au milieu des réticences du langage officiel. Il s'en

expliqua franchement avec le premier secrétaire de l'ambassade, M. de Rohan-Chabot. « La reine, dit-il, désire ne
« point voir le prince ; et, quant à moi, je prendrais la res-
« ponsabilité de lui conseiller de refuser sa visite, si, par
« un motif quelconque, vous m'en exprimiez le désir au
« nom du gouvernement français. La question est donc
« entre vos mains, et vous connaissez assez ce que sont les
« dispositions de cette cour pour n'éprouver aucun scru-
« pule à nous faire connaitre vos vœux.

Cependant lord Aberdeen ajoutait :

« Maintenant, je vous dirai que, livré à moi-même, et si
« l'on était indifférent à Paris, je voudrais que, s'il le dé-
« sire, la reine reçût le jeune prince. Il me semble que
« nous ne pouvons pas faire moins pour le petit-fils de
« Charles X, qui revient en Angleterre avec son simple
« titre de prince exilé, que nous ne nous sommes crus
« obligés de le faire pour un aventurier comme Espartero.
« Cette réception serait évidemment *strictly private*, une
« simple présentation, sans diner, etc. Mais si vous m'en
« exprimez le désir, je le répète, je déconseillerai même
« cette simple prévenance de notre cour. »

Cette demande officielle réclamée par lord Aberdeen, pour mettre à couvert sa responsabilité, ne se fit pas par les négociateurs ordinaires. Le roi Léopold, intermédiaire constant et officieux auprès de la cour d'Angleterre, en fut chargé, ainsi qu'on peut le voir par l'extrait suivant d'une lettre de Louis-Philippe au roi des Belges, portant la date du 4 novembre 1843 :

« Je crois que dans les grandes affaires politiques il n'y a qu'une base, *c'est la vérité*. Le duc de Bordeaux va en Angleterre, pas comme *visitor abandoned and interesting*, mais comme *pretender*, cela est certain. Dès lors il faut qu'il ne soit pas reçu par la reine. Il est impossible de prévoir quel serait le résultat d'une réception. Si ce n'était que quelque coup de tête de quelques carlistes sur les côtes de la France, la tranquillité actuelle serait troublée, et l'impression des plus nuisibles. Le voyage de Nemours devient, outre cela, impossible. Le public en France dirait qu'il a été envoyé en Angleterre pour empêcher la réception du duc de Bordeaux, mais sans réussir. Pour résumer, je dois donc franchement dire qu'on doit poser le cas de la manière la plus conclusive, que le duc de Bordeaux *ne doit pas être reçu* par la reine. Qu'on mette le plus de formes dans cette décision que l'on voudra, cela on le pourra, pourvu qu'on ne cède pas sur le fait. »

L'intervention du roi Léopold eut un plein succès, ainsi qu'on peut le juger par la lettre suivante :

Saint-Cloud, dimanche, 12 novembre 1843.

« Mon très-cher frère et excellent ami,

« C'est au moment d'entrer au conseil que je reçois votre bonne
« lettre d'hier, et je m'empresse de vous remercier de vos bons efforts
« auprès de la reine Victoria pour l'entretenir dans les bonnes dispo-
« sitions qu'elle avait manifestées à Eu, relativement à la réception
« du duc de Bordeaux. Elle y a *most nobly persisted*, et lord Aberdeen
« nous ayant donné l'assurance qu'il en donnerait le conseil officiel à
« la reine, nous n'avons plus d'inquiétude sur ce point, puisqu'on a
« exigé que nous le demandions, et qu'à présent c'est un engagement
« pris avec nous . . . .
. . . .
« Il est incontestable que la réception par la reine d'Angleterre ne
« serait pas un acte de pure et simple courtoisie, mais un acte poli-
« tique, et qui en aurait toute la portée.
« Au surplus, mon cher frère, veuillez faire parvenir à la reine Vic-
« toria combien je suis touché, ainsi que toute ma famille, des senti-
« ments qu'elle nous a manifestés sur ce point, et de la ténacité qu'elle
« y a mise. Veuillez aussi, si vous en avez l'occasion, faire savoir à lord
« Aberdeen ce que j'ai déjà bien chargé Nemours de lui exprimer,

« combien j'apprécie, ainsi que mon gouvernement, ses procédés envers
« nous dans cette circonstance. . . . .
. . . .

« LOUIS-PHILIPPE. »

Déjà rassuré sur les dispositions de Saint-James, le roi avait, le 9 novembre, fait partir pour Londres le duc de Nemours. Ce prince pouvait compter sur une réception officielle, ce qui faisait déjà un contraste en faveur de la royauté de juillet, un double triomphe par l'empressement d'un côté, par la froideur de l'autre. Mais si dans les régions administratives tous les hommages étaient concentrés sur la branche cadette, la haute aristocratie britannique offrait à l'aîné de la race de fastueuses compensations, en l'appelant à ses châteaux, à ses festins, à ses chasses, en l'environnant de tous les égards réservés aux têtes couronnées. Il est vrai que le duc de Nemours aussi avait part aux fêtes de la noblesse, car tout prince, qu'il soit de première ou de seconde qualité, est accueilli avec ferveur dans les domaines féodaux de la Grande-Bretagne. Cependant pour l'humeur chatouilleuse de Louis-Philippe, il y avait quelque chose d'irritant même dans l'égalité, et le futur régent de France lui semblait devoir peser d'un poids bien plus considérable que le prétendant.

Sa susceptibilité, d'ailleurs, était mise à une plus rude épreuve contre laquelle les transactions diplomatiques n'avaient aucun effet. La présence du duc de Bordeaux à Londres avait inspiré à quelque légitimistes le désir d'aller offrir leurs hommages à leur prince. Fantaisie fort innocente, satisfaction inoffensive que se donnait un parti vaincu, réduit à l'état de sentiment, et n'ayant plus que des vœux impuissants pour adoucir les amertumes de l'exil. Tel fut, en effet, le sens des premières visites. Quelques gentilshommes dévoués s'en allaient se jeter aux pieds du fils de leurs rois, et revenaient heureux d'en avoir obtenu quelques bonnes paroles. Bientôt la mode s'en mêla, puis la politique voulut en tirer parti. Les salons du faubourg Saint-Germain s'enivrèrent au récit des grâces ineffables du prince, chacun voulut avoir sa part de contemplation ; jeunes gens et vieilles douairières se suivirent au pèlerinage de Belgrave-Square, résidence du descendant de saint Louis ; et les journaux légitimistes, prenant au sérieux cette promenade sentimentale, conviaient les phalanges royalistes à grossir les rangs de la croisade, et à faire montre de leurs forces aux yeux de l'Europe.

Pour un gouvernement sûr de lui-même, ces démonstrations n'eussent été que ridicules. Mais pour un gouvernement qui n'était pas national et ne voulait pas l'être, qui, à ses propres yeux, n'était pas légitime et voyait en face de lui le représentant de la légitimité, il semblait alarmant d'assister à ces courses chevaleresques devenues autant de protestations et d'insultes. Louis-Philippe en éprouvait des ressentiments profonds qu'il ne dissimulait pas, chaque fois surtout qu'un nom de quelque importance parmi la vieille noblesse s'ajoutait à la liste des voyageurs. Car une de ses faiblesses, d'accord, du reste, avec sa politique générale, était de chercher à ramener autour de son trône les noms anciens qui avaient fait l'éclat de la monarchie. Celui qui aimait à s'appeler le petit-fils de Louis XIV, avait fort à cœur d'orner l'astre royal des mêmes satellites, et en voyant ce qu'il appelait la noblesse de France s'empresser vers l'exilé de Londres, il se laissait aller à des dépits presque révolutionnaires. Les organes ministériels se faisaient l'écho de ses colères, et donnaient par leurs plaintes mêmes une importance exagérée aux épanchements des royalistes, devenus arrogants après avoir été naïfs.

M. de Chateaubriand, malgré ses désenchantements, avait suivi le torrent du pèlerinage, et sa présence à Belgrave-Square avait été pour le duc de Bordeaux et ses partisans un nouveau sujet d'allégresse. Les légitimistes, réunis à Londres, voulurent témoigner publiquement leur reconnaissance au vétéran du royalisme. M. le duc de Fitz-James fut chargé de parler en leur nom. Voici quelques extraits de son discours :

« Après avoir rendu hommage *au roi de France*, il nous restait encore un autre devoir à remplir, et nous nous sommes présentés auprès de vous pour rendre hommage à la royauté de l'intelligence........

« La France qui, *malgré tout ce qui est arrivé*, est toujours notre pays, regarde votre conduite avec admiration...

« Acceptez l'hommage de ces Français qui sont restés, dans la bonne comme dans la mauvaise fortune, fidèles à *leur roi* et à leur patrie....... »

Ces discours insurrectionnels, prononcés sans équivoque, sanctionnés par les acceptations tacites de Chateaubriand, redoublaient les colères des Tuileries. Elles furent provoquées encore par un article d'une feuille légitimiste, la *France,* qui se permettait des réflexions très-irrévérentes sur le voyage du duc de Nemours en Angleterre. Ce journal s'étonnait qu'on envoyât le *régent problématique* à Londres au moment même où le comte de Chambord s'y promenait;

et il allait jusqu'à demander si le fils de Louis-Philippe ne se rendait pas en Angleterre pour aller offrir ses hommages à celui qu'en un autre temps il appelait *son seigneur et maître*.

Le journal fut saisi ; le gérant sommé de comparaître à bref délai, par citation directe, sans instruction préalable, afin que le jury fît promptement justice d'un méfait aussi impardonnable. Mais le jury ne se montra pas aussi empressé de s'associer aux colères dynastiques : la *France* fut acquittée. Le ministère ne se lassait pas de compromettre la royauté par des questions personnelles.

Aussi les démonstrations de Belgrve-Square prenaient-elles, aux yeux des Tuileries, des proportions démesurées. Le château était plein d'émoi. Le préfet de police envoyait régulièrement au président du conseil la liste des personnes qui prenaient, dans ses bureaux, des passeports pour l'Angleterre, et même des voyageurs qui partaient des départements pour Londres. En même temps, le maréchal Soult faisait examiner avec soin s'il y avait sur ces listes fatales des militaires en activité de service. La terreur allait grossissant chaque jour.

Un incident nouveau vint y mettre le comble. On apprit que des députés, des députés en exercice, étaient à Londres, portant leurs dévouement aux pieds du «jeune roi,» comme l'appelaient les journaux tories. Le plus en renom était M. Berryer ; les autres étaient MM. de Larcy, de Valmy, le marquis de Preigne, et M. Blin de Bourdon. M. de La Rochejacquelein vint plus tard. Il serait difficile de donner la mesure des indignations officielles à cette haute inconvenance. Le roi était furieux, les ministres consternés ; le *Journal des Débats* criait à la trahison. Des hommes revêtus d'un caractère public, ayant prêté serment de fidélité à Louis-Philippe, aller se présenter en chevaliers d'un prétendant rival ! c'était un acte inouï que l'organe ministériel signalait à la justice du pays. M. Berryer, surtout, était l'objet des plus grosses injures, soit que sa réputation donnât plus d'importance à sa démarche, soit qu'on n'admît pas en sa faveur les excuses que pouvaient invoquer les gentilshommes. On parlait de faire un exemple, de le citer à la barre de la chambre, et de lui demander compte de ses trahisons. Malheureusement pour la royauté, les indignations ne s'étendaient pas au-delà du cercle des affidés. Le public avait été assez indifférent au pèlerinage de Belgrave-Square; il se sentait médiocrement ému des doléances des Tuileries. Les petits levers d'une cour imaginaire avaient eu leur côté facétieux, on n'était guère disposé à donner à la comédie un dénoûment tragique. Les indifférents n'y trouvaient que matière à distraction, et les radicaux se plaisaient au spectacle de ces deux royautés en lutte, qui ne pouvaient que s'y amoindrir toutes deux.

Et cependant le plus curieux encore était caché aux regards du public. La cour exiguë de Belgrave-Square était livrée déjà aux dissensions intérieures; aux luttes ambitieuses, aux rivalités personnelles. La scission qui s'était produite entre les légitimistes devenait tous les jours plus profonde. Les hommes du droit divin traitaient en hérétiques les partisans du droit national. Ceux-ci, de leur côté, raillaient avec amertume les immobiles du parti, et ne reculant devant aucune conséquence de leur logique, proclamaient hardiment le suffrage universel. Les premiers avaient pour organes la *France* et la *Quotidienne*; la tribune des autres était la *Gazette*, dirigée par un homme remuant, audacieux, d'une intelligence vive quoique déréglée, et tirant un parti merveilleux de sa double influence de prêtre et de journaliste. Son action s'exerçait principalement sur les gentilhommes de la province, au milieu desquels s'étaient perpétuées des traditions d'indépendance, que ne comportaient pas les habitudes de la noblesse de cour. Tout ce qu'il y avait de jeune aussi dans ce vieux monde acceptait volontiers des idées de régénération qui pouvaient rendre la vie politique à un parti effacé. Quelque difficile, au reste, qu'il parût de concilier la souveraineté nationale avec la légitimité, il est incontestable que M. de Genoude avait réussi par ses opiniâtres paradoxes à donner quelque activité au parti royaliste, et quelque apparence de jeunesse à des doctrines caduques. Aussi sa clientèle était-elle beaucoup plus considérable que celle des feuilles rivales. La bannière du droit divin perdait chaque jour quelques soldats, et la *Gazette* luttait avec avantage contre les vieux chefs restés dans l'ornière. Ceux-ci courant vers le duc de Bordeaux crurent avoir une bonne occasion de ressaisir leur influence, en obtenant l'appui du représentant suprême de la monarchie, en faisant condamner les hérétiques par une auguste décision qui rétablirait l'unité dans l'église divisée. Leur tâche était facilitée et par les préjugés personnels du prince, et par les influences aveugles qui l'entouraient et le dominaient. Le duc de Bordeaux, soit par paresse d'esprit, soit par les effets d'une longue habitude, était encore sous la férule du duc de Lévis, homme opiniâtre, immobile comme un émigré, adversaire même des concessions de 1815, et ne pouvant avoir aucune idée commune avec la France de 1843. Il surveillait avec un soin jaloux son royal pupille, dirigeait les audiences, y assistait constamment, afin qu'aucune parole hardie ne vint contrebalancer ses conseils, afin qu'aucune lumière trop soudaine ne blessât les yeux du prince. Maître Jacques de la monarchie ambulante, il servait en même temps de premier ministre, d'introducteur et de maître des cérémonies, de témoin dans les conversations privées, et de bouclier contre les amis importuns ou trop sincères. Un seul homme avait de l'action sur lui, M. Berryer, soit à cause de ses talents oratoires, soit à cause de ses antipathies bien connues pour les néo-royalistes. M. Berryer, en effet, épousait toutes les querelles de la *Quotidienne* et de la *France* contre la *Gazette*, et partageait leurs superbes mépris pour la souveraineté nationale et le suffrage universel. Les fidèles de cette nuance devaient nécessairement réussir auprès du gouverneur et du pupille. Aussi prirent-ils soin de faire consacrer leur orthodoxie par l'approbation royale, et il demeura décidé dans les conseils de Belgrave-Square que les autres étaient des brouillons, des quasi-révolutionnaires, qui mêlaient ensemble les contraires et faisaient de coupables transactions avec les erreurs du siècle. Parmi les plus signalés aux mécontentements du prince était M. de La Rochejaquelein, perverti par les doctrines empoisonnées de la *Gazette*, et parlant étourdiment de la voix du peuple et du consentement de la nation.

M. de La Rochejacquelein jugea cependant que son nom ne lui permettait pas de s'abstenir du voyage à Londres. Aux yeux des purs, c'eût été presque une révolte. Il partit, et demanda une audience. Elle ne pouvait être refusée au représentant des souvenirs vendéens. Mais la réception fut glaciale. M. de La Rochejacquelein put voir ce que valent les dévouements aux princes et combien sont plus puissantes les cabales des courtisans. Il est vrai qu'il osa parler des droits de la nation, et dire que les temps n'étaient plus les mêmes que sous l'ancien régime. La réponse du duc de Bordeaux fut hautaine et brutale. Le serviteur sincère était traité comme un sujet révolté.

Cet incident, promptement connu, fit quelque sensation dans les cercles légitimistes de Londres : quelques-uns plaignaient le malencontreux marquis ; d'autres le trouvaient bien osé d'apporter à son roi des conseils infectés de jacobinisme. Il acheva de s'aliéner les courtisans par un mot souverainement irrévérencieux. Comme il se trouvait chez la duchesse de Lévis, cette dame lui adressa la question consacrée : « Eh bien ! monsieur le marquis, que dites-vous de notre prince ? » — Madame la duchesse, répliqua-t-il, il peut être un successeur convenable de Louis XIV ; mais il n'a pas l'étoffe d'un Henri IV. » Les âmes charitables répétèrent le propos ; l'indignation fut bruyante, et M. de La Rochejacquelein revint à Paris, proscrit et désavoué.

Le ridicule de ces discordes intestines n'ôtait rien aux craintes des Tuileries. Le fantôme de la légitimité s'y reflétait sur toutes les murailles, et la peur lui donnait un corps et une puissante réalité. Pour le conjurer, on résolut de sévir, et de faire justice des députés qui s'étaient faits les chevaliers errants d'une autre royauté. La session allait s'ouvrir ; l'adresse devenait une occasion : on se fia sur la docilité de la chambre pour venger par un blâme éclatant la monarchie de Juillet.

En attendant, les précautions étaient prises au dehors pour empêcher le renouvellement du scandale. Les agents diplomatiques dans les cours étrangères recevaient ordre de s'opposer à toute démonstration qui rappellerait Belgrave-Square. La guerre était déclarée aux baisemains et aux petits levers, en vertu de l'acte suivant :

CIRCULAIRE AUX AGENTS DIPLOMATIQUES.

Paris, le 2 janvier 1844.

« Monsieur, ce qui s'est passé à Londres pendant le séjour que vient d'y faire M. le duc de Bordeaux, a changé la situation de ce prince. Ce n'est plus un jeune prince malheureux et inoffensif, c'est un prétendant déclaré.

« Dans cet état de choses, l'intérêt et la dignité de la France imposent au gouvernement du roi de nouveaux devoirs. Nous ne voulons point exercer sur les démarches de M. le duc de Bordeaux une surveillance inquiète et tracassière qui aggrave le malheur de sa position, mais nous ne saurions voir désormais avec indifférence les démonstrations dont il pourrait être l'objet dans les pays étrangers. Quelque vaines que fussent en définitive ces démonstrations, elles pourraient, au-dehors, placer les représentants du roi dans une situation peu convenable, et fomenter, au-dedans, des passions ou des espérances criminelles. Nous avons le droit de compter que partout où paraîtra à l'avenir M. le duc de Bordeaux, l'attitude des cours alliées de la France ne permettra pas que ni l'un ni l'autre de ces inconvénients en puisse résulter. S'il en était autrement, la présence simultanée du représentant du roi ne serait ni convenable, ni possible, et vous n'hésiteriez pas à le déclarer.

« Je vous invite à donner lecture de cette dépêche à M. le ministre des affaires étrangères de.... »

Ces solennelles garanties prises contre un danger imaginaire démontraient le trouble qui régnait dans les conseils de Louis-Philippe ; elles démontraient surtout combien dans les régions officielles on connaissait peu l'opinion générale du pays ; elles n'étaient que puérils alors ; elles peuvent sembler plus étranges aujourd'hui que nous avons vu les pèlerinages de Claremont et de Wiesbaden.

Cependant le ministère attendait avec confiance la réunion des chambres pour faire condamner par sa majorité ordinaire d'audacieuse entreprise des légitimistes, lorsque de soudaines complications survenues dans les parages de l'Océanie vinrent apporter de nouveaux aliments aux tempêtes parlementaires, et contraindre M. Guizot à se heurter encore une fois contre le sentiment national, pour donner satisfaction à l'orgueil britannique.

Le 28 avril 1843, le gouvernement français avait notifié l'acceptation du protectorat des îles de la Société ; le gouvernement de ces îles et des établissements de l'Océanie avait été placé sous une direction unique, entre les mains de M. le capitaine de vaisseau Bruat.

Malgré les bonnes relations de lord Aberdeen avec M. Guizot, ce n'était pas sans déplaisir que le cabinet britannique avait vu l'établissement du protectorat français sur ces îles éloignées. Ses agents les plus considérables écrivaient que « la cession avait été obtenue en partie par l'intrigue, en « partie par l'intimidation [1] ; » ils acceptaient les faits accomplis en termes pleins de restrictions : « Le gouverne- « ment de S. M., bien qu'il n'ait pas reconnu à la France le « droit de prendre et d'exercer un protectorat sur les îles de « la Société, n'a cependant pas l'intention de mettre ce droit « en question [2]. »

Lord Aberdeen lui-même, après avoir averti l'embassadeur anglais à Paris que l'on accorderait le salut au pavillon substitué par l'amiral français à l'ancien pavillon de Tahiti, réservait habilement au gouvernement anglais les occasions d'intervenir ainsi que le constatent les passages suivants :

« Le gouvernement de S. M. se regarde comme entière-

[1] Lettre de M. Addington à sir John Barrow.
[2] Ibid.

« ment autorisé à intercéder auprès du gouvernement fran-
« çais, afin d'assurer à *la reine infortunée* de ces îles toute
« la liberté compatible avec les restrictions qu'elle s'est im-
« posées [1].....

« Le gouvernement de S. M. se regarde comme engagé,
« par toutes les considérations d'honneur national et de
« justice, à soutenir les missionnaires protestants des îles de
« la Société ; et il ne saurait admettre que le changement
« récemment survenu dans ce pays ait altéré ou affaibli en
« rien cette obligation [2]. »

Le même ministre écrivait au consul Pritchard : « Le
« gouvernement de S. M. déplore sincèrement l'affliction
« et l'humiliation que la reine Pomaré a souffertes ; » et
puis cette phrase significative : « Vous surveillerez avec
« une vigilance incessante la conduite des Français à l'égard
« de nos missionnaires, et vous ne manquerez pas de rap-
« porter minutieusement au gouvernement de S. M. toutes
« les circonstances qui vous paraîtraient à cet égard dignes
« d'attention. »

De pareilles instructions données de loin à un méthodiste
brouillon, pouvaient facilement être prises pour une invitation à la résistance et au désordre. L'Angleterre s'arrogeait
un protectorat moral à côté du protectorat légal des Français ; il devait y avoir nécessairement conflit.

Cette sollicitude d'ailleurs pour les missionnaires était
loin d'être désintéressée. Depuis longues années l'Angleterre
détachait sur les îles de l'océan Pacifique, petites ou grandes,
des escouades de prêcheurs de toutes sectes, qui, dominant
de gré ou de force les petits souverains de ces îles, formaient

[1] Lettre de lord Aberdeen à lord Cowley.
[2] *Ibid.*

partout de véritables colonies anglaises. Souvent leur autorité n'y était ni très-forte, ni très-éclairée ; car les sectaires de la Grande-Bretagne ne reconnaissant aucune hiérarchie ecclésiastique, les émigrants prédicateurs étaient de toute classe et de toute profession : petits commerçants, forgerons, charpentiers ou maçons, ils cumulaient les profits de leurs métiers avec les bénéfices de la Bible, et mêlaient les vexations de l'industrie aux charitables leçons de l'Évangile. Leur venue avait été dans plus d'un endroit l'occasion de combats sanglants, causés soit par leur oppression, soit par leur habileté à irriter les chefs les uns contre les autres. Cependant ils finissaient par prendre racine, encouragés et appuyés par le gouvernement anglais, qui faisait ainsi des conquêtes politiques et commerciales, sans qu'on pût l'accuser lui-même d'ambition. Une fois les missionnaires établis dans une île, l'Angleterre comptait bien que l'île lui appartenait. Aussi le protectorat français était-il véritablement la dépossession des Anglais, auxquels il ne manquait qu'un titre légal, mais qui avaient à Tahiti une domination de fait. On comprend dès lors les mécontentements de lord Aberdeen et ses prudentes réserves en faveur des missionnaires.

Dans les premiers temps, néanmoins, l'autorité des Français s'exerça sans troubles et sans opposition. La reine paraissait accepter avec résignation la position nouvelle qui lui était faite, lorsqu'au mois de janvier 1843, la corvette anglaise le *Talbot* entra dans la baie de Papaëte. A dater de ce moment, des signes de mécontentement éclatèrent parmi les indigènes ; Pomaré se montra irrésolue et méfiante ; le commandant du *Talbot*, en communication constante avec les missionnaires, les poussait à l'intrigue, et ceux-ci, qui n'y étaient que trop disposés, prêchaient dans toutes les cabanes la haine de l'étranger. Cependant les autorités françaises, par leur prudence et leur fermeté, surent déjouer toutes les manœuvres du commandant britannique.

Le *Talbot* partit au commencement de mars, et peu de jours après se présenta la frégate la *Vindictive*, sous les ordres du commodore Toup Nicholas. Ce navire amenait à Tahiti, en qualité de consul anglais, le missionnaire M. Pritchard, qui avait déjà fait un séjour de quinze ans dans les îles de la Société, et s'y était arrogé une autorité supérieure à celle de la reine. Remuant et audacieux, il s'était montré un des membres les plus zélés de la corporation des marchands de Bibles; et comme les conversions religieuses donnaient aux prédicants un caractère de législateurs, il avait façonné un code religieux qui mêlait habilement les profits du culte à la réforme des mœurs. Toute infraction religieuse était punie d'une amende qui entrait dans la caisse des missionnaires. Or, il y avait un péché plus fréquent que tout autre, qui offrait une source féconde de revenus; c'était le péché de galanterie. Bougainville appelait Tahiti l'île des Amours; elle n'était pas indigne de son antique réputation, et les couples heureux prenaient chaque jour le ciel ouvert à témoin de leur bonheur. La pudeur méthodiste s'en offensait, mais en tirait profit. Chaque femme, chaque jeune fille prise en flagrant délit était passible d'une amende d'une piastre forte (5 fr.); ainsi le voulait le Code Pritchard; et comme les douces habitudes étaient plus fortes que la crainte du châtiment, les récidives assuraient aux missionnaires des sommes importantes. Ministres du Seigneur, ils combattaient les faiblesses; commerçants, ils avaient intérêt à en désirer le maintien et l'accroissement, et le révérend Pritchard s'enrichissait à cette source peu évangélique. Il cumulait encore d'autres industries, avait ouvert une boutique d'apothicaire, assistait la reine Pomaré dans ses grossesses, et s'était constitué son accoucheur ordinaire; vrai Figaro de l'île, où il régnait *consilio manuque*.

La venue des Français était donc à ses yeux une véritable usurpation, et il arrivait à Tahiti avec les colères d'un souverain dépossédé, qui veut regagner son empire. Impatient d'agir, il n'attendit pas même que la frégate qui l'amenait allât au mouillage ; mais se faisant mettre à terre au point le plus voisin, il courut vers les indigènes, et prêcha une croisade contre les Français et leur gouvernement provisoire : « Il faut les chasser, s'écriait-il, il faut arracher le pavillon du protectorat! » Ses dignes collègues le secondaient activement, promenant partout les mêmes fureurs, et bientôt l'île des Amours fut agitée par des idées de haine et de vengeance.

La reine Pomaré se remit sous l'impérieuse domination de son accoucheur ; et peu de jours après, les Français virent avec étonnement s'élever sur la demeure royale un nouveau pavillon rouge et blanc, orné d'une énorme couronne, signe de souveraineté et d'indépendance. C'était un cadeau des missionnaires, un emblème de révolte élevé en face du pavillon du protectorat.

Les missionnaires, d'ailleurs, se sentaient appuyés par le commodore Toup Nicholas, qui employait tous les moyens cachés ou patents pour contester les droits de l'autorité française. Chacune de ses actions, chacune de ses démarches était une tentative hostile. Un jour, il prévient le gouvernement provisoire qu'il va mettre un homme à terre pour garder des embarcations en réparation. D'abord il y envoie un soldat sans uniforme ; le lendemain ce fut un soldat en uniforme et sans armes ; puis un soldat armé ; puis deux, puis trois, puis huit et dix : une sommation énergique du gouvernement provisoire le contraignit à les retirer. Un autre jour, il avertit qu'il va envoyer un matelot voir si l'on pourrait découvrir un navire qu'il attendait. Peu après l'on vit le matelot porter un mât de signaux ; enfin, ce fut bientôt un poste complet de signaux qu'il établit sans égards pour les droits de la France ; on fut obligé de les lui rappeler de nouveau, et il ne se soumit qu'en protestant. A quelque temps de là, des matelots malades de la *Vindictive* sont transportés à terre, et sur le casernement qui sert d'hôpital on arbore le pavillon anglais. Les commandants français déclarent qu'ils ne souffriront pas que le pavillon anglais soit arboré dans l'île de Tahiti, ailleurs que sur la maison du consul. Le pavillon fut retiré.

Mais l'acte le plus significatif du commodore fut la lettre suivante qu'il adressa aux résidents anglais dans les îles de Tahiti et de Motoo.

« A bord de la *Vindictive*, en rade de Papaëte,
20 juin 1843.

« Messieurs,

« C'est un devoir pour moi d'informer les sujets de S. M. B. qui rési-
« dent maintenant dans les États de la reine de Tahiti, que j'ai reçu
« des instructions en conséquence desquelles ils devront, quel que
« soit le motif pour lequel ils aient à demander justice, avoir re-
« cours aux officiers de leur propre souveraine, dans cette île, ou
« aux lois établies par la reine Pomaré, et ne pas s'inquiéter de
« sommations, pour comparaître comme jurés, ni se soumettre au rè-
« glement ou aux juridictions, de quelque sorte qu'ils soient, établis
« temporairement ici par les autorités françaises sous le nom de *gou-*

« *vernement provisoire*, non plus qu'être sous la dépendance de tout
« autre officier français, quel que soit son rang dans la station, jus-
« qu'à ce que la décision de la reine d'Angleterre, relativement à
« Tahiti, soit connue.

« Bien que je sois déterminé, pour exécuter rigoureusement cet or-
« dre, à appuyer par la force ce règlement, si cela devenait malheureu-
« sement nécessaire, cependant je continuerai à faire de mon mieux
« pour rester en bonne intelligence avec les officiers de la marine fran-
« çaise en station ici, et j'ai la sincère conviction que rien ne vien-
« dra troubler l'harmonie qui a subsisté jusqu'à présent entre les sujets
« de nos stations respectives.

« Je crois convenable de vous faire observer ici que l'Angleterre ne
« cherche pas, ne désire pas le maintien, sous quelque forme que ce
« soit, d'une influence souveraine dans ces îles ; mais, tout en répu-
« diant une semblable intention, et en déclarant, ainsi qu'elle l'a fait
« maintes fois en répondant aux souverains qui se sont succédé à
« Tahiti, et qui la sollicitaient de devenir la protectrice permanente,
« que, bien qu'elle ne veuille pas prendre un pouvoir prépondérant
« dans le gouvernement de Tahiti, la Grande-Bretagne, cependant,
« j'en suis également sûr, a pris la détermination qu'aucune autre
« nation n'aura une plus grande influence ou autorité sur ces États que
« celle qu'elle réclame comme son droit naturel acquis par ses longs
« et intimes rapports avec eux.

« Surtout je me considère comme autorisé à constater que la détermi-
« nation de la reine d'Angleterre est bien de maintenir indépendante
« la souveraineté de Tahiti.

« Je suis, etc.

« Toup Nicholas, *commodore*. »

Les autorités françaises relevèrent avec énergie cet insolent manifeste. Une lettre où ils faisaient connaître leur mécontentement au commodore, se terminait par ces déclarations :

« 1° Nous protestons contre tout droit que vous vous arrogez d'intervenir directement dans les affaires politiques déjà réglées ou encore
en litige entre la France et la reine Pomaré, parce que cette démarche

est à la fois contraire au respect dû au gouvernement français, et en contradiction avec les lois internationales ;

« 2° Nous protestons contre toute démarche hostile, aussi contraire à la bonne harmonie en cette île qu'en opposition avec les liaisons intimes et les sentiments mutuels de bienveillance et de respect qui règnent entre les gouvernements français et britannique.

« 3° Nous protestons contre votre démarche dernière auprès du résident de Tahiti, ainsi que contre tout acte ou transaction quelconque avec la reine Pomaré, son gouvernement ou les autorités locales, faits sans notre participation. »

Le commodore persista néanmoins dans ses oppositions, et la lettre qu'il écrivait en réponse aux protestations précédentes se terminait par ces mots : « J'obéirai à mes in-
« structions, vous pouvez en être assurés, messieurs, sans
« *m'inquiéter des résultats*, avec zèle et rigidité, et je sou-
« tiendrai énergiquement l'honneur de mon pavillon. »

L'irritation croissait de part et d'autre, et menaçait de dégénérer en une lutte ouverte, lorsque l'amiral anglais qui commandait la station des îles Sandwich, instruit de l'état des choses, rappela promptement le trop zélé commodore. Il partit le 15 août et rétracta même la lettre du 20 juin.

Après le départ de la *Vindictive,* M. Pritchard sembla renoncer à ses menées, et reconnut le gouvernement provisoire. Mais à l'arrivée d'une nouvelle frégate anglaise, le *Dublin,* entrée en rade le 1er octobre, les intrigues reprirent leurs cours, le pavillon donné par les missionnaires fut salué par la frégate, la reine Pomaré consentit à peine à communiquer avec le gouvernement provisoire.

Cependant l'amiral Dupetit-Thouars, averti par les rapports de ses officiers, résolut d'en finir avec ces difficultés continuelles, qui semblaient mettre en question l'autorité française. Parti de Valparaiso, il arriva le 1er novembre, se fit rendre compte de la situation, et reconnut sans peine que les conseillers de la reine lui avaient fait arborer le pavillon couronné comme un signe d'hostilité contre le protectorat français. Il écrivit donc à Pomaré pour l'engager à amener ce pavillon, qu'il ne pouvait regarder que comme une insulte à notre dignité nationale. Il l'avertissait cependant qu'il ne voulait pas l'empêcher d'arborer un signe de souveraineté. « Que V. M., disait-il, me désigne la forme, les couleurs du pavillon qu'elle veut prendre, et je suis prêt à le reconnaître et à le saluer.

« Mais que V. M. sache bien que je ne reconnaîtrai jamais un pavillon qui a été pris depuis la signature du traité avec le roi des Français, et créé sous l'influence de personnes qui étaient animées d'un esprit d'hostilité à ce même traité et à la France. »

Pour la déterminer plus promptement à obéir, il lui écrivit le 3 novembre une autre lettre dans laquelle il lui disait : « Le pavillon du protectorat n'ayant pas suffi pour garantir « nos droits vis-à-vis des étrangers, je me trouve dans la « nécessité de le remplacer, sur tous les points de protec- « tion, par notre pavillon national. »

Conformément à cet avis, le 4 au matin, le drapeau tricolore fut arboré partout où flottait auparavant celui du protectorat. La *Reine-Blanche*, que montait l'amiral, et la frégate française l'*Embuscade*, entièrement pavoisées, le saluèrent de vingt et un coups de canon, ainsi que le fort de Motoo-Outa. Le commandant du *Dublin* avait écrit, la veille, la lettre suivante à l'amiral Dupetit-Thouars :

« Monsieur,

« J'ai l'honneur de vous accuser réception de la lettre que vous « m'avez adressée à la date de ce jour, n° 3, et par laquelle vous m'in-

« formez que votre intention est de hisser demain sur l'île de Motoo-
« Outa le pavillon national de France et de le saluer.

« Je dois vous informer à cet égard que n'ayant aucune instruction
« de mon commandant en chef pour reconnaître les droits du roi des
« Français à la souveraineté extérieure des îles de la Société, je me
« regarde comme obligé de m'abstenir de l'honneur de saluer, en cette
« occasion, le pavillon de S. M. le roi des Français.

« J'ai l'honneur, etc.

« JERVIS TUCKER, capitaine. »

Cependant ce premier acte de vigueur n'arrêta pas les manœuvres de M. Pritchard. Il encourageait les résistances de la reine en remplissant son esprit de vaines terreurs, lui disant que les Français voulaient l'enlever et l'envoyer dans leur pays ; il réussit par ce moyen à lui faire accepter un refuge dans la maison du consulat, de sorte qu'il la tenait complétement sous sa dépendance. Aussi le pavillon demeurait-il arboré sur la case royale. L'amiral lui fit néanmoins donner de nouveaux avis par le commandant de l'*Embuscade*, lesquels étant encore restés sans effet, il notifia le 5 à la reine que si elle ne lui écrivait pas pour s'excuser et renoncer franchement à sa résistance, il se verrait dans la nécessité de passer outre, de ne plus la reconnaître, et enfin de prendre possession définitive de l'archipel des îles de la Société.

Cette tentative n'ayant pas mieux réussi, l'amiral Dupetit-Thours voulut essayer un dernier effort de conciliation et se rendit le soir chez la reine ; mais elle se trouvait chez M. Pritchard, qui ne lui permit pas de sortir pour aller recevoir l'amiral. Celui-ci ne put même en obtenir la promesse d'une audience pour le lendemain matin. La seule réponse qu'elle daigna faire à l'officier envoyé, c'est que si elle consentait à recevoir l'amiral, elle le lui ferait savoir avant le jour.

Dans la nuit, en effet, il reçut de la reine une lettre qui lui accordait un rendez-vous le lendemain matin à huit heures. Il suspendit alors l'exécution des ordres qu'il avait donnés pour descendre au jour et occuper. A huit heures du matin, le 6, il se rendit à l'audience. Là il rappela à la reine les engagements qu'elle avait pris avec la France, et lui représenta les dangers auxquels elle s'exposait par son opiniâtreté. N'obtenant cependant aucune réponse satisfaisante, il prit congé d'elle, en lui annonçant que si, avant midi, son pavillon n'était pas amené, il donnerait cours à l'exécution des mesures qu'il avait résolues.

A l'heure signalée, le pavillon flottant toujours au même endroit, l'amiral Dupetit-Thouars le fit enlever, et prit au nom de la France possession définitive de l'archipel des îles de la Société et de leurs dépendances.

Une demi-heure après, M. Pritchard amena le pavillon anglais qui flottait sur le consulat, comme pour protester contre l'acte qui venait de s'accomplir, et annonça par une lettre à l'amiral français qu'il cessait ses fonctions de consul. Bientôt une lettre fut remise à l'amiral de la part du commandant du *Dublin*. Elle était ainsi conçue :

« Monsieur,

« En arborant aujourd'hui le pavillon français sur l'île de Tahiti, en
« envoyant hier au consul de S. M. B. la notification officielle de ce fait,
« vous n'avez laissé aucun doute sur votre intention de prendre pos-
« session de ces îles.

« Il est donc de mon devoir, comme officier commandant les forces
« navales de S. M. B. dans cette station, pour S. M. B. et en son nom,
« de protester solennellement contre cette occupation. Depuis les pre-

« miers rapports de ces îles avec les nations européennes, leur souve-
« raineté a été considérée comme indépendante par l'Angleterre; leurs
« habitants ont été arrachés à la barbarie ; élevés comme des enfants,
« ils sont entrés dans le giron de l'Église chrétienne protestante, et la
« reine Pomaré a reçu la promesse de la protection officieuse de
« S. M. B.

« C'est avec regret que je me vois de nouveau obligé de vous rendre
« responsable, aux yeux de la Grande-Bretagne, du tort que votre con-
« duite pourrait faire aux intérêts de S. M. B. la reine Victoria.

« Je suis, etc.

« TUCKER, capitaine. »

Le consul Pritchard, furieux de voir toutes ses intrigues déjouées par la fermeté du commandant français, voulut tenter un dernier effort qui pût mettre l'amiral entre une sorte de désaveu ou la crainte d'une collision. Il persuada à la reine de faire une visite à bord de la frégate, le *Dublin*, lui promettant d'y faire hisser à son arrivée le pavillon outragé par les Français, et de le faire saluer par vingt et un coups de canon.

L'amiral français en étant informé, écrivit aussitôt au capitaine Tucker :

« Monsieur le commandant,

« J'ai l'honneur de vous accuser réception de votre lettre de protes-
« tation en date de ce jour.

« Je saisis cette occasion pour vous représenter que je suis informé
« que vous devez, ce soir, recevoir l'ex-reine Pomaré à bord de la fré-
« gate de S. M. B. le *Dublin*, et la saluer sous les couleurs qu'elle avait
« adoptées contrairement au droit des gens...

« Je proteste contre une telle manifestation, si elle doit avoir lieu,
« et je la regarderais comme une démonstration hostile envers la
« France. »

« Agréez, etc.

« DUPETIT-THOUARS. «

Le commandant anglais se défendit hautement d'avoir jamais eu l'intention dont on l'accusait. Il est probable que le consul Pritchard s'était flatté d'une complicité que le capitaine Tucker ne se souciait pas d'accepter.

La reine Pomaré put enfin se convaincre que, malgré les promesses de M. Pritchard, les officiers de la marine anglaise ne tenteraient pas de protéger sa souveraineté. Elle eut recours alors à de tardives supplications, faisant appel à la bienveillance et à la générosité de l'amiral Dupetit-Thouars. Celui-ci répondit par les lignes suivantes :

L'AMIRAL DUPETIT-THOUARS A MADAME POMARÉ.

9 novembre 1843.

« Madame,

« J'ai l'honneur de vous informer que je n'ai plus aujourd'hui la fa-
« culté d'avoir des relations officielles avec vous. C'est à M. le gouver-
« neur Bruat que vous devez adresser toutes les commissions que vous
« désirez faire parvenir à S. M. Louis-Philippe Ier.

« A. DUPETIT-THOUARS. »

L'inflexible volonté de l'amiral ne lui laissant plus aucun espoir, elle écrivit la pétition suivante au roi Louis-Philippe :

Paofai, Taïti, le 9 novembre 1843.

« O Roi,

« J'ai été privée, dans ce jour, de mon gouvernement, ma souverai-
« neté a été violée, et votre amiral s'est emparé, les armes à la main,
« de mon territoire, parce que j'étais accusée de ne pas observer le
« traité conclu le 9 septembre 1842.
« Je n'eus jamais l'intention, en *mettant la couronne dans mon pa-
« villon*, de condamner le dit traité et de vous insulter, ô Roi.

CHAPITRE XIII. 357

« Je suppose que vous ne considérez pas le fait *d'avoir mis la cou-*
« *ronne dans mon pavillon* comme un crime ; votre amiral ne demandait
« le changement que d'une petite partie ; mais si j'y avais consenti, ma
« souveraineté aurait été méprisée par les grands chefs.

« Je ne connaissais non plus aucune partie du traité qui déterminât
« la nature de mon pavillon.

« Je proteste formellement contre la dure mesure prise par votre
« amiral ; mais j'ai confiance en vous, et j'attends ma délivrance de
« votre compassion, de votre justice et de votre bonté pour une souve-
« raine sans pouvoir.

« Ma prière, la voici : Puisse le Tout-Puissant adoucir votre cœur !
« Puissiez-vous reconnaître la justice de ma demande, et me rendre la
« souveraineté et le gouvernement de mes ancêtres !

« Soyez béni par Dieu, ô Roi, et que votre règne soit long et floris-
« sant !

« Telle est ma prière. »

« POMARÉ. »

En parcourant les événements qui précèdent, on sera bien étonné sans doute que, par le plus étrange renversement de logique, le gouvernement anglais trouve des torts à la France, et que le gouvernement français consente des réparations à l'Angleterre.

Résumons les faits.

A l'occasion du protectorat, méfiances de lord Aberdeen, instructions imprudentes au consul Pritchard.

Tranquillité de la colonie après le protectorat. Agitations à l'arrivée du *Talbot*. Le commandant anglais invite les naturels à la résistance.

L'arrivée de Pritchard apporte de nouveaux aliments aux troubles. Il est secondé par le commodore Toup Nicholas.

Empiétements successifs de ce dernier, arrêtés seulement par la fermeté des autorités françaises.

Manifeste du commodore, invitant les résidents anglais à la désobéissance.

Un pavillon, signe de l'influence anglaise, est élevé par les conseils des missionnaires.

Arrivée de la frégate la *Dublin*, qui salue le pavillon nouveau.

Résistance de la reine, excitée par le consul anglais.

Enfin protestation du commandant Tucker contre la prise de possession.

Partout les agents anglais sont en tête des intrigues, des agitations, des désobéissances, et, après avoir soufflé la révolte, ils se plaignent du châtiment qui devait justement la suivre.

Ainsi provoqué, l'amiral Dupetit-Thouars ne pouvait faire autrement qu'il fit. Laisser plus longtemps l'autorité à Pomaré eût été laisser l'influence aux Anglais. Toute autre mesure eût été vaine.

Et cependant ce n'est qu'après avoir épuisé tous les moyens de conciliation qu'il se résout à un acte de vigueur, le seul capable de faire impression sur une femme opiniâtre, le seul capable de mettre fin aux intrigues des missionnaires, en leur enlevant les complicités royales, en brisant cette triste couronne dont ils faisaient leur instrument.

CHAPITRE XIV.

Nouveaux projets de dotation. — Adresse. — Question de Belgrave-Square. — Les flétris. — Discussion orageuse. — Droit de visite. — Entente cordiale. — Démission des légitimistes *flétris*. — Leur réélection. — Affaiblissement du cabinet. — Embarras du ministère à la nouvelle des affaires de l'Océanie. — Colère des Anglais. — Désaveu de l'amiral Dupetit-Thouars. Discussion parlementaire à ce sujet.

Depuis que le cabinet du 29 octobre s'était assis aux affaires, sa situation n'avait jamais été assez solide pour l'affranchir de toute inquiétude à l'approche des sessions, et ses rivaux trouvaient toujours quelques motifs d'espoir dans les difficultés qui surgissaient pendant le silence parlementaire. D'insignifiantes modifications venaient de s'opérer dans son sein. M. l'amiral Roussin avait été remplacé, à la marine, par M. de Mackau. M. Dumon prenait les travaux publics en place de M. Teste, appelé à la chambre des pairs et à une présidence de chambre à la cour de cassation. C'était simplement une mutation de personnes, qui n'avait rien de commun avec la politique.

Au moment où les chambres allaient de nouveau se

réunir, une question qui avait déjà compromis deux cabinets, était reprise avec vivacité par les partisans de la couronne. Ils s'indignaient que le duc de Nemours, resté sans apanage ni dotation, fût déshérité des priviléges de son rang, et Louis-Philippe, qui n'avait jamais pu se résoudre à regarder comme définitive une décision parlementaire qui l'avait si profondément blessé, ne cessait de pousser ses ministres à obtenir une réparation. M. Guizot ne se souciait guère, toutefois, d'aborder une controverse dont il voyait tous les dangers, et ses résistances avaient triomphé pendant quelque temps des impatiences royales. Mais les succès mêmes obtenus par le ministre à la tribune réveillaient les désirs de Louis-Philippe ; l'homme qui défendait si vigoureusement un portefeuille lui paraissait propre à conquérir la dotation, et M. Guizot, tant de fois victorieux au scrutin, ne pouvait plus prendre pour excuse les chances d'un échec. Aussi Louis-Philippe redoublait-il d'instances, et malgré les répugnances du ministre, il fallut reprendre sérieusement la question. Elle fut agitée en conseil au mois de mai 1843.

M. Guizot connaissait trop bien l'opinion ou plutôt la passion personnelle du roi pour la combattre de front. Dans le conseil, il plaida chaudement la justice et la nécessité de la dotation. Mais la session était trop avancée ; les conservateurs, encore sous l'empire des préjugés, n'auraient pas le temps d'être convertis ; les conséquences d'un nouvel échec seraient déplorables pour l'autorité royale. Il valait mieux ajourner au commencement de 1844, et durant l'intervalle on prendrait ses mesures. Louis-Philippe, ravi de voir enfin le cabinet décidé à tenter l'entreprise, ne voulut pas chicaner sur quelques mois de délai, et il demeura convenu que le projet tant désiré serait présenté dans les premiers jours de 1844.

Aussi, à l'époque de la convocation, fixée au 27 décembre, les feuilles de l'opposition appelèrent-elles l'attention publique sur l'opiniâtre avidité de la cour, qui voulait à toute force contraindre la nation à une aumône officielle. Les controverses personnelles se réveillèrent. Le roi fut sommé de rendre compte, et la majesté de la couronne soumise à des discussions de doit et avoir. C'était une bonne fortune pour les radicaux, et ils firent bien d'en user; mais les journaux dynastiques avaient l'imprudence de les imiter, et avilissaient leur propre principe.

M. Guizot vit bien que le moment n'était pas venu de se jeter dans une aussi périlleuse aventure. Il s'en expliqua avec quelques-uns de ses collègues : « C'est une question « de vie ou de mort, leur disait-il; les chances sont for' « incertaines; les députés qui arrivent des départements « apportent une résistance marquée contre toute augmen- « tation de charges; nous risquons donc une chute com- « plète, et le cabinet sera emporté avec la loi. » Les autres ministres trouvaient que M. Guizot avait raison, mais ils lui répondaient : « Le roi veut que la loi soit présentée; c'est « une affaire résolue. Si le ministère actuel s'y refuse, il « perd immédiatement ses portefeuilles; s'il s'y décide, au « contraire, il y a du moins chance de les conserver. »

M. Guizot reconnut toute la force du dilemme. Il fut résolu de demander un million à la chambre, avec l'espoir qu'elle se trouverait heureuse de n'accorder que 500,000 francs.

Mais aussitôt que les bureaux furent convoqués pour la discussion de l'adresse, les réclamations d'un grand nombre de députés, même parmi les conservateurs, prouvèrent au cabinet qu'il s'était trop hâté de promettre. M. Guizot se défendit misérablement, donnant clairement à entendre que les ministres étaient contraints par une volonté supérieure. Lui qui avait reproché si amèrement au ministère du 15 avril de ne pas couvrir la royauté, il la livrait à nu aux coups de tous les partis. MM. Duchâtel et Dumon furent un peu plus généreux. Aux interpellations de MM. Thiers, Billault et Gustave de Beaumont, ils répondirent : « Nous croyons la dotation excellente en soi, et la loi de régence ne saurait, selon nous, recevoir une meilleure consécration. De plus, il nous semble qu'au moment où viennent d'avoir lieu les manifestations de Belgrave-Square, cette mesure a une opportunité toute particulière. Cependant nous ne savons pas encore si nous la présenterons. En tout cas, ce sera dans un autre temps. » L'opinion était trop fortement prononcée dans tous les rangs de la chambre, pour que le ministère osât l'affronter immédiatement.

La commission de l'adresse acheva l'œuvre, en exprimant un vœu unanime pour que le projet fût définitivement abandonné.

Les Tuileries avaient fait une si grosse affaire du pèlerinage légitimiste, qu'on s'attendait généralement à voir dans le discours du trône quelque foudroyante apostrophe à ce sujet. Mais l'attente fut trompée. Le ministère avait jugé qu'il valait mieux faire donner la leçon par l'initiative parlementaire. C'était, à vrai dire, plus significatif et plus digne. Le ministère fut servi à souhait. La commission de la chambre des pairs introduisit dans l'adresse la phrase suivante : « Le roi, en montant au trône, a promis de nous consacrer son existence tout entière, de ne rien faire que pour la gloire et le bonheur de la France; la France lui a promis fidélité. Le roi a tenu ses serments. Quel Français pourrait oublier ou trahir les siens? »

Les discussions au Luxembourg n'avaient jamais une grande importance politique. Cependant M. Guizot à cette occasion prononça des paroles qui méritent d'être rapportées, surtout aujourd'hui qu'à son tour il a fait un pèlerinage.

Après avoir reconnu qu'il n'y avait dans les faits qu'il signalait aucun danger pour le gouvernement, pourquoi donc s'en occuper? disait-il.

« Pourquoi? Parce qu'il y a dans ce monde, pour les gouvernements et pour les pays qui se respectent, autre chose que le danger; parce que ce ne sont pas seulement des questions d'existence qu'ils ont à traiter. Le scandale est une grande affaire pour les gouvernements et les pays qui se respectent. Eh bien! il y a eu ici un scandale immense, il y a eu scandale politique et moral, il y a eu un oubli coupable et quelquefois honteux des premiers devoirs du citoyen. Oui, des premiers devoirs du citoyen! On n'a pas besoin d'occuper telle ou telle situation particulière, on n'a pas besoin d'avoir prêté tel ou tel serment, pour devoir obéissance aux lois et au gouvernement de son pays. Cette obéissance, cette soumission, c'est la première base de la société, c'est le premier lien de l'ordre social; et quand on voit ce devoir aussi arrogamment, aussi frivolement méconnu, il y a, je le répète, pour tout le monde, sous toutes les formes de gouvernement, un scandale immense, un profond désordre social. »

Paroles remarquables trop tôt oubliées! La chambre des pairs les sanctionna par un vote presque unanime.

C'était à la chambre des députés qu'était réservé tout l'intérêt des grandes luttes. La commission se montra très-ardente à venger la dynastie de juillet, et l'expression du blâme alla jusqu'à l'outrage. « La conscience publique, disait-elle, *flétrit* de coupables manifestations. » Un tel mot appliqué à des collègues appelait nécessairement une discussion violente. On supposait aux légitimistes assez d'audace pour défendre hardiment la position qu'ils avaient prise. On attendait surtout de M. Berryer une vigoureuse offensive, dans laquelle il châtierait de sa parole éloquente ces serviteurs éhontés de tous les régimes qui osaient prêcher de leur bouche parjure la sainteté du serment. Aussi, lorsqu'on le vit demander le premier la parole dans la discussion générale, tous les esprits furent émus, et chacun croyait assister à un de ces grands triomphes oratoires auxquels était accoutumé l'avocat de la légitimité. Mais l'attente générale fut trompée. Au lieu d'attaquer, M. Berryer tenta de se défendre, accepta timidement le rôle d'accusé, fit une longue et pâle plaidoirie, sans inspiration, sans élan, semblant invoquer des circonstances atténuantes, bien plus que son droit d'homme libre, et se perdant dans de misérables divagations, indignes de son talent et de son rôle politique.

M. Guizot sut profiter habilement des concessions de son adversaire. Sa tâche était devenue facile. A la manière dont M. Berryer avait posé la question, il ne restait plus qu'une lutte entre le droit suprême de la légitimité et la souveraineté du peuple. De moins puissants orateurs que M. Guizot y auraient triomphé. Mais, il faut l'avouer, il y fit preuve d'une vigueur et d'une éloquence dignes du sujet, et put, à bon droit, s'enorgueillir d'une éclatante victoire.

« On a parlé et agi, dit-il, au nom d'un droit qui se prétend supérieur à tous les droits, au nom d'un droit qui prétend demeurer entier, imprescriptible, inviolable, quand tous les autres droits sont violés, au nom d'un pouvoir qui n'accepte aucune limite, aucun contrôle complet et définitif; au nom d'un pouvoir qui ne peut pas se perdre lui-même, quelque insensé et quelque incapable qu'il soit, de qui les peuples, quoi qu'il fasse, doivent tout supporter.

« C'est là ce qu'on appelle la légitimité. Voilà le principe de Belgrave-Square, voilà le drapeau qu'on a opposé là à notre drapeau de 1830.

« Messieurs, on le sait, je suis profondément monarchique; je suis convaincu que la monarchie est le salut de ce pays, et qu'en soi c'est un excellent gouvernement ; et la monarchie, je le sais, c'est l'hérédité du trône consacrée par le temps ; cette légitimité-là, je l'approuve, je la veux, nous la voulons tous, nous entendons bien la fonder. Mais toutes les hérédités de races royales ont commencé, elles ont commencé un certain jour, et il y en a qui ont fini. La nôtre commence, la vôtre finit !

« Quant à la légitimité dont vous vous prévalez, que vous invoquez, ce droit supérieur à tous les droits, ce pouvoir qui ne peut pas se perdre lui-même, de qui les peuples doivent tout supporter... Ah ! je tiens ces maximes-là pour absurdes, honteuses et dégradantes pour l'humanité.

« Et quand on prétend les mettre en pratique, quand on prétend les tendre dans toute leur portée et les pousser jusqu'à leurs dernières extrémités, une nation fait bien de se revendiquer elle-même et de rétablir, à ses risques et périls, par un acte héroïque et puissant, ses droits méconnus et son honneur offensé.

. . . .

« Tout à l'heure vous nous parliez de votre modération, des bonnes et patriotiques intentions qui vous animent, qui animent votre parti, qui animent le prince que vous venez de quitter.

« Quand j'admettrais tout cela, savez-vous ce que je vous dirai? C'est que, si tout cela est vrai, tout cela est vain.

« Les bonnes intentions, les bons et sages conseils n'ont jamais manqué à la branche aînée de la maison de Bourbon. Il y a toujours eu auprès d'elle, autour d'elle, des hommes qui ont dit la vérité, des hommes qui voulaient réellement le bien du pays. Elle n'a pas su, elle n'a jamais su les croire ni les suivre. Elle est toujours retombée plus ou moins vite, plus ou moins complétement sous le joug des aveugles et des insensés.

« Il y a, messieurs, il y a des destinées écrites, il y a des incapacités fatales dont aucun médecin ne peut relever, ni une race, ni un gouvernement. »

Les paroles de M. Guizot étaient sensées, fortes et intelligentes. Mais il n'en avait peut-être pas lui-même calculé toute la puissance. En défendant le trône de 1830 au nom de la souveraineté nationale, il condamnait sa propre politique, il heurtait toutes les pensées de Louis-Philippe; en avouant qu'une nation fait bien de se revendiquer elle-même, il proclamait la doctrine que les radicaux soutenaient tous les jours; il justifiait d'avance la révolution qui devait briser le trône. Le roi dut être médiocrement satisfait des arguments de son ministre, et quoiqu'ils lui eussent donné la victoire, il aurait sans doute mieux aimé l'obtenir par d'autres moyens. Il est certain que la discussion entre les deux branches monarchiques ne pouvait profiter qu'à l'opposition extrême, et c'est à bon droit qu'un journal ré-

publicain s'écriait en résumant la séance : « Enferrez-vous
« donc aux yeux du pays : nous savons quelle est la main
« qui enterrera les morts et quelle épitaphe est prête pour
« l'histoire. »

Ce n'était là cependant que les préliminaires du combat, le premier essai des forces dans la discussion générale. La lutte menaçait de prendre une nouvelle vivacité dans l'examen du paragraphe spécial, et les conservateurs n'étaient pas sans quelques craintes sur les effets produits par ces disputes irritantes, où la monarchie de juillet ne pouvait vaincre qu'en prenant le langage révolutionnaire. Quelques dévoués demandèrent à composer, en offrant d'effacer le mot *flétrit* qui causait de justes indignations. La commission elle-même se laissa attendrir et dans une réunion spéciale décida à l'unanimité que le mot malencontreux serait effacé du paragraphe. Les ministres avertis adhérèrent au sacrifice. Mais lorsque le roi en fut informé, il condamna énergiquement cet acte de faiblesse, s'étonnant qu'on eût si peu de souci de sa dignité. C'était pour lui une question personnelle, et il n'entendait pas transiger avec les partisans d'un rival. La commission fut contrainte de se réunir de nouveau, et docile aux injonctions royales, elle effaça le vote unanime de la veille. Trois hommes seulement restèrent fidèles à leur opinion, MM. Baumes, Bethmont et Ducos.

Il fallait livrer une bataille sans trêve ni merci. Ainsi le voulait le roi, et M. Guizot, toujours prêt à se passionner quand le roi ordonnait, s'inspira de saintes colères pour entrer en campagne.

On voulait un éclat : il s'en fit plus qu'on ne le souhaitait, et cette discussion que provoquait le roi, que subissait le ministre, fut l'occasion d'un des plus violents orages que l'on puisse rencontrer dans les annales parlementaires.

Après les premières escarmouches entre les zélés conservateurs et les légitimistes, M. Guizot vint formuler ses accusations.

« Il a paru, dit-il, à la commission, il a paru au gouvernement, que dans ces actes, dans ces manifestations la moralité publique avait été gravement blessée. Ce n'est pas le danger qui nous préoccupe ; c'est la moralité publique blessée ; c'est la conscience politique offensée.... Le devoir de tout citoyen, tout serment à part, c'est d'obéir à la loi, de respecter le gouvernement de son pays. A Londres avez-vous professé le respect du gouvernement français ?.....

« Vous avez été à Londres dans un intérêt de parti : vous avez oublié l'intérêt de la France. Voilà ce qui m'a fait dire que votre conduite a été mauvaise au point de vue de la moralité politique; qu'il importe qu'une manifestation publique vienne rétablir les droits de la moralité offensée. »

M. Berryer s'élança aussitôt à la tribune :

« Je ne veux pas, dit-il, évoquer le souvenir d'un autre temps, je ne veux pas me demander ce qu'ont fait à une autre époque les hommes qui nous accusent aujourd'hui. »

A ces premiers mots une vive agitation se manifeste dans la chambre ; tous les yeux se portent sur M. Guizot, des applaudissements éclatent aux bancs de l'opposition. L'orateur reprend :

« On nous accuse d'avoir perdu notre moralité politique !... Ah ! si nous avions été aux portes de la France en armes !..... » (Très-bien ! très-bien !)

M. Guizot se levant avec vivacité. Je demande la parole.

M. Berryer s'adressant au ministre : Le parallèle est en notre faveur. Nous n'avons pas été aux portes de la France en armes pour donner, au sein d'une armée ennemie, des conseils politiques à un roi.

Vous vous en êtes glorifié. Quant à nous, nous avons été saluer le malheur.... »

Quand M. Berryer eut achevé de parler, M. de La Rochejacquelein s'écria de sa voix éclatante ;

« Nous ne pouvons pas être flétris par le ministre qui a pris une si grande part à la sanglante réaction de 1815, et encouragé les atrocités du midi. »

M. Guizot monte lentement à la tribune; un profond silence succède à l'agitation.

« Messieurs, dit-il, je viens à la tribune vider un incident personnel Ce n'est ni le gouvernement du roi, ni le cabinet actuel, ni M. le ministre des affaires étrangères qui est devant vous, c'est M. Guizot personnellement.

. . . .

« J'ai dit à la chambre quels motifs m'ont fait aller à Gand... (Assez ! assez !)

A L'EXTRÊME GAUCHE. Répétez-le !

PLUSIEURS MEMBRES. Il l'osera !

M. ERNEST DE GIRARDIN. Vous êtes allé servir l'étranger ; et ce n'est pas là de la moralité politique ! (Très-bien ! très-bien ! Bruyante confusion au centre.)

M. GUIZOT. Voilà précisément la question que je veux aborder...

AU CENTRE GAUCHE. Assez !

VOIX A L'EXTRÊME GAUCHE. Vous allez lire le *Moniteur de Gand*.

M. LE PRÉSIDENT. Messieurs, la question est grave...

M. GUIZOT : Si la question n'était pas grave, elle ne mériterait ni votre attention ni mes paroles.

Vous le savez, j'ai été à Gand....

TOUTE LA GAUCHE. Nous le savons ! (Mouvement général, longue interruption.)

M. GUIZOT. Ces interruptions ne m'empêcheront pas de dire ma pensée.

A GAUCHE. Ce n'est pas une pensée...

Une voix. C'est un fait de haute immoralité politique.

Autre voix. De trahison !

M. Guizot. Je suis allé à Gand.. (Interruption nouvelle; rumeur prolongée.)

M. Dubois (de la Loire-Inférieure). Assez !

M. Guizot. Je suis allé Gand porter à Louis XVIII mes conseils.... (Explosion de murmures et de rires ironiques.)

M. Ernest de Girardin. Et ce grand intérêt de la patrie dont vous parliez tout à l'heure !

Une voix. C'est honteux.

M. Beaumont (de la Somme). On ne doit pas se vanter d'avoir été à Gand ; il n'y a pas de moralité politique dans de telles paroles.

M. Guizot : C'est pour moi un devoir, c'est pour moi un droit de dire tout ce que j'ai à dire; je répète ; car il faut que je le répète, je suis allé à Gand....

A gauche avec indignation. A l'ordre ! à l'ordre ! (Le président agite vivement sa sonnette.)

M. Guizot. Je suis allé à Gand....

A ces mots sans cesse répétés, le tumulte redouble, l'assemblée tout entière est debout; les interpellations se croisent, les exclamations remplissent la salle. M. Guizot pâle, mais non abattu, attend fièrement que l'orage s'apaise. Enfin il reprend avec obstination :

« Je suis allé à Gand porter à Louis XVIII les conseils des royalistes constitutionnels. (Nouveaux cris d'indignation.) Je prévoyais alors ce que tous les hommes de sens prévoyaient : sa rentrée probable en France. »

M. Ernest de Girardin. La défaite ! la trahison !

M. de Corcelles. Waterloo !

Voix nombreuses. A l'ordre ! à l'ordre !

Ces cris se répètent pendant plusieurs minutes. On ne saurait décrire l'inexprimable agitation de la chambre.

M. Dubois (de la Loire-Inférieure). Quels mots sommes-nous donc condamnés à entendre ! J'ai été à Gand !... On ne parle plus de la patrie on ne parle plus de la France ; assez, messieurs, assez, assez !

PLUSIEURS VOIX. L'ordre du jour !

M. LE PRÉSIDENT. La chambre sait qu'il faut qu'un orateur soit descendu de la tribune avant que l'on puisse exprimer une opinion contraire. J'adjure tous les membres de m'aider à faire cesser un tel spectacle. Les réclamations auront leur cours lorsque l'orateur sera descendu de la tribune.

UN MEMBRE. Il n'est pas permis de se vanter d'avoir été à Gand.

A GAUCHE. Nous ne le permettrons pas!

M. GUIZOT. Je suis d'autant plus étonné de ces clameurs, que ce que j'ai l'honneur de dire à la chambre, la chambre l'a déjà entendu....

A GAUCHE. Non! non! nous avons toujours protesté.

M. GUIZOT. Et voilà les progrès que vous avez fait faire à la liberté depuis ce jour-là !

M. LEDRU-ROLLIN. Il n'y a pas la liberté de trahir !

M. GUIZOT. Ce qu'on a pu dire autrefois, on ne peut plus le dire aujourd'hui : la liberté recule.

A GAUCHE. Non ! non !

UNE VOIX. Mais arrière la trahison !

M. ERNEST DE GIRARDIN. Vous ne vous vanterez pas....

M. GUIZOT. Les accusations auxquelles j'ai pu répondre au milieu d'une chambre attentive et tranquille, il est impossible aujourd'hui d'y répondre avec mesure ? En vérité, vos progrès m'étonnent....

A GAUCHE. Et les vôtres nous indignent. (Longue interruption.)

M. GUIZOT se tournant vers le président : M. le Président, on veut épuiser mes forces. (A la chambre.) Soyez persuadés que vous n'épuiserez pas mon courage. Je suis allé à Gand... (Interruption nouvelle.) Si enfin Louis XVIII devait rentrer en France....

UNE VOIX. Après Waterloo !

M. GUIZOT. Croyez-vous que la France fût indifférente à ce qu'il rentrât sous le drapeau de la Charte ou sous le drapeau de la révolution ?

A GAUCHE. Et l'étranger !

M. de LA Rochejacquelein interpelle vivement l'orateur au milieu du bruit.

M. GUIZOT. Oui, je viendrai à bout de dire ici toute ma pensée, ou il sera bien constaté que la violence d'une partie de cette assemblée...

VOIX AU CENTRE. Dites donc l'insurrection !

M. ODILON BARROT. Eh bien! laissons-le donc étaler sa honte, et ayons le courage de l'entendre jusqu'au bout.

La cruelle protection de M. Odilon-Barrot modéra les interruptions, sans les arrêter entièrement. M. Guizot put enfin exposer sa justification à l'aide des mêmes arguments qu'il avait employés en 1841. Il raconta ensuite les services qu'il avait rendus à l'opposition pendant dix années, et se glorifia d'avoir toujours été fidèle à la monarchie constitutionnelle en combattant à la fois l'anarchie et l'ancien régime.

« Et maintenant, dit-il en terminant, ce que j'ai constamment combattu depuis cette époque, je le combats encore, et je ne céderai pas aujourd'hui. Toutes vos colères, toutes vos clameurs ne me détourneront pas. Je persévérerai à soutenir contre tous les genres d'opposition, qu'elle vienne d'ici (montrant la droite) ou de là (montrant la gauche), les intérêts et les principes de la monarchie constitutionnelle, et le gouvernement qui a été véritablement conquis et fondé en juillet.

« Quant aux injures, aux calomnies, aux colères extérieures ou intérieures, on peut les multiplier, on peut les entasser tant qu'on voudra, on ne les élèvera jamais au-dessus de mon dédain. »

Ces dernières paroles empreintes d'audace et d'éloquence rendirent quelque courage aux centres stupéfaits. M. Guizot avait puisé dans une position désespérée une indomptable opiniâtreté. L'impossibilité de reculer fit sa force, et après avoir provoqué la chambre, il lui fallait succomber ou continuer ses provocations jusqu'à lasser les colères.

Il eut cependant à entendre de sévères paroles de la bouche de M. Odilon-Barrot qui le remplaça à la tribune.

« La moralité politique, s'écria l'orateur, a besoin d'une consécration solennelle, disait tout à l'heure.... non pas M. le ministre des affaires étrangères, car il s'est dépouillé lui-même de cette qualité.... Mais il disait vrai. Jamais la moralité publique n'a eu plus besoin d'être raffermie, car jamais elle n'avait reçu une plus profonde atteinte.

« Quand vous aurez, monsieur, à servir la liberté constitutionnelle de votre pays, croyez-moi, ne prenez pas le chemin que vous avez pris n'allez pas la servir sous le drapeau de l'étranger, ne vous exposez pas à revenir à travers un champ de bataille.

« Vous appelez préjugé, vous traitez du haut de votre dédain les sentiments qui ont fait mourir ces hommes pour leur pays.

« On parle de moralité, de liberté, de nationalité. Je le demande, messieurs, si une pareille doctrine pourrait servir d'évangile politique! Quoi ! lorsque les armées sont en présence, mais il n'y a qu'un camp, il n'y a plus qu'un parti, et c'est alors qu'on pourrait déserter le drapeau de son pays pour passer à l'étranger ! »

Cette séance mémorable a compté chez les conservateurs exaltés parmi les journées héroïques de M. Guizot ; ils firent même graver une médaille en son honneur portant en exergue les dernières paroles de son discours. Mais chez les hommes en qui dominait le sentiment national, et surtout chez la foule naïve et désintéressée qui ne se laisse pas prendre aux subtilités d'une vaine éloquence, on était loin de considérer la journée comme bonne pour le ministre.

Les cris de réprobation qui l'avaient accueilli, le soulèvement de toute la chambre, l'exemple de la colère donné par les hommes les plus modérés, la révolte de tous les cœurs contre la confession publique et répétée d'un acte de désertion, tout cela devenait une leçon si cruelle, qu'il ne semblait pas qu'un fonctionnaire ainsi frappé pût jamais relever le front. Les amis de la dignité parlementaire auraient voulu sans doute que la leçon eût été faite en un autre langage, avec des formes moins voisines du scandale ; mais ceux qui se préoccupaient plus du fond que de la forme, ne trouvaient rien de trop sévère dans l'explosion de tous les sentiments qui étaient en eux, et félicitaient la chambre de ces ardentes indignations, qui, dans toute autre occasion, eussent ressemblé à des excès.

M. Guizot, il est vrai, bravait l'impopularité ; il effectait presque de la rechercher : ce jour-là, on peut le dire, il y réussit merveilleusement.

Il eut pour se consoler les ressources du scrutin. Ceux qui l'avaient délaissé au milieu de la tempête se rallièrent autour de l'urne ; et le lendemain d'un lâche abandon, le troupeau pusillanime vota la flétrissure des légitimistes fidèles au malheur.

Mais ceux-ci, justement jaloux de leur honneur, voulurent faire appel à un tribunal plus élevé. Le corps électoral était juge suprême dans les questions de dignité et d'indignité, et lorsqu'une chambre avait osé flétrir quelques-uns de ses membres, la meilleure réponse à une pareille décision était une élection nouvelle. Il fut un instant question d'une démission collective de tous les légitimistes, qui auraient ainsi accepté la solidarité du fait reproché à leurs collègues et vengé ensemble l'outrage. Mais dans des résolutions de cette nature, il se rencontre toujours un certain nombre d'hommes incertains qui reculent devant les épreuves décisives, et risquent difficilement une position acquise. Le ministère, d'ailleurs, s'alarmant d'une protestation aussi éclatante, faisait agir ses affidés pour empêcher un nouveau scandale. Il est vrai que la tâche était facilitée par les craintes intérieures de beaucoup des intéressés, qui n'avaient pas grand souci de courir les chances d'une élection nouvelle. Les députés personnellement frappés furent abandonnés à eux-mêmes.

Parmi eux, M. de la Rochejacquelein n'hésita pas. Sa démission fut remise au président dès l'ouverture de la séance qui suivit le vote de la flétrissure. Ses collègues, pendant ce temps, délibéraient chez M. Berryer. Mais l'exemple donné ne laissait plus de place aux incertitudes. Dans le cours de la séance, le président donna communication des lettres de démission de MM. Berryer, de Larcy et de Valmy. Le lendemain, M. Blin de Bourdon suivit leur exemple. Quant à M. le marquis de Preigne, il s'était excusé d'avance, assurant que des affaires industrielles l'avaient seules attiré à Londres, et que sa visite au prince n'avait été dictée que par un sentiment de convenance et de politesse. Cette espèce de désaveu lui mérita les indulgences du ministère.

En résumé, on avait tiré peu de profit de la lutte engagée avec les légitimistes. C'était moins une affaire de politique que de ressentiment, et le ministère avait agi plutôt par procuration royale que par conviction. M. Guizot lui-même désapprouvait intérieurement l'expression blessante introduite dans l'adresse, mais il accordait satisfaction à la passion de Louis-Philippe, et rencontra de beaux mouvements d'éloquence parce qu'il invoquait le principe de la souveraineté nationale. Il sortit néanmoins de la discussion affaibli dans son autorité morale, meurtri par de malheureux souvenirs, et laissant ses adversaires grandis par la proscription.

Le pays électoral lui préparait un nouvel échec; les légitimistes démissionnaires furent tout réélus, malgré les efforts désespérés du ministère. Les oppositions constitutionnelle et radicale, renonçant généreusement à toute concurrence, avaient apporté leurs votes aux victimes du scrutin parlementaire.

D'autres paragraphes de l'adresse amenèrent des débats moins vifs mais non moins sérieux. M. Thiers prit la parole dans la discussion générale. C'était un événement après un silence de deux ans. Mais rien n'était changé en lui, ni la souplesse, ni la finesse, ni cette verve intarissable qui sait donner du charme aux petites choses et faire oublier les grandes. Il fit une critique amère de l'administration ; ce n'était pas difficile ; il lui reprocha son impuissance : la matière était féconde. Mais, malheureusement pour lui, il avait été ministre, et il n'avait pas mieux fait. Sa résurrection parlementaire n'apportait donc à l'opposition aucune force nouvelle, si ce n'est ces plus vives allures que produisent d'ordinaire les rivalités d'ambition.

Le discours du trône avait signalé l'*entente cordiale* qui existait entre les deux gouvernements de la France et de l'Angleterre. Ces expressions devinrent un sujet ardent de controverse. Au Luxembourg, on y avait substitué l'*intelligence amicale* ; au palais Bourbon on adopta l'*accord de sentiments*. « Et à quelle condition avez-vous obtenu, disait l'opposition, l'accord dont vous vous vantez ? A la condition de vous humilier. » — « Et cependant, s'écriait M. Billault, l'entente cordiale n'existe nulle part. » — « Vous avez travaillé, ajoutait M. Thiers, à rompre l'alliance anglaise quand elle était possible et profitable, vous voulez la rétablir quand elle est à peu près impossible, et qu'elle ne peut plus servir à grand'chose.

M. Guizot ne répondit rien à M. Billault, se contentant d'affirmer que l'accord existait entre les deux gouvernements. En répliquant à M. Thiers, il ne sut que rappeler les fanfares belliqueuses de 1840, et renouveler l'éternelle plaisanterie de la guerre au printemps.

Pour obtenir un vote approbatif, il fallut que le rapporteur de la commission vînt restreindre, sinon désavouer, le sens donné par M. Guizot au paragraphe de l'adresse; il fallut que M. Guizot vînt faire appel aux poltrons, et annoncer à la chambre que si l'on adoptait un amendement, l'œuvre du cabinet était détruite, et ne pouvait être continuée.

Le discours de la couronne ne contenait rien sur le droit de visite ; et cependant l'année précédente la chambre avait formellement demandé que les négociations fussent ouvertes pour arriver à l'abolition des traités de 1831 et 1833. Rien n'était fait encore, et l'on évitait par le silence une discussion embarrassante. Aussi la majorité de la commission, dévouée au ministère, avait-elle résolu de garder la même réserve. Mais, après réflexion, elle comprit que l'on pourrait bien introduire dans l'adresse un amendement à ce sujet, dont l'adoption serait un échec pour M. Guizot. Pour lui éviter ce nouveau déboire, elle prit l'initiative d'un paragraphe qui représentait littéralement celui qui avait été voté un an auparavant malgré les résistances de M. Guizot. Celui-ci se résigna. La bonne volonté de ses amis lui faisait une position défensive, dont il profita pour assurer à la chambre que des négociations étaient entamées pour abolir les traités. Mais là encore sa véracité fut mise en défaut; car, dans le même temps, lord Aberdeen disait à la chambre des lords : « Le gouverne- « ment français a exprimé le vœu que des modifications « fussent introduites dans les traités de 1831 et 1833, *sans* « *en diminuer l'efficacité.* » Les questions nationales portaient malheur à M. Guizot.

Au surplus, en cette occasion, la discussion de l'adresse, qui d'habitude sert de présage aux fortunes de la session, avaient été loin d'être, dans son ensemble, favorable au ministère. La campagne contre les légitimistes avait plus compromis les vainqueurs que les vaincus. La discussion sur l'entente cordiale et le droit de visite avait affaibli M. Guizot aux yeux de l'Angleterre, qui voyait un ministre contraint de reculer devant ses propres engagements. Enfin ses partisans eux-mêmes étaient déroutés par les concessions successives qu'il avait fallu faire au sentiment national. Au moment de voter, ils retrouvaient leur ensemble, mais ils laissaient aux ministres tout le fardeau de la lutte, et n'osaient pas franchir les marches de la tribune. Un jour quatre opposants parlèrent successivement, sans que des bancs ministériels il s'élevât un contradicteur. Le cabinet conservait encore les forces du scrutin, il ne lui restait plus d'autorité morale.

A peine commençaient à se calmer les émotions de l'adresse, que tout à coup vint à Paris la nouvelle de la prise de possession de Tahiti par l'amiral Dupetit-Thouars. Chez tous la surprise fut égale, mais les autres sentiments étaient de diverses natures. Le ministère n'avait ni ordonné ni prévu cet acte de vigueur. Trop bien informé des méfiances du cabinet britannique, lorsqu'il ne s'agissait que du protectorat, il ne se dissimulait pas les mécontentements qui allaient surgir de la prise de possession.

Lorsque les dépêches de l'amiral Dupetit-Thouars furent ouvertes et communiquées au conseil des ministres, il y eut un moment de stupéfaction générale. Chacun se regardait, ne sachant que résoudre, que proposer, craignant surtout d'émettre un avis qui ne fût pas d'accord avec les sentiments du roi. Celui-ci ne laissa pas ses ministres longtemps incertains, et, de sa voix la plus éclatante, il leur déclara en termes formels qu'il fallait désavouer l'ami-

ral Dupetit-Thouars. « L'approuver, ajouta-t-il, ce serait se
« faire une affaire de plus avec l'Angleterre, et c'est
« déjà bien assez du droit de visite. La paix du monde,
« voilà le grand, le véritable intérêt national. Il serait
« absurde de troubler la paix du monde pour quelques îles
« de l'Océanie. » Cet avis, hautement exprimé, rencontra
peu de contradicteurs. M. de Mackau seul hasarda quelques
objections. « Il y avait à craindre, disait-il, que la mesure,
« que le désaveu ne décourageât et n'irritât profondément
« l'arme de la marine. » Il demandait en conséquence un
délai de huit jours pour examiner l'affaire plus à fond.
M. Guizot s'empressa d'appuyer la motion, en faisant
observer que ces huit jours permettraient de mieux apprécier l'impression produite en Angleterre. Prévoyant bien
qu'il aurait à subir une vive lutte à l'intérieur, il n'était
pas indifférent à toutes les chances qui pouvaient l'en affranchir. En 1843, le cabinet anglais s'était résigné au protectorat; peut-être accepterait-il la prise de possession. Dans
ce cas, au lieu d'un danger à courir, il y avait un triomphe à
célébrer.

Cet avis prudent fut accueilli par le roi et les ministres.

Au sortir du conseil, M. Guizot s'empressa d'écrire à
l'ambassadeur de France à Londres pour qu'il eût à sonder
les dispositions du ministère britannique dans une *conversation officieuse* avec lord Aberdeen et sir Robert Peel, lui
recommandant surtout d'engager cette conversation immédiatement, et d'adresser la réponse le plus tôt possible.

M. de Sainte-Aulaire se conforma exactement à ses instructions, et, six jours après, sa réponse, parvenue à Paris,
apportait à M. Guizot de fâcheux renseignements. Les

ministres anglais se montraient fort peu disposés à la conciliation, le public était irrité; en résumé, la prise de possession de Tahiti était regardée à Londres comme une grosse affaire. Il fallut dès lors revenir à la pensée première de Louis-Philippe, et M. de Mackau ne tint plus compte des mécontentements de la marine.

Cependant l'opposition, qui n'était pas au courant de ces détails, ressentait de l'événement inattendu un double sujet de joie. D'abord, elle était sincèrement orgueilleuse de la conduite énergique de nos marins; ensuite elle voyait le ministère, placé entre un honteux sacrifice ou une rupture, contraint de prononcer entre la France et l'Angleterre, enfermé dans un de ces embarras politiques qu'il avait mis toute son étude à fuir. Si M. Guizot acceptait le fait accompli, son programme pacifique était effacé; sa présence au ministère devenait un contre-sens. S'il répudiait un acte glorieux, de nouvelles accusations pesaient sur lui, son impopularité s'accroissait, ses rivaux gagnaient du terrain. Il bravait, à vrai dire, les attaques quotidiennes des démocrates; mais il sentait le péril de se compromettre aux yeux de la bourgeoisie électorale, assez chatouilleuse sur le point d'honneur, et peu disposée aux accommodements lorsqu'on lui parlait de gloire nationale. Ce fut sans contredit un des moments les plus difficiles de M. Guizot; et son embarras se trahit par un silence de dix jours au milieu des émotions publiques. La nouvelle de la prise de possession de Tahiti avait été apportée par un navire du commerce, et les journaux de l'opposition l'avaient répandue. Seules les feuilles ministérielles se taisaient, et ce silence était trop affecté pour ne pas paraître commandé. On disait, non sans vraisemblance, que le ministère attendait, pour se prononcer, ou les injonctions ou les indulgences du cabinet britannique. Mais déjà les débats parlementaires de la Grande-Bretagne révélaient la nature des communications diplomatiques. Dans la séance du 22 février, lord Aberdeen, interpellé à la chambre des lords sur cet événement, répondit : « Je l'ai appris avec le plus vif regret » et son interlocuteur, lord Brougham, ajouta : « J'espère que cette occupation sera désavouée. » A la chambre des communes, sir Robert Peel répondit à une interpellation analogue : « Je déplore grandement ce qui est arrivé. » En même temps les journaux anglais, radicaux, wigs ou tories, prenaient un ton belliqueux, qui faisait un singulier contraste avec l'entente cordiale Sun, dévoué au cabinet, formulait en ces termes de ses patrons ;

« La nouvelle de la prise de possession de l'île de Tahiti par l'amiral Dupetit-Thouars, au nom du roi Louis-Philippe, a fait l'objet des conversations les plus animées entre les personnes qui entretenaient des relations commerciales avec les îles de la mer du Sud. On ne doute pas que cette affaire ne donne lieu à des négociations d'un caractère peu amical entre les gouvernements de France et d'Angleterre. Les conseillers légaux de la couronne avaient déjà adressé des remontrances au cabinet des Tuileries au sujet du traitement qu'avait éprouvé la reine Pomaré. Maintenant il y aura de nouvelles remontrances, et peut-être quelque chose de plus. »

Les autres feuilles écrivaient sur le même ton, faisant la leçon au gouvernement français, et lui demandant insolemment de promptes réparations. Dans les régions officielles, le langage était sans doute plus convenable dans la forme; mais au fond il dut être le même. Car le *Moniteur* du 26 février vint apprendre au public le résultat des négociations. On y lisait la communication suivante :

« Le gouvernement a reçu des nouvelles de Tahiti, en date du 1ᵉʳ au 9 novembre 1843.

« M. le contre-amiral Dupetit-Thouars, arrivé dans la baie de Papeïti, le 1ᵉʳ novembre, pour exécuter le traité du 9 septembre 1842, que le roi avait ratifié, a cru devoir ne pas s'en tenir aux stipulations de ce traité, et prendre possession de la souveraineté entière de l'île. La reine Pomaré a écrit au roi pour réclamer les dispositions du traité qui lui assurent la souveraineté intérieure de son pays, et le supplier de la maintenir dans ses droits. Le roi, de l'avis de son conseil, ne trouvant pas, dans les faits rapportés, de motifs suffisants pour déroger au traité du 9 septembre 1842, a ordonné l'exécution pure et simple de ce traité et l'établissement du protectorat français dans l'île de Tahiti.

Les radicaux avaient annoncé d'avance cette nouvelle humiliation; la position ministérielle de M. Guizot la lui commandait; et cependant la surprise fut presque au niveau des ressentiments, tant on s'accoutume difficilement en France aux traditions d'une politique d'abaissement. Les avantages matériels de la position touchaient, à vrai dire, peu d'esprits; mais on ne pouvait oublier que l'acte du 5 novembre était une réponse aux intrigues et au bravades des Anglais. L'honneur de la France y était engagé; et l'on pouvait à bon droit s'indigner de voir le cabinet britannique réclamer contre une mesure extrême, qui avait été provoquée par ses propres agents. La France assurément pouvait faire bon marché d'un vain territoire; mais ce qu'elle ne pouvait voir sans amertume, c'était la perte de son influence morale sacrifiée à d'indignes terreurs. En effet, l'acte consigné dans le *Moniteur* ne pouvait remettre les choses dans l'état où elles étaient avant la prise de possession. La France avait alors un protectorat de fait : après cette concession, elle n'était plus rien. Que pouvaient être des protecteurs dont les actes relevaient d'une autre puissance ? Il devait désormais suffire à la reine Pomaré de s'adresser à un méthodiste anglais pour avoir raison de la France, et si quelque officier de marine invoquait pour la contraindre et son rang et le pays qu'il représentait, elle n'avait pour le réduire au silence qu'à invoquer l'exemple d'un amiral désavoué.

Ces réflexions se présentaient à tous les cœurs qui avaient quelques sentiments d'orgueil national, et les conservateurs eux-mêmes étaient consternés de voir le ministre les entraîner dans une voie qui ne laissait aucune place aux généreuses pensées. L'un d'eux, M. de Carné, annonça l'intention d'interpeller le cabinet au sujet des événements de Tahiti, et la discussion fut renvoyée au 29 février. Mais dans l'intervalle, la polémique des journaux démontrait l'irritation des esprits, et les emportements même étaient une preuve de l'intérêt ardent qui s'attachait à cette question. Un journal radical écrivait les lignes suivantes :

« Le désaveu de M. Dupetit-Thouars est un acte pire que les ordonnances de juillet.

« M. de Polignac violait nos libertés ; M. Guizot viole notre honneur.

« L'un voulait asservir la France ; l'autre veut la déshonorer.

« Affaiblir la révolution, telle était le vœu du premier, le second a juré d'affaiblir la France.

« De M. de Polignac et de M. Guizot, qui donc est le plus criminel ? Celui qui sacrifiait la révolution à la Sainte-

Alliance, ou bien celui qui met la France aux pieds de l'Angleterre ?

« M. de Polignac a été puni; M. Guizot ne peut pas être absous.

« Non ! le scandale d'une pareille absolution ne sera pas donné par la chambre à un pays qui est à bout de patience, et qui frémit tout entier jusqu'au plus profond de ses entrailles. »

En Angleterre, les émotions n'étaient pas moins grandes, quoique d'une tout autre nature. Là s'agitaient à la fois le zèle religieux, la vanité nationale et l'avidité commerciale. La Grande-Bretagne s'accoutumait à regarder le monde entier comme un immense marché sur lequel elle n'entendait pas admettre de concurrents étrangers, et elle ne pouvait oublier que depuis quelques années le commerce avec Tahiti avait pris de grands développements, qui allaient se trouver arrêtés en présence de la souveraineté française. Ces divers intérêts toutefois, ces diverses passions se confondaient en une seule accusation, que le gouvernement français, assurément, méritait bien peu. On lui reprochait, en effet, son insatiable ambition et ses désirs d'agrandissement ; alors qu'il déplorait au contraire le courage intempestif de ses officiers. Ceux-ci, en même temps, étaient représentés par la presse anglaise comme des hommes de violence et de coups de main, prêts à se porter à toutes les extrémités : et les fanatiques méthodistes qui pour mieux cacher leurs emportements s'appelaient modestement les *saints*, faisaient circuler les bruits les plus étranges sur le caractère agressif et sauvage de la marine française. Une de leurs histoires cependant fut prise au sérieux : ils assuraient avoir appris que l'amiral Dupetit-Thouars avait coulé bas la frégate le

Dublin ; et aussitôt tous les esprits de s'émouvoir et de demander vengeance. Le *Times* rapporte la nouvelle en termes indignés, et lord Brougham en fait l'objet d'une interpellation à lord Aberdeen, qui se contente de répondre que le fait n'est pas venu à sa connaissance. M. Guizot sans doute dut trembler de voir se confirmer un bruit aussi alarmant. Heureusement, il put promptement se rassurer. Mais la facilité avec laquelle on y avait ajouté créance, l'avertissait de l'irritation des esprits, et ne le disposait que trop à suivre la pente fatale où il était entraîné. Il y était d'ailleurs excité par Louis-Philippe, qui, depuis l'avénement des tories et les royales entrevues du château d'Eu, se montrait prêt à tous les sacrifices pour maintenir et fortifier l'alliance britannique.

Chacun était impatient d'assister à la discussion d'une question qui agitait si vivement les deux pays. Elle s'ouvrit le 29 février. M. de Carné posa deux questions au ministère : 1° Nos représentants à Tahiti ont-ils agi en dehors de leurs pouvoirs et de leurs instructions ? 2° Les ministres se sont-ils placés entre une lâcheté vis-à-vis de l'Angleterre ou une criante injustice envers un brave officier ? Le ministre des affaires étrangères repoussa hautement les dernières accusations. Mais pour se justifier, il avait besoin de blâmer l'amiral Dupetit-Thouars. Il le fit en des termes peu mesurés. « Sa conduite avait été brusque et précipitée. La prise de possession était un acte de violence, que ne motivaient ni les instructions, ni l'utilité, ni la nécessité. Le protectorat donnait tout ce que l'on avait voulu. La prise de possession s'écartait du but primitif de l'entreprise.

M. Guizot oubliait à dessein le point important de la discussion. La question n'était pas de savoir si la prise de possession répondait au but primitif, mais si elle n'avait pas été commandée par les circonstances. Ses arguments ne furent pas plus heureux lorsqu'il parla du pavillon. « Il est impossible, disait-il, aux hommes les moins exercés en matière de droit des gens de dire que la reine n'avait pas le droit d'avoir un pavillon. Souveraine intérieure de l'île, elle avait un pavillon, et elle avait le droit de le déterminer. »

Personne n'avait contesté ce droit, et l'amiral français lui-même l'avait reconnu. Mais il n'avait pas voulu souffrir ce qu'il pouvait considérer comme un pavillon anglais.

C'est ce que M. Billault fit ressortir avec une grande vigueur de logique. Ce n'était pas, selon lui, une querelle de pavillon, mais une querelle de souveraineté. Il y avait eu des actes tentés pour entraîner la reine à la violation de ses engagements. Depuis douze mois, l'influence anglaise à Tahiti disputait à la France un protectorat consacré par un traité ; depuis douze mois, les agents de l'Angleterre, les cadeaux de l'Angleterre, les vaisseaux de l'Angleterre, les canons de l'Angleterre s'étaient trouvés là pour aider à cette lutte. Il y avait eu là un consul de S. M. Britannique, une frégate de S. M. Britannique, un commodore anglais. Le pavillon donné à la reine avait été le symbole de la résistance aux droits de la France et au traité. En présence de ces intrigues, que devait faire l'amiral ?

« Dans la dépêche qu'on vous a lue, répondait M. Billault, l'amiral dit à la reine : Vous voulez un drapeau, celui de vos pères, soit ; vous le voulez de telle ou telle couleur, j'y consens ; reprenez le drapeau que vous aviez au moment du traité. En voulez-vous un autre ? Peu m'importe. Faites m'en connaître la dimension et la couleur, je le saluerai comme représentant votre souveraineté. Mais quant à ce drapeau que vous avez reçu de l'Angleterre, quant à ce drapeau, symbole d'une souveraineté indépendante de notre protectorat, où les conseils anglais ont inséré cette couronne que Pomaré n'aurait pas devinée, cette couronne qui est le signe de la prépondérance et de la souveraineté européenne ; quand vous tenez à ce drapeau, ce n'est pas celui de vos pères ; ce drapeau de votre fantaisie, c'est le drapeau de l'Angleterre, patent ou caché, et ce drapeau, je ne le souffrirai pas. »

« Maintenant, Messieurs, que devait faire l'amiral français ? Accepter le drapeau anglais, accepter la situation à lui faite par Pritchard, laisser élever une bannière en face de la nôtre, accepter une guerre sourde, continuelle, entre la France et l'Angleterre ? Ce n'était pas possible. L'amiral ne pouvait souffrir un tel état de choses. Il fallait d'abord avoir recours à la prière, il l'a fait ; puis à une démonstration, il l'a fait ; puis à la menace, il l'a fait. Enfin toutes ces tentatives ayant été sans succès, il a été obligé d'agir. »

L'orateur, reprochant ensuite au cabinet d'avoir tranché les principes et les faits au détriment de la France, examinait quels allaient être les résultats de cette politique à Tahiti :

« Quand cette réintégration de la reine y parviendra, disait-il, les faits seront consommés depuis huit mois. La reine est aux mains des missionnaires anglais ; il faudra que vos autorités, que votre force navale, que votre pavillon aillent chercher la reine au milieu des Anglais ; qu'ils la ramènent dans son île, et que là, sans doute, on salue le pavillon donné par l'Angleterre.

« Et pendant que vous ramènerez ainsi triomphante cette

reine, instrument des intrigues de vos rivaux, que vous la réinstallerez dans son île, et que les forces navales de l'Angleterre pourront assister et applaudir à son triomphe, un de vos braves officiers généraux, un homme qui porte dans son cœur et qui a porté sur son navire la dignité de la France, cet homme qui quittera les parages où il luttait pour nous, il reviendra en France désavoué par son gouvernement, et sous le poids de tout ce que vous avez dit aujourd'hui à cette tribune.

« Ah! il y aura pour tout le monde dans ce procédé, il y aura pour vos amis, comme pour vos ennemis, une bien éloquente signification; on saura que dans toutes ces îles où vous voulez faire pénétrer l'influence de la France, il n'y a qu'à oser, il n'y a qu'à vouloir, et que cette influence reculera; on saura qu'il n'y a pas à s'inquiéter des conséquences, que ce sont vos hommes, vos hommes de cœur qui auront toujours tort.

« Et véritablement, Messieurs, je ne puis me défendre, en songeant à cette situation telle que vous la faites, de rappeler un fait qui doit frapper tous les yeux.

« Voilà un homme qui a porté haut la susceptibilité pour l'honneur national, qui a cru que cette susceptibilité, si vive dans notre noble pays, ne permettait pas de subir ce que les intrigues de l'étranger voulaient lui faire subir, cet homme est désavoué, renvoyé; et cependant il y en a un autre qui a méconnu, lui, les sentiments nationaux, qui n'a pas compris la dignité du pavillon de la France, qui a conseillé, qui a autorisé de signer le traité que la chambre tout entière a ordonné de déchirer : cet homme, c'est M. le ministre des affaires étrangères de France.... Celui-là, il a, pendant un an, dirigé la négociation du droit de visite don vous avez rougi vous-mêmes ; celui-là, après l'avoir fait signer, l'a défendu deux ans à cette tribune. Eh bien ! quand la chambre tout entière l'a condamné, il est resté, lui, et l'amiral Dupetit-Thouars est destitué ! »

La chambre était encore sous l'impression produite par M. Billault, lorsque M. Dufaure reprit la même thèse. Sa parole, calme et incisive, nerveuse et modérée, acheva de porter la conviction dans les esprits. Il terminait son discours par ces mots :

« Quand un gouvernement désavoue un agent, il y a malheur pour cet agent ; il y a une sorte d'humiliation aussi lorsqu'on peut croire que ce désaveu est une satisfaction accordée à l'étranger ; l'humiliation est deux fois douloureuse, car elle existe à l'égard du gouvernement et à l'égard de l'étranger......

« On dit que l'on maintiendra toujours le protectorat ; mais ce protectorat était difficile avant le désaveu ; après ce qui s'est fait, à mon avis il devient impossible. »

Du commencement à la fin de la séance, la discussion avait tourné à la confusion du ministère ; les centres eux-mêmes étaient ébranlés, lorsque M. Ducos proposa de mettre un terme aux interpellations, par le vote suivant : « La chambre, sans approuver la conduite du cabinet, passe à l'ordre du jour. » Le blâme quoique indirect était formel, et la physionomie de la chambre présageait au cabinet une défaite certaine. M. Guizot s'élança à la tribune, pâle et frémissant, assura qu'il avait des faits nouveaux à communiquer à la chambre, et demanda le renvoi au lendemain. Il fallait gagner du temps pour relever les consciences abattues. Malgré d'énergiques protestations, le renvoi fut prononcé.

Le lendemain, cependant, le ministre n'apporta aucun fait, aucun document nouveau. Mais il avait suffi de l'intervalle entre les deux séances pour ramener la discipline parmi les phalanges ministérielles et pour leur démontrer que le maintien du cabinet était chose bien plus importante que la conservation de l'honneur français. Aussi, toute la puissance du nouveau discours de M. Guizot se trouvait-elle concentrée dans les dernières lignes. « Ou nous aurons l'honneur, disait-il, de siéger sur notre banc sans avoir reçu une de ces censures indirectes qui énervent le pouvoir, ou nous ne continuerons pas de siéger. » Pour le centre, il n'y avait pas d'argument plus efficace. La proposition de M. Ducos fut repoussée par 233 voix contre 187.

Ce vote fut accueilli par le public avec une douloureuse stupéfaction. Il semblait que ce fût une bataille gagnée par l'Angleterre, et que le triomphe du cabinet se confondît avec le triomphe de l'étranger. Jamais la voix de l'opposition parlementaire n'avait eu plus d'échos dans le pays. La chambre pouvait courber la tête, mais la population n'acceptait pas la solidarité des abaissements, et l'arrêt du scrutin ne fit que redoubler les colères nationales et ranimer de vieilles haines qu'une politique plus courageuse eût promptement fait assoupir. C'était pour le ministère une de ces victoires désastreuses où l'on reste maître du champ de bataille, mais après avoir reçu de mortelles blessures.

Compromis à l'intérieur, M. Guizot n'était pas moins affaibli au-dehors. Le cabinet britannique avait désormais la mesure des concessions qu'il pouvait exiger ; il tenait dans ses mains les destinées du 29 octobre ; vienne une nouvelle occasion de lutte, il n'a plus qu'à commander pour être obéi par le cabinet vassal. Les tristes conséquences de l'humiliante position acceptée par M. Guizot ne devaient pas tarder à se faire sentir.

Cependant la décision de la chambre n'avait mis fin ni aux reproches, ni aux ressentiments. La presse de l'opposition s'occupa longtemps du désaveu consenti au profit de l'Angleterre. Une souscription fut ouverte pour offrir une épée d'honneur à l'amiral Dupetit-Thouars, et l'empressement du public à s'y associer prouvait aux ministres que la cause gagnée au parlement était perdue devant la nation. Aussi chaque fois qu'une discussion générale s'engageait sur la politique du ministère, les orateurs de l'opposition lui rejetaient à la face les humiliations de Tahiti. Lorsqu'on délibéra sur les fonds secrets, ce fut le tour de M. de Lamartine.

« Ce qui m'alarme, disait-il, ce qui ne se corrige pas à volonté, c'est une situation mal prise au-dehors.

« C'est le sentiment de la subalternité de la France, sentiment motivé par notre état d'isolement; sentiment tellement aigri, tellement susceptible, que tout devient danger pour la paix, ombrage pour la liberté.... En pleine paix de la France et du monde, vous ne pouvez pas donner le moindre coup de gouvernail au vaisseau de l'État, sans craindre de vous briser sur quelque écueil.....

« Vous ne pouvez plus accomplir les actes les plus élémentaires du gouvernement représentatif; si dans vos prévisions, si dans des documents dont vous seuls avez connaissance, il arrive qu'un de vos officiers, à 4,000 lieues de vous, dans son droit, dans son devoir, dans le sentiment de sa dignité, dans le sentiment plus grand pour lui de la dignité de son pays, de son pavillon, a eu à tirer un coup de canon populaire, à 4,000 lieues de nous, la France, avant que l'affaire soit instruite, avant l'arrivée des documents qui doivent le juger, lui vote son enthousiasme et à vous son blâme et son indignation.

Lorsque vint la discussion des crédits supplémentaires, M. Berryer renouvela les mêmes accusations, sans qu'un sujet si longtemps et si souvent traité pût épuiser les émotion du public. On revenait sans cesse à ce thème fatal, et M. Guizot restait accablé sous le poids de son pénible triomphe.

CHAPITRE XV.

Intrigues d'Abd-el-Kader sur les frontières du Maroc. — Son influence sur les populations. — Différends avec le Maroc pour la délimitation des frontières. — Préparatifs de guerre dans le Maroc. — Premières agressions des Marocains. — Combat de la Mouilah. — Mécontentement de l'Angleterre. — Entrevue du général Bedeau avec le caïd d'Ouchda. — Les Marocains insultent le négociateur français. — Le maréchal Bugeaud les châtie. — Départ du prince de Joinville pour les côtes du Maroc. — Le maréchal Bugeaud occupe Ouchda. — Correspondances entre le maréchal et le prince. — Ultimatum de la France signifié à l'empereur. — Nouvelle affaire Pritchard. — Ses intrigues et son arrestation — Colères des Anglais. — Consternation de M. Guizot. — Émotions en France. — Bombardement de Tanger et de Mogador. — Bataille de l'Isly.

Les complaisances diplomatiques du cabinet des Tuileries étaient appelées à d'autres épreuves. Il semblait qu'il y eut dans le hasard des événements un châtiment pour les faiblesses passées, et une obligation fatale d'en consentir de nouvelles. Cette bonne intelligence avec l'Angleterre tant recherchée, venait à peine d'être achetée par de honteux sacrifices, que des incidents inattendus réveillaient à Londres un mécontentement nouveau, et jetaient les Tuileries dans de nouvelles inquiétudes.

Retiré sur la frontière du Maroc, au sud-ouest de Tlemcen, avec les débris de ses troupes régulières, Abd-el-Kader, toujours fertile en expédients, mettait à profit son séjour parmi les tribus indisciplinées de ces parages, pour les exciter contre les chrétiens. Il n'avait pas beaucoup à faire pour réussir. Les traditions aveugles de l'islamisme, les haines et les mépris héréditaires avaient par elles-mêmes assez de puissance; et la haute réputation de l'émir agissait fortement sur les imaginations. Défenseur armé de leur foi, célèbre par ces luttes opiniâtres contre les infidèles, il prenait chaque jour de l'ascendant dans l'empire où il était entré en fugitif, et déjà les fanatiques parmi les musulmans accusaient hautement l'empereur Muley-Abder-Rhaman qui refusait de joindre ses armes à celles d'un héros et d'un saint. L'émir lui-même, environnant l'empereur de ses agents, l'excitait à se délivrer de ses dangereux voisins, dont il signalait l'insatiable ambition, toujours prête à menacer les enfants du prophète. Mais l'empereur, redoutant l'ambition de son co-religionnaire encore plus que celle des Français, n'avait nul souci d'agrandir l'influence déjà trop puissante d'un allié qui pouvait devenir un rival. L'émir était donc réduit à user de son action personnelle sur les tribus, lorsque des contestations qui dataient de loin vinrent, en se réveillant, lui offrir une occasion d'exciter les colères de l'empereur et de le compromettre avec la France.

Depuis la conquête de 1830, et surtout depuis la prise de possession de Tlemcen, l'Afrique française et le Maroc étaient en désaccord sur la délimitation des frontières. Les Marocains voulaient que la Tafna servît de limite aux possessions françaises. Les Français soutenaient avec justice que leurs droits s'étendaient aussi loin que les anciennes possessions turques qui étaient leur conquête, et qui se prolongeaient sur une ligne irrégulière de huit à dix lieues au-delà de la Tafna. En 1842, le général Bedeau, alors commandant la subdivision de Tlemcen, avait négocié à ce sujet avec El-Guennaouï, gouverneur d'Ouchda, première ville frontière du Maroc. On n'avait pu s'entendre, et il en était résulté de part et d'autre un état d'irritation qu'Abd-el-Kader mettait tous ses soins à entretenir et à développer.

Sur ces entrefaites, l'assassinat de l'agent consulaire d'Espagne à Mazagran provoqua un échange de notes hostiles entre cette puissance et le Maroc. Une lutte armée devenait imminente. Les agents de l'émir firent aussitôt courir le bruit que c'était la France qui excitait le gouvernement espagnol à la guerre, en lui promettant son appui et ses subsides. Dans le même temps, les cours de Suède et de Danemark, décidées à s'affranchir du tribut qu'elles payaient jusqu'alors au Maroc, avaient réclamé l'intervention des gouvernements de France et d'Angleterre pour appuyer les négociations qu'elles allaient entamer avec la cour de Fez, et les deux dernières puissances s'étaient concertées à l'effet d'obtenir, par voie de conciliation, l'abolition d'un tribut toujours odieux, désormais ridicule.

Abd-el-Kader réunit habilement toutes ces circonstances pour établir l'existence d'une coalition formée et dirigée par la France contre le Maroc. Déjà l'empereur, plein de méfiances, commençait à être ébranlé par les insinuations de l'émir, lorsque les généraux français ordonnèrent la construction d'un fort à Lalla-Maghrnia, sur la rive gauche de la Tafna. Une ville française s'élevait sur le territoire contesté. L'émir saisit avec empressement cette nouvelle occasion d'agir sur Abder-Rhaman. « Tu le vois, écrivait-il à

« l'empereur, ce que j'ai prédit se réalise. Toujours je t'ai
« averti que ta complaisance enhardirait les infidèles à des
« usurpations de territoires ; les voilà qui construisent une
« ville sur ta frontière, afin d'être les maîtres chez toi. »

A cette nouvelle, la cour de Fez retentit d'imprécations
contre les infidèles ; les fanatiques qui environnaient l'empereur, et les partisans secrets d'Abd-el-Kader, s'écriaient
qu'il fallait châtier l'insolence des Français. Abder-Rhaman lui-même oublia sa circonspection ordinaire. Il est
vrai que des agents anglais lui promettaient l'appui de leur
gouvernement, sinon dans la lutte, au moins dans les négociations. Il n'ignorait pas, d'ailleurs, que depuis treize ans,
c'était l'Angleterre qui, par Tanger, Mogador et Tunis,
fournissait à Abd-el-Kader les armes et les munitions. Aussi
demeura-t-il persuadé que les Français n'oseraient lui faire
la guerre.

Bientôt tout l'empire retentit de cris belliqueux encouragés maintenant par l'empereur.

Au mois d'avril, il ordonne de passer en revue toutes les
troupes disponibles depuis Tanger jusqu'à Mogador, et
d'armer celles qui seraient sans armes. Il recommande
comme un acte de piété aux riches musulmans de fournir
des armes à leurs voisins pauvres. Dans ces réunions, les
chefs ne dissimulaient pas les intentions hostiles du sultan
envers la France. A la revue de Mogador, le gouverneur
parlait ainsi à ses troupes :

« Les infidèles viennent ; vous devez vous préparer à les
« combattre ; vous ne devez pas les craindre, parce que
« vous êtes meilleurs qu'eux, et que Dieu est au-dessus de
« tout. »

Aussi, pendant que les levées étaient campées autour de

la ville, pas un chrétien ne pouvait se montrer sans être poursuivi et insulté. Le consul français lui-même fut obligé de rester trois semaines sans sortir, et de prescrire à ses compatriotes de ne pas franchir les portes jusqu'au départ des levées. Il fit néanmoins entendre au gouverneur d'énergiques remontrances, qui, bien qu'écoutées avec un certain respect, demeurèrent complétement inutiles.

Bientôt l'on vit apparaître dans les environs d'Ouchda des troupes de Berbères et de cavaliers nègres au nombre d'environ dix mille hommes.

Au milieu de ces troupes était Abd-el-Kader, avec cinq cents réguliers et quelques fractions de tribus limitrophes, que leurs révoltes, plusieurs fois châtiées, avaient forcées à l'émigration. On annonçait aussi la venue prochaine de renforts considérables amenés par le fils aîné de l'empereur.

Le général Lamoricière, qui commandait le camp de Lalla-Maghrnia, fut obligé de se concentrer pour éviter les surprises. Le général Bedeau était accouru de Tlemcen pour le seconder. Ces précautions ne furent pas inutiles,

Le 30 mai, Sidi-el-Mamoun-Ben-Chérif, parent de l'empereur, était arrivé à Ouchda à la tête de cinq cents Berbères. Plein de fanatisme et d'orgueil, et partageant les mépris traditionnels de ces populations pour les chrétiens, il déclara qu'il répugnait à son courage de demeurer oisif à distance de l'ennemi, et qu'il voulait au moins voir de près le camp des infidèles. En vain El-Guennaouï, qui avait appris à mieux apprécier les Français, tenta de le détourner de son projet, en vain il lui représenta les ordres formels de l'empereur, Sidi-el-Mamoun se mit en marche avec ses Berbères, auxquels se joignirent bientôt les cavaliers nègres et les bandes indisciplinées descendues des montagnes voisines.

Le général Lamoricière écrivait les dernières lignes d'un rapport au maréchal Bugeaud, lorsqu'on vint le prévenir qu'une ligne de cavaliers se montrait dans la plaine et marchait vers le camp. Une demi-heure après, toute la troupe marocaine, au nombre de deux ou trois mille hommes, paraissait distinctement, drapeaux en tête, sur les bords de la Mouilah.

Pendant ce temps, nos troupes avaient pris les armes; l'ennemi avait déjà franchi deux lieues du territoire français. Mais le général Lamoricière ne voulait pas commencer l'attaque; elle se fit par la première ligne des cavaliers noirs, qui engagèrent la fusillade contre les grand'gardes. Pas une parole n'avait été échangée de part et d'autre. Alors le général Lamoricière se porta en avant, ayant à sa droite le général Bedeau et les zouaves, à sa gauche le colonel Roguet avec le 10e bataillon de chasseurs et deux bataillons de son régiment. Le colonel Morris flanquait la gauche avec cinq escadrons.

Les Marocains soutinrent avec fermeté le feu de nos soldats, et la lutte s'engagea avec une grande vivacité. Les cavaliers noirs défendaient le terrain avec une opiniâtreté qu'on n'avait pas coutume de rencontrer chez les goums arabes. Une masse considérable d'entre eux s'engagea même très-avant entre la colonne de droite et une muraille de rochers qui forme la berge du vallon d'où descendaient les Français. Le général Lamoricière, laissant à dessein se prolonger ce mouvement, profita du moment où le combat était le plus vif pour lancer par sa gauche deux escadrons de chasseurs sur la masse compacte des ennemis. Cette charge, exécutée avec vigueur, coupa en deux la colonne des cavaliers noirs, et en accumula plus de deux cents entre les rochers et la ligne de nos tirailleurs. Ce fut un mouvement décisif; les deux cents cavaliers, malgré une vigoureuse résistance, furent sabrés et dispersés. Une trentaine restèrent sur la place; le reste s'enfuit dans la déroute la plus complète vers Ouchda, abandonnant trois drapeaux aux mains de nos soldats, et plus de trente chevaux harnachés.

On poursuivit les fuyards jusqu'aux bords de la Mouilah. Le général Lamoricière, jugeant que la leçon était assez bonne pour les Marocains, accorda deux heures de repos à ses troupes, et regagna le soir son camp de Lalla-Maghrnia.

Ce combat était important, non-seulement par un brillant succès, mais plus encore par la physionomie nouvelle qu'il donnait aux affaires. La guerre était de fait commencée entre la France et le Maroc, événement qui devenait grave, surtout par les complications diplomatiques qu'il pouvait amener en Europe.

L'Angleterre n'avait vu qu'avec de vives inquiétudes les Français campés sur les frontières du Maroc, prêt à y pénétrer pour châtier un insolent agresseur. Du haut de son rocher de Gibraltar elle contemplait depuis longtemps d'un œil d'envie ce territoire africain, dont elle n'est séparée que par quelques encâblures. Son activité commerciale y avait multiplié des relations qui semblaient préparer pour elle une domination réelle; car les transactions de ses marchands dépassent d'un tiers celles de tous les autres négociants réunis de l'Europe. Déjà elle regardait avec convoitise l'établissement de Ceuta, qui, entre les mains de l'Espagne régénérée, pourrait lui disputer la domination du détroit. Il y a trente ans, elle méditait de jeter à Tétuan une colonie d'Irlandais, de façon à isoler du continent africain cette même ville de Ceuta, que ses vaisseaux bloquaient par la Méditerranée. Tout ce qui touchait à ces contrées était donc pour elle comme une affaire personnelle. Elle n'ignorait pas que le commerce de l'Afrique centrale, maintenant interdit à l'Occident, appartiendra au peuple qui s'ouvrira le Maroc; et au moment où les Français paraissaient sur le point de forcer la barrière, le cabinet de Saint-James ne dissimulait pas ses alarmes et ses ressentiments. M. Guizot cependant s'évertuait à calmer les ombrages, assurant que la France ne voulait point de conquêtes, et poussant la condescendance jusqu'à faire communiquer à lord Aberdeen les instructions et les plans de campagne. Ces imprudentes confidences devenaient entre les mains du gouvernement anglais un engagement formel, et furent même une entrave aux premières opérations de la guerre. Elles expliquent les hésitations, les lenteurs et la longue patience de nos généraux devant des agressions sans cesse répétées. L'attaque du 30 mai justifiait assurément une déclaration de guerre. La violation de notre territoire, le sang de nos soldats demandaient vengeance; cependant le ministère refusa d'y voir un acte sérieux, et plus préoccupé de l'Angleterre que de la France, il attribua le combat acharné de la Mouilah à un acte d'indiscipline dont l'empereur n'était pas responsable, justifiant par là et les promesses des agents anglais à Fez, et l'orgueilleuse confiance de Muley-Abder-Rhaman.

Cette triste politique était diamétralement opposée à celle qui convenait vis-à-vis de peuplades barbares, pour qui la générosité même est un signe de faiblesse. Aussi leur audace s'accroissait-elle de jour en jour. A tout instant, des coups de fusil étaient tirés sur les postes avancés, sur les soldats isolés, et même sur les convois de fourrageurs. On était environné de meurtriers que la diplomatie ne permettait pas d'appeler des ennemis, et nos troupes, toujours en éveil, ne pouvaient ni se reposer ni se battre. Le maréchal Bugeaud comprit qu'une telle situation ne pouvait se prolonger. Il venait d'arriver à Tlemcen pour surveiller lui-même la frontière menacée, et l'approche du fils de l'empereur à la tête de 30,000 hommes lui commandait ou de négocier ou de frapper. Il voulut tenter d'abord la première voie. Le général Bedeau reçut en conséquence l'ordre de demander une entrevue au caïd d'Ouchda, El-Guennaouï, pour régler à l'aimable la question des frontières.

La conférence eut lieu, le 15 juin, sur un terrain qui avait été désigné à trois quarts de lieue du camp de Lalla-Maghrnia. MM. Léon Roches, Branchu et Rivet accompagnaient le général Bedeau. A quelque distance se tenait le général Lamoricière avec deux bataillons d'infanterie et un escadron. Plus loin, dans la direction de Tlemcen, campait le maréchal Bugeaud, attendant le résultat de l'entrevue.

El-Guennaouï se montra fort disposé à donner satisfaction à la France sur tout ce qui concernait l'émir; promettant, au nom de l'empereur, de le chasser du Maroc, et de l'empêcher d'y rentrer. Mais sur la question de frontière il fut inflexible ; il fixait les limites à la Tafna, et insistait avec tant de vivacité, que le général Bedeau l'interrompit brusquement, et lui déclara que la France ne voulait pas reprendre la question au point où elle avait été laissée en

1842 ; que depuis elle avait fondé un poste sur la frontière, ainsi qu'elle en avait le droit, et qu'elle ne reculerait pas. Toutes les objections furent inutiles ; le caïd se refusait à toute concession. « C'est donc la guerre que vous voulez, répliqua le général Bedeau, eh bien! vous l'aurez. — Dieu y pourvoira, répondit El-Guennaouï. — Et les hommes aussi, répliqua le général.

El-Guennaouï s'était fait accompagner d'environ quatre cents cavaliers réguliers. Mais derrière eux s'étaient avancées des troupes irrégulières de diverses tribus, formant une multitude compacte de quatre à cinq mille hommes. Pendant l'entretien, l'escorte des réguliers et les masses irrégulières s'étaient insensiblement rapprochées, des groupes tumultueux s'étaient formés non loin des négociateurs, chargeant d'imprécations le général français et l'accablant de grossières injures. Des coups de fusil furent même tirés, moins, il est vrai, pour blesser que pour narguer. Quelques-uns de ces énergumènes s'avancèrent à deux pas du général Bedeau, lui faisant des gestes menaçants et redoublant leurs insultes. Il fallut qu'il sommât Guennaouï de faire mettre un terme à ces indignités. Le chef marocain s'empressa de se rendre à cette invitation, et quittant un instant le général, il fit reculer les troupes régulières. Quant à la masse confuse qui s'agitait autour du lieu de la conférence, elle refusa obstinément de s'éloigner, répondant aux exhortations du caïd par des vociférations, et tirant de nouveaux coups de fusil, dont les balles cette fois sifflaient aux oreilles des Français. La situation était critique. Le général Bedeau ne voulait pas céder aux cris de ces barbares. Mais il crut pouvoir se retirer lorsque El-Guennaouï lui eut déclaré qu'il avait dit son dernier mot. Conservant un maintien calme et fier, il s'éloigna au petit pas de son cheval, quoique les coups de fusil redoublassent à son départ. Il eut bientôt rejoint le général Lamoricière. Celui-ci, après avoir entendu le récit de ce qui venait de se passer, demanda l'opinion de son collègue sur ce qu'il y avait à faire. Le général Bedeau pensait que, malgré ces démonstrations hostiles, on pouvait considérer la non intervention des troupes régulières et d'El-Guennaouï comme une satisfaction suffisante ; que l'attitude menaçante des masses irrégulières ne constituait pas un cas de guerre ; que d'ailleurs la question était trop grave pour qu'un simple général pût prendre une décision. Le général Lamoricière fut du même avis. Mais lorsque, rejoignant le maréchal Bugeaud, ils lui eurent raconté les détails de l'entrevue, celui-ci, qui déjà souffrait avec impatience les lenteurs et les incertitudes des instructions ministérielles, déclara que de pareilles injures ne pouvaient rester impunies ; que pour lui, il ne souffrirait pas que la France fût insultée dans sa personne, qu'il y allait de l'honneur du pays aussi bien que du sien propre.

En conséquence, il fit aussitôt prendre les armes à ses troupes, s'avança sur les Marocains encore rassemblés au même endroit, les coupa en deux par une charge vigoureuse d'infanterie au centre, enveloppa toute leur gauche avec la cavalerie, et la mit dans une déroute complète. Tout le reste s'enfuit précipitamment à Ouchda, laissant sur le champ de bataille trois cents cadavres. Les spahis et les chasseurs rapportèrent plus de deux cents armures complètes.

Ce nouveau combat avertissait le gouvernement français que les négociations étaient inutiles. En supposant Abder-Rhaman peu disposé à la guerre, il y était entraîné par ses propres soldats et par l'influence d'Abd-el-Kader, plus puissante que la sienne. Son fils d'ailleurs s'avançait à la tête d'une armée considérable, ce qui n'indiquait guère des intentions pacifiques. Si, malgré des agressions répétées, malgré le sang répandu, on ne voulait pas se résoudre à une déclaration de guerre, encore fallait-il prendre ses précautions, et se donner une attitude conforme à la dignité d'un grand peuple. Les événements contraignirent le ministère à faire acte de courage. Le prince de Joinville reçut ordre d'aller croiser sur les côtes du Maroc, afin d'être prêt à l'attaquer, s'il y avait lieu, par les villes maritimes, en même temps que l'armée d'Afrique l'envahirait par terre.

Le prince partit de Toulon, le 23 juin. L'ensemble de sa division se composait des vaisseaux le *Suffren*, à bord duquel flottait son pavillon, le *Jemmapes* et le *Triton*, de la frégate de 60 la *Belle-Poule*, de la frégate à vapeur l'*Asmodée*, de la corvette à vapeur le *Pluton*, et des bâtiments à vapeur d'un rang inférieur le *Phare* et le *Rubis*. Sur ces différents navires étaient distribués douze cents hommes de débarquement.

A ce départ, s'accrurent les alarmes du cabinet anglais. Une escadre française dirigée sur les côtes faisant face à Gibraltar, commandée par un prince qui, dans un Mémoire récemment imprimé, avait publiquement révélé ses antipathies de marin contre la puissance qui dominait les océans, une occasion de gloire offerte à nos vaisseaux, une prise de possession, peut-être, sur une rive que l'Angleterre considérait comme son héritage, il n'en fallait pas tant pour redoubler les méfiances et agrandir les colères. En vain M. Guizot renouvelait-il ses promesses de modération, s'engageant au nom de la France à ne rien conquérir, à ne rien garder, à éviter même la guerre, s'il en était temps encore. Plus les paroles du ministre étaient pacifiques, plus les actes semblaient contradictoires. D'un côté, un jeune prince fougueux avec toutes les susceptibilités d'honneur national, de l'autre, le maréchal Bugeaud, militaire bien plus que diplomate, plus disposé à frapper qu'à négocier, ce ne sont pas là pour le cabinet de Londres des garanties suffisantes. Aussi pense-t-il alors sérieusement à prévenir par ses démarches une guerre qui devait augmenter l'autorité morale de la France. D'abord il fait offrir la médiation de l'Angleterre. M. Guizot, qui n'avait eu déjà que trop à lutter contre les susceptibilités de la chambre en tout ce qui concernait l'Angleterre, n'osa pas accepter. Il fallut s'en tenir aux négociations directes, et les agents anglais, jusque-là si empressés à encourager l'empereur dans ses résistances, reçurent ordre d'agir en sens contraire. M. Drummond Hay, consul à Tanger, fut personnellement chargé d'employer toute son influence pour empêcher les hostilités. De son côté, le gouverneur de Gibraltar, sir Robert Wilson, envoyait à Fez de nombreux messagers chargés de rappeler Abder-Rhaman à des dispositions pacifiques.

Cependant le maréchal Bugeaud, pour prévenir les attaques incessantes des Marocains, voulut les contraindre à s'éloigner, en occupant Ouchda, centre de leurs rassemblements. Il écrivit néanmoins une dernière lettre à El-Guennaouï pour l'engager à traiter. Cette lettre étant restée trois jours sans réponse, le maréchal se mit en marche le 19, et occupa la ville sans rencontrer de résistance. El-Guennaouï s'était retiré, emmenant avec lui trois mille cavaliers réguliers, quinze cents irréguliers et trois ou quatre pièces de canon. Abd-el-Kader, qui comptait sur la coopération de ces troupes, se réfugia dans les montagnes, n'ayant plus avec lui que quatre ou cinq cents cavaliers. Le 24, le maréchal regagnait le camp de Lalla-Maghrnia, après avoir chargé le commandant d'état-major Gouyon de l'occupation d'Ouchda.

Peu de jours après, il reçut des dépêches du prince de Joinville, arrivé le 28 dans le port d'Oran. Celui-ci était parti sans ordres précis, sans instructions positives ; il devait agir suivant les circonstances. La seule injonction formelle qu'on lui eût faite, était de ne pas attaquer sans qu'il y eût de part ou d'autre déclaration de guerre. D'un autre côté, par une singulière contradiction, on lui donnait carte blanche, en le mettant à la disposition du maréchal Bugeaud. Il écrivait donc au maréchal qu'il était à ses ordres, mais que ses instructions lui enjoignant de ne pas attaquer, il allait courir des bordées sur les côtes du Maroc, en attendant la déclaration de guerre. Le maréchal lui répondit : « Il n'y a pas de déclaration de guerre ; mais la guerre existe de fait. Tous les jours je reçois des coups de fusil, et j'en rends. Dans ce pays-ci, on commence toujours la guerre sans la déclarer... Au surplus, ajoutait-il, je n'ai pas d'ordres à vous donner. Vous avez carte blanche ; agissez de votre côté, j'agirai du mien. »

Nous avons déjà dit que le maréchal Bugeaud n'avait aucun souci du voisinage et de la coopération des princes ; de pareils lieutenants lui paraissaient trop indépendants, et dans toutes ses campagnes ils avaient toujours été pour lui une gêne. Il ne s'inquiétait pas de les rudoyer, et plus d'une fois ses impatiences se témoignèrent publiquement. Dans ces contrées où la marche était constamment inquiétée, où il y avait toujours un ennemi pour couper la tête aux hommes isolés, où un prince pouvait être enlevé par un coup de main, il fallait aux fils du roi une garde spéciale, un état-major nombreux, une centaine de mulets qui demandaient aussi leur escorte. Tout cet attirail déplaisait au vieux soldat, qui aimait les actions promptes et sérieuses. Dans une marche à laquelle le duc d'Aumale avait pris part, le prince se retira aussitôt que l'expédition fut terminée. A son départ, le maréchal Bugeaud dit tout haut à ses officiers : « A présent, Messieurs, la campagne va commencer. » L'intervention du prince de Joinville ne le flattait pas davantage, surtout lorsque celui-ci annonçait qu'il attendrait une déclaration de guerre, alors que les soldats du maréchal se battaient tous les jours. Aussi sa correspondance avec le jeune amiral avait-elle un caractère de rudesse et de mécontentement mal déguisé. Elle pouvait se résumer dans ce qu'il avait dit au commencement : « Faites vos affaires, je ferai les miennes.

Le prince de Joinville, cependant, n'était disposé ni aux faiblesses ni aux concessions. Préoccupé, plus qu'on ne l'aurait cru, des discussions qui avaient agité la chambre et le pays sur les exigences du gouvernement anglais, ressentant peut-être comme marin le désaveu de l'amiral Dupetit-Thouars, il était fermement résolu à porter haut le pavillon de la France, à ne rien faire qui put ressembler aux lâchetés d'une politique qui lui répugnait.

Il avait à cœur deux choses :

1° Prouver à l'empereur l'inefficacité de la protection anglaise ;

2° Démontrer aux Anglais sa complète indépendance et ne souffrir de leur part aucune intervention dans ses actes.

Touchant à Gibraltar, il eut avec sir Robert Wilson les

rapports de convenance que se doivent deux officiers supérieurs ; mais lorsque le gouverneur anglais le pressa d'accepter la médiation britannique, il refusa dans les termes les plus formels. Bientôt se présentant sur les côtes de Tanger, il envoya un de ses officiers pour porter à Abder-Rhaman l'ultimatum de la France.

Les clauses principales étaient : 1° Expulsion d'Abd-el-Kader du territoire marocain; 2° Destitution des chefs qui commandaient l'armée marocaine dans l'engagement du 30 mai ; 3° retraite de cette armée dans l'intérieur du pays.

M. de Nyon, consul général à Tanger, était chargé de suivre les négociations.

L'attitude ferme et décidée du prince montrait à sir Robert Wilson qu'il n'y avait plus à compter sur de faciles accommodements. Désireux toutefois d'éloigner les occasions d'une rupture, il fit prier le commandant français de sortir des eaux de Tanger jusqu'à ce qu'il eût une réponse définitive de la cour de Fez. Le prince de Joinville s'y refusa d'abord ; mais sir Robert Wilson lui ayant représenté que la vue de sa flotte irritait les populations, et pouvait amener un conflit qui paralyserait les bonnes volontés de l'empereur, le prince consentit à s'éloigner, mais sous la condition expresse que pas un vaisseau anglais ne se montrerait sur la côte : « Les Marocains, disait-il, s'imagineraient que la présence d'un navire britannique les protége contre nos armes. Si donc il en paraît un seul, je bombarde immédiatement la ville. » La convention fut acceptée par sir Robert Wilson, et l'escadre française reprit la haute mer.

Pendant ce temps M. Guizot, empressé d'obtenir la paix et de témoigner sa bonne volonté à Londres, écrit à M. de Nyon qu'il consent à ce que le consul anglais Drummond

Hay aille porter à Muley-Abder-Rhaman l'ultimatum de la France.

Ni le maréchal Bugeaud, ni le prince de Joinville ne furent informés de cette intervention.

On était donc dans l'attente, lorsque tout à coup l'amiral anglais Owen, qui ignorait la convention faite avec sir Robert Wilson, s'avance avec son escadre dans les eaux de Tanger. Le prince en est prévenu, revient aussitôt, se place devant la ville et fait les préparatifs de combat. Les Anglais envoient vers lui, le suppliant de ne pas poursuivre son dessein, qui risquerait de faire massacrer leur consul. Le prince leur reproche leur manque de parole ; mais après les explications d'où résultait leur bonne foi, il se laisse persuader, jugeant d'ailleurs que sa démonstration avait été suffisante pour leur faire connaître ses volontés bien arrêtées. Il s'éloigna donc encore une fois.

Cependant l'énergie du jeune marin avait causé à Londres de profonds mécontentements, et les complaisances de M. Guizot ne suffisaient pas à guérir les blessures faites à l'orgueil britannique. On était déjà bien loin de l'entente cordiale, et l'irritation croissait de jour en jour, lorsqu'un incident nouveau vint faire éclater les colères.

Le consul anglais Pritchard avait été brutalement arrêté par les autorités françaises à Tahiti, jeté dans un cachot, enfin transporté à bord d'un navire et définitivement expulsé d'une terre dont il avait fait sa patrie, et, ce qui était plus grave, d'une résidence consulaire. C'était un outrage au gouvernement anglais, une injure pour toute la nation dans la personne d'un de ses citoyens. Voilà ce qu'on disait en Angleterre. Voici la vérité des faits.

D'abord Pritchard n'était plus consul au moment de la

prise de possession. Il avait, ainsi que nous l'avons dit, signifié à l'amiral Dupetit-Thouars qu'il cessait ses fonctions ; ensuite, quand même il l'eût encore été, sa conduite avait été telle que son titre aurait ajouté à sa culpabilité, et ne pouvait pas le préserver d'un châtiment trop bien mérité.

Laissons parler les faits.

Depuis la prise de possession, Pritchard, rendu à son commerce de Bibles et de médicaments, ne pouvait se résoudre à renoncer aux intrigues. Son influence sur Pomaré était toujours puissante, augmentée encore par les mécontentements d'une souveraine dépossédée, qui avait trouvé auprès de lui refuge et compassion. Dans les premiers temps, néanmoins, la crainte comprima les mauvais vouloirs ; le coup de vigueur de l'amiral Dupetit-Thouars avait produit l'effet qu'il en attendait. Mais ils se réveillèrent avec violence lorsque les autorités françaises abrogèrent la loi du Code Pritchard, qui enterdisait aux missonnaires catholiques l'entrée des îles de la Société. Les méthodistes virent leur empire menacé : ils allaient perdre le monopole des consciences indigènes et des amendes religieuses ; le despotisme des Français devenait intolérable. Pritchard, dès lors, reprit avec une nouvelle activité ses menées ténébreuses. A la reine, il annonçait la prochaine venue d'une flotte anglaise qui couvrirait l'horizon de ses voiles, et ferait un feu de paille de nos tristes navires. Aux naturels, il racontait que les Français étaient un petit peuple turbulent, qu'un grand chef avait longtemps conduit à la victoire, mais que les Anglais avaient fini par mettre ce chef fameux aux fers pour arrêter ses désordres. Ces belles choses étaient répétées dans des proclamations affichées aux différents lieux de réunion. Les habitants étaient appelés aux armes, et l'on menaçait de peines cruelles ceux qui demeureraient fidèles à la cause des Français.

D'autres moyens plus cachés furent employés. Jusque-là, on trouvait abondamment à acheter des bœufs, des cochons, des volailles, etc., en sorte que les troupes et les équipages avaient presque toujours des vivres frais. Bientôt les marchés se dégarnirent : les fournisseurs ne pouvaient tenir leurs engagements; matelots et soldats furent réduits aux vivres de bord, c'est-à-dire aux haricots et aux salaisons. Le gouverneur soupçonna quelque supercherie; car l'epèce bovine est assez développée aux îles de la Société pour fournir aux besoins même d'un surcroît de population. Des recherches furent faites, et l'on découvrit que les propriétaires de bétail s'étaient concertés pour opérer une disette fictive, et dégoûter les Français du séjour de Tahiti, en déguisant les ressources du pays. Presque tous les bœufs avaient été conduits dans l'intérieur des montagnes, où ils erraient par troupeaux. Si l'on interrogeait les indigènes, aucun ne voulait déclarer le nom du propriétaire; tantôt ils le disaient absent, tantôt ils ne le connaissaient pas. Instruit de ces détails, le gouverneur rendit un arrêté, à la date du 11 janvier, qui prescrivait à tous propriétaires de faire la déclaration de la quantité et de l'espèce de batail qu'ils possédaient. Ceux qui ne se soumettraient pas à faire cette déclaration, devaient être considérés comme renonçant à leur droit de propriété.

Le moyen était violent, mais commandé par les circonstances. Les habitants de Papaëte et des environs se soumirent sans hésiter; mais dans les baies éloignées, les prédications des missionnaires exaltèrent les esprits et poussèrent les habitants à la révolte. A Matavaï, l'arrêté du gouverneur fut foulé aux pieds, et il fut déclaré qu'on ne s'y soumettrait pas.

Le capitaine Bruat, apprenant l'insulte faite à son autorité, envoya sommer les chefs de rentrer dans le devoir. Ceux-ci refusèrent avec hauteur, et répondirent par des menaces aux exhortations qui leur furent adressées.

Alors un fort détachement armé se rendit sur les lieux ; quatre chefs furent arrêtés et conduits prisonniers à bord de la corvette *Embuscade*. Sur ces entrefaites, les Français arrêtèrent un messager porteur d'une missive, qui démontrait clairement la complicité de Pomaré et de son premier ministre, Pritchard, dans le complot de famine.

Dès que Pomaré eut appris que ses intrigues étaient découvertes, elle accourut, effrayée, chez Pritchard, et, à la suite d'un court entretien, il fut décidé qu'elle irait se mettre sous la protection du pavillon britannique, à bord du *Basilick*, goëlette de guerre anglaise, qui tenait la station depuis le départ du *Dublin*. Ce qui fut exécuté aussitôt, le 31 janvier. Toute sa famille l'y suivit.

Le lendemain, le gouverneur envoya son chef d'état-major, M. Malmanche, signifier au commandant anglais qu'il considérerait comme un acte d'hostilité le débarquement de l'ex-reine Pomaré sur un point quelconque des îles de la Société.

Cependant le châtiment des chefs de la baie de Matavaï n'avait pas intimidé les chefs d'une autre baie populeuse, celle de Taïarabou. Ils menacèrent les envoyés du gouverneur, déclarant qu'ils ne lui reconnaissaient aucune autorité, et qu'ils ne recevraient d'ordre que de leur reine Pomaré. Cette déclaration était faite en présence d'un missionnaire anglais, et la déférence que lui montraient tous les chefs, prouvait qu'il n'était pas étranger à cette manifestation.

Les insolences s'accrurent à l'arrivée, à Papaëte, d'un bateau à vapeur anglais. Le lendemain, le bruit courut dans toute l'île qu'une lettre avait été écrite à la reine Pomaré, par le chef de la station navale anglaise des mers du Sud, pour la consoler et lui annoncer l'arrivée prochaine de la flotte qui devait la rétablir. Le gouverneur y répondit par l'arrêté suivant :

AU NOM DU ROI DES FRANÇAIS,

« Nous, gouverneur des possessions françaises dans l'Océanie, au
« peuple de Tahiti,
« Taviri, Faraou, Pito-Maï et Teraï, chefs, ayant refusé d'écouter
« notre parole de paix, nous les déclarons rebelles. En conséquence,
« leurs biens seront mis sous le séquestre.
« Huit jours leur sont accordés pour faire leur soumission.
« Les districts qui leur donneront asile seront frappés d'une contri-
« bution de guerre. — Que les bons amis de la paix et des lois restent
« tranquilles sous la protection de la France. La sévérité des lois attein-
« dra les coupables. »

« Papaëte, le 13 février 1844.

« Signé : BRUAT. »

Le bateau à vapeur, le *Phaéton*, fut désigné pour aller recevoir la soumission des quatre chefs, ou exécuter l'arrêté. Mais à son arrivée, les habitants des districts déclarèrent que non-seulement ils donneraient asile aux chefs, mais même qu'ils sauraient les défendre, ainsi que leurs propriétés. L'insurrection avait pris des proportions formidables; les missionnaires eux-mêmes étaient effrayés de la sauvage énergie qui se réveillait chez les naturels, et quelques-uns cherchèrent à les calmer; mais leurs exhortations furent repoussées, et les plus exaltés leur signifièrent qu'ils ne voulaient pas plus d'eux que des Français, et qu'ils abjuraient la foi chrétienne. Les vieilles superstitions avaient été ranimées par une ancienne prêtresse, accourue au camp des indigènes pour leur reprocher l'abandon de leurs dieux, et leur prédire la résurrection de leur indépendance s'ils relevaient leurs fétiches. L'effet de cette apparition avait été secondé par d'amples libations d'une espèce d'alcool extrait d'une plante.

Le *Phaéton* n'était pas en force pour occuper le territoire. Le gouverneur, averti, donna aussitôt ordre à la corvette l'*Embuscade* d'appareiller sur-le-champ, et de recevoir à son bord une compagnie de voltigeurs et un détachement d'artillerie de marine. Le départ eut lieu le 27 février. Le capitaine Bruat et le commandant d'infanterie de marine dirigeaient l'expédition. Taïrabou est éloigné de Papaëte d'environ quatorze lieues.

Dès que le gouverneur fut éloigné, Pritchard redoubla d'intrigues à Papaëte. Bientôt l'esprit d'insurrection s'étendit sur ces districts. Les habitants désertèrent leurs villages, et se retirèrent dans les montagnes, prêts à fondre sur les établissements français aussitôt que se présenterait l'escadre anglaise que leur annonçait Pritchard. Le capitaine d'Aubigny, commandant en l'absence de M. Bruat, fut obligé de prendre des mesures sévères pour maintenir la tranquilité. Le 2 mars, Papaëte fut déclaré en état de siége. L'audace des rebelles n'en fut pas diminuée; dans la nuit du 2 au 3, une sentinelle française fut attaquée et désarmée par des indigènes. Le poste se mit aussitôt à la poursuite des assaillants, et parvint à en saisir un, qui signala Pritchard comme l'instigateur de ce coup de main. Ce n'était pas une révélation, car M. d'Aubigny savait trop bien que Pritchard était l'auteur de tous les troubles. Il était urgent de faire un exemple ; l'insurrection ne pouvait être comprimée que par un acte de vigueur ; il n'y avait plus à épargner un missionnaire qui provoquait les naturels à l'assassinat. Son arrestation fut ordonnée. Elle s'accomplit dans la matinée du 3, au moment où il se dirigeait vers le bateau à vapeur anglais le *Cormoran* ; il fut renfermé dans un blockhaus situé derrière la maison du gouverneur.

Aussitôt les progrès de l'insurrection s'arrêtèrent ; les naturels consternés firent avertir les officiers des navires anglais. Les deux chefs descendirent à terre pour réclamer auprès de M. d'Aubigny ; mais celui-ci maintint énergiquement ses droits et refusa de les laisser communiquer avec le prisonnier. Ils ne purent même obtenir de lui qu'il leur fit savoir en quel endroit Pritchard était détenu. Enfin, il coupa court à leurs instances, en leur lisant à haute voix l'arrêté suivant, destiné à être affiché dans l'île :

« Une sentinelle a été attaquée dans la nuit du 2 au 3 mars. En représailles, j'ai fait arrêter un certain Pritchard, le seul agent et instigateur des révoltes des naturels. Ses biens répondront de tous les dommages que les insurgés pourraient causer à nos établissements ; et si le sang français coule, chaque goutte de ce sang retombera sur sa tête. »

« Signé : D'AUBIGNY. »

De retour sur leurs navires, les deux commandants anglais firent mine de recourir à des démonstrations hostiles. Ils s'embossèrent comme pour le combat. Les bâtiments français s'embossèrent également, prêts à faire feu. Les Anglais virent aisément qu'ils n'auraient rien à gagner à une rencontre, et reprirent bientôt une allure pacifique.

Cinq jours après, M. Bruat, informé de l'état de choses, revint de Taïrabou. Il approuva la conduite de M. d'Aubigny ; mais, sollicité par le capitaine du *Cormoran*, il consentit à lui livrer Pritchard, à condition qu'il le conduirait aux îles Sandwich. Le *Cormoran* partit en effet aussitôt, et il ne resta en rade d'autre navire anglais que le *Basilick*, à bord duquel demeurait Pomaré, attendant toujours l'escadre libératrice.

La nouvelle de ces événements parvint en Europe au moment où le cabinet anglais ressentait le plus de dépit de la tournure que prenaient les affaires du Maroc. Il ne lui était plus possible d'arrêter la France devant les folles provocations des troupes d'Abder-Rhaman ; et malgré ses déplaisirs, il ne restait aucun sujet de plaintes en présence des efforts faits par les Tuileries pour éviter la guerre. Il y avait encore moins le moyen d'articuler une menace. L'affaire de Pritchard se présentait donc au milieu de mécontentements qu'on n'osait avouer, et ne servit qu'à les déchaîner, alors qu'on cherchait une occasion. Comment imaginer, en effet, que des hommes aussi habiles, aussi prudents que sir Robert Peel et lord Aberdeen, se fussent enflammés d'une sainte colère pour un missionnaire intrigant, alors qu'il fallait mettre en balance l'alliance d'une grande nation ? M. Guizot était-il donc si peu de chose à leurs yeux qu'ils voulussent le sacrifier à un Pritchard ? Et la paix du monde devait-elle être compromise pour une misérable querelle agitée dans un coin de l'Océan ? Non ; ce n'est pas là qu'était la question. Elle n'était placée ni si loin, ni si bas. Elle était aux portes de Gibraltar, sur les frontières de l'Algérie ; elle reposait sur la gloire nouvelle que pouvait acquérir la France, sur les développements nouveaux qu'elle pouvait prendre en Afrique. Le Maroc était la cause des colères ; Pritchard en devint le prétexte.

Il y avait d'ailleurs à faire grand bruit un autre calcul. En donnant tort à la France dans l'océan Pacifique, on diminuait ses avantages sur la Méditerranée ; en exigeant insolemment des réparations pour Tahiti, on préparait de faciles accommodements pour le Maroc. Les hardiesses du maréchal Bugeaud, les emportements du prince de Joinville allaient avoir pour compensation les terreurs des Tuileries. Tel fut tout le secret de la politique anglaise. Telle fut l'origine de cette honteuse affaire, qui devait donner la mesure des abaissements auxquels pouvait descendre le cabinet du 29 octobre.

Les premiers actes furent combinés dans ce but, et la suite y répondit merveilleusement. A la chambre des communes, dans la séance du 31 juillet, sir Robert Peel, interpellé à ce sujet, se hâte de jeter publiquement à la France un outrage et un défi. « Je n'hésite pas à déclarer, dit-il, qu'une grossière insulte, accompagnée d'une grossière indignité, a été commise. » Et pour qu'on ne se trompât pas sur le sens de ses paroles, ou sur les personnes auxquelles s'adressaient ses provocations, il ajouta : « L'insulte a été faite par une personne revêtue d'une autorité temporaire à Tahiti, et d'après ce qui est parvenu à notre connaissance, l'insulte a été commise par suite d'une autorisation qui aurait été donnée à cette personne par le gouvernement français. » Enfin il concluait par ces mots : « Je pense que le gouvernement français fera la réparation qu'à notre avis l'Angleterre a le droit de demander. »

L'attaque était directe et sans équivoque. A la chambre des lords, lord Aberdeen répéta ces mots : « Il y a une insulte commise. » Mais moins prompt que sir Robert Peel, ou peut-être par une manœuvre concertée, il épargna M. Guizot. « Tout ce qui s'est fait, dit-il, a eu lieu sans la moindre autorisation du gouvernement français. » Il eut même soin d'établir que Pritchard n'était pas consul au moment de son arrestation, ajoutant néanmoins pour la satisfaction de l'orgueil national et de sa propre politique : « Peu importe que M. Pritchard fût ou non encore consul d'Angleterre : je le regarde comme sujet anglais, ayant droit à la protection de son gouvernement, et je considère le traitement qu'il a subi comme exigeant l'intervention du gouvernement. »

Lord Aberdeen oubliait, sans doute, que, lors de l'insurrection du Canada, tout Américain pris dans les rangs des insurgés, était fusillé, sans que le gouvernement de Washington se crût en droit d'intervenir.

Il ne fut pas le dernier du reste à reprendre l'expression introduite par son collègue. Le vieil oracle des tories, le duc de Wellington, vint parler à son tour de la « grossière insulte. » Il fallait que tous ces hommes d'État fussent bien convaincus de la patience du gouvernement français.

La presse anglaise répondait dignement aux urbanités des ministres. Le *Times* écrivait :

« Il serait impossible d'accumuler en si peu de temps plus d'outrages sur ce que les nations et les hommes ont coutume de considérer comme sacré. En lisant les proclamations extravagantes des officiers français, on dirait que le règne de la terreur est la seule partie de l'histoire de France qu'ils aient cru pouvoir adapter aux récentes conquêtes qu'ils ont faites, et que, dans leurs rapports avec les vaisseaux et les agents étrangers, ils aient pris à tâche de violer tous les droits qui, même en temps de guerre, sont religieusement respectés par toutes les nations civilisées. L'arrestation du consul de S. M. dans les îles de la Société, par un acte de l'autorité militaire, sans accusation précise et sans mandat, est un fait que nous ne pouvons comparer qu'aux procédés des Chinois contre lord Elliot. »

Le même journal ajoutait :

« Cependant une réflexion calme notre indignation. Tout ce déploiement de la loi martiale, ces chefs persécutés, ces femmes tourmentées, les rivières empoisonnées, a éclaté comme une efflorescence de l'autorité usurpée que la France a déjà désavouée. L'usage qu'on a fait de ce pouvoir est digne des moyens que l'on a employés pour l'acquérir : nous ne saurions rien dire de plus mérité et de plus sévère.... Si le gouvernement français avait approuvé l'acte de l'amiral Dupetit-Thouars, qui a converti le protectorat en un despotisme militaire, nous ne verrions aucune solution possible de la difficulté ; mais heureusement l'amiral a été désavoué. »

On voit que le *Times*, malgré ses odieuses diatribes contre les officiers français, comptait beaucoup sur le cabinet du 29 octobre. En effet, il terminait son article par ces mots : « Après un pareil abus de pouvoir, il ne reste plus qu'à désavouer promptement et avec indignation des hommes qui compromettent le nom de la couronne qu'ils prétendent servir, et à donner pleine satisfaction à l'infortunée reine de ces îles, et aux représentants des États étrangers qui n'ont jamais cessé de s'intéresser à sa prospérité. »

D'autres journaux dépassaient le *Times* en insolence. On lisait dans le *Sun* : « Après l'insulte faite au consul d'Angleterre à Tahiti, il faut qu'amende honorable soit faite :

il ne s'agit pas seulement de désavouer la conduite de l'agent français, il faut encore le dégrader et le punir. Le peuple anglais ne se contentera pas d'une explication. L'Angleterre ne désire pas la guerre avec la France, mais il faut que la France apprenne à vivre à ses agents. La France a occupé un vaste territoire sur la côte africaine, sous le prétexte d'insulte faite au consul de France à Alger; maintenant elle s'avance vers Gibraltar. Nous apprendrons sous peu de jours que Tanger et Tétuan sont occupés par des troupes françaises; tout cela est suspect. Il est évident que l'Angleterre ne peut pas permettre à une grande nation maritime de s'établir et de bâtir des forteresses le long du détroit de Gibraltar. »

Le *Sun* trahissait les pensées secrètes de ses patrons. Gibraltar les occupait bien plus que Tahiti.

Citons encore le *Morning-Advertiser* :

« Nous sommes loin d'admirer le gouvernement whig; mais nous devons dire avec justice que les Français n'auraient pas osé faire de leurs farces à Tahiti, si lord Palmerston eût été à la tête des affaires..... Le simple rappel des hommes qui ont commis de telles énormités contre les lois conventionnelles de nations civilisées, ne sera pas du tout une punition égale à l'offense. Le gouvernement de Guizot doit les punir de manière à convaincre l'Europe qu'il désapprouve la conduite malheureuse et couarde de ses officiers, et qu'il l'a vue avec indignation. »

Cet appel à M. Guizot n'était-il pas plus insultant pour lui que les injures pour les officiers?

Mais rien ne saurait peindre les fureurs qui s'emparèrent des sectes méthodistes, quakers, wesleyens, etc., qui pullulent en Angleterre sous le nom de saints et d'évangélistes. Pritchard était un de leurs coryphées, colporteur de bibles, propagateur des saines doctrines, victime des papistes et martyr de la foi. Le règne des méthodistes était compromis, Rome, la moderne Babylone, s'introduisait dans la colonie à la suite des Français ; Tahiti allait être replongé dans les ténèbres de la superstition et de l'idolâtrie ; et l'œuvre malfaisante avait commencé par la persécution des saints. Telles étaient les choses qui se débitaient dans les prêches, et dans tous les endroits de réunion de fanatiques dissidents. Pour donner plus de solennité à ses plaintes, la Société des Missions de Londres provoqua un grand meeting dans Exeter-Hall. Ce n'était pas assez des journaux politiques, de leurs déclamations furieuses, de leur implacable insolence ; l'esprit de religion s'en mêlait, le fanatisme avec son fiel et ses poisons.

Le meeting se tint, le 16 août, nombreux et passionné. Une circonstance ajoutait aux émotions du moment : le révérend Pritchard était là, assis à la droite du président, et recevant de ses saints amis la récompense du martyre.

Les discours qui se prononcèrent furent en harmonie avec le personnel de l'assemblée.

« La question actuelle, dit un des révérends, est une question de papisme ou non papisme, et sous ce rapport, jamais il n'y eut un pays plus rougi de sang que la France... Je vous prie instamment de n'avoir confiance ni aux politiques, ni à la liberté civile, ni à Rome, aussi insatiable que jamais, Rome, qui ne s'arrêtera jamais dans sa carrière, à moins qu'elle n'ait de sa propre main achevé l'œuvre de sa ruine, ou qu'elle n'ait attaché d'un air superbe à son gonfalon tous les étendards du monde. Voilà l'ennemi à qui vous devez vous tenir prêts à livrer bataille ;

et Rome périra dans ses crimes et sa cruauté, désespérée, exécrée..... La société des missionnaires existe depuis cinquante ans, et maintenant il lui faut, au milieu des lauriers qu'elle avait gagnés, cueillir des cyprès ! Il nous faut déployer encore la bannière ensanglantée de la croix et crier : Pas de paix avec Rome ! »

L'orateur concluait par ces mots : « Il ne peut y avoir pour les missionnaires de sûreté personnelle que si le protectorat français est retiré, et l'indépendance de Tahiti rétablie. En supposant qu'il y eût justice à établir le protectorat, il n'y en aurait pas moins maintenant à le retirer, à cause de la conduite de pirate et du système de boucanier qui ont été suivis. »

Un autre s'écriait : « Je proteste hautement contre l'introduction de l'eau-de-vie française, contre les prêtres français, contre le canon français, et contre la débauche des soldats français. Il faut que M. Pritchard retourne à Tahiti avec son caractère sans flétrissure et ses couleurs déployées au vent...... Le sang a coulé, et nous sommes ici pour exprimer notre sympathie pour nos frères chrétiens de Tahiti, et pour notre compatriote qui a été opprimé, emprisonné et volé..... Le papisme a essayé de faire marcher ses principes à coup de canon, nous lui répondrons avec nos bibles, et nous triompherons. »

Ce singulier mélange de dévotion et de fureur ne semblait à la France que ridicule et méprisable. Mais en Angleterre, où le froid bigotisme des puritains a laissé de profondes traces et de nombreux adeptes, on ne pouvait sans péril mépriser la voix puissante des missionnaires. Le gouvernement d'ailleurs n'était pas fâché de rencontrer leur appui dans une occasion où il voulait faire grand bruit de ses griefs, et l'intervention des saints qui agitaient de leurs clameurs toutes les classes de la société, servait merveilleusement la politique des tories.

Dans le cabinet français, l'attitude était tout autre. L'arrestation de Pritchard, les insultes des ministres anglais, les invectives des journaux britanniques et le soulèvement des saints, avaient consterné M. Guizot. Tant de sacrifices faits à la paix, tant de luttes affrontées, tant de déboires acceptés, tout était donc sans fruit : et son éloquence mise au service des concessions, et son talent agrandi dans les abaissements mêmes de son caractère, et son audace parlementaire dans un premier désaveu. Il avait tout fait pour l'accord avec l'Angleterre. Ç'avait été la première pensée de son ministère, le programme de sa venue, la pensée vivante de sa politique; et l'Angleterre se retournait contre lui, arrogante et implacable, l'attaquant par derrière quand il luttait pour elle contre ses adversaires intérieurs, et ajoutant aux embarras qu'elle lui avait créés par ses amitiés, les périls de ses hostilités soudaines. L'impopularité avait été pour lui le prix de l'alliance anglaise, et l'alliance anglaise l'abandonnait, sans lui tenir compte des déboursés de sa conscience.

Avec plus d'habileté, toutefois, il n'aurait pas dû éprouver d'étonnements. De premières concessions en appellent toujours d'autres : avant le désaveu de l'amiral Dupetit-Thouars, il aurait pu invoquer la dignité nationale; après le désaveu, l'argument devenait impossible. Sans le désaveu, Peel n'aurait pas risqué la demande en réparation ; mais ayant fait courber la France devant le drapeau de Pomaré, il lui était bien permis de l'humilier devant la soutane de Pritchard. Le passé faisait son audace, augmentée d'ailleurs par les colères que suscitait la guerre du Maroc, M. Guizot portait la peine de ses faciles obéissances.

Louis-Philippe était moins troublé que son ministre, parce qu'il était résolu à n'y pas voir une grosse affaire. Compromettre la paix du monde pour une querelle lointaine entre un officier et un prédicateur méthodiste, lui semblait une insigne folie. Il ne considérait que la petitesse de l'événement et non la grandeur de la question nationale. Sa pensée à cet égard est nettement exprimée dans une lettre au roi des Belges : « La dépêche de Guizot sur « Tahiti et ses *tristes bêtises* doit avoir été communiquée « hier à lord Aberdeen [1]. » Plus loin, il ajoute : « Je n'ai « pas de patience pour la manière dont on magnifie si sou- « vent des bagatelles de misère en *casus belli*. Ah! mal- « heureux que vous êtes! si vous saviez comme moi ce que « c'est que *bellum*, vous vous garderiez bien d'étendre, « comme vous le faites, le triste catalogue des *casus belli*, « que vous ne trouvez jamais assez nombreux pour satisfaire « les passions populaires de votre coupable soif de popu- « larité. »

Voilà quelle était la grande préoccupation de Louis-Philippe : la crainte de la guerre, et la persuasion où il était que la guerre entraînerait la ruine générale des monarchies. Il le dit dans la même lettre :

« Il n'y a plus d'État qui puisse faire la guerre sur ses « propres ressources; et quelle que soit ma haute opinion « des ressources de l'Angleterre, je ne crois pas qu'elle « pût y suffire, surtout avec la ruine générale qui ne « tarderait pas à suivre dès qu'une fois la guerre serait allu-

---

[1] *Revue rétrospective*.

« mée. Ce serait le cas de dire : *The world is unkinged.* [1] »

Les entêtements pacifiques du roi étaient trop bien connus de M. Guizot pour qu'il entreprît de les contredire ; ils étaient d'ailleurs en harmonie avec sa propre politique. D'un autre côté, Léopold, confident du cabinet de Saint-James, n'avait garde de les dissimuler ; les tories étaient donc bien assurés de pouvoir tout exiger sans danger. Si la diplomatie responsable conservait encore quelque apparence de vergogne, les révélations de Bruxelles apportaient le dernier mot de Louis-Philippe, et annonçaient au cabinet britannique un triomphe certain.

Cependant l'opinion publique, en France, frémissante et indignée, répondait par des cris de colère aux outrages du ministère anglais. Personne encore ne pouvait admettre qu'une satisfaction serait accordée au missionnaire rebelle, et l'on trouvait déjà que c'était beaucoup trop que de supporter en silence les injures officielles adressées à la France du haut des tribunes parlementaires.

L'émotion gagna même les chambres, et l'on s'attendait à une discussion qui fût en rapport avec la gravité du sujet. Mais on était à la fin de la session, et l'occasion était bonne pour éviter un débat public où l'Angleterre pouvait entendre de dures vérités. Les principes du gouvernement représentatif auraient exigé que dans un moment solennel, où la paix des deux grands pays était mise en question, le ministère eût recours à l'appui et à l'autorité du parlement. Le contraire fut fait, on se hâta de réunir les députés pour prononcer la clôture de la session.

---

[1] Nous avons déjà rencontré cette expression dans une lettre de 1840. Voyez p. 40 de ce volume.

Dans l'intervalle, cependant, à la chambre des pairs, de vives interpellations furent adressées au ministre des affaires étrangères. Il n'y répondit qu'avec un orgueilleux dédain, qu'il qualifiait de réserve. « Convaincu comme je le suis, dit-il, que pour la question dont il s'agit il y aura un inconvénient réel à la débattre en ce moment, je m'y refuse complétement. Quand elle aura suivi son cours naturel, quand non-seulement l'avis mais la conduite du gouvernement auront été arrêtés, quand les faits et les droits dont il s'agit auront été éclairés et mis d'accord entre les deux gouvernements, alors je serai prêt; je serai le premier à venir dire et débattre ici ce que le gouvernement a fait et pour quels motifs il l'a fait; jusque-là je garderai le silence. »

Le prince de la Moskowa rappela le ministre à la véritable question du jour. « Il ne s'agit pas, dit-il, d'une négociation pendante entre les deux gouvernements; des faits nouveaux, des faits graves se sont passés; la chambre a pu en apprécier la portée. Des paroles d'une importance considérable ont été prononcées à la tribune du parlement britannique; le premier ministre, sir Robert Peel, s'est exprimé, en parlant des agents français dans l'Océanie, en des termes tels, que nous avons besoin de savoir, et que nous exigeons même du gouvernement de nous dire, quelle est la conduite qu'il croit devoir suivre en pareille circonstance. Il est un terme à la patience du pays, et je crois que le moment est arrivé de mettre fin aux concessions que l'on fait à l'Angleterre. »

M. de Montalembert parla dans le même sens : « Il s'agit d'un fait immédiat; il ne s'agit pas même de ce qui s'est passé à 2,000 lieues de nous, dans l'océan Pacifique, il s'agit de ce qui s'est passé à 24 heures de nous, de l'autre côté du détroit. »

M. Guizot éluda encore la question. « Aussitôt que je le pourrai sans inconvénient, je serai prêt à dire ce que j'ai fait, et pourquoi je l'ai fait. Jusque-là, je garde le silence, qui est mon premier devoir. »

Enfin, pressé par M. Molé, il persista dans ses refus. « Je le répète, dit-il, si je disais ici ce que je dois dire ailleurs, je pourrais soulever des sentiments que je dois apaiser. »

Cette réserve eût été légitime, si elle eût caché d'énergiques pensées. Faire taire les parlementaires pour faire taire Saint-James eût été d'une grande politique. Mais l'orgueil de M. Guizot ne vivait qu'aux abords de la tribune, et disparaissait au sein des chancelleries.

La même discussion fut reprise au palais Bourbon, à la séance de clôture, qui eut lieu le 6 août. M. de La Rochejacquelein se plaignit hautement qu'un ministre anglais eût osé parler de *réparation exigée* de la France. Il demandait qu'on signifiât à l'Angleterre qu'aucune négociation ne serait entreprise avec elle, avant que ces expressions ne fussent retirées.

MM. Billaut et Berryer firent entendre aussi de généreux accents, sans mieux réussir que les orateurs du Luxembourg. M. Guizot s'obstina dans son silence et la clôture de la session fut prononcée. La chambre, associée moralement aux hommes du désaveu, les laissait seuls gardiens de l'honneur national.

Heureusement, en ce moment même, la valeur de nos soldats offrait aux cœurs attristés des compensations de gloire, et nos capitaines apprenaient au cabinet britannique

que son influence ne s'étendait pas dans l'enceinte des camps.

Les premières réponses de l'empereur de Maroc aux ouvertures de M. de Nyon avaient été évasives et dilatoires. Il reconnaissait les torts des caïds qui avaient envahi notre territoire, et promettait la punition des coupables; mais il demandait en même temps le châtiment et le rappel du maréchal Bugeaud, à raison de la prise d'Ouchda. Du reste, il ne s'expliquait en aucune façon sur Abd-el-Kader.

Depuis longtemps le maréchal était persuadé qu'il n'y aurait aucune satisfaction à espérer d'Abder-Rhaman tant qu'il n'aurait pas reçu un sévère leçon. Mais le prince de Joinville, qui avait reçu des instructions plus précises pour éviter la guerre, envoya un nouveau messager porteur de son ultimatum et donnant encore huit jours de délai. Par mesure de précaution, cependant le prince se porta, le 23 juillet, de Cadix à Tanger, où il recueillit à son bord les agents consulaires de la France et un certain nombre de nos nationaux. En même temps il envoyait un bateau à vapeur le long de la côte occidentale du Maroc jusqu'à Mogador, pour offrir un asile aux familles françaises.

L'empereur, semblait fuir de nouvelles négociations, avait quitté Maroc pour remonter vers le nord de son empire, sans recevoir même M. Drummod Hay. Mais l'infatigable Anglais s'était mis en route pour le rejoindre.

Du côté de notre frontière de terre, le caïd d'Ouchda, El-Guennaouï, avait été destitué et mis aux fers. Son successeur, Sidi-Hamida-Ben-Ali, faisait au maréchal des ouvertures pacifiques, mais sans vouloir rien abattre sur la question des limites. Le fils de l'empereur s'avançait toujours avec ses masses de cavalerie.

Le 2 août, expirait le délai accordé à l'empereur par le prince de Joinville. Dès la veille, l'escadre française était devant Tanger, attendant avec impatience les ordres de l'attaque.

La ville paraissait déserte de ses habitants ; les pavillons consulaires avaient disparu. Une partie de la population était retirée dans un petit bois qui dominait la ville ; des tentes y étaient dressées sous la protection d'un petit fort de récente construction.

La ville était très-forte par sa position et par le nombre de ses batteries. Comme toutes les places du Maroc, elle était environnée d'une enceinte flanquée de tours rondes et carrées. Cette enceinte, d'un développement de 2,200 mètres, était protégée par une casbah mauresque d'un aspect imposant, et par un fort de construction portugaise, bastionné à la moderne, mais à demi ruiné. La casbah était armée de douze pièces de canon qui battaient sur le détroit de Gibraltar.

Vers le port se trouvait un fortin relié à la casbah par une suite de murailles échelonnées le long de la montagne. Le rempart faisant face à la mer était remarquable par ses deux étages de terrassements avec embrasures garnies de canons. Du côté du nord, la ville était assise sur des roches escarpées interdisant toute approche aux assiégeants.

Devant le débarcadère étaient entassées les principales défenses. Là s'élevaient deux gradins de batteries portant soixante pièces de gros calibre et huit mortiers battant de front sur le port. Le débarcadère était flanqué, à droite et à gauche, par deux batteries. La baie était gardée par six batteries en maçonnerie, dont une s'élevait sur le cap Malabata, et une autre sur les ruines du vieux Tanger. Elles contenaient en tout quarante canons. Les deux batteries qui flanquaient la rade à ses deux extrémités s'élevaient sur des collines de cent cinquante pieds au-dessus de la mer ; les autres étaient rasantes.

Pour tenter une attaque par mer, il fallait donc canonner d'abord les batteries pour les démonter, et s'embosser ensuite devant le port pour ruiner de même les embrasures des remparts de la ville.

Nos marins contemplaient avec un curieux intérêt ces masses sombres hérissées de canons, ces formes orientales, diversifiées par les coupes singulières des fortifications, et ces guerriers plus brillants que solides qui se montraient au sommet des murs et sur les plates-formes des batteries. Il leur tardait d'entendre résonner ces foudres afin de pouvoir leur répondre, heureux surtout de livrer un combat sous les murs de Gibraltar, sous les yeux de l'Anglais. Le prince partageait ces fiévreuses impatiences ; mais M. de Nyon, fidèle à ses instructions, modérait ces ardeurs et suppliait le jeune amiral d'accorder quelques heures aux retards du messager. Cependant l'envoyé français n'avait pu rejoindre à temps l'empereur, retiré dans l'intérieur des terres. M. Drummond Hay avait été plus heureux, et le 4 août, il informait M. de Nyon que l'empereur acceptait l'ultimatum de la France. M. de Nyon en avertit aussitôt le prince de Joinville, déclarant qu'il n'y avait plus de prétexte de guerre, et le pressant de quitter une côte où ne le retenait plus aucune mission. Le prince eut peine à se laisser convaincre ; ses équipages surtout, frémissant de colère, murmuraient contre cet agent consulaire qui paralysait leurs bras. Mais l'amiral avait sa responsabilité, et les ordres précis du roi ne lui permettaient pas de s'aventurer. Il se préparait donc dans la journée à s'éloigner à regret, lorsqu'au moment d'appareiller, il vit paraître à l'horizon un navire ombragé de fumée, qui, s'avançant à toute vapeur, lui eut promptement remis des dépêches venues par Oran. Elles portaient en substance que si l'empereur n'avait pas répondu à l'ultimatum français, les hostilités devaient être immédiatement commencées. Le prince aussitôt s'empara de cette autorisation. Il n'avait pas reçu de réponse; ce qui se passait entre le consul anglais et l'empereur n'engageait pas la France. Plus d'une fois déjà, d'ailleurs, les Anglais avaient fait courir de faux bruits d'accommodements. La dépêche de M. Drummond Hay pouvait encore cacher un piége. Le prince de Joinville résolut d'attaquer.

Le 5 août, à la pointe du jour, les bateaux à vapeur le *Véloce*, le *Pluton*, le *Gassendi*, le *Phare*, le *Rubis* et le *Var*, allèrent s'amarrer le long du bord du *Jemmapes*, du *Triton*, de la *Belle-Poule* et des bricks le *Cassard* et l'*Argus*, afin de les conduire au poste d'embossage qui leur avait été désigné. Le calme qui règne généralement le matin dans la baie de Tanger nécessitait cette disposition.

Il y avait dans la baie trois vaisseaux anglais : le *Warspite*, l'*Albion* et l'*Hécla;* une escadre espagnole, des frégates américaine, suédoise, sarde et danoise, et un steamer danois. On allait combattre sous les yeux des représentants de toutes les nations; l'ardeur des marins français s'en accroissait, surtout en voyant si près d'eux leurs éternels rivaux qui venaient surveiller leur courage et peut-être épier leurs fautes.

Le *Jemmapes* arriva le premier sur la ligne, et réussit à s'embosser à quatre encâblures de la place. Le *Suffren*, monté par le prince de Joinville, porta son mouillage au poste le plus rapproché des batteries ennemies. Le *Triton* et la *Belle-Poule*, contrariés par l'action des courants et par le défaut de puissance des remorqueurs, ne purent immédiatement prendre leur poste de combat. Le *Triton* fut obligé de s'y rendre sous voile ; la *Belle-Poule* n'arriva que vers la fin de l'action. L'*Argus* et le *Cassard* se placèrent de manière à prendre en écharpe des batteries dont les coups prenaient d'enfilade la ligne d'embossage.

Les instructions du prince lui prescrivaient de détruire les fortifications extérieures, mais d'épargner la ville. Il fallait donc agir avec le canon et mettre les batteries hors de service.

Tous les mouvements s'étaient effectués sans que l'ennemi y mît aucune opposition. A huit heures et demie les vaisseaux français commencèrent le feu ; la place y répondit aussitôt par le tonnerre de 70 canons, la plupart d'un calibre énorme. Mais les Marocains n'ayant pas cru que les vaisseaux mouilleraient si près de leurs batteries, un grand nombre de leurs boulets sifflèrent au-dessus des mâts. Tous ne furent pas perdus cependant, car le *Suffren* en reçut près de cinquante dans sa coque.

Les coups de l'escadre, tous bien dirigés, portaient en plein dans la maçonnerie et les parapets des batteries ; en même temps le vapeur le *Rubis* lançait des fusées de guerre qui mirent le feu dans plusieurs endroits. Les autres bateaux à vapeur, par leurs mouvements continuels, tenaient en alarme et en respect tout le reste de cette vaste plage. Les canonniers, pleins d'ardeur et d'enthousiasme, ne suspendaient leur feu que pour laisser dissiper la fumée et rectifier le pointage. Aussi, au bout d'une heure, le feu de la ville était-il complétement éteint. Les parapets étaient abattus, les embrasures converties en un vide immense, les crêtes des murailles déchiquetées comme de la dentelle, les fortifications démantelées et à demi écroulées, la plupart des canons démontés et leurs affûts brisés.

Deux batteries seulement prolongèrent la défense, celle de la casbah et une autre, casematée, située à la partie supérieure du fort de la marine.

Le *Jemmapes* dirigea ses pièces sur la casbah ; le *Suffren* envoya ses bordées sur la batterie casematée. Toutes deux furent promptement hors de service.

A dix heures du matin, tout était fini. De cette immense ligne de défense, crénelée et hérissée de bouches à feu, qui rendait les abords de Tanger si formidables et si pittoresques, il ne restait plus qu'un monceau de ruines, et, par-dessus, la ville en amphithéâtre presque intacte et qui n'avait été frappée que par quelques boulets égarés.

Du côté des assaillants, il n'y eut que 3 hommes tués et 17 blessés ; les pertes de l'ennemi s'élevaient à 150 tués et 300 blessés.

D'après les ordres venus de Paris et promis à l'Angleterre, les Français ne devaient pas occuper Tanger. Le but du combat était donc atteint dès que, par le silence de ses batteries, la ville se reconnaissait vaincue. Le prince de Joinville demeura néanmoins devant la ville jusqu'à cinq heures du soir, afin de bien constater que l'ennemi avait renoncé à toute défense. Puis les bateaux à vapeur vinrent remorquer les navires à voiles et les ramener à leurs mouillages.

Mais le bombardement des fortifications de Tanger, ville plutôt européenne qu'africaine, ne devait pas faire sur l'empereur une impression assez vive pour le contraindre à la paix. Il fallait l'attaquer au cœur de ses possessions, dans une ville qui fût importante à ses yeux, soit par sa position, soit par ses richesses. Mogador remplissait toutes ces conditions.

Mogador, que les Maures appellent Souérah, fait partie de la fortune particulière de l'empereur; la ville est sa propriété, il en loue les maisons et les terrains; elle forme, en un mot, une des branches les plus importantes de son revenu. Le port, en outre, était le centre commercial le plus important de l'empire; car depuis l'occupation de l'Algérie par nos troupes, les caravanes de l'intérieur du pays recevaient par Mogador les denrées européennes et surtout anglaises.

Toucher à cette ville, la ruiner, en occuper l'île qui ferme le port, c'était causer à Muley-Abder-Rhaman un dommage considérable.

Le bombardement de Tanger avait prouvé à l'empereur qu'aucune des puissances de l'Europe ne prendrait sa défense contre les attaques des Français; l'expédition de Mogador, avait pour but de lui démontrer qu'on avait le moyen de lui faire personnellement du mal.

Le 11, l'escadre française était réunie devant Mogador; elle y rencontra des difficultés de plus d'une nature. Pendant quatre jours, la violence des vents et la grosseur de la mer empêchèrent toute communication entre les vaisseaux. Mouillés sur des fonds de roche, les ancres et les chaînes se brisaient; les navires menaçaient à chaque instant d'être entraînés par la violence des courants et de la brise. Enfin, le 15, le vent s'apaisa; il ne resta plus de la tourmente des jours précédents qu'une houle de N.-O. Sachant combien les beaux jours sont rares dans cette saison et dans ces parages, le prince prit immédiatement ses dispositions. Mais un nouvel accident vint l'arrêter; le vent tomba complètement, et les navires, tourmentés par la houle, ne pouvaient être gouvernés.

Les préparatifs hostiles qui se faisaient à terre, prouvaient d'ailleurs qu'on n'approcherait pas aussi facilement qu'à Tanger.

Enfin dans l'après-midi, une faible brise s'étant élevée, l'escadre mit à la voile. Aussitôt toutes les batteries ennemies ouvrirent un feu actif qui ne se ralentit pas pendant que les vaisseaux prenaient les postes qui leur étaient assignés. Le *Triton* marchait en tête et laissa tomber son ancre à 700 mètres de la place, sans riposter aux coups de l'ennemi. Le *Suffren* et le *Jemmapes* vinrent ensuite. Lorsqu'ils eurent exécuté leur embossage, ils ouvrirent le feu, qui, des deux côtés, se maintint avec une grande vigueur. Les batteries opposées au *Triton* furent abandonnées les premières; mais celles qu'attaquait le *Jemmapes* présentaient une quarantaine de pièces bien abritées derrière des épaulements en pierre molle de plus de deux mètres d'épaisseur. Le *Jemmapes* ne put en venir à bout qu'après une lutte meurtrière. Vingt hommes tués à son bord, des avaries graves dans la mâture, de nombreux boulets dans la coque attestèrent la résistance énergique des canonniers ennemis.

En même temps, les frégates et les bricks pénétraient dans le port pour attaquer trois batteries qui protégeaient le débarcadère de l'île. A leur suite s'avancèrent trois bateaux à vapeur portant 500 hommes de débarquement. Ceux-ci s'élancèrent à terre sous une vive fusillade, gravirent à la course un talus rapide, et enlevèrent la batterie. Une fois maîtres de ce poste, deux détachements firent le tour de l'île pour débusquer 3 à 400 Marocains enfermés dans les maisons et les autres batteries. On les poussa successivement jusqu'à une mosquée où ils se renfermèrent sans ralentir leur feu. La porte étant enfoncée à coups de canon, on se précipita en avant. Mais la résistance était des plus vives; plusieurs officiers furent blessés. On était engagé sous des voûtes obscures, au milieu d'une épaisse fumée qui troublait la vue et rendait les pas incertains. Les officiers, jugeant qu'on s'exposerait à perdre beaucoup de monde inutilement, firent retirer les troupes, et cerner la mosquée, autour de laquelle on resta campé toute la nuit.

Le lendemain, 140 Marocains se rendirent. On était maître de l'île dans laquelle on ramassa 200 cadavres.

Sur une langue de sable s'élevaient encore quelques forts dont le feu croisé coupait les communications avec la ville. Le prince y envoya 600 hommes de débarquement; mais tout avait été déserté à leur approche. On acheva l'œuvre de destruction commencée la veille par le canon. Les pièces enclouées furent jetées à bas des remparts, les embrasures démolies, les magasins à poudre noyés. Trois drapeaux et dix canons de bronze furent enlevés comme les trophées de cette journée.

On aurait pu sans danger pénétrer dans la ville, mais après la destruction des fortifications, la mission du prince était accomplie. Il se contenta de faire occuper l'île de Mogador par une garnison de 500 hommes et de fermer le port.

Au milieu des premiers travaux et avant le départ de

l'escadre, les Kabyles de l'intérieur descendirent dans la ville, en chassèrent la garnison impériale, et y mirent le feu après l'avoir pillée et dévastée. Les habitants avaient fui dans toutes les directions; le prince de Joinville recueillit à son bord le consul anglais, sa famille et quelques Européens.

Au départ des Français, il ne restait plus rien de la belle Souérah, que Muley-Abder-Rhaman appelait sa ville chérie.

Des coups non moins décisifs lui étaient portés sur la frontière. Le fils de l'empereur tant annoncé était arrivé sur les bords de l'Isly, occupant avec ses troupes un espace de deux lieues, depuis Djerf-el-Akhdar jusqu'à Condiat-Sidi-Abd-er-Rhaman. Chaque jour de nouveaux contingents ajoutaient à ses forces et à son orgueil. Il avait sommé le maréchal Bugeaud d'évacuer Lalla-Maghrnia, et se vantait de régner bientôt en maître à Tlemcen, Oran, Mascara et même à Alger. Partout dans le Maroc on prêchait la guerre sainte : c'était une véritable croisade pour rétablir les gloires de l'islamisme. Ces populations ignorantes et fanatiques s'imaginaient qu'il était impossible aux Français de résister à une aussi formidable réunion des cavaliers les plus renommés de l'empire; et l'on n'attendait pour nous attaquer que l'arrivée des contingents d'infanterie des Beni-Senassen et du Rif, qui devaient nous assaillir par les montagnes au-delà desquelles se trouve Lalla-Maghrnia, pendant que la cavalerie nous envelopperait du côté de la plaine.

Dans cette position, le maréchal jugea que les périls s'accroîtraient à rester plus longtemps sur la défensive. Dans quelques jours, les nouveaux contingents pouvaient porter les troupes de l'ennemi à 45,000 hommes. Si cette force se divisait, elle pouvait pénétrer en Algérie par plusieurs points à la fois et compromettre notre conquête. De plus longues hésitations d'ailleurs pouvaient inviter à la révolte les tribus récemment soumises du gouvernement de Tlemcen, exposer à un blocus le camp de Lalla-Maghrnia et le couper de ses approvisionnements. La prudence même commandait de prendre l'initiative.

Le 12 août, ayant rallié le général Bedeau avec trois bataillons et six escadrons, le maréchal fit connaître à ses officiers sa résolution de marcher en avant. Cette nouvelle, répandue dans l'armée, y causa le plus vif enthousiasme. Le soir, les officiers de l'ancienne cavalerie offrirent un punch à ceux qui venaient d'arriver. Le lit pittoresque de l'Ouerdefou, ruisseau sur lequel on campait, fut artistement transformé en un jardin délicieux. De nombreuses bougies éclairaient les bosquets, et les flammes bleues de quarante gamelles de punch illuminaient les rives. Cette fête nocturne, animée par les ardeurs de la bataille prochaine, fut pleine de cordialité, de verve et d'entrain. Le maréchal Bugeaud s'y présenta, parcourut les groupes joyeux, les charma par ses allocutions militaires, brusques, franches et pittoresques. Il lui fut répondu par des cris d'allégresse, et tous ces jeunes officiers, exaltés et attendris, lui promettaient une grande journée et de courageux exemples.

Le plan de bataille avait été expliqué d'avance à tous les chefs de corps.

L'ensemble de l'armée devait former un grand carré, formé d'autant de petits carrés qu'il y avait de bataillons.

L'ambulance, les bagages, le troupeau se plaçaient au

centre, ainsi que la cavalerie, formée en deux colonnes sur chaque côté du convoi.

L'artillerie distribuée sur les quatre faces, vis-à-vis les intervalles des bataillons, qui étaient de 120 pas.

On devait marcher à l'ennemi par l'un des angles formé par le bataillon de direction. La moitié des autres bataillons était échelonnée à droite et à gauche sur celui-ci. L'autre moitié formait la même figure renversée en arrière. C'était un grand losange, fait avec des colonnes à demi-distance par bataillons, prêtes à former le grand carré.

Derrière le bataillon de direction se trouvaient deux bataillons de réserve, ne faisant pas partie du système, et pouvant être détachés pour agir selon les circonstances.

Le 13, à trois heures de l'après-midi l'armée française se mit en marche, simulant un grand fourrage, afin de ne pas laisser comprendre à l'ennemi que c'était un mouvement offensif. A la chute du jour, les fourrageurs revinrent sur les colonnes, et l'on campa dans l'ordre de marche, en silence et sans feu. Il ne restait plus que quatre lieues à parcourir pour rejoindre l'ennemi.

A minuit, les soldats reprirent leur marche, et à la pointe du jour se fit le premier passage de l'Isly, sans rencontrer un seul ennemi. Ce fut une heureuse circonstance; car le passage était difficile, et fait en présence de l'ennemi, il eût présenté de graves périls. A huit heures du matin, on atteignit les hauteurs de Djerf-el-Akhdar, d'où l'on apercevait les camps marocains blanchissant toutes les collines de la rive droite. De leur côté, les ennemis, avertis enfin de l'approche des Français, se portaient en avant pour les attaquer au second passage de la rivière. Au milieu d'une grosse masse de cavalerie qui se trouvait sur la partie la plus élevée, se distinguait le groupe du fils de l'empereur, ses drapeaux et son parasol, signe du commandement.

Ce fut sur ce point que marcha le bataillon de direction. Arrivé là, il devait faire une conversion à droite et se porter sur les camps, en tenant le sommet des collines avec la face gauche du grand carré.

Après avoir donné rapidement ses instructions, le maréchal fit descendre les troupes dans la rivière qu'elles franchissaient par trois gués, au simple pas accéléré et au son des instruments.

De nombreux cavaliers défendaient le passage; ils furent repoussés par les tirailleurs d'infanterie, et l'on atteignit bientôt le plateau immédiatement inférieur à la butte la plus élevée où se trouvait le fils de l'empereur. Pendant que la troupe, jusque-là en ordre de marche, se formait en ordre de bataille, le maréchal dirigeait le feu de quatre pièces de campagne sur le groupe impérial, et à la confusion qui bientôt y régna, on put juger que les coups avaient porté.

Au même moment, des masses énormes de cavalerie jusque-là masquées par les collines, sortirent des deux côtés, et, se déployant en un vaste croissant, enveloppèrent de toutes parts la petite armée française, en poussant des hurlements accompagnés du tonnerre de vingt mille fusils. Les nôtres eurent besoin de tout leur sang-froid pour ne pas se laisser ébranler; pas un homme ne se montra faible. Les tirailleurs, qui n'étaient qu'à cinquante pas des carrés, attendirent de pied ferme ces multitudes, sans faire un pas en arrière; ils avaient ordre de se coucher par terre si la charge arrivait jusqu'à eux, afin de ne pas gêner le feu des

CHAPITRE XV.

carrés. Sur les angles des bataillons l'artillerie vomissait la mitraille.

Les feux bien dirigés sur ces masses compactes y portèrent le désordre; on l'accrut en dirigeant sur elles quatre pièces de campagne qui marchaient à la tête du système; les efforts de l'ennemi sur les flancs étaient complètement brisés. Alors la marche en avant se continua, la grande butte fut enlevée, et la conversion sur les camps s'opéra.

C'était le moment de faire sortir la cavalerie, celle de l'ennemi étant morcelée par ses propres mouvements, et coupée en deux par la marche de nos soldats. Elle fut lancée par le colonel Tartas avec une impétuosité irrésistible vers le camp marocain, renversant tout ce qui se trouvait devant elle. Le colonel Jusuf, commandant les premières colonnes qui se composaient de six escadrons de spahis, aborda le camp, après avoir reçu plusieurs décharges d'artillerie; il le trouva rempli de cavaliers et de fantassins qui disputaient le terrain pied à pied. Bientôt trois escadrons du 4e chasseurs vinrent le seconder; une nouvelle impulsion fut donnée; l'artillerie fut prise et le camp fut enlevé.

On le trouva couvert de cadavres d'hommes et de chevaux. Toute l'artillerie, toutes les provisions de guerre et de bouche furent prises; les tentes du fils de l'empereur, celles de tous les chefs, les boutiques des nombreux marchands qui accompagnaient l'armée.

Cependant une masse de 10 à 12,000 cavaliers, placés en arrière du camp, attendait que notre cavalerie fût dispersée pour reprendre l'offensive. Le colonel Morris se précipita au-devant d'eux avec six escadrons, et engagea une lutte corps à corps. Ce fut le combat le plus périlleux de la journée. Les ennemis étaient dix contre un, et dans une mêlée de cette nature, la discipline perd ses avantages. Mais les chasseurs combattirent en désespérés et donnèrent à l'infanterie détachée par le général Bedeau le temps d'accourir et de les dégager. Trois cents Berbères furent tués dans cet engagement. Chaque chasseur rapporta un trophée, qui un drapeau, qui un cheval, une armure, un harnachement.

Il restait encore de fortes masses ennemies ralliées sur la rive gauche de l'Isly. L'infanterie et l'artillerie traversèrent de nouveau la rivière et recommencèrent l'attaque avec vigueur. Mais les Marocains, déjà découragés par leurs pertes, ne tinrent pas longtemps; on les suivit dans leur retraite pendant une lieue, et la déroute devint complète. Les uns se retirèrent par la route de Thaza; les autres par les vallées qui conduisent aux montagnes des Beni-Senassen.

Ils laissaient sur le champ de bataille 800 morts, et devaient compter de 1,500 à 2,000 blessés. Notre perte était de 4 officiers tués, 10 autres blessés, de 25 sous-officiers ou soldats tués et 86 blessés. Environ 10,000 hommes avaient triomphé de 30,000.

Cette nouvelle victoire, ajoutée aux succès maritimes, fut accueillie en France avec une orgueilleuse joie. Ce n'était pas un triomphe sur un souverain barbare qui excitait ce sentiment, ce n'était pas la défaite des bandes indisciplinées, c'était la leçon donnée à l'Angleterre, le défi jeté au cabinet de Saint-James, qui avait voulu lier les bras de la France, et mettre l'interdit sur nos armes. On se félicitait de voir les soldats français paralyser les lâchetés de la diplomatie, et contraindre le gouvernement à paraître fort. Dans les camps, du moins, et sur les vaisseaux, la France se trouvait dignement représentée, et l'honneur parlait plus haut que les menaces de l'Angleterre. Le canon de Tanger, de Mogador et de l'Isly annonçait plus qu'une victoire ordinaire; car le véritable adversaire n'était pas sur le champ de bataille. C'était pour la France bien plus une conquête morale qu'un succès matériel.

Pour qui aurait pu en douter, il n'y avait qu'à voir ce qui se passait en Angleterre, à écouter les clameurs des journaux et les protestations des hommes d'État.

Immédiatement après l'affaire de Tanger, les ministres, qui s'étaient éloignés de Londres pour se livrer au repos, avaient été rappelés par lord Aberdeen. La question de Tahiti se réveillait plus vive et plus menaçante. On avait voulu en faire un empêchement pour les opérations du Maroc; on voulait en faire une vengeance. Le renvoi immédiat de Pritchard comme consul à Tahiti fut discuté en conseil, et sans être définitivement adopté, y rencontra de fortes adhésions. Toujours fut-il résolu de demander le rappel et le désaveu de MM. Bruat et d'Aubigny.

Au surplus, l'opinion publique secondait les colères du cabinet, autant parmi les négociants de la cité que parmi les sectes religieuses, et des bruits de guerre retentissaient dans tous les comptoirs. On assurait que sir Georges Seymour, appelé à remplacer le contre-amiral Thomas dans la station de l'océan Pacifique, partait avec des instructions décisives. On assurait que le nouvel amiral avait ordre, si une complète réparation n'était pas donnée à l'Angleterre, de se transporter à Tahiti, de réinstaller la reine Pomaré dans la plénitude de sa souveraineté, d'exiger la destruction des fortifications faites par nos troupes, ou de les abattre lui-même à coups de canon.

En même temps, les armements maritimes de l'Angleterre se faisaient avec un éclat qui avait peut-être pour but d'effrayer les Tuileries, mais qui ne montrait pas moins des préparatifs formidables. Les forces réunies à Gibraltar sous le commandement de l'amiral Owen, s'augmentaient chaque jour; on hâtait l'armement de six vaisseaux de haut bord; mille marins étaient employés extraordinairement dans le seul arsenal de Woolwich; dans les autres chantiers, les travaux étaient poursuivis avec une égale vigueur; l'amirauté trasmettait dans divers ateliers l'ordre de construire dix-huit machines à vapeur d'une force de 800 chevaux; enfin, l'amiral Seymour était à Spithead, à bord du *Collingwood*, attendant son ordre de départ pour l'océan Pacifique. Tout le monde croyait à une guerre imminente.

A Paris, les émotions étaient de natures diverses. Le peuple des ouvriers, les jeunes gens, les cœurs généreux, les démocrates et les oppositions de toutes nuances saluaient avec joie les triomphes de nos armes; les financiers et les gros industriels s'effrayaient de la guerre; le ministère se taisait. Tout autre eût été fortifié et à l'intérieur et à l'extérieur par des succès militaires et maritimes. Mais le cabinet du 29 octobre ne pouvait se glorifier en France de combats qu'il avait tenté d'empêcher; il ne pouvait, à l'étranger, se donner une grande attitude, quand, avant toute négociation, il fallait se faire pardonner une double victoire.

FIN DU TOME DEUXIÈME.

APPENDICE.

DOCUMENTS HISTORIQUES.

Convention d'Alexandrie. — Traité du 13 juillet 1841. — Droit de visite. — Extrait des instructions de M. Guizot à différents ambassadeurs français. — Lettre du comte de Saint-Aulaire à M. Guizot. — Traité du 20 décembre 1841. — Manifeste d'Espartero à la nation. — Notes et lettres diplomatiques relatives aux affaires de Tahiti. — M. Addington à M. Barrow. — Le consul Pritchard à lord Aberdeen. — Lord Aberdeen à lord Cowley. — M. Guizot au comte Rohan-Chabot. — Lord Aberdeen à M. Pritchard.

CONVENTION

entre le commodore **Napier**, commandant les forces navales de S. M. britannique devant Alexandrie, d'une part, et S. E. **Boghos-Joussef-Bey**, ministre des affaires étrangères de S. A. le vice-roi d'Égypte, à ce autorisé spécialement par S. A., de l'autre, faite et signée à Alexandrie, le **27 novembre 1840**.

Art. 1er. Le commodore Napier, en sa qualité susdite, ayant porté à la connaissance de S. A. Méhémet-Ali que les puissances avaient recommandé à la Sublime-Porte de le réintégrer dans le gouvernement héréditaire de l'Égypte, et S. A. voyant dans cette communication une circonstance favorable pour mettre un terme aux calamités de la guerre, elle s'engage à ordonner à son fils Ibrahim-Pacha de procéder à l'évacuation immédiate de la Syrie. S. A. s'engage, en outre, à restituer la flotte ottomane aussitôt qu'elle aura reçu la note officielle que la Sublime-Porte lui accorde le gouvernement héréditaire de l'Égypte, laquelle concession est et demeure garantie par les puissances.

Art. 2. Le commodore Napier mettra à la disposition du gouvernement égyptien un bateau à vapeur pour porter en Syrie l'officier désigné par S. A. pour ordonner au général en chef de l'armée égyptienne d'évacuer la Syrie. Le commandant en chef des forces britanniques, sir R. Stopford, nommera de son côté un officier pour veiller à l'exécution de cette mesure.

Art. 3. En considération de ce qui précède, le commodore Napier s'engage à suspendre, de la part des forces britanniques, les hostilités contre Alexandrie et toute autre partie du territoire égyptien. Il autorisera en même temps la libre navigation des bâtiments destinés au transports des blessés, des malades et toute autre portion de l'armée égyptienne que le gouvernement de l'Égypte désirerait faire rentrer dans ce pays par la voie de mer.

Art. 4. Il est bien entendu que l'armée égyptienne aura la faculté de se retirer de la Syrie avec son artillerie, ses armes, ses chevaux, munitions, bagages, et en général tout ce qui constitue le matériel de l'armée.

Fait en double original.

Ch. NAPIER, BOCHOS-JOUSSOUF.

TRAITÉ

conclu à **Londres, le 13 juillet 1841**, par la France, de concert avec les quatre autres puissances protectrices de l'empire ottoman.

Les difficultés dans lesquelles Sa Hautesse le sultan s'est trouvé placé, et qui l'ont déterminé à réclamer l'appui et l'assistance des cours d'Autriche, de la Grande-Bretagne, de Prusse et de Russie, venant d'être aplanies, et Méhémet-Ali ayant fait, envers Sa Hautesse le sultan, l'acte de soumission que la convention du 15 juillet était destinée à amener, les représentants des cours signataires de ladite convention ont reconnu qu'indépendamment de l'exécution des mesures temporaires résultant de cette convention, il importe essentiellement de consacrer de la manière la plus formelle le respect dû à l'ancienne règle de l'empire ottoman, en vertu de laquelle il a été de tout temps défendu aux bâtiments de guerre des puissances étrangères d'entrer dans les détroits des Dardanelles et du Bosphore. Ce principe étant par sa nature d'une application générale et permanente, les plénipotentiaires respectifs, munis à cet effet des ordres de leurs cours, ont été d'avis que, pour manifester l'accord et l'union qui président aux intentions de toutes les cours, dans l'intérêt de l'affermissement de la paix européenne il conviendrait de constater le respect dû au principe sus-mentionné, au moyen d'une transaction à laquelle la France serait appelée à concourir, à l'invitation et d'après le vœu de Sa Hautesse le sultan. Cette transaction étant de nature à offrir à l'Europe un gage de l'union des cinq puissances, le principal secrétaire d'État de Sa Majesté britannique ayant le département des affaires étrangères, d'accord avec les plénipotentiaires des quatre autres puissances, s'est chargé de porter cet objet à la connaissance du gouvernement français, en l'invitant à participer à la transaction par laquelle, d'une part, le sultan déclarerait sa ferme résolution de maintenir à l'avenir le susdit principe ; de l'autre les cinq puissances annonceraient leur détermination unanime de respecter ce principe et de s'y conformer.

Esterhazy, Nieuman, Palmerston,
Bulow, Brunow.

Art. 1er. Sa Hautesse le sultan, d'une part, déclare qu'il a la ferme résolution de maintenir, à l'avenir, le principe invariablement établi comme ancienne règle de son empire, et en vertu duquel il a été de tout temps défendu aux bâtiments de guerre des puissances étrangères d'entrer dans les détroits des Dardanelles et du Bosphore ; et que, tant que la Porte se trouve en paix, Sa Hautesse n'admettra aucun bâtiment de guerre étranger dans lesdits détroits.

Et Leurs Majestés le roi des Français, l'empereur d'Autriche, roi de Hongrie et de Bohême, la reine du royaume-uni de la Grande-Bretagne et d'Irlande, le roi de Prusse et l'empereur de toutes les Russies, de l'autre part, s'engagent à respecter cette détermination du sultan et à se conformer au principe ci-dessus énoncé.

Art. 2. Il est entendu qu'en constatant l'inviolabilité de l'ancienne règle de l'empire ottoman mentionnée dans l'article précédent, le sultan se réserve, comme pour le passé, de délivrer des firmans de passage aux bâtiments légers, sous pavillon de guerre, lesquels seront employés, comme il est d'usage, au service des légations des puissances étrangères.

Art. 3. Sa Hautesse le sultan se réserve de porter la présente convention à la connaissance de toutes les puissances avec lesquelles la Sublime-Porte se trouve en relations d'amitié, en les invitant à y accéder.

Art. 4. La présente convention sera ratifiée les ratifications en seront échangées à Londres, à l'expiration de deux mois, ou plus tôt si faire se peut.

En foi de quoi, les plénipotentiaires l'ont signé et y ont apposé les sceaux de leurs armes.

Fait à Londres, le 13 juillet l'an de grâce 1841.

BOURQUENEY, ESTERHAZY, NIEUMAN, PALMERSTON, BULOW, BRUNOW, CHÉKIB.

PIÈCES

RELATIVES A LA QUESTION DU DROIT DE VISITE.

Extrait des instructions de M. Guizot à différents ambassadeurs français, pour réclamer l'accession des puissances secondaires au traité du droit de visite.

Au ministre du roi en Portugal.

« Veuillez bien, monsieur le comte, presser le cabinet portugais de terminer avec vous la négociation relative à la répression de la traite. Les retards qu'il y apporte ne peuvent se concilier avec les sentiments qui ont dicté les dernières propositions qu'il a faites aux chambres pour interdire cet odieux trafic dans les colonies.

Au ministre du roi près les villes anséatiques.

« Cette note concertée entre le gouvernement du roi et le gouvernement de S. M. Britannique, a pour objet de réclamer l'accession des villes libres aux conventions qui existent entre la France et l'Angleterre, pour la répression de la traite, etc. »

A M. l'ambassadeur de France à Madrid.

« Le traité d'accession proposé à la Suède vient d'être signé, et les ratifications sont sur le point d'être échangées : le cabinet portugais a pris l'engagement de signer la convention qui lui a été soumise, en même temps qu'il signerait les nouveaux articles, relatifs à la traite, qui lui ont été proposés par l'Angleterre, et cette double signature aura lieu très-prochainement; enfin, le gouvernement brésilien doit avoir en ce moment accepté le traité que le ministre du roi a été chargé de lui soumettre; il ne nous reste donc plus à désirer que la prompte conclusion du traité que le cabinet de Madrid s'est montré disposé à signer avec nous. Je vous prie, en conséquence, monsieur le comte, de vouloir bien ramener l'attention du ministre espagnol sur cette question, et le presser de consacrer son accord avec nous relativement à la répression de la traite, par la signature d'un traité formel. »

A M. le ministre de France à Florence.

« Nous espérons que la cour grand-ducale ne refusera pas de suivre l'exemple qu'a tout récemment donné la cour de Turin, en consentant à une accession qui l'associera aux efforts des grandes puissances pour amener l'entière abolition de l'odieux trafic des noirs. Elle se convaincra que les concessions qui lui sont demandées peuvent se concilier avec les vrais principes du droit maritime, dont la France se glorifie d'avoir en tout temps pris la défense. »

A M. l'ambassadeur de France en Angleterre.

« Monsieur le comte, la traite des noirs se continue sous les pavillons brésilien, portugais et espagnol, avec des circonstances qui font honte à l'humanité; les rapports qui nous sont parvenus à cet égard s'accordent avec les renseignements qui ont été naguère révélés au sein du parlement anglais.

« Un tel état de choses ne saurait durer, et, en attendant que les gouvernements européens se concertent sur un mode de répression plus absolu, il faut au moins que celui qui a été adopté, de concert entre la France et la Grande-Bretagne, devienne aussi efficace qu'il peut et doit l'être. »

Le comte de Saint-Aulaire à M. Guizot.

« Londres, 10 février 1843.

« Monsieur le ministre,

« Lord Aberdeen m'a fait prier hier de passer au *Foreign-Office*, et, dans un assez long entretien, il m'a fait connaître les résolutions prises par le cabinet, relativement aux réserves et modifications que je lui avais annoncées au traité du 20 décembre.

« Après avoir protesté que le conseil était unanime dans son désir de n'apporter aucun obstacle à la marche du gouvernement du roi, qu'il mettait au contraire un fort grand prix à la faciliter par tous les moyens en son pouvoir. Lord Aberdeen a ajouté qu'il avait été malheureusement jugé impossible d'entrer dans le système proposé par nous, moins encore à cause de la valeur de nos réserves, qui cependant sont de nature à soulever des difficultés considérables, que parce que l'esprit de ces réserves a été expliqué par l'expression de la plus injuste méfiance; et aucun ministre anglais ne peut accepter devant le parlement et devant son pays des propositions faites sous de tels auspices. »

GRANDE-BRETAGNE.

TRAITÉ

entre la **Grande-Bretagne, l'Autriche, la France, la Prusse et la Russie**, pour la suppression de la traite des noirs en Afrique, signé le **20 décembre 1841**, à **Londres**.

Au nom de la très-sainte et indivisible Trinité.

Leurs Majestés l'empereur d'Autriche, roi de Hongrie et de Bohême, le roi de Prusse et l'empereur de toutes les Russies, voulant donner un plein et entier effet aux principes déjà énoncés dans les déclarations solennelles faites par l'Autriche, la Prusse et la Russie, d'accord avec d'autres puissances européennes, au congrès de Vienne, le 8 février 1815, et au congrès de Vérone, le 28 novembre 1822, déclarations par lesquelles lesdites puissances ont annoncé qu'elles étaient prêtes à concourir à tout ce qui pourrait assurer et accélérer l'abolition complète et finale de la traite des nègres : et Leurs Majestés ayant été invitées par Sa Majesté la reine du royaume-uni de la Grande-Bretagne et d'Irlande, et par Sa Majesté le roi des Français à conclure un traité pour la suppression plus efficace de la traite. Leurs dites Majestés ont résolu de négocier et de conclure ensemble un traité pour l'abolition finale de ce trafic; et à cet effet elles ont nommé pour leurs plénipotentiaires, savoir :

Sa Majesté la reine du royaume-uni de la Grande-Bretagne et d'Irlande, le très-honorable George, comte d'Aberdeen, vicomte Gordon, vicomte Formartine, lord Haddo, Methlick, Tarvis et Kellie, pair du royaume-uni, conseiller de Sa Majesté en son conseil privé, chevalier du très-ancien et très-noble ordre du Chardon, et principal secrétaire d'État de Sa Majesté, ayant le département des affaires étrangères;

Sa Majesté l'empereur d'Autriche, roi de Hongrie et de Bohême, le sieur Auguste, baron de Koller, chevalier de l'ordre de Saint-Ferdinand et du Mérite de Sicile, conseiller d'ambassade, son chargé d'affaires et plénipotentiaire à Londres;

Sa Majesté le roi des Français, le sieur Louis de Beaupoil, comte de Saint-Aulaire, pair de France, grand officier de l'ordre royal de la Légion d'honneur, grand-croix de l'ordre de Léopold de Belgique, l'un des quarante de l'Académie française, son ambassadeur extraordinaire près S. M. Britannique;

Sa Majesté le roi de Prusse, le sieur Alexandre-Gustave-Adolphe, baron de Schleinitz, chevalier de l'ordre royal de Saint-Jean de Jérusalem, son chambellan, conseiller de légation actuel, chargé d'affaires et plénipotentiaire à Londres;

Et Sa Majesté l'empereur de toutes les Russies, le sieur Philippe, baron de Brunow, chevalier de l'ordre de l'Aigle-Blanc, de Sainte-Anne de première classe, de Saint-Stanislas de première classe, de Saint-Wladimir de troisième classe, commandeur de l'ordre de Saint-Étienne de Hongrie, chevalier de l'ordre de l'Aigle-Rouge et de Saint-Jean de Jérusalem, son conseiller privé, envoyé extraordinaire et ministre plénipotentiaire près Sa Majesté Britannique :

Lesquels, après s'être communiqué leurs pleins-pouvoirs, trouvés en bonne et due forme, ont arrêté et signé les articles suivants :

Leurs Majestés l'empereur d'Autriche, roi de Hongrie et de Bohême, le roi de Prusse et l'empereur de toutes les Russies, s'engagent à prohiber toute traite des nègres, soit de la part de leurs sujets respectifs, soit sous leurs pavillons respectifs, soit au moyen de capitaux appartenant à leurs sujets respectifs; et à déclarer un tel trafic crime de piraterie. Leurs Majestés déclarent, en outre, que tout navire qui tenterait d'exercer la traite des nègres perdra, par ce seul fait, tout droit à la protection de leur pavillon.

Art. 2. Afin d'atteindre plus complétement le but du présent traité, les hautes parties contractantes sont convenues d'un commun accord que ceux de leurs bâtiments de guerre qui seront munis de mandats et d'ordres spéciaux dressés d'après les formules de l'annexe A du présent traité, pourront visiter tout navire marchand appartenant à l'une ou l'autre des hautes parties contractantes, qui, sur des présomptions fondées, sera soupçonné de se livrer à la traite des nègres, ou d'avoir été équipé à cette fin, ou de s'être livré à cette traite pendant la traversée où il aura été rencontré par lesdits croiseurs; et que ces croiseurs pourront arrêter et envoyer ou emmener lesdits navires, afin qu'ils puissent être mis en jugement d'après le mode convenu ci-après.

Toutefois, le droit ci-dessus mentionné de visiter les navires marchands de l'une ou de l'autre des hautes parties contractantes ne pourra être exercé que par des bâtiments de guerre dont les commandants auront le grade de capitaine, ou celui de lieutenant dans la marine royale ou impériale, à moins que, par suite de décès ou autre cause, le commandement ne soit échu à un officier de rang inférieur. L'officier commandant un tel bâtiment de guerre sera muni de mandats conformes à la formule annexée au présent traité *sub litterá* A.

Ledit droit mutuel de visite ne sera pas exercé dans la mer Méditerranée. De plus, l'espace dans lequel l'exercice dudit droit sera renfermé aura pour limite, au nord, le 32e degré de latitude septentrionale; à l'ouest, la côte orientale de l'Amérique, à partir du point où le 32e degré de latitude septentrionale touche cette côte, jusqu'au 45e degré de latitude méridionale; au sud, le 45e degré de latitude méridionale, à partir du point où ce degré de latitude touche la côte orientale de l'Amérique, jusqu'au 80e degré de longitude orientale du méridien de Greenwich; et à l'est ce même degré de longitude, à partir de son point d'intersection avec le 45e degré de latitude méridionale jusqu'à la côte des Indes-Orientales.

Art. 3. Chacune des hautes parties contractantes qui voudra armer des croiseurs pour la suppression de la traite des nègres, et exercer le droit mutuel de visite, se réserve de fixer, selon ses propres convenances, le nombre des bâtiments de guerre qui sera employé au service stipulé dans l'art. 2 du présent traité, ainsi que les stations où lesdits bâtiments feront leur croisière.

Les noms des bâtiments désignés à cet effet, et ceux de leurs commandants, seront communiqués par chacune des hautes parties contractantes aux autres ; et elles se donneront réciproquement avis chaque fois qu'un croiseur sera placé à une station, ou qu'il en sera rappelé, afin que les mandats nécessaires puissent être délivrés par les gouvernements qui autorisent la visite, et restitués à ces mêmes gouvernements par celui qui les a reçus lorsque ces mandats ne seront plus nécessaires à l'exécution du présent traité.

ART. 4. Immédiatement après que le gouvernement qui emploie les croiseurs aura notifié au gouvernement qui doit autoriser la visite le nombre et les noms des croiseurs qu'il se propose d'employer, les mandats autorisant la visite seront dressés d'après la formule annexée au présent traité, *sub litterâ* A, et seront délivrés par le gouvernement qui autorise la visite à celui qui emploie le croiseur.

Dans aucun cas, le droit mutuel de visite ne pourra être exercé sur les bâtiments de guerre des hautes parties contractantes.

Les hautes parties contractantes conviendront d'un signal spécial à l'usage exclusif de ceux des croiseurs qui seront investis du droit de visite.

ART. 5. Les croiseurs des hautes parties contractantes, autorisés à exercer le droit de visite et d'arrestation, en exécution du présent traité, se conformeront exactement aux instructions annexées audit traité *sub litterâ* B, en tout ce qui se rapporte aux formalités de la visite et de l'arrestation, ainsi qu'aux mesures à prendre pour que les bâtiments soupçonnés d'avoir été employés à la traite soient livrés aux tribunaux compétents.

Les hautes parties contractantes se réservent le droit d'apporter à ces instructions, d'un commun accord, telles modifications que les circonstances pourraient rendre nécessaires.

Les croiseurs des hautes parties contractantes se prêteront mutuellement assistance dans toutes les circonstances où il pourra être utile qu'ils agissent de concert.

ART. 6. Toutes les fois qu'un bâtiment de commerce naviguant sous le pavillon de l'une des hautes parties contractantes aura été arrêté par un croiseur de l'autre, dûment autorisé à cet effet, conformément aux dispositions du présent traité, ce bâtiment marchand, ainsi que le capitaine, l'équipage, la cargaison et les esclaves qui pourront se trouver à bord, seront conduits dans tel lieu que les hautes parties contractantes auront respectivement désigné à cet effet; et la remise en sera faite aux autorités préposées dans ce but par le gouvernement dans les possessions duquel ce lieu est situé, afin qu'il soit procédé à leur égard, devant les tribunaux compétents, de la manière ci-après spécifiée.

Lorsque le commandant du croiseur ne croira pas devoir se charger lui-même de la conduite et de la remise du navire arrêté, il confiera ce soin à un officier du rang de lieutenant dans la marine royale ou impériale, ou pour le moins à l'officier qui sera actuellement le troisième en autorité à bord du bâtiment qui aura fait l'arrestation.

Art. 7. Si le commandant d'un croiseur de l'une des hautes parties contractantes a lieu de soupçonner qu'un navire marchand, naviguant sous le convoi ou en compagnie d'un bâtiment de guerre de l'une des autres parties contractantes, s'est livré à la traite des nègres, ou a été équipé pour ce trafic, il devra communiquer ses soupçons au commandant du bâtiment de guerre, lequel procédera seul à la visite du navire suspect; et dans le cas où le susdit commandant reconnaîtrait que le soupçon est fondé, il fera conduire le navire, ainsi que le capitaine, l'équipage, la cargaison et les esclaves qui pourront se trouver à bord, dans un port appartenant à la nation du bâtiment arrêté, pour qu'il y soit procédé devant les tribunaux compétents, de la manière ci-après ordonnée.

Art. 8. Dès qu'un bâtiment de commerce, arrêté et renvoyé pour être jugé, arrivera dans le port où il devra être conduit conformément à l'annexe B du présent traité, le commandant du croiseur qui l'aura arrêté, ou l'officier chargé de sa conduite, remettra aux autorités préposées à cet effet une expédition, signée par lui, de tous les inventaires, déclarations et autres documents spécifiés dans les instructions jointes au présent traité *sub litterâ* B; et lesdites autorités procéderont, en conséquence, à la visite du bâtiment arrêté et de sa cargaison, ainsi qu'à l'inspection de son équipage et des esclaves qui pourront se trouver à bord, après avoir préalablement donné avis du moment de cette visite et de cette inspection au commandant du croiseur, ou à l'officier qui aura amené le navire, afin qu'il puisse y assister ou s'y faire représenter.

Il sera dressé, par duplicata, un procès-verbal de ces opérations, lequel devra être signé par les personnes qui y auront procédé ou assisté; et l'un de ces documents sera délivré au commandant du croiseur, ou à l'officier chargé par lui de la conduite du bâtiment arrêté.

ART. 9. Tout bâtiment de commerce de l'une ou de l'autre des cinq nations, visité et arrêté en vertu des dispositions du présent traité, sera présumé, à moins de preuve contraire, s'être livré à la traite des nègres, ou avoir été équipé pour ce trafic; si dans l'installation, dans l'armement, ou à bord dudit navire durant la traversée pendant laquelle il a été arrêté, il s'est trouvé l'un des objets ci-après spécifiés, savoir :

1° Des écoutilles en treillis, et non en planches entières comme les portent ordinairement les navires du commerce.

2° Un plus grand nombre de compartiments dans l'entrepont ou sur le tillac que ne l'exigent les besoins des bâtiments employés à un commerce licite.

3° Des planches de réserve préparées pour rétablir un double pont, ou un pont dit à esclaves.

4° Des colliers de fer, des chevilles, ou des menottes.

5° Une plus grande provision d'eau, en barriques ou en réservoirs, que ne l'exigent les besoins de l'équipage de ce bâtiment marchand.

6° Une quantité extraordinaire de barriques à eau ou autres vaisseaux propres à contenir des liquides; à moins que le capitaine ne produise un certificat de la douane du lieu de départ, constatant que les armateurs dudit bâtiment ont donné des garanties suffisantes que cette quantité extraordinaire de barriques ou de vaisseaux est uniquement destinée à être remplie d'huile de palme, ou employée à un autre commerce licite.

7° Un plus grand nombre de gamelles ou de bidons que l'usage de l'équipage de ce bâtiment marchand n'en exige.

8° Une chaudière ou autre ustensile d'une dimension inusitée pour apprêter les provisions de bouche, et plus grande ou propre à être rendue plus grande que ne l'exigent les besoins de l'équipage de ce bâtiment marchand ; ou plus d'une chaudière, ou appareil de cuisine, de dimension ordinaire.

9° Une quantité extraordinaire de riz, de farine de manioc du Brésil, ou de cassade, appelé communément *farina*, ou de maïs, ou de blé des Indes, ou de toute autre provision de bouche quelconque, au-delà des besoins probables de l'équipage; à moins que cette quantité de riz, de farina, de maïs, de blé des Indes, ou de toute autre provision de bouche, ne soit portée sur le manifeste, comme faisant partie du chargement commercial du navire.

10° Une quantité de nattes, en pièce ou en morceaux, plus considérable que ne l'exigent les besoins de ce bâtiment marchand; à moins que ces nattes ne soient portées sur le manifeste, comme faisant partie de la cargaison.

S'il est constaté qu'un ou plusieurs des objets ci-dessus spécifiés se trouvent à bord, ou y ont été durant la traversée pendant laquelle le bâtiment a été capturé, ce fait sera considéré comme une preuve *primâ facie* que le bâtiment a été employé à la traite; en conséquence il sera condamné et déclaré de bonne prise; à moins que le capitaine ou les armateurs ne fournissent des preuves claires et irrécusables, constatant, à la satisfaction du tribunal, qu'au moment de son arrestation ou capture le navire était employé à une entreprise licite, et que ceux des différents objets ci-dessus dénommés, trouvés à bord lors de l'arrestation, ou qui auraient été placés à bord pendant le traversée qu'il faisait lorsqu'il a été capturé, étaient indispensables pour accomplir l'objet licite de son voyage.

ART. 10. Il sera procédé immédiatement contre le bâtiment arrêté, ainsi qu'il est dit ci-dessus, son capitaine, son équipage et sa cargaison, par-devant les tribunaux compétents du pays auquel il appartient; et ils seront jugés et adjugés suivant les formes établies et les lois en vigueur dans ce pays; et s'il résulte de la procédure que ledit bâtiment a été employé à la traite des nègres, ou équipé pour ce trafic, le navire, son équipement et sa cargaison de marchandise, seront confisqués; et il sera statué sur le sort du capitaine, de l'équipage et de leurs complices, conformément aux lois d'après lesquelles ils auront été jugés.

En cas de confiscation, le produit de la vente du susdit bâtiment sera, dans l'espace de six mois, à compter de la date de la vente, mis à la disposition du gouvernement du pays auquel appartient le bâtiment qui a fait la prise, pour être employé conformément aux lois du pays.

ART. 11. Si l'un des objets spécifiés dans l'art. 9 du présent traité est trouvé à bord d'un bâtiment marchand, ou s'il est constaté qu'il y a été durant la traversée pendant laquelle il a été capturé, nulle compensation des pertes, dommages ou dépenses, résultant de l'arrestation de ce bâtiment, ne sera dans aucun cas accordée, soit au capitaine, soit à l'armateur, soit à toute autre personne intéressée dans l'armement ou dans le chargement, alors même qu'une sentence de condamnation n'aurait pas été prononcée contre le bâtiment, en suite de son arrestation.

Art. 12. Toutes les fois qu'un bâtiment aura été arrêté conformément au présent traité, comme ayant été employé à la traite des nègres, ou équipé pour ce trafic, et qu'il aura été jugé et confisqué en conséquence, le gouvernement du croiseur qui aura fait la prise, ou le gouvernement dont le tribunal aura condamné le bâtiment, pourra acheter le vaisseau condamné, pour le service de sa marine militaire, au prix fixé par une personne capable, choisie à cet effet par ledit tribunal. Le gouvernement dont le croiseur aura fait la capture aura un droit de préférence pour l'acquisition du bâtiment. Mais si le vaisseau condamné n'a pas été acheté de la manière ci-dessus indiquée, il sera totalement démoli, immédiatement après la sentence de confiscation, et vendu par parties après avoir été démoli.

Art. 13. Lorsque par la sentence du tribunal compétent il aura été reconnu qu'un bâtiment de commerce arrêté en vertu du présent traité ne s'est point livré à la traite des nègres et n'a point été équipé pour ce trafic, il sera restitué à l'armateur ou aux armateurs propriétaires légitimes. Et si dans le cours de la procédure il venait à être prouvé que le navire a été visité et arrêté illégalement, ou sans motif suffisant de suspicion ; ou que la visite et l'arrestation ont été accompagnés d'abus ou de vexations, le commandant du croiseur, ou l'officier qui aura abordé ledit navire, ou celui à qui la conduite en a été confiée, et sous l'autorité duquel, selon la nature du cas, l'abus ou la vexation aura eu lieu, sera passible de dommages et intérêts envers le capitaine et les propriétaires du bâtiment et de la cargaison.

Ces dommages et intérêts pourront être prononcés par le tribunal devant lequel aura été instruite la procédure contre le navire arrêté, son capitaine, son équipage et sa cargaison ; et le gouvernement du pays auquel appartiendra l'officier qui aura donné lieu à cette condamnation, devra payer le montant desdits dommages et intérêts dans le délai de six mois, à partir de la date du jugement, lorsque ce jugement aura été rendu par un tribunal siégeant en Europe ; et dans le délai d'une année lorsque la procédure judiciaire aura eu lieu hors de l'Europe.

Art. 14. Lorsque dans la visite ou l'arrrestation d'un bâtiment de commerce, opéré en vertu du présent traité, il aura été commis quelque abus ou vexation, et que le navire n'aura pas été livré à la juridiction de sa nation, le capitaine devra faire, sous serment, la déclaration des abus ou vexations dont il aura à se plaindre, ainsi que des dommages et intérêts auquel il prétendra ; et cette déclaration devra être faite par lui devant les autorités compétentes du premier port de son pays où il arrivera, ou devant l'agent consulaire de sa nation, dans un port étranger, si le navire aborde en premier lieu dans un port étranger où il existe un tel agent.

Cette déclaration devra être vérifiée au moyen de l'interrogatoire, sous serment, des hommes principaux de l'équipage ou des passagers qui auront été témoins de la visite ou de l'arrestation ; et il sera dressé du tout un procès-verbal, dont deux expéditions seront remises au capitaine, qui devra en faire parvenir une à son gouvernement, à l'appui de sa demande en dommages et intérêts.

Il est entendu que, si un cas de force majeure empêche le capitaine de faire sa déclaration, celle-ci pourra être faite par le propriétaire du navire, ou par toute autre personne intéressée dans l'arrestation ou dans le chargement du navire.

Sur la transmission officielle d'une expédition du procès-verbal ci-dessus mentionné, le gouvernement du pays auquel appartiendra l'officier à qui des abus ou vexations seront imputés fera immédiatement procéder à une enquête ; et si la validité de la plainte est reconnue, ce gouvernement fera payer au capitaine ou au propriétaire, ou à toute autre personne intéressée dans l'armement ou chargement du navire molesté, le montant des dommages et intérêts qui lui seront dus.

Art. 15. Les hautes parties contractantes s'engagent à se communiquer réciproquement, sur une demande à cet effet et sans frais, copies des procédures intentées et des jugements prononcés, relativement à des bâtiments visités ou arrêtés en vertu des dispositions du présent traité.

Art. 16. Les hautes parties contractantes conviennent d'assurer la liberté immédiate de tous les esclaves qui seront trouvés à bord des bâtiments arrêtés et condamnés en vertu des stipulations du présent traité.

Art. 17. Les hautes parties contractantes conviennent d'inviter les puissances maritimes de l'Europe, qui n'ont pas encore conclu de traité pour l'abolition de la traite des nègres, à accéder au présent traité

Art. 18. Les actes ou instruments annexés au présent traité, et qu'il est mutuellement convenu de considérer comme en faisant partie intégrante, sont les suivants :

A. Formules des mandats d'autorisation, et d'ordres pour guider les croiseurs de chaque nation, dans les visites et arrestations à faire en vertu du présent traité.

B. Instructions pour les croiseurs des forces navales employés en vertu du présent traité pour la suppression de la traite des nègres.

Art. 19. Le présent traité, consistant en dix-neuf articles, sera ratifié, et les ratifications en seront échangées à Londres, à l'expiration de deux mois, à compter de ce jour, ou plus tôt si faire se peut.

En foi de quoi, les plénipotentiaires respectifs ont signé le présent traité, en texte anglais et français, et y ont apposé le sceau de leurs armes.

Fait à Londres, le 20 décembre de l'an de grâce 1841.

(L.-S) Aberdeen. — (L.-S.) Koller.
(L.-S.) Sainte-Aulaire. — (L.-S.)
Schleinitz. — (L.-S.) Brunow.

ESPAGNE.

MANIFESTE

d'Espartero à la nation.

J'acceptai les fonctions de régent du royaume pour consolider la constitution et le trône de la reine, après que la Providence, couronnant les nobles efforts des populations, les avait sauvés du despotisme.

Comme premier magistrat, je prêtai serment à la loi fondamentale; jamais je ne la violai, fût-ce même pour la sauver de ses ennemis : ces derniers ont dû leur triomphe à ce respect aveugle; mais je ne saurais être parjure.

En d'autres occasions, j'ai rétabli l'empire des lois, et j'espérais, au jour indiqué par la constitution, remettre à la reine une monarchie tranquille au-dedans et respectée au-dehors. La nation me prouvait qu'elle savait apprécier toute ma vigilance, et une ovation, continuée même dans les villes où l'insurrection avait levé la tête me faisait connaître sa volonté, malgré l'état d'agitation de certaines capitales, dans l'enceinte desquelles était limitée l'anarchie. Une insurrection militaire, qui manque même de prétexte, a terminé l'œuvre commencée par une très-faible minorité; et, abandonné par ceux-là mêmes que j'avais tant de fois conduits à la victoire, je me vois dans la nécessité de passer sur la terre étrangère en faisant les vœux les plus ardents pour la félicité de ma chère patrie. Je recommande à sa justice les fidèles qui ne m'ont pas abandonné et qui sont restés dévoués à la cause légitime, même dans les moments plus critiques; l'État aura en eux des serviteurs toujours dévoués.

A bord du bateau à vapeur *Bétis*, le 30 juillet 1843.

Le duc DE LA VICTOIRE.

NOTES

et **Lettres diplomatiques relatives aux affaires de Taïti.**

M. Addington à sir John Barrow.

Foreing-Office, le 11 juillet 1843.

Par suite du changement de physionomie des affaires dans le Pacifique, occasionné par la prise de possession que les Français ont faite du protectorat des îles de la Société, il paraît à lord Aberdeen très-désirable que des instructions soient expédiées sans délai au commandant des forces navales de S. M. dans le Pacifique, dans le but de lui exposer les vues et intentions actuelles du gouvernement de la reine, nées de ce nouvel état de choses, et de le mettre à même de régler là-dessus sa conduite. Bien que le gouvernement de la reine n'ait pas reconnu le droit de la France d'assumer et exercer ce protectorat sur les îles de la Société, il ne prétend pas mettre ce droit en question.

Il résulterait certainement de divers rapports reçus par le gouvernement de la reine, au sujet des opérations qui ont fini par la reddition par la reine de Taïti d'une partie de son autorité souveraine à l'amiral Dupetit-Thouars, que cette cession a été due en partie à l'intrigue et en partie à l'intimidation. Néanmoins la capitulation a été faite volontairement par la reine Pomaré et dûment complétée par elle, à quelque impulsion qu'elle ait obéi. Il paraît dès lors au gouvernement de la reine, qu'indépendamment d'autres considérations, il n'y a pas de motifs suffisants sous le prétexte de l'absence des formes, pour contester la validité de la cession, nonobstant les dispositions favorables dans lesquelles peut se trouver et se trouve le gouvernement de S. M. vis-à-vis de la reine Pomaré, et quel que puisse être son regret de la voir réduite à se soumettre à une puissance étrangère; conformément à cette vue, dans les communications qui ont eu lieu entre les gouvernements de France et d'Angleterre au sujet des îles de la Société, depuis la première nouvelle de l'absorption partielle de la souveraineté par les Français, le gouvernement de la reine n'a élevé aucune question sur le droit en vertu duquel la France avait pris cette souveraineté. Tout ce qu'on a fait s'est borné à demander que les sujets anglais dans ces îles ne soient pas inquiétés, et à obtenir du gouvernement français l'assurance positive qu'une protection égale serait accordée aux missionnaires protestants et catholiques romains établis dans ces îles.

Le gouvernement de Sa Majesté désire qu'aucune difficulté ne soit faite par les commandants des forces navales de Sa Majesté qui pourront visiter les îles de la Société, quant à saluer le pavillon qui a été introduit par l'amiral de France, et qu'aucune dispute ne s'élève quant aux droits des Français d'exercer l'autorité dans les îles conjointement avec la souveraine.

Le consul de la reine d'Angleterre à Taïti recevra l'ordre de surveiller de très-près (*to watch closely*) la conduite des autorités françaises vis-à-vis des missionnaires protestants, et la liberté du culte religieux dont jouissent les sujets anglais établis dans les îles de la Société; il devra faire au gouvernement de Sa Majesté son rapport sur toute déviation qui pourrait survenir de la ligne que le gouvernement français s'est solennellement engagé à suivre vis-à-vis des sujets anglais, quant à ces points.

Lord Aberdeen croit indispensable, dans l'état actuel des affaires, que les vaisseaux de guerre de Sa Majesté fassent de plus fréquents voyages aux îles de la Société, afin d'entretenir dans les esprits du gouvernement et des indigènes de ce pays le sentiment de respect qu'ils ont toujours été disposés à porter au pavillon anglais, et de soutenir par des communications personnelles et constantes l'influence que le nom et le caractère anglais se sont acquis dans cette partie du monde.

M. le consul Pritchard au comte d'Aberdeen.

Consulat anglais à Taïti, le 13 mars 1843.

J'ai l'honneur d'instruire votre seigneurie que je suis arrivé à Taïti le 25 février, à bord du vaisseau de Sa Majesté, la *Vindictive*. A mon arrivée, j'ai trouvé la reine Pomaré à huit milles environ de cette place, chassée de sa résidence ordinaire par les continuelles menaces de la part des Français, de faire feu contre elle : sous la protection du commodore Nicholas, sur le vaisseau de Sa Majesté, la *Vindictive*, la reine Pomaré est rentrée dans sa résidence. Le commodore Nicholas et moi, nous nous sommes efforcés de conformer notre conduite aux promesses réitérées d'assistance et de protection données par le gouvernement anglais à la reine Pomaré. Permettez-moi de renvoyer votre seigneurie à la lettre de M. Canning, en date du 3 mars 1827 au feu roi de Taïti :

« Sa Majesté m'ordonne de vous dire que, bien que la coutume de l'Europe lui défende d'acquiescer à vos vœux sous ce rapport (il s'agissait d'arborer tel pavillon anglais), il s'estimera heureux de donner à vous et à vos domaines toute la protection que peut accorder Sa Majesté à un pouvoir ami à une si grande distance de son royaume. »

La dépêche de lord Palmerston, en date du 9 septembre 1841, est conçue dans le même sens :

Vous assurerez la reine Pomaré que la reine sera toujours prête à prendre en considération toutes les représentations que voudra faire la reine Pomaré : elle sera charmée de donner la protection de ses bons offices à la reine Pomaré dans tous différends qui pourraient survenir entre cette reine et toute autre puissance.

« Les instructions données par votre seigneurie le 30 juillet 1842 répètent l'expression de ce même sentiment : « A l'occasion de votre retour à votre poste de Taïti, il serait bon que vous puissiez prouver aux autorités exerçant le gouvernement dans ces îles, que le gouvernement de la reine continue à prendre le même intérêt à leur prospérité. »

Votre seigneurie comprendra que la reine Pomaré est dans une situation vis-à-vis d'une autre puissance, qui l'engage à demander à la Grande-Bretagne l'accomplissement des promesses de protection à elles faites de temps à autre.

Le comte Aberdeen à lord Cowley.

Foreign-Office, le 23 août 1843.

Le gouvernement de la reine n'a pas l'intention de s'opposer au nouvel état de choses dans les îles de la Société. Déjà il a signifié à l'amirauté qu'il entendait qu'aucune question ne fût agitée quant au salut à donner au pavillon que l'amiral français a substitué à l'ancien pavillon taïtien.

Toutefois, le gouvernement de S. M. se croit pleinement autorisé par la liaison ancienne et amicale qui a subsisté entre l'Angleterre et les îles de la Société, depuis leur première découverte par un navigateur anglais; il se croit autorisé par la promesse de bons offices faite à ce peuple en diverses occasions par le gouvernement anglais, et par ce fait que les îles ont été converties et civilisées par des missionnaires anglais, à intercéder auprès du gouvernement français, dans le but d'assurer à la malheureuse reine de ces îles toute la liberté compatible avec les restrictions qu'elle s'est imposées, et surtout d'obtenir pour elle protection contre le rude traitement auquel elle a été soumise.

Il faut espérer que le gouvernement français mettra un terme à tous ces actes à l'avenir. Un peuple comme le peuple français serait, nous en sommes bien persuadés, le dernier à exercer ou à tolérer une conduite insultante dans ce cas.

Quand aux missionnaires anglais dans les îles de la Société, l'assurance déjà donnée au gouvernement de la reine d'Angleterre par le gouvernement de France, que les missionnaires jouiront d'une entière liberté dans l'exercice de leurs fonctions religieuses, est une garantie suffisante que la liberté si solennellement déclarée sera assurée à ces estimables personnes; mais le gouvernement de S. M. B. ne saurait admettre que l'inconduite d'un seul missionnaire pourrait invalider la garantie générale donnée par le gouvernement français, ou l'autoriser à retirer au corps entier des missionnaires protestants la protection qu'il a promise solennellement. Le gouvernement de S. M. se croit tenu par toute considération d'honneur national et de justice, de soutenir les missionnaires anglais dans les îles de la Société, et le gouvernement de S. M. B. ne peut pas admettre que le récent changement qui a eu lieu dans le pays change ou affaiblisse cette obligation. Le conseil que le gouvernement anglais donnera constamment à ces hommes pieux et exemplaires sera de se soumettre paisiblement à l'ordre de choses établi dans ce pays, et d'exhorter la reine et les chefs et sujets à agir avec la même prudence ; mais le gouvernement de S. M. devra toujours regarder ces propagateurs de la doctrine protestante comme ayant droit à toute la protection qu'il sera au pouvoir de S. M. de leur donner.

V. E. communiquera cette dépêche à M. Guizot.

M. Guizot au comte de Rohan-Chabot.

(Communiqué au comte d'Aberdeen, le 23 septembre.)

Paris, le 11 septembre 1843.

« J'ai reçu la dépêche que vous m'avez fait l'honneur de m'adresser le 21 août, pour m'informer des explications qui avaient eu lieu entre vous et lord Aberdeen au sujet de Taïti. Lord Cowley, de son côté, ma communiqué une dépêche que lord Aberdeen lui avait adressée à ce sujet le 23, et dont vous trouverez la copie incluse. Le cabinet de Londres réitère l'assurance qu'il n'a pas l'intention de mettre en question notre établissement dans ce pays; il nous annonce qu'il a donné des ordres pour qu'à l'avenir les navires anglais ne fassent aucune difficulté de saluer le pavillon substitué par l'amiral Dupetit-Thouars à l'ancien pavillon local. Ces déclarations sont entièrement satisfaisantes. Il est tout à fait inexact que nos plaintes contre le gouvernement de la reine Pomaré aient été des prétextes frivoles mis en avant pour justifier la nécessité qui a amené sa soumission à l'autorité du roi.

La conduite vexatoire du gouvernement vis-à-vis des sujets français, son inaptitude à maintenir l'ordre public, les inconvénients qui en résultent pour tous les étrangers résidant à Taïti ou y venant, sont des faits notoires et évidents qui réclamaient impérieusement une intervention énergique. L'acquiescement du résident anglais et des missionnaires eux-mêmes aux mesures prises par notre amiral ne laissent pas de doute à cet égard. Je joins les copies de leurs lettres. Les raisons qui ont amené la reine Pomaré à demander le protectorat du roi au lieu de nous donner simplement la satisfaction qui était due, et l'influence que la désaffection, et l'attitude menaçante des chefs indigènes ont exercée sur elle, sont des questions dont nous n'avons pas à nous occuper. Il nous suffit que, dans ce qui est arrivé, tout ait été aussi régulier dans la forme que juste et légal en principe. Si plus tard la reine Pomaré et peut-être certains chefs qui nous ont invités, cédant à la persuasion d'étrangers, ont semblé vouloir revenir sur leur acquiescement, on ne prétendra pas assurément que notre politique doive se plier à de tels caprices! le roi a accepté le protectorat qui lui a été offert.

Nous avons envoyé les forces nécessaires pour assurer son exécution; nous maintiendrons cet état de choses auquel le gouvernement anglais a déclaré à diverses reprises n'avoir pas d'objections à faire. Je n'ai pas besoin d'ajouter qu'indépendamment de leur loyauté dans l'accomplissement des engagements pris vis-à-vis de la reine Pomaré, les autorités françaises la traiteront toujours avec le respect qui lui est dû. Voilà, monsieur, le véritable état des affaires. Quant aux inquiétantes appréhensions de lord Aberdeen relatives à la future position des missionnaires protestants, les explications verbales que vous avez eues avec lui ne sauraient laisser matière à aucune inquiétude. Nous convenons avec lord Aberdeen que les actes d'un seul missionnaire ne suffiraient pas pour avoir l'effet de priver ses frères du droit qu'ils ont de réclamer la protection du gouvernement du Roi. Lord Aberdeen pense comme nous que la profession de missionnaire ne doit pas mettre à l'abri d'un juste châtiment l'individu qui s'en ferait une arme pour s'attaquer à l'ordre établi, par la violence ou par l'intrigue. La ferveur religieuse, même sincère, ne doit jamais, et ne peut en aucun cas aujourd'hui, servir de voile pour justifier et protéger des desseins criminels contre les gouvernements.

P. S. Vous lirez cette dépêche à lord Aberdeen et vous lui en laisserez copie.

Le comte Aberdeen à M. le consul Pritchard.

Foreign-Office, 25 septembre 1843.

J'ai reçu votre dépêche du 13 mars, dans laquelle vous m'annoncez votre arrivée à Tahiti sur le vaisseau de l'état le *Vindictive*. Vous paraissez vous être complètement mépris sur les passages des lettres de M. Canning et de lord Palmerston que vous citez dans votre dépêche, à l'appui du principe de l'intervention active de la Grande-Bretagne contre la France en faveur de la reine Pomaré. Il résulte de la teneur intégrale de ces lettres, que le gouvernement de Sa Majesté britannique n'était pas disposé à intervenir ouvertement en faveur de la souveraine des îles de la Société, bien qu'il lui offrît toute la protection et tous les bons offices qu'il pouvait convenablement lui donner en dehors de l'intervention active. Mais il ne faut pas supposer qu'au moment où l'on refusait de prendre les îles de la Société sous la protection de la couronne d'Angleterre, le gouvernement de S. M. songeât à interposer ses bons offices en faveur de la souveraine, de manière à s'exposer à la presque certitude d'une collision avec une puissance étrangère.

Le gouvernement de Sa Majesté britannique déplore sincèrement la peine et l'humiliation infligées à la reine Pomarée. De plus, il veut faire tout ce qui est en son pouvoir pour alléger sa détresse; mais malheureusement la lettre dans laquelle celle-ci demandait la protection française a été signée par la reine spontanément, et la convention qui a suivi a été également contractée et complétée par la volonté de la reine, agissant spontanément.

En conséquence, bien que le gouvernement de Sa Majesté britannique puisse et se dispose à regretter la ligne de conduite par laquelle la reine a été amenée à signer cet acte aussi funeste à son indépendance, il se trouve privé par l'acte volontaire et spontané de la reine de tout prétexte juste et plausible pour s'opposer à la prise de possession et à l'exercice du protectorat Français.

Le gouvernement de Sa Majesté britannique ne prétend donc soulever aucune question relative à l'exercice de ce pouvoir, ni à la légitimité du nouveau pavillon que les Français ont jugé à propos de substituer à l'ancien pavillon taïtien.

Mais le gouvernement de la reine est dans la ferme intention de maintenir les droits du christianisme protestant à jouir d'une liberté entière et sans restriction dans l'exercice de leur attribution religieuse, y compris l'entière liberté de soutenir dans la chaire la vérité des dogmes protestants contre toutes personnes qui pourraient les combattre. Le gouvernement de Sa Majesté se propose, en outre, dans toutes les occasions convenables, d'intercéder, autant que cela pourrait convenir, auprès du gouvernement de France en faveur de la reine de Taïti, afin d'obtenir pour elle protection contre un rude traitement, et de lui assurer dans sa détresse les adoucissements qui pourront, du moins jusqu'à un certain point, l'indemniser de la perte de son indépendance.

Mais la reine Pomaré fera bien de se soumettre aux malheureuses circonstances que les craintes personnelles et les intrigues de certains chefs corrompus lui ont attirées. La résistance à ceux qui ont pris les droits de protectorat sur elle ne ferait qu'aggraver le malheur de sa position et lui attirer un traitement pire que celui qui lui a déjà été infligé. Vous saisirez donc toute occasion convenable de recommander cette prudente ligne de conduite à la reine Pomaré, et vous l'assurerez en même temps que, bien que le gouvernement de la reine soit empêché d'intervenir avec autorité en sa faveur, il éprouve cependant pour elle une grande sympathie, et il ne manquera pas de travailler constamment, comme il l'a déjà fait, à adoucir sa position.

A l'égard des autorités françaises, vous observerez toujours la plus grande politesse dans vos rapports, et vous vous abstiendrez de tout acte, de toute parole qui pourraient être interprétés comme des offenses. Mais surtout vous aurez soin de ne vous servir devant la reine et les chefs de l'île, dans vos rapports avec eux, d'aucune expression qui pourraient leur faire espérer l'appui du gouvernement de Sa Majesté contre les Français.

En même temps, vous n'omettrez aucune occasion de leur faire bien comprendre, ainsi qu'aux missionnaires protestants, l'indispensable nécessité d'agir avec la plus grande circonspection dans la situation difficile où ils se trouvent placés. Vous surveillerez, avec la plus grande vigilance, les procédés des Français vis-à-vis de nos missionnaires, et vous ne manquerez pas de rapporter minutieusement au gouvernement de Sa Majesté toutes les circonstances qui, sur ce point, vous sembleraient dignes d'attention. Le gouvernement de Sa Majesté désire, en outre, que vous recommandiez à tous les officiers de marine de Sa Majesté qui viendront aux îles de la Société, d'user d'une grande modération dans leur conduite envers les autorités françaises, autant que cela conviendra au maintien de la dignité de la couronne et à la protection des intérêts britanniques.

FIN DE L'APPENDICE DU TOME DEUXIÈME.

www.ingramcontent.com/pod-product-compliance
Lightning Source LLC
Chambersburg PA
CBHW070206240426
43671CB00007B/569